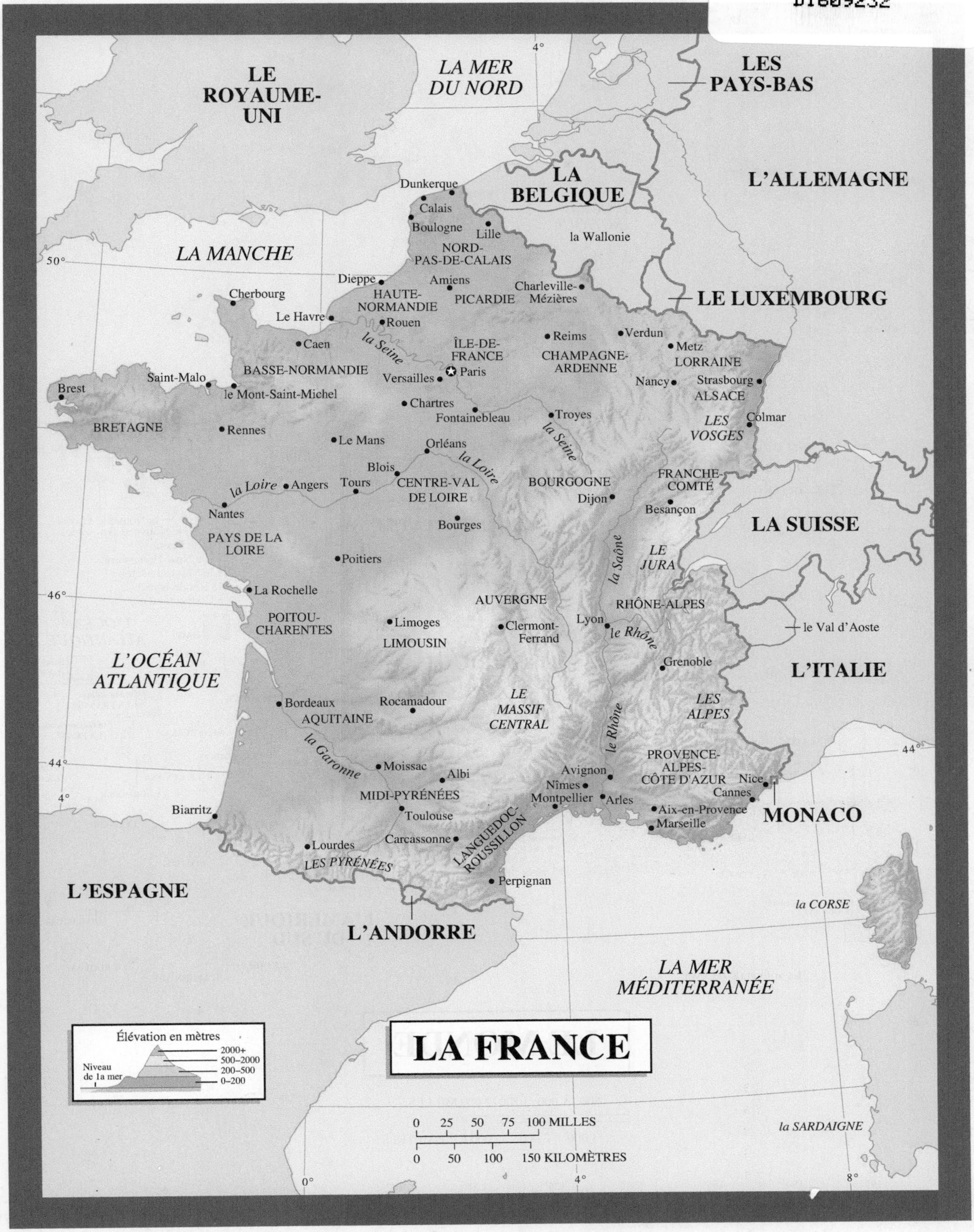

LA FRANCE

LE ROYAUME-UNI
LA MER DU NORD
LES PAYS-BAS
LA BELGIQUE
L'ALLEMAGNE
la Wallonie
LE LUXEMBOURG
LA MANCHE
Dunkerque
Calais
Boulogne
Lille
NORD-PAS-DE-CALAIS
Dieppe
Amiens
Charleville-Mézières
Cherbourg
HAUTE-NORMANDIE
PICARDIE
Le Havre
Rouen
Reims
Verdun
Caen
la Seine
ÎLE-DE-FRANCE
CHAMPAGNE-ARDENNE
Metz
LORRAINE
Saint-Malo
BASSE-NORMANDIE
Paris
Versailles
Nancy
Strasbourg
ALSACE
Brest
le Mont-Saint-Michel
Chartres
Fontainebleau
Troyes
LES VOSGES
Colmar
BRETAGNE
Rennes
Le Mans
la Seine
Orléans
la Loire
Blois
la Loire
Angers
Tours
CENTRE-VAL DE LOIRE
BOURGOGNE
FRANCHE-COMTÉ
Dijon
Besançon
Nantes
Bourges
LA SUISSE
PAYS DE LA LOIRE
Poitiers
la Saône
LE JURA
La Rochelle
AUVERGNE
RHÔNE-ALPES
POITOU-CHARENTES
Limoges
Clermont-Ferrand
Lyon
le Rhône
le Val d'Aoste
LIMOUSIN
L'OCÉAN ATLANTIQUE
Grenoble
L'ITALIE
LE MASSIF CENTRAL
LES ALPES
Bordeaux
Rocamadour
AQUITAINE
le Rhône
la Garonne
PROVENCE-ALPES-CÔTE D'AZUR
Moissac
Albi
Avignon
Nîmes
Nice
MIDI-PYRÉNÉES
Montpellier
Arles
Cannes
Biarritz
Toulouse
LANGUEDOC-ROUSSILLON
Aix-en-Provence
Marseille
MONACO
Carcassonne
Lourdes
LES PYRÉNÉES
Perpignan
L'ESPAGNE
la CORSE
L'ANDORRE
LA MER MÉDITERRANÉE
la SARDAIGNE

50° 46° 44° 4° 0° 4° 8°

Élévation en mètres
Niveau de la mer
2000+
500–2000
200–500
0–200

0 25 50 75 100 MILLES
0 50 100 150 KILOMÈTRES

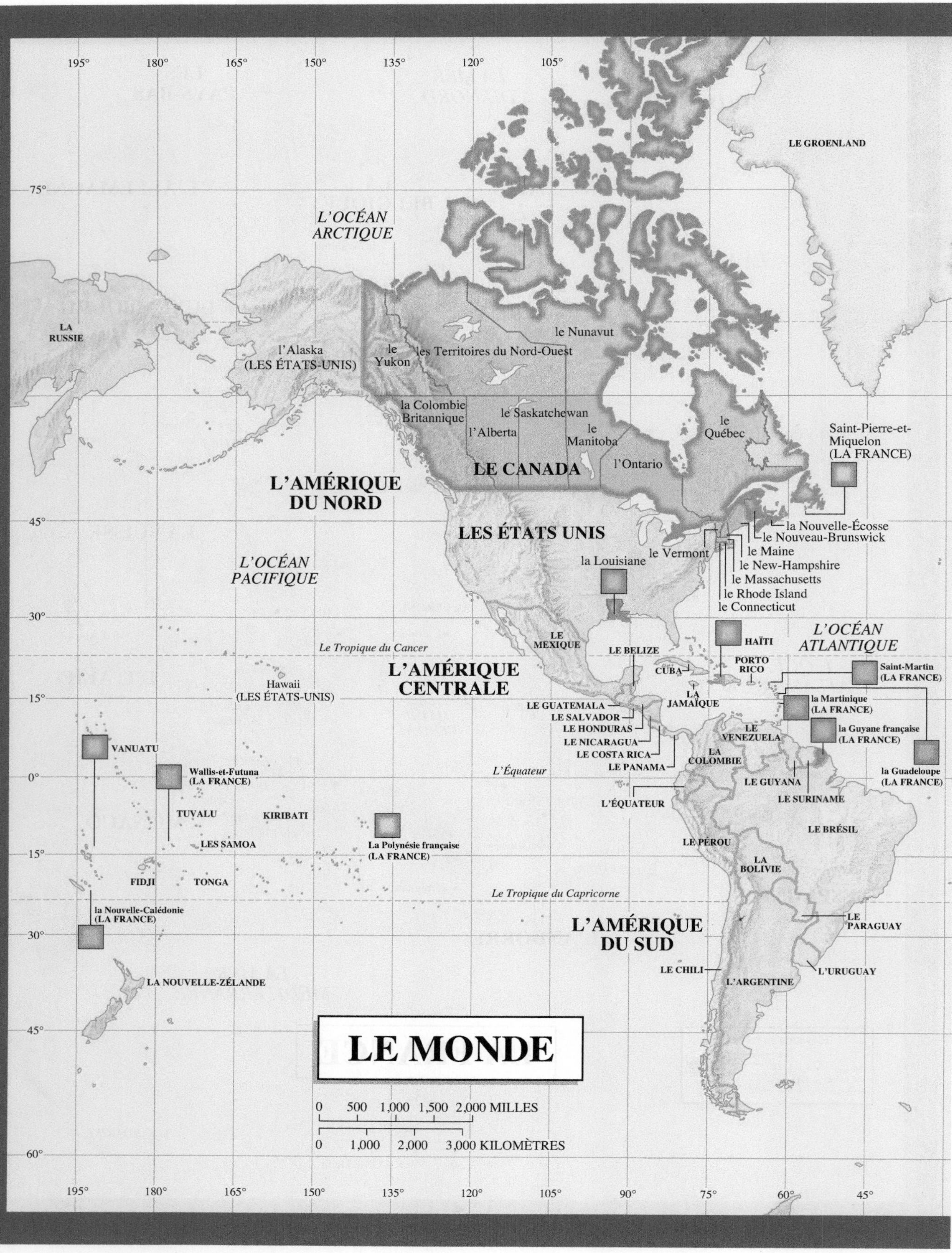
LE MONDE
L'OCÉAN ARCTIQUE
LE GROENLAND
LA RUSSIE
l'Alaska (LES ÉTATS-UNIS)
le Yukon
les Territoires du Nord-Ouest
le Nunavut
la Colombie Britannique
l'Alberta
le Saskatchewan
le Manitoba
l'Ontario
le Québec
LE CANADA
Saint-Pierre-et-Miquelon (LA FRANCE)
L'AMÉRIQUE DU NORD
LES ÉTATS UNIS
L'OCÉAN PACIFIQUE
la Louisiane
le Vermont
la Nouvelle-Écosse
le Nouveau-Brunswick
le Maine
le New-Hampshire
le Massachusetts
le Rhode Island
le Connecticut
HAÏTI
L'OCÉAN ATLANTIQUE
LE MEXIQUE
LE BELIZE
CUBA
PORTO RICO
Saint-Martin (LA FRANCE)
Le Tropique du Cancer
L'AMÉRIQUE CENTRALE
Hawaii (LES ÉTATS-UNIS)
LA JAMAÏQUE
la Martinique (LA FRANCE)
LE GUATEMALA
LE SALVADOR
LE HONDURAS
LE NICARAGUA
LE COSTA RICA
LE PANAMA
LE VENEZUELA
la Guyane française (LA FRANCE)
LA COLOMBIE
la Guadeloupe (LA FRANCE)
VANUATU
Wallis-et-Futuna (LA FRANCE)
L'Équateur
LE GUYANA
LE SURINAME
L'ÉQUATEUR
TUVALU
KIRIBATI
LES SAMOA
La Polynésie française (LA FRANCE)
LE PÉROU
LE BRÉSIL
FIDJI
TONGA
LA BOLIVIE
Le Tropique du Capricorne
la Nouvelle-Calédonie (LA FRANCE)
L'AMÉRIQUE DU SUD
LE PARAGUAY
LE CHILI
L'ARGENTINE
L'URUGUAY
LA NOUVELLE-ZÉLANDE
0 500 1,000 1,500 2,000 MILLES
0 1,000 2,000 3,000 KILOMÈTRES
195° 180° 165° 150° 135° 120° 105° 90° 75° 60° 45°
75° 45° 30° 15° 0° -15° -30° -45° -60°

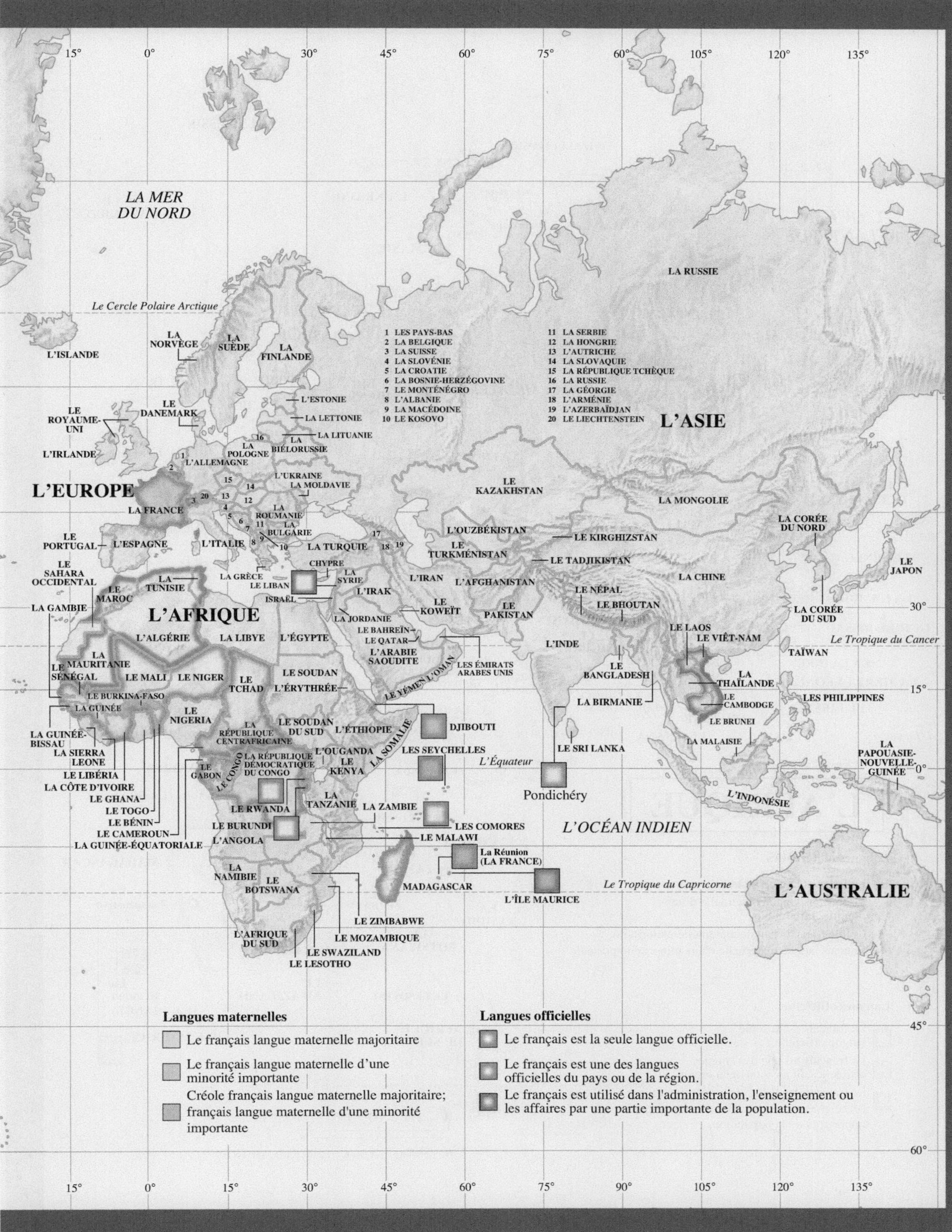

LA MER DU NORD
Le Cercle Polaire Arctique
L'ISLANDE
LA NORVÈGE
LA SUÈDE
LA FINLANDE
L'ESTONIE
LA LETTONIE
LA LITUANIE
LE DANEMARK
LE ROYAUME-UNI
L'IRLANDE
LA POLOGNE
LA BIÉLORUSSIE
L'ALLEMAGNE
L'UKRAINE
LA MOLDAVIE
L'EUROPE
LA FRANCE
LA ROUMANIE
LA BULGARIE
LE PORTUGAL
L'ESPAGNE
L'ITALIE
LA TURQUIE
LA GRÈCE
CHYPRE
LE LIBAN
LA SYRIE
ISRAËL
L'IRAK
L'IRAN
LA JORDANIE
LE KOWEÏT
LE BAHREÏN
LE QATAR
L'ARABIE SAOUDITE
LES ÉMIRATS ARABES UNIS
L'OMAN
LE YÉMEN
1 LES PAYS-BAS
2 LA BELGIQUE
3 LA SUISSE
4 LA SLOVÉNIE
5 LA CROATIE
6 LA BOSNIE-HERZÉGOVINE
7 LE MONTÉNÉGRO
8 L'ALBANIE
9 LA MACÉDOINE
10 LE KOSOVO
11 LA SERBIE
12 LA HONGRIE
13 L'AUTRICHE
14 LA SLOVAQUIE
15 LA RÉPUBLIQUE TCHÈQUE
16 LA RUSSIE
17 LA GÉORGIE
18 L'ARMÉNIE
19 L'AZERBAÏDJAN
20 LE LIECHTENSTEIN
LA RUSSIE
L'ASIE
LE KAZAKHSTAN
LA MONGOLIE
L'OUZBÉKISTAN
LE KIRGHIZSTAN
LE TURKMÉNISTAN
LE TADJIKISTAN
L'AFGHANISTAN
LE PAKISTAN
LE NÉPAL
LE BHOUTAN
LA CHINE
LA CORÉE DU NORD
LA CORÉE DU SUD
LE JAPON
L'INDE
LE BANGLADESH
LA BIRMANIE
LE LAOS
LE VIÊT-NAM
LA THAÏLANDE
LE CAMBODGE
TAÏWAN
LES PHILIPPINES
LE BRUNEI
LA MALAISIE
LE SRI LANKA
Pondichéry
L'INDONÉSIE
LA PAPOUASIE-NOUVELLE-GUINÉE
L'AUSTRALIE
Le Tropique du Cancer
L'Équateur
Le Tropique du Capricorne
L'OCÉAN INDIEN
LE SAHARA OCCIDENTAL
LE MAROC
LA TUNISIE
L'AFRIQUE
L'ALGÉRIE
LA LIBYE
L'ÉGYPTE
LA GAMBIE
LA MAURITANIE
LE SÉNÉGAL
LE MALI
LE NIGER
LE TCHAD
LE SOUDAN
L'ÉRYTHRÉE
LE BURKINA-FASO
LA GUINÉE
LA GUINÉE-BISSAU
LA SIERRA LEONE
LE LIBÉRIA
LA CÔTE D'IVOIRE
LE GHANA
LE TOGO
LE BÉNIN
LE CAMEROUN
LA GUINÉE-ÉQUATORIALE
LE NIGERIA
LA RÉPUBLIQUE CENTRAFRICAINE
LE SOUDAN DU SUD
L'ÉTHIOPIE
DJIBOUTI
LA SOMALIE
LE GABON
LE CONGO
LA RÉPUBLIQUE DÉMOCRATIQUE DU CONGO
L'OUGANDA
LE KENYA
LES SEYCHELLES
LE RWANDA
LE BURUNDI
LA TANZANIE
LA ZAMBIE
LES COMORES
L'ANGOLA
LE MALAWI
La Réunion (LA FRANCE)
LA NAMIBIE
LE BOTSWANA
MADAGASCAR
L'ÎLE MAURICE
LE ZIMBABWE
LE MOZAMBIQUE
L'AFRIQUE DU SUD
LE SWAZILAND
LE LESOTHO
15° 0° 15° 30° 45° 60° 75° 90° 105° 120° 135°
30° 15° 0° 15° 30° 45° 60°
Langues maternelles
Le français langue maternelle majoritaire
Le français langue maternelle d'une minorité importante
Créole français langue maternelle majoritaire; français langue maternelle d'une minorité importante
Langues officielles
Le français est la seule langue officielle.
Le français est une des langues officielles du pays ou de la région.
Le français est utilisé dans l'administration, l'enseignement ou les affaires par une partie importante de la population.

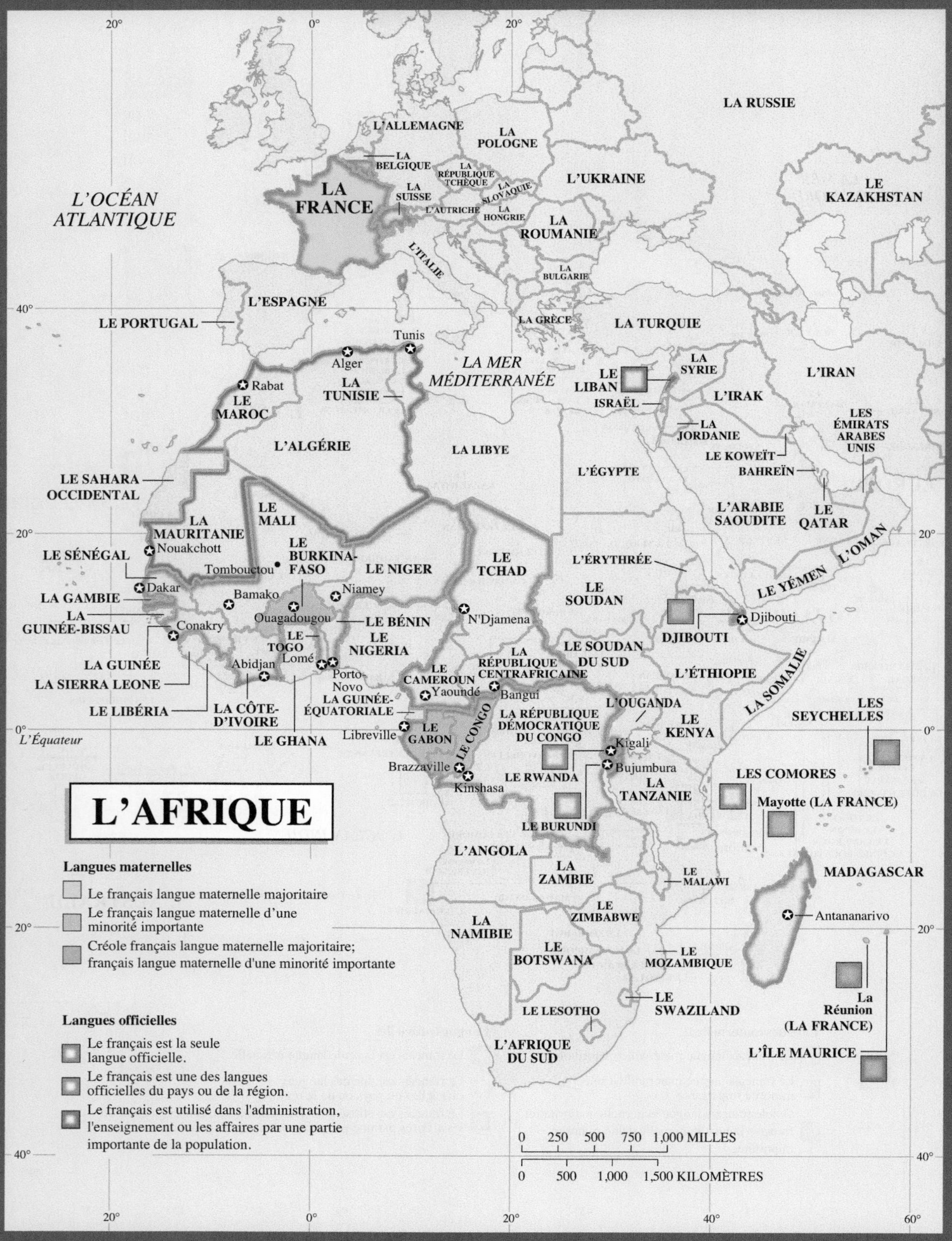
L'AFRIQUE
L'OCÉAN ATLANTIQUE
LA MER MÉDITERRANÉE
LA RUSSIE
LE KAZAKHSTAN
L'ALLEMAGNE
LA POLOGNE
LA BELGIQUE
LA RÉPUBLIQUE TCHÈQUE
LA SLOVAQUIE
L'UKRAINE
LA FRANCE
LA SUISSE
L'AUTRICHE
LA HONGRIE
LA ROUMANIE
L'ITALIE
LA BULGARIE
L'ESPAGNE
LE PORTUGAL
LA GRÈCE
LA TURQUIE
LA SYRIE
LE LIBAN
ISRAËL
L'IRAK
L'IRAN
LA JORDANIE
LE KOWEÏT
BAHREÏN
LES ÉMIRATS ARABES UNIS
LE QATAR
L'ARABIE SAOUDITE
L'OMAN
LE YÉMEN
Tunis
Alger
LA TUNISIE
Rabat
LE MAROC
L'ALGÉRIE
LA LIBYE
L'ÉGYPTE
LE SAHARA OCCIDENTAL
LA MAURITANIE
Nouakchott
LE MALI
LE SÉNÉGAL
Tombouctou
LE BURKINA-FASO
LE NIGER
LE TCHAD
L'ÉRYTHRÉE
LE SOUDAN
Dakar
LA GAMBIE
Bamako
Niamey
LA GUINÉE-BISSAU
Ouagadougou
LE BÉNIN
N'Djamena
DJIBOUTI
Djibouti
Conakry
LE TOGO
LE NIGERIA
LA GUINÉE
Abidjan
Lomé
Porto-Novo
LA SIERRA LEONE
LE LIBÉRIA
LA CÔTE-D'IVOIRE
LE GHANA
LE CAMEROUN
Yaoundé
LA RÉPUBLIQUE CENTRAFRICAINE
Bangui
LE SOUDAN DU SUD
L'ÉTHIOPIE
LA SOMALIE
LA GUINÉE-ÉQUATORIALE
Libreville
LE GABON
LE CONGO
LA RÉPUBLIQUE DÉMOCRATIQUE DU CONGO
L'OUGANDA
LE KENYA
Kigali
LES SEYCHELLES
Brazzaville
Kinshasa
Bujumbura
LE RWANDA
LA TANZANIE
LES COMORES
Mayotte (LA FRANCE)
LE BURUNDI
L'ANGOLA
LA ZAMBIE
LE MALAWI
MADAGASCAR
Antananarivo
LA NAMIBIE
LE ZIMBABWE
LE BOTSWANA
LE MOZAMBIQUE
La Réunion (LA FRANCE)
LE LESOTHO
LE SWAZILAND
L'AFRIQUE DU SUD
L'ÎLE MAURICE
L'Équateur
Langues maternelles
Le français langue maternelle majoritaire
Le français langue maternelle d'une minorité importante
Créole français langue maternelle majoritaire; français langue maternelle d'une minorité importante
Langues officielles
Le français est la seule langue officielle.
Le français est une des langues officielles du pays ou de la région.
Le français est utilisé dans l'administration, l'enseignement ou les affaires par une partie importante de la population.
0 250 500 750 1,000 MILLES
0 500 1,000 1,500 KILOMÈTRES
20°
0°
40°
60°

ENCORE

Niveau intermédiaire

Second edition

WYNNE WONG
THE OHIO STATE UNIVERSITY

STACEY WEBER-FÈVE
IOWA STATE UNIVERSITY

ANNE LAIR
UNIVERSITY OF UTAH

BILL VANPATTEN
MICHIGAN STATE UNIVERSITY

Australia • Brazil • Mexico • Singapore • United Kingdom • United States

ENCORE Niveau intermédiaire,
Second edition

Wynne Wong, Stacey Weber-Fève, Anne Lair, and Bill VanPatten

Product Director: Marta Lee-Perriard

Senior Product Team Manager: Heather Bradley-Cole

Associate Product Manager: Melody Sorkhabi

Product Assistant: Jelyn Masa

Senior Content Manager: Isabelle Alouane

Senior Marketing Director: Kristen Hurd

Associate Market Development Manager: Jessica Quila

IP Analyst: Christine M. Myaskovsky

Senior IP Project Manager: Betsy Hathaway

Manufacturing Planner: Fola Orekoya

Senior Designer & Cover Designer: Sarah B. Cole

Cover Image: Susy Mezzanotte/SIME/ eStock Photo

Library of Congress Control Number: PCN on file

Student Edition:
ISBN: 978-0-357-03486-6

MindTap IAC:
ISBN: 978-1-337-90843-6

Loose-Leaf Edition:
ISBN: 978-1-337-91031-6

Annotated Instructor's Edition:
ISBN: 978-1-337-91029-3

Cengage Learning
20 Channel Center Street
BOSTON, MA 02210
USA

Cengage Learning is a leading provider of customized learning solutions with employees residing in nearly 40 different countries and sales in more than 125 countries around the world. Find your local representative at **cengage.com.**

Cengage Learning products are represented in Canada by Nelson Education, Ltd.

To learn more about Cengage platforms and services, register or access online learning solutions, or purchase materials for your course, visit **cengage.com.**

Printed at CLDPC, USA, 07-19

SCOPE and SEQUENCE

CHAPITRE PRÉLIMINAIRE PREMIÈRES RENCONTRES

OBJECTIFS COMMUNICATIFS	VOCABULAIRE ET CULTURE	GRAMMAIRE	LES CULTURES FRANCOPHONES	LECTURE ET ÉCRITURE
Compare how people introduce themselves Exchange personal information Describe first impressions	Nos amis francophones **6** Premières impressions **14** ***Vocabulaire complémentaire*** 1 Personal information, introductions **7** 2 Adjectives, impressions **15**	1 Idiomatic expressions with **être** and **avoir; futur proche 10** 2 Present tense of stem-changing verbs; **depuis;** the imperative **18**		

MINDTAP ***Préparation pour la grammaire***

1 Irregular verbs in the present tense: **être, avoir, aller, faire, dire, écrire, lire;** prepositions **à** and **de;** negation **10**

2 The present tense of regular verbs: **-er, -ir, -re 18**

***Le film* Encore** Préparation pour le film *Encore* **4**

CHAPITRE 1 LES SYMBOLES

OBJECTIFS COMMUNICATIFS	VOCABULAIRE ET CULTURE	GRAMMAIRE	LES CULTURES FRANCOPHONES	LECTURE ET ÉCRITURE
Identify and understand symbols Express and react to an opinion	La fleur de lys **26** Graffiti, tag, tatouages, henné **34** ***Vocabulaire complémentaire*** 1 Colors, animals, and other symbols **27** 2 Ways to express an opinion **27** 3 Symbolic foods and ways to react to an opinion **35**	1 The present tense of the irregular verbs **offrir, plaire, soutenir, construire, servir 30** 2 Definite, indefinite, and partitive articles **38** 3 Pronominal verbs: reflexive, reciprocal, and idiomatic; **s'agir de 46**	Que symbolise la Tour Eiffel? **42** Le tatouage des îles Marquises **45**	***Un pas vers la lecture*** *Calligrammes*, Guillaume Apollinaire (poems) **54** Outils de lecture: Determining in which direction to read **55** ***Un pas vers l'écriture*** Write a calligram: **Un calligramme 58**

MINDTAP ***Préparation pour la grammaire***

1 More irregular verbs in the present: **dormir, sentir, partir, sortir, venir (de), devenir, croire, voir, boire, recevoir 30**

2 Nouns (gender; number) and articles (basic uses of definite and indefinite) **38**

3 Reflexive verbs forms; affirmative; negative; infinitive construction; question formation; commands **46**

***Le film* Encore** Séquence 1: *Le cauchemar*, Première projection **50**

SCOPE and SEQUENCE

SCOPE and SEQUENCE

CHAPITRE 4 **L'IDENTITÉ**

OBJECTIFS COMMUNICATIFS	VOCABULAIRE ET CULTURE	GRAMMAIRE	LES CULTURES FRANCOPHONES	LECTURE ET ÉCRITURE
Identify and analyze what makes up cultural and personal identities Express desires and make suggestions	Défense de l'identité culturelle **134** L'identité personnelle **142** ***Vocabulaire complémentaire*** 1 Local foods and vegetation; leisure activities **135** 2 Looks, style **143**	1 Direct object pronouns with the present, the **passé composé,** and commands; the pronoun **en 138** 2 Indirect object pronouns with the present, the **passé composé,** and commands; **146** 3 The conditional: irregular verbs; multiple object pronouns **154**	Jamel Debbouze, humoriste d'identité franco-marocaine **150** Lalla Essaydi, photographe marocaine: L'identité de la femme **152**	***Un pas vers la lecture*** *Ru*, Kim Thúy (excerpt from a novel) **162** Outils de lecture: Identifying point of view **163** ***Un pas vers l'écriture*** Write a memoir: **Un compte rendu 166**

MINDTAP ***Préparation pour la grammaire***

1 Direct object pronouns: forms; position with present tense—affirmative, negative **138**
2 Indirect object pronouns: forms; position with present tense—affirmative, negative **146**
3 The conditional: regular verbs and stem-changing verbs; Present tense of modal verbs **devoir, vouloir, pouvoir 154**

***Le film* Encore** Séquence 2: *La réunion*, Deuxième projection
Cinematic focus: Characterization and character portraits **158**

CHAPITRE 5 **L'AMITIÉ**

OBJECTIFS COMMUNICATIFS	VOCABULAIRE ET CULTURE	GRAMMAIRE	LES CULTURES FRANCOPHONES	LECTURE ET ÉCRITURE
Define friendship and summarize its evolution Narrate in the past	Et pour vous, que représente l'amitié? **170** De la camaraderie à l'amitié **178** ***Vocabulaire complémentaire*** 1 Leisure and recreational activities **171** 2 Friendship, emotions, feelings **179**	1 The passé composé of **courir, rire, suivre, mourir, conduire, savoir, connaître**; time expressions (***pendant, depuis, il y a (que), ça fait que, voilà que***) **174** 2 Adverbs: categories of; position **182** 3 The **imparfait** and the **passé composé 190**	L'amitié franco-québécoise **186** L'amitié entre les nations **188**	***Un pas vers la lecture*** *Une si longue lettre*, Mariama Bâ (excerpt from a novel) **198** Outils de lecture: Using affixes **199** ***Un pas vers l'écriture*** Write a short letter: **Une lettre personnelle 202**

MINDTAP ***Préparation pour la grammaire***

1 The present tense of **courir, rire, suivre, mourir, conduire, savoir, connaître 174**
2 Formation of adverbs: regular and irregular **182**
3 Formation and uses of the imperfect; words and expressions associated with habitual or reoccurring events commonly used with the **imparfait 190**

***Le film* Encore** Séquence 3: *Un nouveau danger,* Première projection **194**

SCOPE and SEQUENCE

CHAPITRE 6 LES APPARENCES

OBJECTIFS COMMUNICATIFS	VOCABULAIRE ET CULTURE	GRAMMAIRE	LES CULTURES FRANCOPHONES	LECTURE ET ÉCRITURE
Compare aspects of appearances in different cultures Discuss appropriate dress for different occasions Describe / narrate past events	L'apparence physique dans le monde francophone **206** Notre apparence physique en fonction des circonstances **214** ***Vocabulaire complémentaire*** 1 Clothing, physical appearance **207** 2 More clothing, accessories, professions **215**	1 Comparatives and superlatives (nouns, adjectives, adverbs) **210** 2 Relative pronouns (**qui, que, dont**), and indefinite relative pronouns (**ce qui, ce que, ce dont**) **218** 3 Plus-que-parfait (form and use) **226**	Chanel, symbole de l'élégance **222** Le voile: mode (musulmane) ou religion **224**	***Un pas vers la lecture*** *La parure*, Guy de Maupassant (excerpt from a short story) **234** Outils de lecture: Identifying key words **235** ***Un pas vers l'écriture*** Write a public service announcement: **Une annonce publique 238**

MINDTAP ***Préparation pour la grammaire***

1 Comparisons—regular and irregular (**bon, mauvais**) **210**

2 Relative pronouns **qui/que**—basic uses **218**

***Le film* Encore** Séquence 3: *Un nouveau danger*, Deuxième projection
Cinematic focus: The function of clothes and accessories **230**

CHAPITRE 7 LES DÉFIS

OBJECTIFS COMMUNICATIFS	VOCABULAIRE ET CULTURE	GRAMMAIRE	LES CULTURES FRANCOPHONES	LECTURE ET ÉCRITURE
React to life's difficulties and challenges Express preferences, feelings, and reactions	Quelques défis du monde francophone **242** La vie n'est pas un long fleuve tranquille **250** ***Vocabulaire complémentaire*** 1 Natural catastrophes and social concerns **243** 2 Personal challenges and ways to cope **251**	1 The subjunctive: expressing obligation, will, and emotion **246** 2 The subjunctive and the indicative expressing opinion, doubt, and uncertainty **254** 3 The subjunctive with conjunctions; the past subjunctive **262**	La langue française et ses défis **258** La Nouvelle-Orléans: Ville multiculturelle par excellence **260**	***Un pas vers la lecture*** *Entretien avec le chanteur Corneille: Corneille raconte son drame* (excerpt from an online interview) **270** Outils de lecture: Using headings and subheadings **271** ***Un pas vers l'écriture*** Write a self-help narrative: **Un blog d'auto-assistance 274**

MINDTAP ***Préparation pour la grammaire***

1 Formation of the present subjunctive: regular verbs; the subjunctive after expressions of necessity **246**

2 Formation of the present subjunctive: irregular verbs **254**

***Le film* Encore** Séquence 4: *Une révélation,* Première projection **266**

CHAPITRE 8 **LA CONFIANCE**

OBJECTIFS COMMUNICATIFS	VOCABULAIRE ET CULTURE	GRAMMAIRE	LES CULTURES FRANCOPHONES	LECTURE ET ÉCRITURE
Assess institutions' and peoples' trust-worthiness Express future events	Confiance ou méfiance? **278** Faire confiance aux gens **286** ***Vocabulaire complémentaire*** 1 Social institutions, job titles **279** 2 Friends and acquaintances **287**	1 **Le futur simple** (regular, spelling-change, irregular forms; usage) **282** 2 Negative expressions **290** 3 Demonstrative pronouns (**celui, celle, ceux, celles, ceci, cela, ça**); the pronoun **lequel 298**	Confiance dans le «Made in France» **294** Confiance dans les médias? **296**	***Un pas vers la lecture*** *Le contrat de mariage,* Honoré de Balzac (excerpt from a novel) **306** Outils de lecture: Visualizing what you read **307** ***Un pas vers l'écriture*** Write a brief scene from a TV show: **Une scène d'émission de télé 310**

MINDTAP ***Préparation pour la grammaire***

1 The **futur simple** of regular **–re, -ir,** and **–re** verbs **282**
2 Negation with **ne... pas, ne... jamais 290**
3 Demonstrative pronouns **298**

Le film **Encore** Séquence 4: *Une révélation,* Deuxième projection
Cinematic focus: Framing **302**

CHAPITRE 9 **LES ATTRAITS**

OBJECTIFS COMMUNICATIFS	VOCABULAIRE ET CULTURE	GRAMMAIRE	LES CULTURES FRANCOPHONES	LECTURE ET ÉCRITURE
Identify and analyze what attracts us Express hypothetical events in the past	Les grandes villes et leurs attractions **314** La beauté dans le monde francophone **322** ***Vocabulaire complémentaire*** 1 Places in the city, attractions, tourist activities **315** 2 Physical traits **323**	1 Indefinite adjectives and pronouns **318** 2 Prepositions followed by infinitives **326** 3 Past conditional; **si** clauses **334**	La Corse, l'île de Beauté **330** Sénégal: le mouton le plus attirant! **332**	***Un pas vers la lecture*** *L'Avare* (extrait de l'Acte I, Scène 2) de Molière (excerpt from a play) **342** Outils de lecture: Paying attention to punctuation **343** ***Un pas vers l'écriture*** Write a text for a radio or TV commercial: **Une publicité de radio ou de télé 346**

MINDTAP ***Préparation pour la grammaire***

1 Indefinite adjectives: **d'autres, l'autre, un(e) autre, certain(e)(s), chaque, même(s), plusieurs, quelques, tout(e)/tous/toutes (les) 318**
2 Prepositions with infinitives: some verbs not followed by a preposition; **avoir** expressions + **de;** some verbs followed by **de;** some verbs followed by **à 326**

Le film **Encore** Séquence 5: *L'explication,* Première projection **338**

SCOPE and SEQUENCE

CHAPITRE 10 LE BONHEUR

OBJECTIFS COMMUNICATIFS	VOCABULAIRE ET CULTURE	GRAMMAIRE	LES CULTURES FRANCOPHONES	LECTURE ET ÉCRITURE
Define happiness Express hypothetical events in the future and what one has people do	Qu'est-ce que le bonheur? **350** Francophones: fiers et heureux de l'être! **358** ***Vocabulaire complémentaire*** 1 Happiness and unhappiness; activities **351** 2 More vocabulary related to happiness and unhappiness **359**	1 Future perfect **354** 2 Present participle; past infinitive **362** 3 Causative **faire 370**	Le Bonheur d'être francophone au Manitoba **366** Au pays du bonheur: La Suisse **368**	***Un pas vers la lecture*** *Le cancer* de Jacques Prévert (poem) **378** Outils de lecture: Reading out loud **379** ***Un pas vers l'écriture*** Writing a personal blog: **Un poème moderne 382**

***Le film* Encore** Séquence 5: *L'explication,* Deuxième projection
Cinematic focus: Establishing points of view **374**

LE FILM *ENCORE* ÉPILOGUE

***Le film* Encore** Séquence 6: *Un nouveau chapitre* **384**

TO THE STUDENT

Bienvenue! Welcome to the second edition of ***Encore***! You are joining an ever-growing, nationwide community of students and instructors, who, in the first edition, have found that ***Encore*** is a great intermediate-level program for continuing those steps toward proficiency in French and expanding (inter)cultural competence by learning about the fascinating cultures of France and the Francophone world. Now that you've completed your journey in beginning-level French, you are ready to take your French skills to new heights with ***Encore***!

Encore is an exciting intermediate-level French program that uses an engaging mystery film of the same title to help you to continue to learn about and appreciate the richness and beauty of the French language and explore the fascinating and diverse cultures of France and the French-speaking world. The film *Encore* is a first-rate movie that was filmed on location in Quebec and France starring famous actors such as actress and director Mylène Savoie (known for her films *Exode*, and *Tar and Tea*, her tribute to Quentin Tarantino); actor Guillaume Dolmans (known for his international Heineken commercial *The Date*, and his roles in *Coeur océan* and *Road to Roland-Garros*), and actress Johanne-Marie Tremblay (from the Oscar-winning film *Les invasions barbares*). For *Liaisons* viewers who have been anxious to know what new adventures await Claire Gagner, ***Encore*** will satisfy your curiosity! For those new to the story, we are anxious for you to discover the world of ***Encore***!

The program ***Encore*** will help you solidify the vocabulary and grammar you learned in your beginning-level French courses while, at the same time, help you develop the language skills needed to become intermediate-level users of French. We designed ***Encore*** so that the activities first help you understand and develop confidence with new vocabulary and grammar before you produce them. Furthermore, as you continue to learn about the French language, France, and other French-speaking cultures, you will also have many opportunities to get to know your classmates and your instructor better and learn interesting information about them as you engage in the (inter)cultural and language practice activities in this program.

As you know, ***Encore*** means *again* in English. The ***Encore*** program provides many opportunities for you to experience again those aspects of the French language and French and Francophone cultures that intrigue us. ***Encore*** allows you to revisit some of what you have already encountered and appreciated in the French language classroom but, more importantly, goes on to guide you to new discoveries about the richness of the French language and its captivating cultures as you continue your journey to become global citizens of the world. We hope that *Encore* will stimulate you and your classmates to explore **encore et encore** (*over and over again*) more fully the French language and its fascinating cultures while at the same time allow you to get to know each other and your own cultures better. As you continue to develop this intercultural competence, you will gain even greater cultural self-awareness, expand more deeply your understanding of the human existence, and grow your global citizenship even more by viewing the world from new perspectives.

Wynne Wong
Stacey Weber-Fève
Anne Lair
Bill VanPatten

TO THE STUDENT

Encore: The Film

Claire Gagner, a graduate student in psychology at McGill University, has inherited a large sum of money after learning the truth about her French family roots. But unknown persons are at work to make sure Claire does not keep her inheritance. Who are these people and what are their motives? And who is this mysterious man, André, who suddenly comes into her life? Is he there to help her or does he have ties to these unknown persons? What happens to Claire and what she learns about the people around her will keep you watching to the very end.

Cast of Characters

CLAIRE
Graduate student in psychology and hotel receptionist at *l'Hôtel Delta* who has inherited a family fortune

ABIA
Claire's best friend and co-worker at *l'Hôtel Delta*

SIMONE
Claire's mother

ANDRÉ
Guest at *l'Hôtel Delta* who looks like a man that Claire knew

ROBERT
Hotel manager of *l'Hôtel Delta* and Claire and Abia's supervisor

MONSIEUR SIMARD
Claire's lawyer

Student Textbook/eBook

The student textbook/eBook contains the information and activities that you need for in-class use and self-study. The book contains 10 core chapters plus a preliminary chapter. Each core chapter contains three **parties.** The first two **parties** are divided into a vocabulary section and a grammar section with presentations; explanations; listening, speaking, and writing activities; and cultural information. The third **partie** consists of an updated culture section with longer cultural texts and a grammar section. Following the third grammar lesson in each chapter is a two-page film spread devoted to helping you understand and work with the film *Encore*. **Oui, je peux!** statements and activities in the **Synthèse** section near the end of each chapter allow you to assess your ability to put language learned to expressive use. The updated **Un pas vers la lecture** and the **Un pas vers l'écriture** sections give you the opportunity to develop your reading and writing skills, critical-thinking abilities, and oral proficiency in French as well as deepen your (inter)cultural knowledge of the French-speaking world to become better global citizens.

Many activities and side-bar features (such as **Coin culturel** and **Encore une mélodie**) in each chapter prompt you to go online to the program's **MindTap** component where you can share your reactions to what you have read and discussed with your classmates or engage in brief information-gathering tasks online. Each chapter ends with a French-English vocabulary list of the chapter's active vocabulary to help you study for quizzes and exams. At the end of the textbook, you will also find a comprehensive reference section including verb charts, and a French-English glossary — the English-French glossary is online.

To better prepare for the grammar lessons in ***Encore***, you have the opportunity to review key first-year grammar points in an online review section called **Préparation.** These brief review lessons and short practice activities are auto-scored, thus you receive instant feedback to help you better prepare for the main grammar topic(s) of the lesson.

Optional **Journal de bord** activities in each chapter allow you to practice summarizing in 100 words or less information you have learned about the topic or lesson at hand and demonstrate your intercultural competence. An important job skill to master, you want to work at making a good introductory sentence, a good concluding sentence, and presenting a coherent set of thoughts, clearly linked in-between, that show your ability to reflect on your own culture, your classmates' cultures, and/or the Francophone cultures about which you are learning. You want to use the grammar and vocabulary you have and also include good transition words to link ideas and sentences. It is also good practice when writing any summary to assume that your reader is not a fellow student or your teacher. With ***Encore,*** you will be able to practice and strengthen these two critical job skills: professional writing ability and intercultural competence.

MindTap Online Learning Environment and Learning Path

***Encore* MindTap** offers a fully guided, easily followed **Learning Path** for online work to complete assignments for any type of course. The Learning Path is the online guide that helps you become active participants in the learning process. By becoming more self-reliant, you can achieve success in your course and also move one step closer to becoming a lifelong learner.

The Learning Path encompasses these steps to learning:

- **Ready?** Overview of the material and learning outcomes.
- **Learn it!** Discovery of new material through guided, interactive presentation and preliminary practice
- **Practice it!** Application of the material with focused practice activities to help you make connections between form and meaning.
- **Use it!** Communicative, personalized opportunities to use language in meaningful and purposeful ways.
- **Got it?** Review and additional resources to improve skills, develop performance, and build proficiency.

Acknowledgments

The opportunity to write a second-year French textbook program that articulates with your first-year program and the chance to embark on this adventure with your best friends and colleagues are unique gifts. With ***Encore,*** we have had the rare privilege of living this wonderful experience a second time, now with a second edition, so we are sincerely grateful.

We would like to dedicate this second edition of ***Encore*** to our late developmental editor, Denise St-Jean, who passed in November of 2018. Denise was with us from the very first edition of *Liaisons* and *Encore*, for the better part of a decade, and our hearts remain heavy with the knowledge that she had to leave us so soon. Even though Denise was not able to work on this second edition of ***Encore,*** her presence is felt on every page of this program because she taught us everything we know. She made us better authors and teachers. Words cannot express our gratitude to Denise for her wisdom, patience, and guidance all these years. It was such a privilege and honor to have worked with the best of the very best. While we miss her, we take comfort in the fact that we will always be connected through *Liaisons* and *Encore. Merci infiniment, Denise.*

Like all textbook projects, the product before you is the result of endless hours of reflection, discussion, writing, and rewriting and then even more rewriting. Without a doubt, it is thanks to the many long hours and dedicated efforts of editors and their Editorial team that authors' ideas become beautifully transformed into the stunning pages that make their way to your desks and screens.

We are indebted to Jaishree Venkatesan for her outstanding skills and invaluable contribution to preparing the MindTap files. Jaishree, it was truly a pleasure to work with you! Thank you for the role you played in making this sometimes very bumpy road easier to navigate. We hope we will have more opportunities to collaborate with you in the future. We are also grateful to Nicole Hanlon for her meticulous work on the logs and review masks. Thank you for making our tasks more manageable.

We are also indebted to everyone who has worked so hard at Cengage to make this project a success. In particular, we would like to recognize Melody Sorkhabi, our Product Manager. A *grand merci* goes to Isabelle Alouane—we do not know how the project would have been completed without her dedication and keen eye for detail. We are also grateful to Subject Matter Expert Kate Kremers for all the different hats she had to wear, including picking up activities for MindTap so that we could stay on track. Our thanks also go to Jarmila Sawicka, Learning Designer; Kristen Hurd, Senior Marketing Director; Jessica Quila, Associate Market Development Manager; Sarah Cole, for the beautiful cover designs; Christine Myaskosky and Betsy Hathaway, along with Sujatha Selvakumar, for obtaining the image and text permissions; and Arul Joseph Raj, the Project Manager from Lumina Datamatics for his dedicated work and professional contribution. We also want to recognize and thank Peter Schott, Elyssa Healy, and Carolyn Nichols in audio and video production. For the development and production of MindTap, we would like to recognize the following Digital Development Team: Maya Whelan, Zachary Hunt, as well as our Quality Assurance team: Elena Demina, Kumar Santhosh, Garegin Yesayan.

We are also greatly indebted to all the people who had a hand in making the film *Encore* the magnificent production that it is. We want to first thank director Andrei Campeanu for the creative vision he had for our film. Andrei, this was a once-in-a-lifetime magical experience watching you make our story come to life in such a beautiful way. We also want to thank our assistant director, Ana Stojanovic, and our producer, Sabrina Aviles, for their amazing organizational skills and for working patiently with the language team through what sometimes seemed like endless takes. A special thank you to our production manager in Canada, Lysanne Thibodeau, for her willingness to wear so many different hats and for putting together such an amazing crew in a short time, and to Laurence Deray, our production manager in France, for guiding us through the Paris shoot so efficiently and professionally. Laurence, we are truly humbled that the daughter of a famous French film director liked our script and wanted to join this project! To our crews in Canada and in France, we cannot thank you enough for the critical roles that you played in making this movie come to life, and for your good humor especially during those middle-of-the-night shoots. To all our actors, and especially to Mylène Savoie, Guillaume Dolmans, Jasmine Bouchardy, and Johanne-Marie Tremblay, *un très grand merci* for playing your roles so beautifully and for being the faces and voices that intrigue and inspire our students to study French. Thank you all for breathing life and magic into this film! We would work with you all *encore et encore* in a heartbeat!

We would also like to recognize all those who generously allowed us to use their work in ***Encore.*** A special thank you to photographer Christine T. Jackowski for allowing us to use her stunning photos of many of the performers from Quebec. We are also grateful to Gregory Charles, Patrick Rodrigue, and Richard Séguin for the use of their images.

Lest we be remiss, we need to step back and acknowledge the terrific people who shepherded the previous edition through from manuscript to print, which (in part) led to what you have before you now. We were indebted to them then and we do not forget the faith they had in us as well as their tremendous efforts when we started some ten years ago. Without them, we would not have the ***Encore*** that we have today.

Finally, we would like to thank our colleagues across the country whose valuable input and feedback led to this improved second edition. Your comments helped us create a better product that we are very proud of and very happy to present to you.

REVIEWERS

Pascale Abadie	*Wright State University*
Kirk Anderson	*Wheaton College, Massachusetts*
Mariana Bahtchevanova	*Arizona State University*
Sylvie Blum	*University of Florida*
Chesla Ann Bohinski	*Binghamton University*
Rebecca L. Chism	*Kent State University*
Catherine Clark	*Averett University*
Kathy Comfort	*University of Arkansas*
Eddy Cuisinier	*Western Kentucky University*
Tomaz Cunningham	*Jackson State University*
Melissa Deininger	*Iowa State University*
Jean-Luc Desalvo	*San Jose State University*
Andrzej Dziedzic	*University of Wisconsin — Oshkosh*
Angela Elsey	*University of California, Santa Cruz*
Carolyn Gascoigne	*University of Nebraska at Omaha*
Joel Goldfield	*Fairfield University*
John Greene	*University of Louisville*
Luc Guglielmi	*Kennesaw State University*
Béatrice Hallier	*University of San Francisco*
Eilene Hoft-March	*Lawrence University*
Sandrine Hope	*The University of Alabama*
Jeff Kendrick	*Virginia Military Institute*
Kelly Kidder	*Lipscomb University*
Patricia Lawlor	*Providence College*
Patrick Moneyang	*University of Oregon*
Brigitte Moretti-Coski	*Ohio University*
Markus Muller	*California State University, Long Beach*
Kelly Peebles	*Clemson University*
Jennifer Perlmutter	*Portland State University*
Katrine Pflanze	*Washington & Jefferson College*

Patricia Pierce	*Baylor University*
Cheryl Schaile	*Texas A&M University*
Stuart N. Smith	*Austin Community College*
Heather Swanson	*Community College of Philadelphia*
Anne Theobald	*Hillsdale College*
Madeline Turan	*Stony Brook University*
Nancy Virtue	*Indiana University — Purdue University Fort Wayne*
Catherine Webster	*University of Central Oklahoma*

CONTRIBUTORS

Julie Baker	*University of Richmond*
Jonathan Fulk	*University of Minnesota*
Nicolas Hinsinger	*North Park University*
Juliette Vazard	*Boston University*
Julia Young	*Boston University*

Wynne's acknowledgments

The opportunity to write a textbook that allows one to build bridges between theory, research, and practice is one of the greatest joys of being a researcher of second language acquisition. With ***Encore,*** I've had the privilege of living this experience a second time and now have the honor of seeing this work go into a second edition. I am very grateful and humbled. I will always be indebted to those individuals at Cengage for believing in my vision over a decade ago (how time flies!) when some others thought it might have been too avant-garde at the time. Besides building a bridge between theory and practice, ***Encore*** is also the manifestation of my love for Quebec and for the language that makes this culture so beautiful and distinct. I want to express my gratitude to singer-songwriter Richard Séguin for his constant encouragement and support of my efforts to promote the culture and music of Quebec to students in the United States. It goes without saying that I am indebted to my co-authors Stacey, Anne, and Bill. The opportunity to work on such a great project with the most talented authors who are also your best friends is truly an exquisite gift! Bill, thank you for giving us a film that continues to intrigue and inspire our students. Anne, thank you for your cultural expertise and for your sense of humor during those days when we wanted to tear out our hair! Stacey, thank you for your meticulous work, especially on the new reading and culture features. You have taken the reading and cultural elements in this second edition to new levels. To my students, colleagues, and all our adopters, thank you for your invaluable feedback that helped make this second edition even better. To my family in the U.S. and in Quebec, thank you for your constant support and for sharing this wonderful experience with me once again. Finally, to my husband Patrick, *un grand merci* for your patience and unconditional love especially when I had to work through most days and nights in Quebec. Despite the crazy deadlines, working on this second edition was even more rewarding because I had you by my side. *Une chance qu'on s'a!*

Stacey's acknowledgments

What an amazing and challenging series of adventures developing two editions of ***Encore*** has been! Writing content (and rejoinders!) for the new digital world of MindTap in this new edition certainly pushed me to grow in my teaching abilities and creative writing skills, but all in a good way. To both our long-time and new adopters, I would like to thank you most sincerely for your support and enthusiasm. It has been a privilege meeting many of you at ACTFL and AATF these last several years, and I look forward to more exchanges and encounters! Once more, I thank my colleague and dearest friend, Wynne Wong, for inviting me to join her on this wild adventure almost 10 years ago now. Every moment together has shaped me and helped me grow into the practitioner and writer I am today. I very warmly thank my co-authors, Anne and Bill, for their previous and more recent efforts, insights, and creativity in helping to bring this second edition into existence. I also wish to thank my institution, Iowa State University, for recognizing the value and impact of this type of academic pursuit and scholarship and for their unwavering commitment to and support of excellence in curriculum and instruction. I am equally indebted to all my students, past and present, who are the ultimate inspiration behind this scholarship and who give me the most reason to look forward to each new semester. And finally, I wish to thank my family in the U.S. and France for their constant love and support. To my husband Sébastien, thank you for being the incredibly kind and understanding man that you are. I would not be able to do this work without you and your love.

Anne's acknowledgments

Wynne, thank you again for inviting me to be part of the team. It has been an amazing experience to work together on beautiful and exciting projects such as *Encore* and *Liaisons*. Stacey, like in *Liaisons* 3rd edition, I can't thank you enough for your diligent and detailed work.

Sharing my knowledge and passion for French culture, working with instructors on how to best use the book, seeing students interested in the material and making progress towards proficiency have been very rewarding. So, thank you to all my colleagues, students and to all the adopters. Thank you as well to the wonderful Cengage team, for always being available to guide us through this project, and thank you to my spouse and son, who have tolerated my long working hours and more importantly, shared and supported my passion for *Encore* 2nd edition.

PREMIÈRES IMPRESSIONS

Quelles informations personnelles est-ce qu'on dévoile quand on se présente? Qu'est-ce qui influence nos perceptions sur les gens? Discutez de ces questions avec vos camarades de classe.

PhotoAlto/Laurence Mouton/Getty Images

CHAPITRE P

Premières rencontres

Objectifs

- *Compare how people introduce themselves*
- *Exchange personal information*
- *Describe first impressions*

Culture

- Nos amis francophones
- Premières impressions

Grammaire

1 *Idioms with **être** and **avoir; futur proche** with **aller***

2 *Stem-change verbs; **depuis;** the imperative*

PRÉPARATION POUR LE FILM

ENCORE SÉQUENCE 1: Les origines du film

A **Claire Gagner** Lisez la description de Claire Gagner, puis répondez aux questions.

Claire Gagner est la protagoniste du film *Encore*. Elle habite à Montréal où elle étudie la psychologie. Pour payer ses études, elle travaille à l'Hôtel Delta avec sa meilleure amie, Abia. Le père de Claire est mort il y a longtemps. Sa mère est internée dans une clinique psychiatrique à cause des hallucinations dont elle souffre. Au début du film *Encore*, Claire vient d'hériter d'une petite fortune. Que va-t-elle faire avec l'argent? Et sa vie? Comment va-t-elle changer?

1. Que veut dire le mot «protagoniste»? C'est ___ d'une histoire.
   a. le personnage principal **b.** le thème ou l'idée **c.** le dialogue
2. Claire est québécoise. Oui ou non?
3. Claire a des raisons personnelles qui expliquent son intérêt pour la psychologie. Cette idée est-elle probable ou non?

Claire Gagner, la protagoniste

B **André Laurent** Lisez la description d'André Laurent, puis répondez aux questions.

André Laurent est un personnage du film *Encore*. Claire l'a rencontré à l'hôtel où elle travaille. Il ressemble beaucoup à un autre homme qu'elle connaît: Alexis Prévost. En effet, les deux hommes pourraient *(could)* être jumeaux, mais Alexis n'a pas de frère. À cause de cette ressemblance, Claire est un peu perplexe. Qui est André et quel rôle va-t-il jouer dans la vie de Claire Gagner? Pourquoi est-ce qu'il ressemble à Alexis?

1. André est un bon ami de Claire. Oui ou non?
2. André a un frère qui s'appelle Alexis. Oui ou non?
3. Comme Claire, André est un personnage important dans le film *Encore*. Cette idée est-elle probable ou non?

André Laurent, un homme mystérieux

C Spéculations

Regardez les photos des scènes du film *Encore.* Selon ce que vous voyez, quels mots et phrases associez-vous avec chaque scène?

l'amour	l'action
la tragédie	la vie quotidienne
la comédie	???
le suspense	

Et vous? Êtes-vous enthousiaste à l'idée de voir le film *Encore*? Avez-vous une idée de ce qui va se passer dans le film?

Réflexion culturelle

Nos amis francophones

Quatre personnes du monde francophone se présentent et parlent de leur région.

Robert Kneschke/Shutterstock.com

Bonjour, je m'appelle Medhi. Je suis tunisien, et j'habite avec ma famille à Tunis, la **capitale.** La Tunisie est un des **pays** de la **région** du **Maghreb,** en Afrique du Nord. Nous habitons dans le **quartier** historique de Tunis où il y a des **mosquées** et des **palais.** Ma famille est **traditionnelle,** mon père est médecin et ma mère est **femme au foyer.** Moi, je suis étudiant en droit.

Production Perig/ Shutterstock.com

Salut, moi, c'est Nicolas, mais tout le monde m'appelle Nico. J'habite à Lyon, dans un petit appartement sur **l'île** Barbe, mais **je viens** de Roanne, une **ville** au nord-ouest de Lyon. Je trouve Lyon sympa comme ville. C'est une ville jeune et dynamique avec beaucoup d'étudiants et de choses à faire le soir et le week-end.

Courtesy of Emily Rosales. Photograph: Diane Marin.

Bonjour, je m'appelle Émilie. **Je suis d'origine américaine,** de la ville de Chicago aux États-Unis, mais j'habite à Montréal depuis plus de vingt ans et je suis aujourd'hui de **nationalité** canadienne. J'ai étudié *(studied)* la linguistique et **j'enseigne** l'anglais à l'Université du Québec à Montréal (UQAM). Montréal fait partie des villes les plus francophones après Paris.

West Coast Surfer/moodboard/AGE Fotostock

Bonjour, je suis Khadija et je viens du Sénégal, en Afrique de l'Ouest. Je travaille dans une petite école. J'habite avec ma famille **à quelques heures de** Dakar, la capitale, au bord de la mer. Nous habitons dans un **logement** traditionnel de la région où habitent plusieurs membres d'une même famille. La famille est très importante, c'est pour ça que nous habitons ensemble ou très près les uns les autres.

Vocabulaire du texte

la capitale *capital*
une femme au foyer *housewife*
l'île *(f.) island*
un logement *dwelling, housing*
le Maghreb *North African countries*
une mosquée *mosque*
la nationalité *nationality*
l'origine *(f.) origin*
un palais *palace*
un pays *country*

le quartier *neighborhood*
la région *region*
une ville *city*

enseigner *to teach*
être d'origine (+ nationalité) *to be of (nationality) origin*
venir (de) *to come (from)*

traditionnel(le) *traditional*

à quelques heures de *a few hours from*

Vocabulaire complémentaire

un endroit *place*
les études *(f. pl.) studies*
la profession *profession*
la situation familiale *marital status*

dévoiler *to reveal*
faire la connaissance de *to meet*

approprié(e) / pas approprié(e) *appropriate / not appropriate*
célibataire *single*
discret / discrète *discreet*
indiscret / indiscrète *indiscreet*
marié(e) *married*

ouvert(e) *open*
personnel(le) *personal*
poli(e) / impoli(e) *polite / impolite*
privé(e) *private*

D'où venez-vous? *Where are you from?*
le/la moins / moins *the least / less*
le/la plus / plus *the most / more*
Qu'est-ce que vous faites dans la vie? *What do you do for a living?*
Vous êtes de quelle région? *Which region are you from?*
Ça dépend. *It depends.*

Avez-vous compris? Répondez aux questions suivantes.

1. D'où vient chaque personne?
2. Qui est étudiant(e)?
3. Qu'est-ce qu'Emilie et Khadija font comme travail?
4. Est-ce qu'on sait ce que (*know what*) Nicolas fait comme travail?

À votre avis Typiquement, les Français (comme Nicolas) ne parlent pas de leur travail ou de leur profession quand ils se présentent. Est-ce que les gens de votre culture parlent de leur profession quand ils font la connaissance de quelqu'un? Est-ce qu'on doit dévoiler sa profession quand on rencontre quelqu'un? Pourquoi ou pourquoi pas?

Encore une mélodie

Frederic Sune / Alamy Stock Photo

La ballade de Jean Batailleur est une chanson célèbre de Zachary Richard, un auteur-compositeur de Louisiane. Dans la chanson, un homme se présente: *Je m'appelle Jean // Jean Batailleur...* Cherchez la chanson sur Internet. Quelles informations est-ce que Jean Batailleur dévoile quand il se présente?

A Les endroits Nommez un endroit pour chaque description suivante.

1. un pays du Maghreb
2. une île célèbre
3. un quartier de votre ville
4. un endroit à quelques heures de votre ville

B Quel genre de personnes? Complétez chaque phrase avec le mot approprié.

1. Quelqu'un qui a un mari est une personne ____________.
   a. célibataire b. mariée
2. Quelqu'un qui aime parler de sa vie personnelle est une personne ____________.
   a. ouverte b. privée
3. Quelqu'un qui n'aime pas dévoiler d'informations personnelles à propos de sa vie est une personne ____________.
   a. discrète b. indiscrète
4. Quelqu'un qui pose trop de questions personnelles est une personne ____________.
   a. polie b. impolie

C Comparer les informations qu'on dévoile

Étape 1. Indiquez qui, dans le texte *Nos amis francophones,* dévoile des informations sur les sujets suivants. N'écrivez rien si le sujet ne correspond aux informations de personne *(nobody).*

1. sa nationalité ou son origine
2. sa situation familiale
3. sa ville / sa région
4. sa famille
5. ses études
6. sa profession / son travail

Étape 2. Comparez les informations que Medhi, Nicolas, Emilie et Khadija dévoilent dans l'Étape 1. Ensuite, répondez aux questions suivantes.

1. D'après vous, qui est le/la plus ouvert(e)?
2. Qui est le/la moins ouvert(e) ou le/la plus privé(e)? Pourquoi?

Et vous? Vous voulez faire la connaissance de quelle personne du texte *Nos amis francophones*? Quelles informations est-ce que les gens de votre culture dévoilent typiquement quand ils se présentent?

D C'est une question appropriée dans votre culture?

Étape 1. Indiquez si les questions suivantes sont appropriées dans votre culture quand vous rencontrez quelqu'un pour la première fois. Dites **C'est approprié, Ce n'est pas approprié** ou **Ça dépend.**

1. Comment vous appelez-vous?
2. D'où venez-vous?
3. Quelle est votre nationalité?
4. Est-ce que vos ancêtres ont habité dans un logement modeste ou dans un palais?
5. Qu'est-ce que vous faites dans la vie?
6. Est-ce que votre mère est femme au foyer?
7. Vous allez à l'église ou à la mosquée?
8. Quelle est la capitale de votre État?
9. Vous avez des enfants?
10. Votre famille est traditionnelle ou moderne?
11. Quelle est votre situation familiale? Vous êtes marié(e) ou célibataire?
12. Est-ce qu'il y a des choses intéressantes à faire dans votre quartier ou dans votre ville?

Étape 2. Comparez vos réponses de l'Étape 1 avec les réponses d'un(e) camarade de classe. Si vous pensez que la question n'est pas appropriée, expliquez pourquoi.

Modèle: **La question est trop personnelle dans ma culture.**
La question n'est pas appropriée.
La question est indiscrète.
C'est impoli.
Ça dépend.

E Des questions pour faire connaissance

Étape 1. Préparez cinq questions appropriées à poser à vos camarades de classe.

Modèle: **Vous êtes de quelle région?**

Étape 2. Posez vos questions à au moins (*at least*) trois personnes de votre classe et répondez à leurs questions.

Modèle: É1: **Tu es de quelle région?**
É2: **Je suis de Californie.**

F Comparez vos présentations

Étape 1. Écrivez un texte de 4 à 5 phrases pour vous présenter à vos camarades de classe. Utilisez les textes de Medhi, Nicolas, Emilie et Khadija comme modèles. Quelles informations voulez-vous dévoiler?

Étape 2. Présentez-vous à deux personnes de votre classe de français. Vous pouvez utiliser votre texte.

Étape 3. Comparez les informations que vos camarades de classe et vous dévoilez. Est-ce que vous dévoilez les mêmes *(same)* informations? Vous êtes tous de la même culture ou êtes-vous de cultures différentes?

Les expressions idiomatiques avec *être* et *avoir;* le futur proche

DU FILM *ENCORE*

Encore un pas vers la grammaire

Look at these photos from the film *Encore* and their captions.

ANDRÉ Vous, vous **allez travailler** ce soir?

CLAIRE Maman, qu'est-ce qu'il y a? Tu **as l'air** triste?

1. What is the tense of **vous allez travailler**? What verb is used to form this tense?
2. What is the infinitive form of the verb **as l'air**? What does **Tu as l'air triste** mean?

MINDTAP **Préparation**

Go to **Préparation pour Grammaire 1** to review the verbs **être, avoir, aller, faire, lire, dire, écrire;** the prepositions **à** and **de;** and negation.

Note de grammaire

Recall the present tense forms of the verbs **avoir** and **être.**

avoir: j'**ai**, tu **as**, il/elle/on **a**, nous **avons**, vous **avez**, ils/elles **ont**

être: je **suis**, tu **es**, il/elle/on **est**, nous **sommes**, vous **êtes**, ils/elles **sont**

Les expressions idiomatiques avec *avoir* et *être*

The verbs **avoir** and **être** are used in some idiomatic expressions.

avoir l'air *to seem*
avoir ____ ans *to be ______ years old*
avoir besoin de *to need*
avoir de la chance *to be lucky*
avoir chaud / froid *to be hot / cold*
avoir envie de *to feel like*
avoir faim / soif *to be hungry / thirsty*
avoir hâte de *to look forward to*
avoir honte de *to be ashamed of*
avoir lieu *to take place*
avoir l'occasion de *to have the opportunity to*
avoir peur (de) *to be afraid (of)*
avoir raison / tort (de) *to be right / wrong (to)*
avoir sommeil *to be sleepy*
avoir tendance à *to have the tendency to*
être à l'heure *to be on time*
être en retard *to be late*
être de retour *to be back*
être en train de + infinitif *to be in the process of (doing something)*

Céline Dion **est de retour** à Las Vegas!	*Céline Dion is back in Las Vegas!*
Je parle français. **J'ai de la chance!**	*I speak French. I'm lucky!*
Les sœurs **sont en train de** manger.	*The sisters are in the middle of eating.*

- When the adjectives **chaud** and **froid** refer to how people feel, **avoir** is used. There is no agreement with the subject. However, when **chaud** and **froid** describe the temperature of things, **être** is used and agreement is necessary.

Il fait du soleil et Nicole **a chaud.**	*It's sunny and Nicole is hot.*
Attention! La pizza **est chaude.**	*Careful! The pizza is hot.*
Fermez la porte. Nous **avons froid.**	*Close the door. We're cold.*
La soupe et la tarte **sont froides.**	*The soup and the pie are cold.*

- **Avoir** expressions that contain **de** may be followed by a verb or by a noun.

J'**ai hâte d**'aller au concert.	*I look forward to going to the concert.*
Il **a besoin d**'un stylo.	*He needs a pen.*
Elle n' a pas **honte de** sa sœur.	*She's not ashamed of her sister.*

- When **avoir** expressions refer to a specific person or thing and require a definite article, **de** must contract with the appropriate definite article (**le, la, l',** or **les**).

Elles ont peur **de la** méchante fille.	*They are afraid of the mean girl.*
J'ai besoin **du** sucre glacé pour mon gâteau.	*I need the powdered sugar for my cake.*
J'ai besoin **des** clémentines pour la salade.	*I need the clementine oranges for the salad.*

Le futur proche

- **Aller** may be used with the infinitive of another verb to talk about events occurring in the near future. This construction corresponds to the English *to be going to + infinitive.*

Je **vais faire** mes devoirs ce soir.	*I* ***am going to do*** *my homework tonight.*
Il **va parler** avec le professeur demain.	*He* ***is going to speak*** *to the professor* tomorrow.
Nous **allons visiter** une mosquée demain.	*We* ***are going to visit*** *a mosque tomorrow.*
La réunion ne **va** pas **avoir lieu** ce soir.	*The meeting is not* ***going to take place*** *tonight.*

Note de grammaire

Recall the present tense forms of the verb **aller:** je **vais,** tu **vas,** il/elle/on **va,** nous **allons,** vous **allez,** ils/elles **vont.**

COIN CULTUREL

Ditty_about_summer/Shutterstock.com

Les Français attachent beaucoup d'importance à leur vie privée. Il vaut mieux ne pas poser de questions sur la profession, le salaire, l'âge, la famille ou les enfants sauf si vous êtes déjà de bons amis. Faites des recherches sur Internet pour en apprendre plus sur l'étiquette française.

A Des commentaires à l'Hôtel Delta Marc, un nouvel employé de l'Hôtel Delta du film *Encore,* fait les commentaires suivants aux clients.

Étape 1. Complétez chaque phrase avec l'expression appropriée.

1. M. Charlebois, vous __________ fatigué ce matin. Qu'est-ce que vous avez fait hier soir?
   a. avez l'air **b.** avez tort
2. Mme Boulay et Mme Renaud, vous allez aller au bar? Vous __________?
   a. avez peur **b.** avez 21 ans
3. M. Pillet, votre femme est belle. Vous __________.
   a. êtes froid **b.** avez de la chance
4. Mme Lair, vous __________ de France? Je peux prendre vos valises.
   a. êtes en train **b.** êtes de retour
5. M. Leclerc, vous allez __________ visiter la ville aujourd'hui?
   a. avoir lieu **b.** avoir l'occasion de
6. Mme Auger, vous __________ écrire une lettre d'amour à votre amoureux?
   a. êtes en train d' **b.** avez tendance d'
7. Attention, madame. Le chef vient de sortir la soupe du micro-onde. La soupe __________.
   a. a chaud **b.** est chaude
8. Oui, on a un excellent restaurant ici. J'espère que vous __________ laisser un gros pourboire *(tip)*.
   a. avez l'air de **b.** avez tendance à

Étape 2. Avec un(e) partenaire, indiquez si chaque commentaire de Marc de l'Étape 1 est approprié. Dites **C'est approprié, Ce n'est pas approprié** ou **Ça dépend.** Justifiez vos réponses.

B À propos de Claire

Étape 1. Abia, du film *Encore,* parle de son amie Claire. Complétez la description avec la forme correcte d'une expression idiomatique.

Je m'appelle Abia. Je (J') (1) __________ (avoir de la chance / avoir tort): je travaille avec ma meilleure amie, Claire, à l'Hôtel Delta. Nous (2) __________ (avoir honte de / avoir l'occasion de) faire beaucoup de belles activités ensemble. Quelquefois, les clients de l'hôtel sont difficiles mais nous devons toujours (3) __________ (être en retard / être à l'heure) et (4) __________ (avoir l'air / avoir envie de) contentes. Parfois, Claire (5) __________ (avoir sommeil / avoir lieu) au travail parce qu'elle rend souvent visite à sa mère Simone très tard le soir. Simone est dans une clinique psychiatrique parce qu'elle (6) __________ (être de retour / avoir tendance à) avoir des hallucinations. Heureusement, elle va mieux et elle va sortir de l'hôpital. En ce moment, Claire et Simone (7) __________ (être de retour de / être en train de) faire des projets pour leur avenir.

Étape 2. Discutez de ces questions avec un(e) partenaire.

1. Connaissez-vous quelqu'un qui a l'occasion de travailler avec ses bon(ne)s ami(e)s?
2. Connaissez-vous quelqu'un qui a souvent sommeil en classe?
3. Connaissez-vous quelqu'un (d'un film) qui a tendance à avoir des hallucinations?
4. Connaissez-vous quelqu'un qui est en train de faire des projets pour sa vie?
5. Avez-vous hâte de savoir ce qui va se passer dans le film *Encore*?

C Qu'est-ce que vous avez en commun? On peut mieux se connaître quand on découvre ce qu'on *(what one)* a en commun. Complétez chaque phrase avec des informations personnelles. Ensuite, partagez vos réponses avec un(e) partenaire pour voir ce que vous avez en commun.

1. Pendant la semaine, je suis souvent en train de…
2. J'ai de la chance parce que…
3. Quand je suis nerveux / nerveuse, j'ai tendance à…
4. J'ai peur de…
5. Je veux avoir l'occasion de…
6. Parfois, j'ai honte de…
7. J'ai envie de…
8. J'ai hâte de…

D Qu'est-ce qu'ils vont faire ce week-end? Utilisez **aller** + infinitif pour indiquer ce que les personnes suivantes vont faire ce week-end.

1. Je…
2. Mon/Ma professeur(e)…
3. Mes camarades de classe…
4. Mes colocataires et moi, nous…
5. Le président des États-Unis…
6. Lady Gaga et Madonna…

E Sondage Pour mieux connaître vos camarades de classe, demandez à plusieurs personnes si elles vont faire ces choses demain. Si un(e) camarade de classe répond **oui** à une question, notez son nom.

Modèle: faire du yoga: **Est-ce que tu vas faire du yoga demain?**

1. manger dans un restaurant français
2. faire les devoirs de français
3. lire un texte en français
4. regarder un film français
5. aller au cours de français
6. être en retard pour le cours de français
7. avoir le livre de français en classe
8. écrire un poème en français

Conclusion Qui va être un(e) bon(ne) étudiant(e) de français demain?

PARTIE 2 VOCABULAIRE 2

Réflexion **culturelle**

Premières impressions

Réactions de Medhi, Nicolas, Emilie et Khadija à la question: *Que faites-vous pour faire une bonne impression quand vous rencontrez quelqu'un pour la première fois?*

Robert Kneschke/Shutterstock.com

Medhi

Quand on **rencontre quelqu'un** pour la première **fois,** créer une bonne première impression est très importante dans notre culture. Il y a un «code» à observer, comme **serrer la main,** mais aussi respecter une certaine distance (un mètre ou 3 pieds) entre les deux personnes. **Il faut** aussi être toujours très poli et **respectueux.** Une marque de respect très importante dans ma culture est de ne pas **regarder les gens droit dans les yeux,** surtout s'ils sont plus âgés que vous.

Production Perig/Shutterstock.com

Nicolas

En français, il existe une expression très vraie, «l'habit ne fait pas le moine»°. Mais la première impression est toujours très importante parce que beaucoup de gens jugent sur l'**apparence,** les vêtements, la **coiffure** et les chaussures. Pour **faire une bonne impression,** on **se vouvoie** toujours quand on rencontre quelqu'un pour la première fois, surtout entre adultes et avec les personnes plus âgées. On **évite de** parler de politique, de religion ou d'argent.

Courtesy of Emily Rosales Photograph: Diane Marin.

Émilie

Au Québec, on est souvent direct avec les gens et moins formel en général. Les premières impressions sont souvent basées sur les accomplissements personnels de l'individu: son activité professionnelle, sa carrière ou sa profession, par exemple. Les études (les diplômes et les matières étudiées) sont aussi importantes pour faire bonne impression. Pour une première **rencontre,** on ne parle pas de politique, de religion ou de salaire, mais le sport n'est pas un problème, surtout le hockey.

West Coast Surfer/moodboard/AGE Fotostock

Khadija

Dans la culture sénégalaise, on prend typiquement le temps d'en apprendre le plus possible sur la culture et la personne elle-même avant de se faire une première impression. L'**apparence** et les **bonnes manières** sont très importantes. Pour ne pas **donner une mauvaise image de soi,** on évite certains sujets comme l'âge ou le nombre de personnes dans sa famille. Regarder les gens, plus âgés que vous, droit dans les yeux crée aussi l'impression d'être impoli.

l'habit ne fait pas le moine *the habit doesn't make the monk (don't judge a book by its cover)*

Vocabulaire du texte

l'apparence *(f.) appearance*
les bonnes manières *(f. pl). good manners*
la coiffure *hairstyle*
une fois *time, once*
une rencontre *meeting, encounter*

donner une bonne / mauvaise image de soi *to give a good / bad impression of oneself*
éviter (de + infinitif) *to avoid (doing something)*

faire (une) bonne / mauvaise impression *to make a good / bad impression*
regarder les gens droit dans les yeux *to look people straight in the eye*
rencontrer *to meet*
serrer la main *to shake hands*
se vouvoyer *to use* **vous** *with someone*

respectueux / respectueuse *respectful*

Il faut + infinitif *It's necessary (to do something)*
quelqu'un *someone*

Vocabulaire complémentaire

un sourire *smile*

bavard(e) *chatty*
bien / mal habillé(e) *well / badly dressed*
charmant(e) *charming*
curieux / curieuse *nosy*
ennuyeux / ennuyeuse *boring*
gentil(le) *kind, nice*
intelligent(e) *intelligent*
intéressant(e) *interesting*
méchant(e) *mean*
sociable *social*
timide *shy*

se tutoyer *to use* **tu** *with someone*

bien sûr *of course, naturally*
bien sûr que non *of course not, certainly not*
sans doute *most likely, doubtless, probably*
trop *too*

Il/Elle me semble + adj. *He/She seems (+ adj.)*
J'ai l'impression (que) *I have the impression (that)*
Je suis persuadé(e) (que) *I am persuaded (that)*

Note de vocabulaire

It is common to hear native French speakers say both **faire <u>une</u> bonne / mauvaise impression** or **faire bonne / mauvaise impression** without **une**. The meaning is the same. Another common expression is **se faire une première impression** *(to have a first impression).*

Note de vocabulaire

The verbs **se vouvoyer** and **se tutoyer** can also be used non-reflexively, as when you are directing the action upon someone else. **Nous vouvoyons toujours le professeur.** *(We always* **vouvoie** *the professor. / We always use* **vous** *with the professor.)* **Je tutoie la fille de ma voisine.** *(I* **tutoie** *my neighbor's daughter. / I always use* **tu** *with my neighbor's daughter.)*

Note de vocabulaire

To say in French *to shake someone's hand*, use the expression **serrer la main à quelqu'un. Je serre la main à tous mes profs le premier jour.** *I shake all my professors' hands on the first day.*

Note de vocabulaire

In informal contexts, the adjective **curieux / curieuse** can also mean *nosy* or even *bizarre* or *strange*.

Avez-vous compris? Dites si chaque phrase est vraie ou fausse. Corrigez les phrases fausses.

1. «Regarder les gens droit dans les yeux» est une marque de respect dans le «code» à observer dans la culture de Medhi.
2. Selon Nicolas, la première impression est secondaire en France.
3. Au Québec, d'après Emilie, les premières impressions sont souvent basées sur l'apparence.
4. Pour Khadija, on évite de poser des questions sur le nombre de personnes dans sa famille pour ne pas donner une mauvaise image de soi.

À votre avis Est-ce qu'il faut prendre le temps de mieux connaître une personne et sa culture avant d'avoir une première opinion de cette personne?

PARTIE 2 VOCABULAIRE 2

A **En d'autres termes** Liez *(Link)* les mots de gauche avec les mots de droite qui expriment *(express)* la même idée.

1. rencontrer	**a.** une personne
2. se vouvoyer	**b.** pas timide
3. éviter	**c.** faire connaissance
4. quelqu'un	**d.** pas intéressant
5. ennuyeux	**e.** utiliser «vous»
6. bavard	**f.** parler beaucoup
7. respectueux	**g.** ne pas faire
8. sociable	**h.** poli

B **Comment faire une bonne première impression?**

Étape 1. Une première impression est souvent influencée par certains facteurs comme **l'apparence physique, la communication verbale ou non verbale, la familiarité** ou **le comportement** *(behavior)*. Déterminez quels facteurs d'influence sont associés à ces expressions ou actions chez les gens.

1. serrer la main
2. être bien / mal habillé
3. se tutoyer
4. le «déjà vu»
5. «Enchanté de faire votre connaissance.»
6. faire un sourire
7. «Bonjour. Je m'appelle…»
8. être discret / discrète
9. faire penser à quelqu'un d'autre
10. regarder les gens droit dans les yeux

Étape 2. Les experts disent qu'on se fait une première impression en moins de deux secondes! Alors, qu'est-ce qui *(what)* est le plus important et qu'est-ce qu'il faut éviter *(avoid)* pour faire une bonne impression quand vous rencontrez quelqu'un pour la première fois?

Modèle: **Pour la familiarité, être respectueux est le plus important. Il ne faut pas tutoyer les personnes qu'on vient de rencontrer.**

1. Pour l'apparence physique, ______________________________
2. Pour la communication non verbale, ______________________________
3. Pour le comportement, ______________________________
4. Pour la communication verbale, ______________________________

C **Sondage: Autres facteurs d'influence?** D'après vos camarades de classe, comment faire bonne ou mauvaise impression quand on rencontre d'autres étudiants sur votre campus? Parlez avec autant *(as many)* de camarades de classe que possible.

Modèle: É1: **D'après toi, qu'est-ce qui fait mauvaise impression?**
É2: **Pour moi, c'est être trop curieux et poser des questions trop personnelles.**
É3: **Pour moi, c'est porter des chaussettes avec des sandales.**

D Points de vue: Comment faire une bonne première impression professionnelle

Étape 1. Dressez une liste des suggestions pour faire une bonne première impression professionnelle, surtout pendant un entretien *(interview)*. Après, lisez ce petit texte qui donne dix façons *(ways)* de faire une bonne première impression quand ça compte *(it counts)*.

10 façons de faire une bonne première impression

wavebreakmedia/Shutterstock.com

Les premières secondes sont cruciales quand on rencontre quelqu'un pour la première fois! Elles ont, en général, une grande influence sur l'issue *(outcome)* de l'entretien ou de la rencontre. Si vous voulez faire bonne impression, il faut toujours faire attention à votre comportement. N'oubliez pas que les 30 premières secondes sont déterminantes! Ici, 10 conseils pour ne pas avoir besoin de faire marche arrière *(back-pedal)*.

1. Prenez une profonde respiration juste avant le moment où vous vous présentez.
2. Regardez les gens dans les yeux, surtout quand vous serrez la main.
3. Montrez que vous êtes enthousiaste (mais pas trop!) et heureux (heureuse) d'être avec eux.
4. Souriez (mais pas trop ou trop souvent!) pendant l'entretien ou la rencontre.
5. Ne bougez pas dans tous les sens *(fidget)*.
6. Laissez les autres parler au début.
7. Pour l'entretien, portez des vêtements professionnels qui reflètent l'image de l'entreprise.
8. Posez des questions intelligentes et montrez que vous êtes engagé(e).
9. Soyez vous-même: authentique et sincère mais toujours professionnel(le).
10. Ne récitez pas par cœur vos réponses, mais répétez *(practice)* un peu surtout avant un entretien professionnel.

Adapté des sources: "http://www.performance20.net," http://www.michaelpage.fr, http://www.salesrep.ca

Étape 2. Discutez avec un(e) partenaire et choisissez le meilleur conseil du texte *10 façons de faire une bonne impression* pour chaque situation suivante, selon vous.

1. avec un nouveau professeur
2. au début d'un entretien
3. quand vous rencontrez votre colocataire pour la première fois
4. pendant le premier cours
5. avec vos futurs beaux-parents
6. quand vous parlez avec votre patron *(boss)* pour la première fois

Et vous? Quels conseils du texte s'appliquent aussi aux entretiens de stage *(internship)*? Y a-t-il d'autres façons de faire bonne première impression professionnelle à considérer et à ajouter lorsqu' *(to add when)* on est étudiant?

Encore une mélodie

A163/Gamma-Rapho/Getty Images

Shy'M est une chanteuse et danseuse française de pop, mais elle est aussi inspirée par le R'n'B, la soul et l'électro. Dans sa chanson *Et alors!* (2012), elle parle de ses impressions de la vie en société. Regardez le clip vidéo de cette chanson sur Internet. Quelles en sont vos premières impressions?

Les verbes dont le radical change; la préposition *depuis;* l'impératif

DU FILM *ENCORE*

Encore un pas vers la grammaire

Look at these photos from the film *Encore* and their captions.

Claire espère *(hopes)* voir sa mère sortir bientôt de l'hôpital.

Claire travaille à l'Hôtel Delta **depuis** plusieurs années.

1. The infinitive of **espère** is **espérer.** What happens to the accent when the verb is conjugated here with the subject **Claire**?
2. What does ***depuis*** **(plusieurs années)** mean? ____________
   a. *at* **b.** *for* **c.** *during*

Les verbes dont le radical change

The present tense of regular **-er** verbs is formed by dropping the **-er** from the infinitive and adding the correct endings: **parler** *(to speak)* → **je parl<u>e</u>, tu parl<u>es</u>, il/elle/on parl<u>e</u>, nous parl<u>ons</u>, vous parl<u>ez</u>, ils/elles parl<u>ent</u>.** However, some **-er** verbs have stems that require a spelling change when conjugated in the present tense.

MINDTAP Préparation

Go to **Préparation pour Grammaire 2** to review **-er, -ir,** and **-re** verbs.

y → i	é in the next-to-last syllable → è	e in the next-to-last syllable → è
ennuyer *(to bore, to annoy)* **envoyer** *(to send)* **payer** *(to pay)* **essayer** *(to try)*	**compléter** *(to complete)* **espérer** *(to hope)* **préférer** *(to prefer)* **répéter** *(to repeat)*	**acheter** *(to buy)* **amener** *(to bring)*
envoyer j'envo**i**e tu envo**i**es il/elle/on envo**i**e nous envoyons vous envoyez ils/elles envo**i**ent	**préférer** je préf**è**re tu préf**è**res il/elle/on préf**è**re nous préférons vous préférez ils/elles préf**è**rent	**acheter** j'ach**è**te tu ach**è**tes il/elle/on ach**è**te nous achetons vous achetez ils/elles ach**è**tent

Note de grammaire

The **y** in **-ayer** verbs like **payer** and **essayer** can change to an **i** or remain a **y**. Both forms **je paie** and **je paye** or **ils essaient** and **ils essayent** are acceptable spellings.

- The verbs **prendre** *(to take),* **comprendre** *(to understand),* and **apprendre** *(to learn)* have a stem spelling change in the **nous, vous,** and **ils/elles** forms.

je prends, tu prends, il/elle/on prend, nous pre**n**ons, vous pre**n**ez, ils/elles pre**nn**ent

> **Note de grammaire**
>
> The verb **amener** is typically used with people when you want *to take someone* somewhere. However, the verb **prendre** is used in the expression **prendre quelqu'un pour** + noun *(to take someone for/as + noun)* when you are expressing an opinion or impression of that person. **Tu le prends pour quelqu'un de gentil?** *(Do you take him for/as a nice person?)*

La préposition *depuis*

- **Depuis** may be used with present tense verbs to express that an action began in the past but continues in the present. **Depuis** expressed with a duration means *for*. With a specific point in time or with a date, it means *since*.

  J'étudie le français **depuis** deux ans. *I've been studying French for two years.*

  J'habite ici **depuis** août. *I've been living here since August.*

- **Depuis** can be combined with **combien de temps** *(how long)* or **quand** *(when)* to ask questions about the length of time of an activity, action, or state of being.

  Depuis combien de temps est-ce qu'ils sont amis?

  (For) How long have they been friends?

  Depuis quand faites-vous du yoga?

  Since when have you been doing yoga?

L'impératif

- The imperative is used to give commands, instructions, or directions to others. For most verbs, use the present tense **tu, nous,** and **vous** forms of the verb. When speaking informally to one person, use the familiar **tu** form. When speaking formally to one person or to a group of people, use the **vous** form. To include yourself in the suggested action, use the **nous** form.

  Choisis l'ordinateur que tu voudrais. *Choose the computer you would like.*

  Choisissons nos cours ensemble. *Let's choose our classes together.*

  Ne choisissez pas la mauvaise réponse. *Don't choose the wrong answer.*

> **Note de grammaire**
>
> In negative commands, put **ne… pas** around the verb.

- For the **tu** forms of **-er** verbs and the verb **aller,** drop the **-s.** For all other types of verbs, keep the **-s.** Note that **être** and **avoir** have very different forms in the imperative and that stem-changing verbs maintain their spelling changes in the imperative.

> **Note de grammaire**
>
> For the imperative forms of **payer** and **essayer,** both **essaye** and **essaie** or **paye** and **paie** are acceptable spellings.

	-er verbs (écouter)	**-ir verbs (finir)**	**-re verbs (répondre)**	
(tu)	écoute	finis	réponds	
(vous)	écoutez	finissez	répondez	
(nous)	écoutons	finissons	répondons	
	aller	**faire**	**avoir**	**être**
(tu)	va	fais	**aie**	**sois**
(vous)	allez	faites	**ayez**	**soyez**
(nous)	allons	faisons	**ayons**	**soyons**
	prendre	**amener**	**répéter**	**envoyer**
(tu)	prends	amène	répète	envoie
(nous)	prenons	amenons	répétons	envoyons
(vous)	prenez	amenez	répétez	envoyez

A Une bonne ou une mauvaise impression? Terminez ces phrases et indiquez si ces actions donnent probablement une bonne ou une mauvaise impression de ces étudiants, à votre avis.

	une bonne impression	une mauvaise impression
1. Carla _______ ses fournitures scolaires à prix réduit *(reduced)*. **a.** achètes **b.** achète	☐	☐
2. Marc et Simon _______ aller au cinéma qu'étudier. **a.** préfèrent **b.** préférons	☐	☐
3. Justine et Fanny _______ leur mère tous les jours. **a.** appellent **b.** appelez	☐	☐
4. Loïc et moi, nous _______ toujours en liquide *(cash)*. **a.** payons **b.** paie	☐	☐
5. Rachid _______ un nouvel ami chez ses parents. **a.** amenez **b.** amène	☐	☐

B Premières impressions Complétez les phrases avec la forme du verbe qui convient. Quelles sont vos premières impressions de ces étudiants?

Paul…

1. Mon ami et moi, nous ne _______ (ennuyer / prendre) pas souvent de pizza.
2. Mes amis _______ (espérer / payer) réussir à l'école.
3. J' _______ (envoyer / essayer) toujours de faire de mon mieux à l'université.
4. Je _______ (compléter / préférer) toujours les exercices avant le cours.

Christine…

5. J'_______ (envoyer / amener) des textos en cours.
6. Ma sœur et moi, n' _______ (acheter / ennuyer) pas toujours nos livres.
7. Mes amis _______ (répéter / prendre) toujours les mêmes erreurs.
8. Je n(e) _______ (apprendre / payer) pas toujours le loyer *(rent)*.

C Faire une bonne impression Formulez une phrase que vous pouvez dire qui fait une bonne impression à la personne indiquée, dans chaque situation suivante. Utilisez les verbes donnés ou d'autres que vous connaissez.

compléter	essayer	appeler	acheter	prendre	aimer	écouter
amener	ennuyer	préférer	voyager	finir	perdre	???

Modèle: quand vous rencontrez votre colocataire pour la première fois
Je préfère étudier pendant la semaine et aller au cinéma le week-end.

1. quand vous rencontrez des camarades de classe au premier cours de français
2. quand vous parlez pour la première fois avec un nouveau professeur
3. quand vous sortez *(go out)* pour la première fois avec quelqu'un
4. quand vous vous présentez à vos futurs collègues de travail

D **Apprendre à mieux vous connaître** La préposition **depuis** et ses variations peuvent être utiles pour apprendre à mieux connaître *(getting to know)* les gens.

Étape 1. Complétez ces phrases avec l'expression qui convient.

1. ________ envoies-tu des courriels à Marie? **a.** Depuis **b.** Depuis quand
2. Je voyage en France chaque année ________ 2000. **a.** depuis **b.** depuis combien de temps
3. Tu achètes tes livres sur Internet ________ l'année passée? **a.** depuis **b.** depuis quand
4. Émilie appelle Paul ________? **a.** depuis **b.** depuis quand
5. Nous amenons notre chien ici ________ toujours. **a.** depuis **b.** depuis combien de temps
6. ________ paie-t-elle pour Luc par carte de crédit? **a.** Depuis **b.** Depuis quand

Étape 2. Avec un(e) partenaire, préparez des questions avec **depuis, depuis quand** ou **depuis combien de temps** à poser à votre professeur(e) pour apprendre à mieux le/la connaître.

E **Donner une bonne ou mauvaise image de soi?** Dans beaucoup de cultures, n'oubliez pas que quand on rencontre de nouvelles personnes, s'intéresser à elles et leur poser des questions font une bonne impression en général, mais en même temps poser des questions indiscrètes ou impolies risque de donner une très mauvaise impression de soi.

Étape 1. Faites une liste des questions qui peuvent donner une bonne image de soi et de celles qui risquent de donner une mauvaise image de soi.

Modèle: **Depuis quand étudies-tu ici?**
Quelle est ta spécialisation? Depuis combien de temps est-ce que tu étudies ça?
Est-ce que tu aimes vraiment les profs de cette université?
Est-ce que tu préfères étudier ou faire la fête?

Étape 2. Posez vos questions à un(e) partenaire et essayez de répondre à ses questions si possible. Si vous trouvez une question impolie ou pas logique, n'y répondez pas. Vous pouvez dire **Je ne réponds pas,** par exemple.

F **Boîte à suggestions** Quelles suggestions voudriez-vous donner aux gens indiqués pour votre cours de français? Notez vos trois idées à l'impératif pour chaque personne dans la grille suivante.

Modèle: à votre professeur(e)
Amenez tout le monde au café un jour, s'il vous plaît.

	1	2	3
à un(e) camarade de classe			
à votre professeur(e)			
à un(e) étudiant(e) et à vous-même			

COIN CULTUREL

Rob Hainer/Shutterstock.com

Dès le plus jeune âge, l'apparence de soi est importante en France. En général, les enfants français sont bien habillés quand ils vont à l'école ou sortent en public. Le magasin Les Galeries Lafayette à Paris est connu pour son étage de vêtements et d'accessoires pour les zéro à 12 ans. Il y a aussi la célèbre marque du grand couturier Jean-Paul Gaultier avec ses collections bébé et junior pour les enfants chics.

Note de grammaire

To be more polite when using the imperative, add **s'il vous plaît** or **s'il te plaît** at the end of your command. For example, **Répétez, s'il vous plaît** or **Répète, s'il te plaît.**

SYNTHÈSE

OUI, JE PEUX!

Look at the following "can-do statement" and rate yourself on how well you think you can perform this task in French. Then, with a partner, carry out the statement by doing the activity. This will allow you to verify your abilities and to see how accurate your self-assessment was.

"I can talk about three events that I think are going to happen or three activities that I will do in the near future. I can also ask a partner about his/her events or activities in the near future and determine whose life is going to be more interesting."

I can perform this function

☐ with ease
☐ with some difficulty
☐ not at all

A Trois événements ou activités

Étape 1. Pensez à trois événements qui peuvent vous arriver ou trois activités que vous pensez faire dans le futur proche.

Modèle: Je vais avoir de la chance de voyager avec trois bons amis en Europe.

Verbes suggérés

acheter	avoir lieu	être en train de
aller	avoir l'occasion de	faire
avoir de la chance (de)	envoyer	finir
avoir hâte de	essayer	lire
		prendre

Étape 2. Parlez de vos événements ou de vos activités de l'Étape 1 avec votre partenaire. Selon vous, qui va avoir une vie plus intéressante? Votre partenaire ou vous?

Étape 3. Avez-vous bien réussi cette activité ou avez-vous eu des difficultés avec cette tâche *(task)*? Si oui, quelles étaient vos difficultés?

RÉSUMÉ DE VOCABULAIRE

PARTIE 1

Les noms

la capitale *capital*
un endroit *place*
les études *(f. pl.) studies*
une femme au foyer *housewife*
l'île *(f.) island*
un logement *dwelling, housing*
le Maghreb *North African countries*
une mosquée *mosque*
la nationalité *nationality*
l'origine *(f.) origin*
un palais *palace*
un pays *country*
la profession *profession*
le quartier *neighborhood*
la région *region*
la situation familiale *marital status*
une ville *city*

Les verbes

avoir l'air *to seem*
avoir ____ ans *to be ______ years old*
avoir besoin de *to need*
avoir de la chance *to be lucky*
avoir chaud / froid *to be hot / cold*
avoir envie de *to feel like*
avoir faim / soif *to be hungry / thirsty*
avoir hâte de *to look forward to*
avoir honte de *to be ashamed of*
avoir lieu *to take place*
avoir l'occasion de *to have the opportunity to*
avoir peur (de) *to be afraid (of)*
avoir raison / tort (de) *to be right / wrong (to)*
avoir sommeil *to be sleepy*
avoir tendance à *to have the tendency to*
être à l'heure *to be on time*
être en retard *to be late*
être de retour *to be back*
être en train de + infinitif *to be in the process of (doing something)*

dévoiler *to reveal*
enseigner *to teach*
être d'origine (+ nationalité) *to be of (nationality) origin*
faire la connaissance de *to meet*
venir (de) *to come (from)*

Les adjectifs

(pas) approprié(e) *(not) appropriate*
célibataire *single*
discret / discrète *discreet*
indiscret / indiscrète *indiscreet*
marié(e) *married*
ouvert(e) *open*
personnel(le) *personal*
poli(e) / impoli(e) *polite / impolite*
privé(e) *private*
traditionnel(le) *traditional*

Les expressions

à quelques heures de *a few hours from*
Ça dépend. *It depends.*
D'où venez-vous? *Where are you from?*
Qu'est-ce que vous faites dans la vie? *What do you do in for a living?*
Vous êtes de quelle région? *Which region are you from?*

Divers

le/la moins / moins *the least / less*
le/la plus / plus *the most / more*

PARTIE 2

Les noms

l'apparence *(f.) appearance*
les bonnes manières *(f. pl.) good manners*
la coiffure *hairstyle*
une fois *time, once*
une rencontre *meeting, encounter*
un sourire *smile*

Les verbes

acheter *to buy*
amener *to bring*
apprendre *to learn*
compléter *to complete*
comprendre *to understand*
donner une bonne / mauvaise image de soi *to give a good / bad impression of oneself*
ennuyer *to bore, to annoy*
envoyer *to send*
espérer *to hope*
essayer *to try*
éviter (de + infinitif) *to avoid (doing something)*
faire (une) bonne / mauvaise impression *to make a good / bad impression*
payer *to pay*
préférer *to prefer*
prendre *to take*
regarder les gens droit dans les yeux *to look people straight in the eyes*
rencontrer *to meet*
répéter *to repeat*
serrer la main *to shake hands*
se tutoyer *to use* ***tu*** *with someone*
se vouvoyer *to use* ***vous*** *with someone*

Les adjectifs

bavard(e) *chatty*
bien / mal habillé(e) *well / badly dressed*
charmant(e) *charming*
curieux / curieuse *nosy*
ennuyeux / ennuyeuse *boring*
gentil(le) *kind, nice*
intelligent(e) *intelligent*
intéressant(e) *interesting*
méchant(e) *mean*
respectueux / respectueuse *respectful*
sociable *social*
timide *shy*

Les expressions

Il faut + infinitif *It's necessary (to do something)*
Il/Elle me semble + adj. *He/She seems (+ adj.)*
J'ai l'impression (que) *I have the impression (that)*
Je suis persuadé(e) (que) *I am persuaded (that)*

Divers

bien sûr *of course, naturally*
bien sûr que non *of course not, certainly not*
combien de temps *how long*
depuis *for, since*
quand *when*
quelqu'un *someone*
sans doute *most likely, doubtless, probably*
trop *too*

PREMIÈRES IMPRESSIONS

À quoi pensez-vous quand vous entendez le mot «symbole»? Discutez de cette question avec vos camarades de classe.

CHAPITRE 1

Les **symboles**

Objectifs

- *Identify and understand symbols*
- *Express and react to an opinion*

Culture

- La fleur de lys
- Graffiti, tag, tatouages, henné
- Les symboles culturels francophones

Grammaire

1 *The verbs* ***offrir, plaire, soutenir, construire,*** *and* ***servir***

2 *Definite, indefinite, and partitive articles*

3 *Reflexive and reciprocal verbs*

Un pas vers la lecture

Calligrammes, Guillaume Apollinaire

Un pas vers l'écriture

Un calligramme

You will also watch **SÉQUENCE 1: Le cauchemar** of the film *Encore.*

UN APERÇU SUR LE FILM

Le bon ordre Avec un(e) partenaire, mettez les phrases suivantes dans le bon ordre (1–5) pour décrire la personne dans la photo.

_____ a. Claire apprend qu'elle hérite d'une petite fortune.

_____ b. Cet homme lui révèle un grand secret.

_____ c. Claire Gagner est la protagoniste du film *Encore.*

_____ d. Elle travaille aussi dans un hôtel où elle fait la connaissance d'un homme mystérieux.

_____ e. Elle habite à Montréal où elle étudie la psychologie.

Conclusion Au début du film *Encore,* Claire va avoir besoin...

a. d'un médecin. b. d'un avocat. c. d'un professeur.

Réflexion culturelle

La fleur de lys

work by Lisa Kling/Getty Images

La fleur de lys, ou fleur de lis, est un des **emblèmes** les plus anciens au monde occidental. À partir du Moyen Âge, elle devient l'emblème de la **royauté** française, **couleur or** sur fond **bleu d'azur.** Pour montrer leur **loyauté** envers le royaume de France, de nombreuses villes de France, comme Tours, Lyon ou Angers l'adoptent pour leur **blason,** puisqu'° elle représente un **symbole** de la monarchie. Elle est aussi présente dans plusieurs cultures francophones.

En Amérique du Nord, les différentes communautés francophones utilisent la fleur de lys comme témoignage° au monde francophone. L'exemple le plus célèbre est le Québec qui **adopte** un nouveau **drapeau** en 1948: quatre fleurs de lys de couleur **blanche** sur fond bleu d'azur. Ce drapeau illustre la **fierté** nationale et se trouve partout. On retrouve aussi la fleur de lys dans le sport, sur la tenue des Saints, la célèbre équipe de football américain de La Nouvelle-Orléans, représentée par l'or, le **blanc** et le **noir.** Cependant, pour les Français, la fleur de lys est associée au royaume de France et donc à l'Ancien Régime°, avant la Révolution. Voilà pourquoi certains sont opposés à l'utilisation de ce symbole.

Enfin, la fleur de lys est très présente en décoration, aussi bien comme serre-livres°, **objet décoratif** à accrocher° au mur, ou encore sur les accessoires de cuisine: serviettes, assiettes, tasses, etc. La fleur de lys est devenue également un motif très populaire pour la mode° et les **bijoux.** Récemment, plusieurs marques de jeans l'ont adoptée comme **motif** sur les poches arrières° de leurs pantalons, telles que Lucky Brand Jeans.

puisque *since* **témoignage** *testimony* **l'Ancien Régime** *the old order, the former regime* **serre-livres** *bookends* **accrocher** *to hang* **mode** *fashion* **poches arrières** *back pockets*

Vocabulaire du texte

les bijoux *(m. pl.) jewelry*
le blanc *white*
un blason *coat of arms*
le bleu *blue*
la couleur *color*
un drapeau *flag*
un emblème *emblem*
la fierté *pride*
la loyauté *loyalty*
un motif *motif, pattern*
le noir *black*

un objet (décoratif) *(decorative) object*
la royauté *royalty*
un symbole *symbol*

adopter *to adopt*

blanc / blanche *white*
bleu(e) d'azur *sky-blue*
noir(e) *black*
or *(m., f.) gold*

Vocabulaire complémentaire

l'aigle *(m.) eagle*
le coq *rooster*
la grenouille *frog*
le lion *lion*
le panda *panda*

une bague *ring*
un couteau *knife*
la mort *death*
la naissance *birth*

représenter *to represent*

gris(e) *gray*
jaune *(m., f.) yellow*
marron *(m., f.) brown*
rose *(m., f.) pink*
rouge *(m., f.) red*
vert(e) *green*
violet / violette *purple*

À mon avis / Pour moi... *In my opinion . . .*
D'après moi / Selon moi... *According to me . . .*
Je crois que... *I believe that . . .*
Je pense que... *I think that . . .*
Je trouve que... *I find that . . .*
par hasard *by chance, by accident*

Note de vocabulaire

When used as adjectives, colors agree in number and gender with the object they are modifying. When used as nouns, the form is always masculine and singular and takes the definite article **le.**

Avez-vous compris? Répondez aux questions suivantes.

1. De quand date la fleur de lys?
2. Où peut-on trouver la fleur de lys en Amérique du Nord?
3. Que symbolise la fleur de lys en France? Et au Québec?
4. Sur quels objets décoratifs, vêtements et/ou accessoires voyez-vous fréquemment la fleur de lys dans votre culture (si elle est présente dans votre culture)?

À votre avis Y a-t-il des fleurs de lys quelque part *(somewhere)* sur votre campus ou dans la ville de votre université? Si oui, qu'est-ce qu'elles représentent pour la culture de votre université ou de votre ville?

Encore une mélodie

AUGER Benjamin/ Getty Images

Fleur de Lys est le prénom d'un personnage de la comédie musicale *Notre Dame de Paris*. Cherchez la chanson *Beau comme le soleil* sur Internet et écoutez Fleur de Lys et Esméralda chanter ensemble. Quel symbole pourrait représenter l'amour que chaque femme a pour le capitaine Phœbus?

A Associations Donnez un exemple de chaque objet suivant.

1. un blason
2. un emblème
3. une bague symbolique
4. quelque chose de bleu d'azur ou quelque chose en or
5. une couleur qui représente la mort ou la naissance
6. un symbole qui représente la loyauté ou la fierté

B Identifier des symboles culturels

Étape 1. Complétez les phrases suivantes avec un mot du vocabulaire.

1. La France peut être représentée par ______ et les États-Unis par ______, qui sont tous les deux des oiseaux-symboles nationaux.
2. La Belgique a adopté ______ et la Chine ______ comme animaux-symboles du pays.
3. Le ______ est une arme *(weapon)* et un symbole populaire dans les films d'horreur.
4. Les bracelets et les bagues Cartier sont des exemples de ______ qui symbolisent le luxe.

Étape 2. Complétez les opinions suivantes avec votre point de vue.

1. À mon avis, ______ est un bon symbole pour le Québec.
2. Pour moi, ______ est un bon symbole pour la France.
3. D'après moi, ______ est un bon motif décoratif pour notre université.
4. Selon moi, ______ est un bon motif décoratif pour une chambre d'étudiant.

Étape 3. Dites vos phrases de l'Étape 2 à un(e) partenaire. Pour les phrases où vous êtes d'accord, résumez vos idées.

Modèles: À notre avis, la fleur de lys est un bon symbole pour le Québec.
Nous trouvons que la grenouille est un bon symbole pour la France.

C Le symbolisme des couleurs On dit que les couleurs représentent une combinaison des associations mentales et des valeurs morales pour un peuple. Mais ce symbolisme varie d'une culture à l'autre et même d'un individu à l'autre.

Étape 1. Formulez une question pour chaque concept suivant et posez vos questions à plusieurs camarades de classe. Notez leurs réponses.

Modèle: À ton avis, quelle(s) couleur(s) représente(nt) le bonheur?

1. le bonheur
2. la mort
3. l'environnement
4. la mélancolie
5. la loyauté
6. la fierté nationale
7. la royauté
8. la créativité
9. la jeunesse

Étape 2. Avec un(e) partenaire, discutez des réponses que vous avez obtenues. Avez-vous trouvé des réponses très contradictoires? Faites un résumé ensemble de quelques exemples du symbolisme des couleurs selon vos camarades de classe.

D La couleur, indicateur de personnalité? Certains psychologues croient que les couleurs préférées peuvent révéler la personnalité d'un individu. Qu'en pensez-vous?

Étape 1. Dites à un(e) partenaire la première couleur qui vous vient à l'esprit *(comes to mind)* pour chaque chose. Notez les réponses de votre partenaire.

1. un t-shirt
2. un stylo
3. un marqueur
4. les yeux
5. une grenouille
6. un drapeau
7. des fleurs
8. une bague
9. les cheveux

Étape 2. Répondez aux questions suivantes et discutez-en avec votre partenaire.

1. Y a-t-il une couleur dominante ou répétée parmi les réponses de votre partenaire?
2. Est-ce que cette couleur est sa couleur préférée, par hasard? (Demandez-le-lui.)
3. Trouvez l'adjectif qui correspond à sa couleur préférée dans le tableau suivant et utilisez cet adjectif pour compléter (et répondre à) cette question: Est-il/elle…, à votre avis?

le blanc: responsable	**le gris:** calme	**le rouge:** sensuel(le)
le bleu: indépendant(e)	**le jaune:** créatif / créative	**le vert:** affectueux / affectueuse
le noir: courageux / courageuse	**le marron:** fidèle	**le violet:** spirituel(le)
l'or: charmant(e)	**le rose:** dépendant(e)	**l'orange:** sociable

E Les symboles dans la francophonie

Étape 1. Associez ces symboles avec la culture francophone qu'ils représentent.

1. la Tour Eiffel
2. le fromage
3. les frites
4. la fleur de lys
5. le couscous
6. un ballon de foot
7. un caniche *(poodle)*
8. un couteau de poche multifonction
9. une voiture Peugeot

Étape 2. Posez les questions suivantes à deux camarades de classe.

1. Quel symbole de la liste est un bon choix pour un t-shirt ou un autocollant *(sticker)* pour voiture, à votre avis? Pourquoi?
2. Selon vous, quel est le symbole le plus stéréotypé dans la francophonie? Pourquoi?

F Dans la vente! Imaginez que vous faites du marketing pour une entreprise française qui veut vendre ses produits aux États-Unis. Avec deux ou trois camarades de classe, répondez à ces questions pour vous aider à préparer une petite campagne publicitaire.

1. Quels produits vendez-vous? À qui? Dans quelle(s) région(s) américaine(s)?
2. Quel(s) symbole(s) mettez-vous sur l'emballage *(packaging)* de vos produits?
3. Quel symbole français ou francophone choisissez-vous pour le logo de votre entreprise?
4. Quel slogan voulez-vous pour vos produits ou votre entreprise?

COIN CULTUREL

Titima Ongkantong/Shutterstock.com

Suite aux événements tragiques à Paris le 13 novembre 2015 où 129 personnes ont perdu la vie, un symbole a été créé pour exprimer le désir et l'espoir de retrouver la paix à Paris. Puissant (*Powerful*), dans toute sa simplicité, ce symbole combine la paix avec la tour Eiffel, emblème de Paris.

Les verbes irréguliers *offrir, plaire, soutenir, construire* et *servir*

DU FILM ENCORE

Encore un pas vers la grammaire

Look at these photos from the film *Encore* and their captions.

M. SIMARD Bon, c'est un cas extraordinaire, Madame Gagner. Mais tous ces documents **soutiennent** ce que vous racontez.

André **offre** sa gratitude pour la brosse à dents.

1. What are the infinitive forms of the verbs **soutiennent** and **offre**? What do they mean?
2. What other verbs follow the same conjugation pattern as these two verbs?

MINDTAP **Préparation**

Go to **Préparation pour Grammaire 1** to review forming verbs like **partir, boire,** and **venir.**

Verbes irréguliers qui se terminent en *-uire*

Verbs conjugated like **construire** *(to construct)* include **conduire** *(to drive)*, **détruire** *(to destroy)*, **traduire** *(to translate)*, and **produire** *(to produce)*.

construire: je construis, tu construis, il/elle/on construit, nous construis**ons**, vous construis**ez**, ils/elles construis**ent**

Nous **construisons** un monument.	*We are constructing a monument.*
Les Français **conduisent** très vite.	*The French drive very quickly.*
Tu **détruis** mon jardin!	*You are destroying my garden!*
Il **traduit** le poème en français.	*He is translating the poem into French.*

Verbes irréguliers qui se terminent en *-ir*

- Some irregular **-ir** verbs share a similar pattern, while others have their own forms. A first group of irregular **-ir** verbs is conjugated like **offrir** *(to offer)*. This group includes **couvrir** *(to cover)*, **découvrir** *(to discover)*, **ouvrir** *(to open)*, and **souffrir (de)** *(to suffer)*.

offrir: j'offr**e**, tu offr**es**, il/elle/on offr**e**, nous offr**ons**, vous offr**ez**, ils/elles offr**ent**

La vendeuse lui **offre** un bon prix.	*The saleswoman is giving him a good price.*
Je **découvre** ce nouveau quartier.	*I am discovering this new neighborhood.*
Vous **souffrez** de maux de tête?	*You suffer from headaches?*

- A second group is conjugated like **soutenir** *(to support, to maintain)*. It includes the verb **tenir** *(to keep, to hold [onto])*.

soutenir: je **soutiens,** tu **soutiens,** il/elle/on **soutient,** nous souten**ons,** vous souten**ez,** ils/elles **soutiennent**

Nous **soutenons** les troupes avec un ruban jaune.	*We support the troops with a yellow ribbon.*
Mes amis **tiennent** une place importante dans ma vie.	*My friends hold an important place in my life.*

- An irregular **-ir** verb that has its own unique forms is **servir** *(to serve)*. When **servir** is followed by **à + infinitif,** it means *to be used* for some type of purpose.

servir: je **sers,** tu **sers,** il/elle/on **sert,** nous serv**ons,** vous serv**ez,** ils/elles serv**ent**

Ils **servent** du gâteau aux enfants.	*They are serving cake to the children.*
L'image d'un cœur **sert à** symboliser l'amour.	*The image of a heart is used to symbolize love.*
Ça **sert à** quoi?	*What is that (to be used) for?*

Note de grammaire

When used with **manger** and **boire, servir à** retains the original meaning of *to serve.*

Qu'est-ce que je sers à boire? *(What do I serve to drink?)*

Qu'est-ce qu'ils nous servent à manger? *(What are they serving us to eat?)*

Le verbe *plaire (à)*

- Two verbs that share the same pattern are **plaire (à)** *(to please, to like)* and **déplaire (à)** *(to displease, to put off)*. Note that an **accent circonflexe** appears on the **i (î)** of the **il/elle/on** form. Also note that these verbs require an indirect object and that their use requires a different word order from that of their English equivalents.

plaire: je **plais,** tu **plais,** il/elle/on **plaît,** nous **plaisons,** vous **plaisez,** ils/elles **plaisent**

La peinture **plaît à** Luc.	*Luc likes the painting. (The painting is pleasing to Luc.)*
Les insultes me **déplaisent.**	*I do not like insults. (Insults put me off.)*

Note de grammaire

Although the **je, tu, nous,** and **vous** forms of **plaire** and **déplaire** exist, the **il/elle/on** and **ils/elles** forms are more common, as in **Ça me plaît beaucoup.** *(I really like it/that.)*

A Les pratiques symboliques Complétez ces phrases à propos des pratiques symboliques.

1. Les célébrités (conduis / conduit / conduisent) de belles voitures.
2. Les drapeaux (couvrez / couvres / couvrent) des cercueils *(coffins)*.
3. Les chrysanthèmes (déplaît / déplais / déplaisent) à la maîtresse de maison.
4. Je (souffre / souffres / souffrez) d'avoir trop mangé après la fête de Thanksgiving.
5. Vous (offrons / offrez / offre) des bonbons pour Halloween.
6. Tu (découvre / découvres / découvrons) une fève *(bean)* dans une galette des rois.
7. On (détruis / détruit / détruisent) un verre à vin à la fin d'un mariage.
8. Tu (sers / sert / servent) du thé à la menthe aux invités.

Et vous? Identifiez les pratiques symboliques que vous soutenez.

B Ça symbolise?

Étape 1. Complétez logiquement les descriptions de ces traditions culturelles.

1. Nous ______ (soutenir / servir) de la bière verte.
2. Ils ______ (souffrir / ouvrir) une bouteille de champagne.
3. Vous ______ (offrir / construire) des fleurs.
4. Elle ______ (traduire / découvrir) des œufs en chocolat dans le jardin.
5. Je ______ (couvrir / détruire) un sapin de décorations.
6. On ______ (conduire / tenir) un drapeau avec une étoile et un croissant *(crescent)* de lune.

Étape 2. Déterminez ce que chaque description de l'Étape 1 symbolise.

______ **a.** la culture musulmane
______ **b.** Pâques
______ **c.** la fête de la Saint Patrick
______ **d.** Noël
______ **e.** le bonheur, une célébration
______ **f.** des excuses

Et vous? Discutez de ces questions avec un(e) partenaire: D'après vous, quelles traditions symbolisent la culture de votre université? Comment comprenez-vous leur signification?

C Chez la famille d'Abia La famille d'Abia tient toujours à certaines pratiques et croyances traditionnelles de Côte d'Ivoire d'où la famille vient. Choisissez la forme verbale appropriée pour compléter les phrases.

1. Asmaou et Fallou… des noix de kola *(kola nuts)* aux invités.

   a. servent **b.** servent à

2. Les noix de kola… représenter l'hospitalité, l'accueil, la camaraderie et l'intimité familiale.

   a. servent **b.** servent à

Matthias G. Ziegler/Shutterstock.com

Les noix de kola

3. Les ignames *(yams)*... symboliser l'éthique de travail d'un homme.
   a. servent b. servent à
4. Bisa... des ignames à tout le monde pendant le repas familial.
   a. sert b. sert à
5. Kofi... du vin de palme à Fallou.
   a. sert b. sert à
6. Le vin de palme... suggérer le respect et la solidarité, surtout quand on en boit entre amis.
   a. sert b. sert à

Et vous? Posez et répondez à ces questions avec un(e) partenaire.

1. Qu'est-ce qu'on sert (de symbolique) dans ta famille pour la fête nationale?
2. Quelle activité sert à symboliser la famille ou l'amitié *(friendship)* chez/pour toi?

D Au zoo

Étape 1. Choisissez la phrase qui a le même sens *(meaning)* que la phrase initiale.

1. Le panda plaît à Claire.
   a. Le panda aime bien Claire. b. Claire aime bien le panda.
2. La grenouille ne plaît pas à Abia.
   a. La grenouille n'aime pas Abia. b. Abia n'aime pas la grenouille.
3. Les enfants plaisent aux lions.
   a. Les lions aiment bien les enfants. b. Les enfants aiment bien les lions.
4. Les touristes déplaisent aux coqs.
   a. Les touristes n'aiment pas les coqs. b. Les coqs n'aiment pas les touristes.

Étape 2. Discutez des questions suivantes en petits groupes.

1. Quels animaux de l'Étape 1 représentent des symboles nationaux? Pour quels pays?
2. Quel animal est un symbole de votre pays ou de votre culture?

COIN CULTUREL

akg-images

Les animaux jouent un rôle symbolique dans les fables de Jean de La Fontaine (1621–1695), écrivain français de la période classique. L'auteur personnifie les animaux pour donner des leçons de morale comme dans *La cigale et la fourmi (The Grasshopper and the Ant)* et dans *Le corbeau et le renard (The Crow and the Fox).*

E Qu'est-ce qui vous plaît?

Étape 1. Discutez avec un(e) partenaire des choses suivantes. Vous plaisent-elles ou non? Élaborez et justifiez vos réponses.

Modèle: É1: **Est-ce que l'art contemporain te plaît?**
É2: **Non, pas vraiment. Il ne me plaît pas. Je préfère l'art classique.**

1. la nourriture tunisienne
2. le champagne français
3. les sports d'hiver
4. les professeurs exigeants *(demanding)*

Étape 2. Avec votre partenaire, créez deux questions à poser à votre professeur afin de savoir ce qui lui plaît ou ce qui lui déplaît.

Journal de bord

Résumez en quelques mots ou phrases ce que vous avez appris dans la Partie 1 du Chapitre 1. Suggestions: Qu'avez-vous appris à propos de la fleur de lys et d'autres symboles culturels? Donnez un détail que vous avez appris à propos de vos camarades de classe ou de votre professeur.

PARTIE 2 VOCABULAIRE 2

Réflexion **culturelle**

Graffiti, tag, tatouages, henné

EQRoy/Shutterstock.com

Les **graffiti** débutent pendant l'Antiquité comme des formes d'écriture ou de dessins et ils sont pratiqués de manière souvent **clandestine.** Il existe quelques exemples en Égypte où ils représentent parfois des messages de visiteurs venus de différentes civilisations. Rapidement, ils se répandent° dans le **monde entier.**

Ils arrivent à Paris dans les années 60 et sont **reconnus** comme une forme d'art et un mode d'expression personnelle. Très utilisés en mai 68 – pendant la révolte sociale contre° la société française traditionnelle –, ils servent à communiquer les désaccords des étudiants **vis-à-vis de** la politique de l'**époque.**

Depuis les années 2000, on fait les graffiti à la **peinture à la bombe** ou aux marqueurs, d'où le «tag°», ou signature laissée qui se répand. **Pourtant,** les **corps** sont aussi décorés; les **tatouages** sont aujourd'hui presque un accessoire indispensable, très populaire surtout chez les artistes, les musiciens, les athlètes et **même** les chefs cuisiniers!

Beaucoup de célébrités aiment souvent les tatouages au **henné,** une **encre** temporaire. Il s'agit d'une vieille tradition dans plusieurs cultures en Afrique du Nord, en Turquie, au Proche-Orient, au Moyen-Orient et en Inde, où les femmes se font décorer temporairement les mains ou les pieds de motifs très élaborés. La «soirée du henné» est une cérémonie traditionnelle qui fait partie des célébrations avant le mariage. Même aux États-Unis, on trouve des artistes de tatouages au henné sur les promenades° des villes au bord de la mer. C'est souvent une activité populaire chez les jeunes en vacances.

se répandent *spread* **contre** *directed against* **tag** *tagging* **promenades** *boardwalks*

Vocabulaire du texte

le corps *body*
l'encre *(f.) ink*
l'époque *(f.) age, era*
les graffiti *(m. pl.) graffiti*
le henné *henna*
le monde entier *the entire world*
la peau *skin*
la peinture à la bombe *spray-paint*

un tatouage *tattoo*

---

clandestin(e) *in secret*
reconnu(e) *recognized*

---

même *even*
pourtant *however*

Vocabulaire complémentaire

une campagne publicitaire *advertising campaign*
un cauchemar *nightmare*
des gants noirs *(m. pl.) black gloves*
une ombre *shadow*
le vandalisme *vandalism*

---

le champagne *champagne*
les cuisses de grenouille *(f. pl.) frog legs*
les frites *(f. pl.) fries*
un gâteau *cake*
les œufs *(m. pl.) eggs*
le pain *bread*
les pâtes *(f. pl.) pasta*
le poisson *fish*
une pomme de terre *potato*
le poulet *chicken*
le riz *rice*
une tarte aux pommes *apple pie*
le vin *wine*

Au contraire... *On the contrary...*
C'est pourquoi... *This is why...*
Moi aussi / Pas moi... *Me too / Not me...*
Moi non plus... *Me neither...*
Par conséquent... *Consequently / As a result...*
pour (ne pas) + infinitif *in order (not) + infinitive*

Avez-vous compris? Dites si chaque phrase est **vraie** ou **fausse.** Corrigez si nécessaire.

1. Les graffiti sont un phénomène récent.
2. Une fonction des graffiti est de communiquer des messages politiques.
3. Les tatouages sont populaires chez les chefs cuisiniers.
4. Le henné est un genre de tatouage permanent.

À votre avis À votre avis, est-ce que les tatoueurs sont des artistes? Pourquoi ou pourquoi pas?

A Mots en opposition Trouvez un mot en opposition à chaque mot de vocabulaire.

1. le corps
2. l'encre
3. reconnu(e)
4. mon pays
5. le vandalisme
6. clandestin(e)

a. le monde entier
b. l'esprit
c. inconnu(e)
d. la rénovation
e. un crayon
f. public / publique

B La meilleure option et vos réactions

Étape 1. Quelle est la meilleure option pour chaque scénario suivant?

les graffiti	le henné	«Maman»
un spot publicitaire	les sculptures	la peinture à la bombe

1. pour une campagne publicitaire
2. pour décorer la peau
3. à voir sur le campus de votre université
4. comme tatouage

Étape 2. Avec un(e) partenaire, comparez vos réponses de l'Étape 1. Ensuite, répondez aux questions suivantes ensemble et dites si vous êtes d'accord ou pas.

Qu'est-ce que tu…

1. aimes voir dans des campagnes publicitaires?
2. voudrais utiliser pour décorer ta peau?
3. voudrais voir sur le campus de notre université?
4. ne voudrais pas comme tatouage?

COIN CULTUREL

AP Images/Big Addict

À Marseille (France), il existe un hôtel du XVIIe siècle où les clients dorment dans des œuvres d'art. La chambre appelée «Panic Room» a été décorée par le tagueur français Tilt.

C Réagir aux opinions Que diriez-vous pour réagir aux opinions suivantes?

Modèle: Les graffiti ne sont pas une vraie forme d'art.

Au contraire! Les tagueurs utilisent les graffiti pour ne pas suivre les règles classiques et même pour exprimer leurs idées importantes. C'est pourquoi c'est l'art populaire de notre époque! Par conséquent, les tagueurs et leurs graffiti inspirent beaucoup de monde.

1. La seule occasion de se mettre de la peinture sur le corps est pour aller aux matchs sportifs.
2. Les étudiants utilisent les trottoirs *(sidewalks)* pour écrire des messages publicitaires, ce n'est pas une bonne idée.

D Les aliments *(foods)* et leurs significations symboliques Les aliments représentent souvent des symboles populaires pour différents peuples. Quel aliment associez-vous avec chaque idée suivante?

1. la naissance
2. la longévité
3. le succès
4. la France
5. la vie
6. l'argent

Et vous? Discutez avec un(e) partenaire des questions suivantes. Y a-t-il un aliment, un plat ou un autre produit alimentaire qui a une signification symbolique personnelle pour vous? Lequel? Pourquoi?

E **Être vu par sa cuisine** Dites à un(e) partenaire la première réponse qui vous vient à l'esprit *(comes to mind)* pour chaque question suivante.

1. Quel plat associez-vous avec la France ou la Belgique?
2. Quelle boisson associez-vous avec le Japon ou l'Allemagne?
3. Quel aliment symbolise votre université ou votre cours de français?
4. Quel produit alimentaire choisirais-tu comme tatouage pour ton cours? Pourquoi?

Conclusion Votre partenaire fait-il/elle de bonnes associations entre la cuisine et son pouvoir *(power)* symbolique?

F **Vos points de vue** Qu'est-ce que ces choses symbolisent pour vous: l'identité personnelle, un engagement politique, une expression artistique, une tendance populaire de la mode, un événement personnel, rien de particulier, autre chose?

1. un tatouage de style tribal sur le bras
2. un porte-clé en forme de fleur
3. le champagne
4. un 4x4 Ford
5. un sac réutilisable
6. un gâteau

G **Points de vue: Le tatouage publicitaire, c'est une bonne idée?**

Étape 1. Dressez une liste des raisons pour lesquelles les gens ont des tatouages. Après, lisez cet article de presse qui parle d'une autre raison probablement inattendue *(unexpected)*.

Étape 2. Quel point de vue partagez-vous? Le tatouage publicitaire, c'est…

a. une idée innovatrice pour le marketing et cela crée des emplois pour les gens.
b. une manière de se faire de l'argent facilement mais qui exploite le corps et la dignité de l'individu.
c. ???

Le tatouage publicitaire, c'est pour vous?

Chuck Pefley/Alamy Stock Photo

Depuis plusieurs années dans des cultures anglo-saxonnes, la pratique de se faire tatouer le sigle *(acronym)* ou le logo d'une entreprise ou d'un produit commercial pour lui en faire de la publicité se répand de plus en plus. Appelé aussi le *Skin Advertisement*, plusieurs agences de marketing françaises et belges commencent, elles aussi, à proposer ce service. Le logo, l'emblème ou un autre visuel de l'entreprise est appliqué (de façon temporaire ou permanente) directement sur la peau du porteur en échange d'un paiement mensuel. Cette somme varie en fonction de la taille du tatouage publicitaire et de sa position sur le corps.

Étape 3. Partagez votre réponse de l'Étape 2 avec un(e) partenaire et justifiez-la. Ensuite, posez-lui ces questions.

1. Est-ce que tu considérerais porter un tatouage publicitaire? Pourquoi ou pourquoi pas?
2. Est-ce que tu voudrais un (autre) tatouage? Si oui, de quoi? Si non, pourquoi pas?

Les articles définis, indéfinis et partitifs

DU FILM *ENCORE*

Encore un pas vers la grammaire

Look at these photos from the film *Encore* and their captions.

ANDRÉ Je vous reconnais. Vous travaillez à **l'**hôtel. Merci encore pour **la** brosse à dents.

CLAIRE Mais... vous ressemblez à quelqu'un... à **un** ami. Vous pourriez *(could)* être son frère...

ANDRÉ Son frère? Ben, bon, il a **de la** chance.

1. Which article(s) refer(s) to something/someone unspecified?
a. **l'** b. **la** c. **un** d. **de la**

2. Which article(s) refer(s) to something/someone specific?
a. **l'** b. **la** c. **un** d. **de la**

3. Which article(s) refer(s) to an abstract idea?
a. **l'** b. **la** c. **un** d. **de la**

MINDTAP **Préparation**

Go to **Préparation pour Grammaire 2** to review grammatical gender and the forms of definite and indefinite articles.

Note de **grammaire**

Common verbs used to express preferences include **adorer, aimer, détester,** and **préférer.**

Les articles définis

- Definite articles are used to talk about specific nouns and usually translate as *the* in English.

  La fleur de lys est un symbole de **la** royauté française.
  The fleur de lys is a symbol of French royalty.

- They are also used to refer to nouns in a generic sense and to express preferences. In English, definite articles are not used in these contexts.

  Les symboles sont importants pour **les gens** partout dans le monde.
  Symbols are important for people everywhere.

  J'adore **les** pandas. Cet animal est un symbole de Chine.
  I love pandas. This animal is a symbol of China.

Les articles indéfinis

- While definite articles refer to something/someone specific, indefinite articles refer to something/someone unspecified, and usually translate as *a, an,* or *some* in English. While *some* may be omitted in English, **des** cannot be omitted in French.

Je cherche **le** livre *Les Misérables,* de Victor Hugo.	*(a specific book by Victor Hugo)*
Je cherche **un** livre de Victor Hugo.	*(any book by Victor Hugo)*
Avez-vous **un** stylo?	*Do you have a pen?*
Je veux **le** stylo rouge, pas le stylo bleu.	*I want the red pen, not the blue one.*
L'homme a **un** couteau et **des** gants noirs.	*The man has a knife and (some) black gloves.*

Les articles partitifs

- Partitive articles, **du** *(m. sing.),* **de la** *(f. sing.),* and **de l'** *(m./f. + vowel sound),* are used with mass nouns not normally counted and that you only take a part of, like milk.

Je prends **du** lait avec mon café.	*I take (some) milk with my coffee.*
Elle va acheter **de la** farine.	*She will buy (some) flour.*
Mon chien veut **de l'**eau.	*My dog wants (some) water.*

- Partitive articles are also used to refer to ideas and abstract qualities.

Nous avons **de la** chance!	*We are lucky!*
Il a **du** charme.	*He has charm.*

- Partitive and indefinite articles become **de/d'** in negative sentences.

Je mange **du popcorn** au cinéma.	Il **ne** mange **pas de popcorn.**
Tu as toujours **de la chance**!	Je **n'**ai jamais **de** chance!
Il a **des** tatouages sur le corps.	Moi, je **n'**ai pas **de** tatouages.

- The exception to the negation rule is when the verb is **être.** Articles keep the same form.

Ce sont **des** fromages français. Ce ne sont pas **des** fromages français.

- Note that **de/d'** is used with expressions of quantity. No article follows **de/d'** after expressions of quantity.

Veux-tu un peu **de** lait avec ton café?	*Do you want a little milk with your coffee?*
As-tu pris assez **d'**eau ce matin?	*Did you drink enough water this morning?*

Note de **grammaire**

Some mass nouns may have a countable form like **un yaourt** (individual serving size) or **un café** (a single cup).

GRAMMAIRE 2

A Le week-end d'Abia et de sa sœur Nadia Choisissez l'article qui convient pour compléter chaque phrase.

1. Nadia et moi, nous aimons (un / le / du) couscous.
2. Donc, nous cherchons (un / le / du) bon restaurant nord-africain.
3. Nadia a choisi (un / le / du) restaurant Café Baraka dans son quartier.
4. (Une / La / De la) nourriture est une partie importante de l'identité nord-africaine.
5. Comme dessert, nous avons pris (un / des / les) baklavas.
6. Nous avons aussi bu (un / le / du) vin au miel *(honey wine).*
7. (Les / Des / Du) desserts au café sont bons mais le service est lent.
8. Heureusement, Nadia a (une / la / de la) patience avec les serveurs.

Et vous? Pouvez-vous nommer d'autres plats nord-africains? Est-ce que la nourriture est importante pour votre identité culturelle?

B Chez Robert Levesque, gérant de l'Hôtel Delta

Étape 1. Complétez chaque phrase avec **a) Robert a, b) Robert n'a pas** ou **c) Robert n'aime pas.**

1. ______ **un** tatouage sur le bras.
2. ______ **des** motifs de fleurs de lys.
3. ______ **les** graffiti.
4. ______ **de** gant noir.
5. ______ **des** symboles culturels.
6. ______ **les** grenouilles.
7. ______ **du** champagne français.
8. ______ **de** patience.

Étape 2. Demandez si votre partenaire a ou aime les choses de l'Étape 1.

Modèle: É1: **Est-ce que tu as un tatouage sur le bras?**
É2: **Oui, j'ai un tatouage sur le bras / Non, je n'ai pas de tatouage sur le bras.**

Conclusion Est-ce que vous croyez que votre partenaire a tendance à considérer des symboles ou des objets quotidiens comme formes d'expression personnelle?

C Symboles culturels et quotidiens Complétez chaque phrase avec les articles qui conviennent.

1. _____ fleur de lys est _____ symbole qui illustre _____ fierté nationale au Québec.
2. Pour _____ France, _____ fleur de lys peut être _____ symbole de _____ monarchie.
3. Je considère _____ graffiti comme _____ forme d'art.
4. Depuis _____ années 2000, on trouve _____ autre style d'art populaire: _____ tag.
5. _____ jeunes d'aujourd'hui ont parfois _____ tatouages intéressants.
6. Aux États-Unis, on ne trouve pas _____ symboles religieux dans _____ écoles publiques.
7. Je n'aime pas _____ tatouages. Il faut avoir _____ courage pour se faire tatouer. Aïe!
8. _____ arbres et _____ pain sont _____ exemples de symboles universels.

Et vous? Avec un(e) partenaire, parlez de vos points de vue sur les symboles comme expression personnelle ou comme expression de votre culture. Vous êtes d'accord avec toutes les phrases de l'activité?

Encore une mélodie

Sebastien Rabany/Epp/Getty Images

M. Pokora est un chanteur français de musique pop / hip-hop. Il est connu pour sa voix tendre et ses paroles fortes, mais surtout pour ses tatouages. Trouvez des photos de lui et cherchez quelques-unes de ses chansons sur Internet. Est-ce que ses tatouages semblent refléter sa musique?

D Identifier et parler d'autres symboles

Étape 1. Complétez chaque phrase avec les articles qui conviennent.

1. ______ voiture Renault est parfois ______ voiture symbolique de la France.
2. ______ hiver est souvent symbolique dans ______ romans du Québec.
3. ______ Pyrénées sont ______ montagnes symboliques de la France.
4. ______ fleuve qui est souvent symbolique pour les poètes français est ______ Seine.

Étape 2. D'où sont ces symboles? Suivez le modèle.

Modèle: fromage / symbole **Le fromage est un symbole du Wisconsin.**

1. Tour Eiffel / symbole
2. statue de la liberté / symbole
3. hockey / sport symbolique
4. cowboys / symboles

E Nos habitudes alimentaires et leur signification

Étape 1. Demandez si votre partenaire prend ou aime les aliments suivants.

1. prendre / café le matin
2. prendre / ail pour chasser les vampires
3. aimer / champagne
4. prendre / crème avec le café
5. prendre / croissant pour le petit déjeuner
6. aimer / cuisses de grenouille
7. aimer / œufs

Étape 2. Y a-t-il des aliments dans l'Étape 1 qui sont symboliques? Que symbolisent ces aliments?

Conclusion Votre partenaire et vous, vous êtes similaires ou différent(e)s? Vos habitudes alimentaires ont-elles des raisons symboliques, politiques, personnelles, culturelles, diététiques ou nostalgiques, peut-être?

Journal de bord

Résumez en quelques phrases ce que vous avez appris dans la Partie 2 du Chapitre 1. Suggestions: Qu'avez-vous appris à propos des tatouages? Selon vos camarades de classe, est-ce que les graffiti sont une forme d'art ou de vandalisme? Vos camarades de classe pensent-ils que le tatouage publicitaire est une bonne ou une mauvaise idée?

F Le symbolisme dans la cuisine

La nourriture est souvent symbolique. En Chine, on mange des œufs pour célébrer la naissance d'un bébé parce que les œufs symbolisent la nouvelle vie dans cette culture. Discutez de ces questions en petits groupes.

1. Qu'est-ce qu'on mange pour fêter Pâques? Que symbolisent ces plats?
2. Quels plats préférez-vous pour fêter Thanksgiving? Ces préparations sont symboliques?
3. Connaissez-vous des plats qui symbolisent la longévité? La richesse ou la bonne fortune? La chance? L'amour?
4. Qu'est-ce que les familles de votre culture mangent ou ne mangent pas pendant les fêtes religieuses comme Hanukkah ou le Carême *(Lent)*?
5. Connaissez-vous d'autres plats qui sont symboliques pour certaines cultures?

Les symboles culturels francophones

Que symbolise la Tour Eiffel?

L'Exposition Universelle de 1889 a eu lieu à Paris, 100 ans après la Révolution française de 1789. L'idée était de construire un monument symbolique, une tour de 300 mètres, faite en fer forgé° et en acier°, sur des piliers° en pierre. Il a fallu° deux ans, deux mois et cinq jours pour préparer chaque pièce dans les ateliers° Eiffel, puis les transporter et les assembler sur place, au Champs de Mars, près de la Seine. Mais la tour était trop moderne, et par conséquent a été rejetée dès le début de la construction par l'ensemble des Parisiens. Également, une quarantaine d'artistes (Charles Gounod, Émile Zola, Guy de Maupassant, Alexandre Dumas fils, etc.) ont signé une lettre de protestation en février 1887 intitulée *Protestation des artistes contre la tour de M. Eiffel.* Son aspect inesthétique et industriel, et sa hauteur° ont changé la configuration de Paris car elle écrasait° les autres monuments parisiens pour la plupart en pierre et de vingt mètres de haut maximum. Même si la tour était un symbole de la modernité et illustrait un aspect d'avant-garde, on a décidé de la garder uniquement pour l'exposition.

Pourtant, grâce aux° visiteurs en admiration devant la tour, elle a été sauvée° après la clôture de l'Exposition Universelle et elle est devenue l'emblème de Paris, identifiable par sa silhouette et sa hauteur exceptionnelles. Plus tard, elle est devenue la source d'inspiration pour beaucoup de cinéastes (Louis Lumière) et d'artistes peintres (Marc Chagall). Pour Guillaume Apollinaire, poète d'avant-garde, elle représentait l'esprit rebelle et un symbole de la France, ainsi que l'esprit de résistance très cher aux Français. Jusqu'en 1930, c'était la plus grande tour du monde avec une hauteur de 312 mètres. Aujourd'hui, elle est utilisée pour des besoins technologiques (radio, télévision). Ce monument reste le symbole de la capitale française.

fer forgé *wrought iron* **acier** *steel* **piliers** *pillars* **Il a fallu** *It required*
ateliers *warehouses* **hauteur** *height* **écrasait** *crushed* **grâce aux** *thanks to* **sauvée** *salvaged*

Avez-vous compris?

1. Comment est-ce que la Tour Eiffel a été reçue par les artistes au début?
2. Quelle était la réaction des visiteurs étrangers quand ils ont vu la Tour Eiffel?
3. Pourquoi la Tour a-t-elle été construite?
4. Que symbolise la Tour maintenant?

Le tatouage des îles Marquises: un symbole d'histoire

Les îles Marquises° sont un groupe d'îles françaises dans l'Océan Pacifique. Le mot «tatouage» vient du mot tahitien et samoan «tatau», et date du 18e siècle. Il a été ensuite modifié pour être conforme à la phonologie anglaise «tattoo». Par la suite, les marins° ont introduit ce mot et le concept de tatouage en Europe.

À l'origine, les langues polynésiennes étaient des langues orales. Comme dans d'autres cultures de tradition orale, raconter des histoires est un passe-temps populaire et permet de connaître et de transmettre les traditions et l'héritage culturels. Au début, le tatouage servait à embellir° le corps et indiquait le statut et l'appartenance à un groupe social.

Pour symboliser le passage de l'enfance à l'âge adulte, les jeunes garçons se font tatouer pour la première fois à 12 ans. Avec les années, les tatouages deviennent souvent de plus en plus nombreux parce qu'ils illustrent l'importance et le rang° social de l'homme; plus il a de prestige, plus il est tatoué. En effet, les tatouages marquisiens reflètent d'habitude l'identité et la personnalité d'une personne et sont par conséquent considérés uniques à chacun. Ceci° explique pourquoi un vrai tatoueur polynésien qui respecte les traditions anciennes refuse systématiquement de reproduire un tatouage qui existe déjà.

Pourtant, quand les missionnaires européens ont pris possession des îles à la fin du 18e siècle, ils se sont opposés à cette coutume et ont obligé les Polynésiens à abandonner cette pratique de leur culture ancestrale pour adopter des pratiques culturelles européennes. Ce n'est que depuis les années 80 que certains aspects des cultures polynésiennes connaissent un renouveau°.

îles Marquises *Marquesas islands* **marins** *sailors* **embellir** *embellish* **rang** *rank* **Ceci** *This* **renouveau** *rebirth*

MINDTAP **Les symboles des cultures francophones**

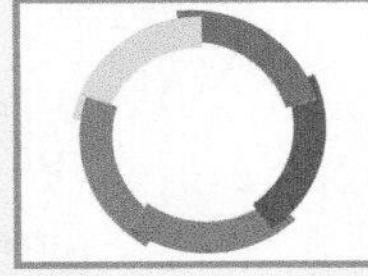

tony4urban/Shutterstock.com

Would you like to learn more about **La tour Eiffel, symbole d'élégance; Bien choisir son symbole polynésien: le tatouage!;** or **Le drapeau francophone, symbole commun à 88 pays?** Visit **Liaisons culturelles** and **Encore plus loin** in MindTap to explore these topics.

Avez-vous compris?

1. Quelle est l'origine du mot «tatouage»?
2. Pour quelle raison les jeunes garçons obtiennent-ils leur premier tatouage à 12 ans?
3. Pourquoi un tatoueur refuse-t-il de reproduire un tatouage qui existe déjà?

Qu'en pensez-vous?

Les symboles (monuments ou tatouages, entre autres) sont des marqueurs d'histoire et de culture. Ils permettent d'honorer des événements historiques et des personnes et de faire (re)vivre des cultures. Quel est votre symbole culturel préféré? Pourquoi?

National Geographic Image Collection / Alamy Stock Photo

PARTIE 3 GRAMMAIRE 3

Les verbes pronominaux

DU FILM *ENCORE*

Encore un pas vers la grammaire

Look at these photos from the film *Encore* and their captions.

Claire **se réveille** d'un cauchemar.

M. SIMARD Écoute, on a un problème...

Il s'agit d'Alexis et de sa mère Madeleine...

1. What is the infinitive form of the verb **se réveille**? Which reflexive pronoun is used with the subject Claire?
2. What is the infinitive form of the verb **s'agit d'**? Can you guess what this verb means? Which reflexive pronoun is used with the subject **il**?

MINDTAP **Préparation**

Go to **Préparation pour Grammaire 3** to review and practice daily routine pronominal verbs.

Pronominal verbs fall into one of three categories: reflexive, reciprocal, or idiomatic. In each case, they are conjugated like their non-reflexive counterparts, but always require a reflexive pronoun that agrees with the subject **(me/m', te/t', se/s', nous, vous, se/s')**. The reflexive form can indicate that the subject of the sentence is performing the action on or for itself. This is often rendered in English as *-self/-selves*.

Je **me connais** très bien.	*I know myself very well.*
Nous **nous regardons** dans les photos.	*We are looking at ourselves in the photos.*
Ils **se couchent** tous les jours à 23h.	*They go to bed everyday at 11 o'clock.*
Vous **vous habillez** bien pour aller au travail.	*You dress well to go to work.*

Pronominal verbs can also express reciprocal actions between two or more persons/subjects. This is typically rendered in English as *(to) each other* or *(to) one another*. Because more than one person/subject is involved, only the plural forms of the verb **(nous, vous, ils/elles)** are used.

Ils **se voient** tous les jours.	*They see each other every day.*
Alexis et Claire **se regardent.**	*Alexis and Claire are looking at one another.*
Guy et Anne **s'encouragent.**	*Guy and Anne encourage/support each other.*

- While context can determine if a reflexive verb is expressing *-self/-selves* or *(to) each other/(to) one another,* the construction **l'un(e) l'autre** or **les un(e)s les autres** may be added to distinguish a reciprocal action from a plural reflexive action.

Aude, Lise et Zoé se regardent.	*Aude, Lise, and Zoé are looking at themselves / each other.*
Aude, Lise et Zoé se regardent **les unes les autres.**	*Aude, Lise, and Zoé are all looking at one another.*
Aude et Zoé se regardent **l'une l'autre.**	*Aude and Zoé are looking at each other.*

- Certain pronominal verbs are idiomatic. Although they are used in the reflexive form, they do not literally express a reflexive action.

s'appeler	*to be named*	s'inquiéter (de)	*to worry (about)*
se débrouiller	*to manage, to get by*	s'intéresser (à)	*to be interested (in)*
se dépêcher (de)	*to hurry (up)*	se méfier (de)	*to be wary / suspicious (of)*
se disputer (avec)	*to fight, to argue (with)*	se moquer (de)	*to make fun (of)*
s'énerver (contre)	*to get worked up, to get irritated (about)*	se rendre compte (que / de)	*to realize*
		se retrouver	*to meet (up) again*
se fâcher (contre)	*to get angry*	se souvenir (de)	*to remember*
s'habituer (à)	*to get used to*	se spécialiser (en)	*to specialize / major (in)*

- The verb **s'agir de** is an idiomatic expression that means *to be about* and it is always used with the pronoun **il.** The preposition **de** combines with **le, la, les,** and **l'.**

Il s'agit de l'emblème de ton école.	*It's about the emblem of your school.*
Il s'agit des graffiti sur le campus.	*It's about the graffiti on campus.*

- Some verbs may be used reflexively or non-reflexively. If the subject and object are the same, use the reflexive form. If the subject and object are different, use the non-reflexive form.

Je **m'énerve** quand mon chat boit mon café.	*I get irritated when my cat drinks my coffee.*
Parfois **j'énerve** mon chat.	*Sometimes I irritate my cat.*

- Some verbs change meaning when they are used with a reflexive pronoun.

aller	*to go*	s'en aller	*to go away*
amuser	*to amuse*	s'amuser (à)	*to have fun*
demander	*to ask*	se demander	*to wonder*
ennuyer	*to bother*	s'ennuyer	*to get bored*
entendre	*to hear*	s'entendre (bien / mal) avec	*to (not) get along with*
occuper	*to occupy, to take up*	s'occuper (de)	*to take care (of), to deal (with)*
passer	*to pass (by)*	se passer	*to happen*
quitter	*to leave*	se quitter	*to break up*
rappeler	*to call back, to remind*	se rappeler	*to remember*
sentir	*to smell*	se sentir	*to feel*
servir	*to serve*	se servir (de)	*to use*
tromper	*to deceive*	se tromper	*to be mistaken*
trouver	*to find*	se trouver	*to be located*

Encore une mélodie

Courtesy of Bruno Pelletier

La chanson *Madeleine,* interprétée par Bruno Pelletier, parle de quelqu'un qui doit quitter ce monde: Avant que le jour ne se lève // je dois m'en aller. Cherchez les paroles de cette chanson sur Internet et notez tous les verbes réfléchis dans la chanson.

A Êtes-vous comme Claire Gagner?

Étape 1. Indiquez les phrases qui vous décrivent aussi.

	Moi aussi	Pas moi
1. Claire **s'inquiète** de ses examens.	☐	☐
2. Claire **se spécialise** en psychologie	☐	☐
3. Claire **ne se méfie pas des** avocats.	☐	☐
4. Claire **s'intéresse à** la psychologie clinique.	☐	☐
5. Claire **ne se moque pas des** gens qui s'habillent mal.	☐	☐
6. Claire **se débrouille** bien quand elle voyage.	☐	☐
7. Claire **s'habitue à** travailler avec des gens difficiles.	☐	☐

Étape 2. Dites à votre partenaire quelles phrases vous décrivent et quelles phrases ne vous décrivent pas.

Modèle: **Je m'inquiète** de mes examens. / **Je ne m'inquiète pas** de mes examens.

Conclusion Qui est plus comme Claire? Votre partenaire ou vous?

B Quelle nature?

Qu'est-ce que vos actions révèlent de votre nature? À tour de rôle, posez et répondez à ces questions avec un(e) partenaire. Notez ses réponses.

1. Est-ce que tu aimes t'amuser?
2. Est-ce que tu te disputes avec tes ami(e)s?
3. Est-ce que tu te fâches facilement?
4. Est-ce que tu te moques des gens?
5. Est-ce que tu t'intéresses aux autres?
6. Est-ce que tu te méfies des autres?

Conclusion Rappelez-vous les réponses de votre partenaire. Dites-lui quelle nature ses réponses semblent indiquer. Par exemple, dites: **Tu es de nature gentille.** Est-il/elle d'accord avec vous?

C Gestes symboliques

Complétez les phrases avec la forme appropriée d'un verbe réfléchi ou non réfléchi. Utilisez un verbe différent dans chaque phrase.

aller / s'en aller	(se) passer	(se) sentir	(s')appeler	(s')aimer
(se) demander	(se) trouver	(se) rappeler	(se) tromper	(se) détester

1. Tu quittes ta ville et la maison de tes parents et tu __________ pour l'université.
2. L'hibiscus jaune, la fleur nationale d'Hawaii, __________ bon.
3. Je __________ si c'est bien de mettre une couronne *(wreath)* sur la tombe des soldats?
4. Il y a des gens dans la rue qui chantent et dansent. Qu'est-ce qui ______? C'est une fête?
5. Désolés. Nous __________. On offre des roses pour la Saint Valentin, et non pour Halloween.
6. Les Américains et les Français __________ leur amour pour leur mère pendant la Fête des Mères.

D **Voyager ensemble?** Formez des questions inspirées des verbes et expressions donnés et interviewez un(e) camarade de classe pour voir si vous pouvez voyager ensemble.

Modèle: se dépêcher / quand?

Est-ce que tu te dépêches quand les autres t'attendent?

1. se débrouiller / voyager à l'étranger?
2. s'intéresser à / faire quoi?
3. se méfier de / qui ou quoi?
4. s'entendre / avec qui?
5. s'ennuyer / quand?
6. s'habituer au décalage horaire / facilement?
7. se souvenir de / tes papiers?
8. se détendre / comment?

E **Comment interpréter les actions des gens?**

Étape 1. Lisez ces interactions entre ces gens et décidez quel adjectif décrit chaque scénario. Ajoutez un autre adjectif ou utilisez un adjectif au négatif **(pas très proches)** si nécessaire.

Mots utiles

égoïstes	incompatibles	amoureux	professionnels
antisociaux	gentils	très proches	occasionnels

1. Ils se regardent souvent dans les yeux. Il s'agit de couples ______.
2. Nous ne nous parlons pas très souvent. Il s'agit d'amis ______.
3. Vous ne vous aidez jamais. Il s'agit de colocataires ______.
4. Elles se connaissent bien. Il s'agit d'amies ______.
5. Vous vous respectez toujours au travail. Il s'agit de collègues ______.
6. Nous nous détestons. Il s'agit de gens ______.

Étape 2. Partagez vos opinions de l'Étape 1 avec un(e) partenaire.

Modèle: É1: **Selon moi, les couples qui se regardent souvent dans les yeux sont amoureux.**

É2: **À mon avis, ils ne sont pas honnêtes.**

F **Les actions réciproques de la famille royale** Complétez chaque phrase avec une combinaison des personnes suivantes selon le cas: **le prince William, la duchesse Kate, le prince George, la princesse Charlotte, le prince Harry** ou **la duchesse Meghan.**

1. ______ se regardent **les uns les autres.**
2. ______ se voient **les unes les autres.**
3. ______ s'aiment **l'une l'autre.**
4. ______ se comprennent **l'un l'autre.**

Et vous? Le couple royal représente des icônes de la culture populaire. Que symbolisent le prince William et la duchesse Kate pour vous? Et le prince Harry et la duchesse Meghan?

Journal de bord

Résumez en quelques phrases ce que vous avez appris dans la Partie 3 du Chapitre 1. Suggestions: Qu'est-ce qui est intéressant dans les lectures culturelles? Qui dans la classe semble avoir une routine ou des habitudes symboliques?

PREMIÈRE PROJECTION

Vocabulaire du film

un cas *case*
une enquête *investigation, inquiry*
une pensée *thought*
une réclamation *claim*
être réglé(e) *to be taken care of*
faire attention *to pay attention*
régler *to settle*
ressembler à *to resemble*

À tout à l'heure! *See you later!*
J'en suis ravi(e)! *I'm delighted!*
J'y ai déjà pensé. *I've already thought of this.*
On verra. *We'll see.*
Tant mieux! *So much the better!*
Tant pis! *That's too bad!*

A Avant de visionner Lisez la conversation suivante entre Claire et une autre personne dans la Séquence 1. À votre avis, avec qui parle Claire? Vous allez vérifier vos réponses plus tard.

______ Bon, c'est un cas extraordinaire, Madame Gagner. Mais tous ces documents soutiennent ce que vous avez raconté *(recounted)*.

CLAIRE Donc, vous pensez que tout peut être réglé?

______ On verra. Il est question de beaucoup d'argent. La famille va contester votre réclamation.

CLAIRE Oui, j'y ai déjà pensé.

______ Laissez-moi commencer l'enquête et puis on en reparlera *(will talk about it again)*, d'accord?

B ▶ Regardez la séquence Regardez la Séquence 1. Utilisez le contexte pour vous aider à la comprendre.

C Compréhension Basé sur ce que vous avez vu *(saw)* dans la Séquence 1, répondez aux questions suivantes.

1. Est-ce que M. Simard, l'homme dans le bureau, croit que Claire a des arguments solides pour son cas?
2. Qu'est-ce que M. Simard fait quand Claire part de son bureau?
3. Claire rencontre qui par hasard dans la rue?
4. Est-ce que cette personne reconnaît Claire?

D Qui l'a dit? Est-ce que vous vous rappelez qui dit les phrases suivantes? Si non, regardez la séquence encore une fois pour vérifier vos réponses.

1. «C'est moi qui dois vous remercier.»
2. «Il s'agit d'Alexis... et de sa mère Madeleine.»
3. «Ah mais... Je vous reconnais!»
4. «Vous, vous ressemblez à quelqu'un... à un ami.»

E Dans le bon ordre Mettez les six phrases suivantes dans le bon ordre (1–6) pour créer un paragraphe cohérent.

______ **a.** Mais de toute façon il pense que ses arguments sont solides.

______ **b.** Quand Claire part de son bureau, il téléphone à quelqu'un.

______ **c.** Claire vient d'hériter de beaucoup d'argent et a besoin de conseils légaux.

______ **d.** Il lui dit que la famille (Prévost) peut contester sa réclamation.

______ **e.** On ne sait pas avec qui il parle, mais d'après la conversation, c'est mauvais signe.

______ **f.** Donc, dans la Séquence 1, Claire consulte un avocat.

F Les symboles dans le film *Encore* Dans la première scène de la Séquence 1, Claire fait un rêve qui devient rapidement un cauchemar. Regardez encore une fois cette scène et répondez aux questions avec un(e) partenaire.

1. À votre avis, que symbolisent le couteau et la bague dans cette scène?
2. À votre avis, à qui appartient la main avec le gant noir?
3. Nommez un film dans lequel une bague, un couteau ou un gant joue un (des) rôle(s) symbolique(s). Que symbolisent ces objets dans le film?

SYNTHÈSE

OUI, JE PEUX!

Look at these "can-do statements" and rate yourself on how well you think you can perform these tasks in French. Then, with a partner, carry out the statements by doing Activities A and B. This will allow you to verify your abilities and to see how accurate your self-assessment was.

1. **"I can talk about something that I own that has symbolic value for me and explain why this object is symbolic."**

   I can perform this function

   ☐ with ease

   ☐ with some difficulty

   ☐ not at all

2. **"I can talk about what types of people please and displease me and explain why." (For example, what do these people do that annoy you? How do you have fun together? What traits do they have?)**

   I can perform this function

   ☐ with ease

   ☐ with some difficulty

   ☐ not at all

A Un objet symbolique

Étape 1. Pensez à un objet qui a une valeur symbolique pour vous. Pensez à au moins deux raisons qui expliquent pourquoi cet objet est symbolique.

Étape 2. Dites à un(e) partenaire quel est votre objet symbolique. Expliquez pourquoi cet objet a une valeur symbolique pour vous.

Étape 3. Avez-vous bien réussi cette activité ou avez-vous eu des difficultés avec cette tâche *(task)*? Si oui, quelles étaient vos difficultés?

Voilà comment Claire répond: «J'ai une clé que j'ai utilisée pour ouvrir un coffre-fort à Québec. Les contenus de ce coffre-fort ont changé ma vie. Par conséquent, la clé représente le changement pour moi. Elle symbolise que la vie se compose d'une série de portes et en ouvrant chaque porte, on peut commencer une nouvelle aventure, une nouvelle étape dans la vie.»

B Les gens

Étape 1. Pensez aux types de gens qui vous plaisent. Faites une liste de leurs traits (traits physiques ou traits de personnalité), de leurs habitudes *(habits)*, des activités qu'ils font (ou qu'ils ne font pas) et des activités que vous faites ensemble. Ensuite, pensez aux types de gens qui vous déplaisent. Faites une liste de leurs traits, de leurs habitudes et des activités qu'ils font (ou qu'ils ne font pas).

Étape 2. Dites à un(e) partenaire quels types de gens vous plaisent et quels types de gens vous déplaisent. Expliquez pourquoi.

Étape 3. Avez-vous bien réussi cette activité ou avez-vous eu des difficultés avec cette tâche *(task)*? Si oui, quelles étaient vos difficultés?

Activité DU FILM

Une nouvelle scène du film *Encore* Trois objets importants dans la première séquence du film *Encore* sont le couteau, les gants noirs et la bague. Avec un(e) partenaire, imaginez que vous êtes des personnages du film *Encore*. Écrivez une nouvelle scène dans laquelle un détective trouve ces trois objets en possession d'un nouveau personnage. Comment ce personnage expliquerait pourquoi il a ces trois objets symboliques?

Verbes utiles

s'amuser	se disputer	se sentir
découvrir	s'ennuyer	servir (à)
se demander	offrir	tenir
détruire	plaire à	se tromper

Modèle: **DÉTECTIVE: Vous avez un couteau, des gants noirs et une curieuse bague dans votre sac. Pouvez-vous expliquer pourquoi? À quoi servent ces objets?...**

Un pas vers LA LECTURE

History and Art Collection/Alamy Stock Photo

Keystone-France/Getty Images

À DÉCOUVRIR:
Guillaume Apollinaire

Nationalité: français, polonais
Naissance: 26 août 1880 (à Rome, Royaume d'Italie)
Décès: 9 novembre 1918 (à Paris, France)
Profession: poète, critique d'art
Mouvements associés: surréalisme, cubisme, orphisme, Esprit nouveau

S
A
LUT
M
O N
D E
DONT
JE SUIS
LA LAN
GUE É
LOQUEN
TE QUESA
BOUCHE
O PARIS
TIRE ET TIRERA
TOU JOURS
AUX A L
LEM ANDS

Avant de lire

Vous allez découvrir un genre de poèmes appelés **calligrammes,** associés au symbolisme. Les calligrammes sont des poèmes dont les mots représentent graphiquement un objet ou un thème du poème. C'est une forme d'art où on façonne *(shape)* les lettres d'une manière élégante et décorative. Pour Apollinaire, calligramme signifie «Belles Lettres». Il veut écrire en beauté linguistique et graphique.

Prélude La poésie d'Apollinaire dépend largement du symbolisme. Pour chaque choix de scénarios suivants, déterminez quel scénario décrit *le mieux* un exemple de la poésie symbolique.

1. **a.** Le poète décrit objectivement un oiseau qui chante sur une branche d'un arbre.
   b. Le poète décrit le vol *(flight)* d'un oiseau pour représenter la liberté.
2. **a.** Le poète utilise l'image de la Terre partagée par tout le monde dans le monde entier pour parler de l'importance de l'écologie.
   b. Le poète parle des couleurs de la Terre pour rendre hommage à sa beauté.
3. **a.** Le poète parle de l'eau dans son poème pour suggérer la vie.
   b. Le poète décrit en détail un lac et ses bateaux à voile.
4. **a.** Le poète fait la description réaliste d'une rue de centre-ville pour développer le thème de l'urbanisme dans le poème.
   b. Le poète compare un chien égaré *(lost)* à la condition humaine contemporaine.

OUTILS DE LECTURE

Determining in which direction to read

In French, you read from left to right until you come to the end of the line and then you continue onto the following line, just like in English. However, this is not always the case with **calligrammes**! When reading a **calligramme,** be ready to read in all directions to find the rest of the phrase or sentence. It is even possible to encounter divided words—that is, part of the word in one place and the rest in another.

Un pas vers LA LECTURE

Deux Calligrammes

de Guillaume Apollinaire

LA CRAVATE

DOU
LOU
REUSE
QUE TU
PORTES
ET QUI T
ORNE O CI
VILISÉ
OTE- TU VEUX
LA BIEN
SI RESPI
RER

La cravate

Source: Recueil *Calligrammes,* Guillaume Apollinaire, 1918

orne *decorates, ornaments* **ôte** *take off, remove*

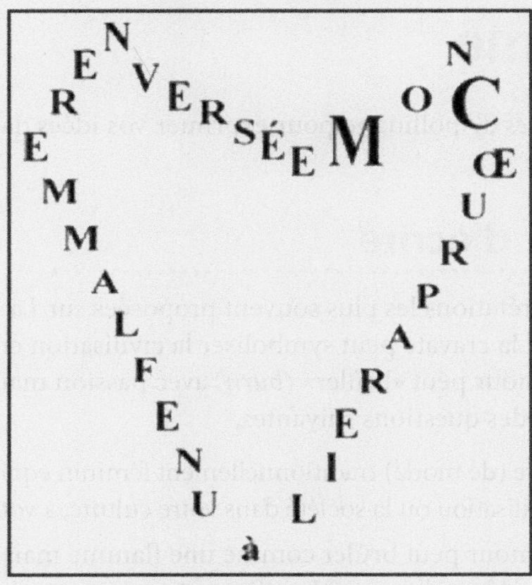

Mon cœur

Source: Recueil *Calligrammes,* Guillaume Apollinaire, 1918

pareil à *the same as, like*

Après avoir lu

A Comparaisons interpersonnelles et interculturelles Répondez aux questions suivantes.

1. À quoi pensez-vous quand vous voyez une cravate? Aimez-vous porter une cravate ou être bien habillé(e)? Pourquoi ou pourquoi pas?
2. Nous voyons des cœurs partout *(everywhere)* aujourd'hui: dans la décoration pour la maison, sur les vêtements, comme émojis sur les réseaux sociaux, et ainsi de suite *(and so on)*. Comment ou quand utilisez-vous des cœurs (pour décorer, pour vous exprimer, etc.)? Si vous évitez d'utiliser des cœurs, expliquez pourquoi.
3. Partagez-vous l'opinion d'Apollinaire que la société peut être trop restrictive ou qu'elle impose trop de restrictions? Citez un exemple de votre expérience pour ou contre cette idée.
4. Est-ce que dans votre culture, il y a une association symbolique entre un cœur et une flamme? Si oui, citez un ou deux exemples typiques. Si non, quelle(s) association(s) symbolique(s) entre un cœur et un autre objet existe(nt) dans votre culture? Décrivez-les.

B Compréhension et interprétation Discutez de vos réponses aux questions suivantes.

1. La forme graphique de chaque poème représente-t-elle bien son sujet, à votre avis?
2. Dans quel sens *(direction)* lisez-vous chaque poème: de haut en bas *(top-to-bottom)*, de droite à gauche, dans le sens des aiguilles d'une montre *(clock-wise)*, etc.?
3. Quels mots dans la représentation visuelle de chaque poème attirent votre attention?
4. Quel message Apollinaire semble-t-il donner dans chaque poème?

Un pas vers L'ÉCRITURE

Un calligramme

Inspirez-vous des *Calligrammes* d'Apollinaire pour exprimer vos idées dans un calligramme symbolique.

Préparation avant d'écrire

Étape 1. Voici deux interprétations les plus souvent proposées sur *La cravate* et *Mon cœur* d'Apollinaire. Pour le premier, la cravate peut symboliser la civilisation et par extension la société. Pour le deuxième, l'amour peut «brûler» *(burn)* avec passion mais aussi on peut être «brûlé» par l'amour. Discutez des questions suivantes.

1. Quel vêtement ou accessoire (de mode) traditionnellement féminin équivalent à une cravate peut aussi symboliser la civilisation ou la société dans votre culture, à votre avis. Pourquoi?
2. Êtes-vous d'accord que l'amour peut brûler comme une flamme mais qu'en même temps, un cœur peut aussi être brûlé par l'amour? Justifiez votre réponse.

Étape 2. Vous avez peut-être envie de faire comme les poètes symbolistes et de traiter le sujet de votre calligramme à travers *(through)* des symboles. Vous devez alors réfléchir à la forme et au contenu *(content)* de votre calligramme. Répondez aux questions suivantes.

1. Quel sujet ou thème voulez-vous traiter?
2. Quelle image ou quel symbole choisissez-vous?
3. Est-ce que votre image ou symbole est en rapport avec votre sujet ou bien est-il/elle en opposition au sujet?
4. Quel message voulez-vous communiquer?
5. Quel est le rapport entre ce message et l'image que vous voulez créer?
6. Dressez une liste des mots importants que vous aimeriez utiliser. (Considérez surtout les noms *(nouns)*, les adjectifs et les verbes.)

Noms	Adjectifs	Verbes

Écrire

Suivez ces instructions.

1. Dessinez au crayon l'esquisse *(outline)* de votre image ou de votre symbole.
2. Écrivez les mots que vous avez choisis au stylo sur votre dessin.
3. Effacez *(Erase)* les marques au crayon.

RÉSUMÉ DE VOCABULAIRE

PARTIE 1

Les noms

l'aigle *(m.)* *eagle*
une bague *ring*
les bijoux *(m. pl.)* *jewelry*
un blason *coat of arms*
le coq *rooster*
la couleur *color*
un couteau *knife*
un drapeau *flag*
un emblème *emblem*
la fierté *pride*
la grenouille *frog*
le lion *lion*
la loyauté *loyalty*
la mort *death*
un motif *motif, pattern*
la naissance *birth*
un objet (décoratif) *(decorative) object*
le panda *panda*
la royauté *royalty*
un symbole *symbol*

Les verbes

adopter *to adopt*
conduire *to drive*
construire *to construct*
couvrir *to cover*
découvrir *to discover*
déplaire (à) *to displease*
détruire *to destroy*
offrir *to offer*
ouvrir *to open*
plaire (à) *to please*
produire *to produce*
représenter *to represent*
servir *to serve*
souffrir *to suffer*
soutenir *to support*
tenir *to keep, to hold (onto)*
traduire *to translate*

Les couleurs

blanc / blanche *white*
bleu(e) d'azur *sky-blue*
gris(e) *gray*
jaune *(m., f.)* *yellow*
marron *(m., f.)* *brown*
noir(e) *black*
or *(m., f.)* *gold*
rose *(m., f.)* *pink*
rouge *(m., f.)* *red*
vert(e) *green*
violet / violette *purple*

Expressions

À mon avis / Pour moi... *In my opinion . . .*
D'après moi / Selon moi... *According to me . . .*
Je crois que... *I believe that . . .*
Je pense que... *I think that . . .*
Je trouve que... *I find that . . .*
par hasard *by chance, by accident*

PARTIE 2

Les noms

une campagne publicitaire *advertising campaign*
un cauchemar *nightmare*
le champagne *champagne*
le corps *body*
les cuisses de grenouille *(f. pl.)* *frog legs*
l'encre *(f.)* *ink*
l'époque *(f.)* *age, era*
les frites *(f. pl.)* *fries*
des gants noirs *(m. pl.)* *black gloves*
un gâteau *cake*
les graffiti *(m. pl.)* *graffiti*
le henné *henna*
le monde entier *the entire world*
les œufs *(m. pl.)* *eggs*
une ombre *shadow*
le pain *bread*
les pâtes *(f. pl.)* *pasta*
la peau *skin*
la peinture à la bombe *spray-paint*
le poisson *fish*
une pomme de terre *potato*
le poulet *chicken*
le riz *rice*
une tarte aux pommes *apple pie*
un tatouage *tattoo*
le vandalisme *vandalism*
le vin *wine*

Les adjectifs

clandestin(e) *in secret*
reconnu(e) *recognized*

Les expressions

Au contraire... *On the contrary . . .*
C'est pourquoi... *This is why . . .*
même *even*
Moi aussi / Pas moi... *Me too/ Not me . . .*
Moi non plus... *Me neither . . .*
Par conséquent... *Consequently / As a result . . .*
pour (ne pas) + infinitif *in order (not) + infinitive*
pourtant *however*

PARTIE 3

Les verbes

s'agir de *to be about*
aller *to go*
s'en aller *to go away*
amuser *to amuse*
s'amuser (à) *to have fun*
s'appeler *to be named*
attendre *to wait (for)*
s'attendre à *to expect*
se débrouiller *to get by, to manage*
demander *to ask*
se demander *to wonder*
se dépêcher (de) *to hurry (up)*
se disputer (avec) *to fight, to argue (with)*
s'énerver *to get worked up, to get irritated (about)*
ennuyer *to bother*
s'ennuyer *to get bored*
entendre *to hear*
s'entendre (bien / mal) avec *to (not) get along with*
se fâcher *to get angry*
s'habiller / se déshabiller *to get dressed / undressed*
s'habituer à *to get used to*
s'inquiéter *to worry*
s'intéresser (à) *to be interested (in)*
se laver *to wash oneself*
se maquiller *to put make up on*
se méfier (de) *to be wary (of), suspicious (of)*
mettre *to put*
se mettre à *to begin to*
se moquer de *to make fun of*
occuper *to occupy, to take up*
s'occuper (de) *to take care (of), to deal (with)*
passer *to pass (by)*
se passer *to happen*
quitter *to leave*
se quitter *to break up*
rappeler *to call back, to remind*
se rappeler *to remember*
se rendre compte (que / de) *to realize*
se reposer *to rest*
se retrouver *to meet (up) again*
sentir *to smell*
servir *to serve*
se sentir *to feel*
se servir (de) *to use*
se souvenir (de) *to remember*
se spécialiser (en) *to specialize / major (in)*
tromper *to deceive*
se tromper *to be mistaken*
trouver *to find*
se trouver *to be located*

Vocabulaire du film (see page 50.)

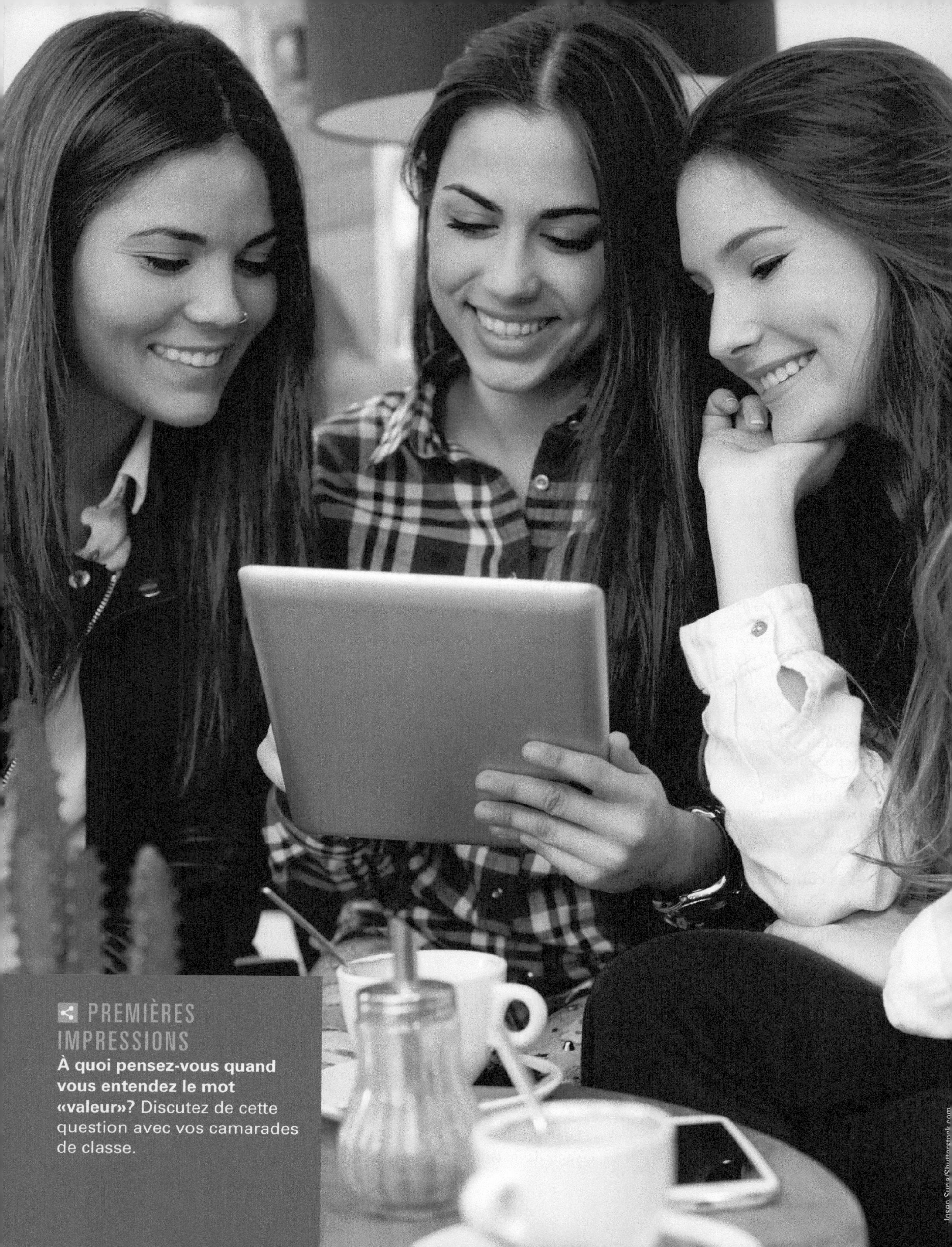

Jasen Suria/Shutterstock.com

PREMIÈRES IMPRESSIONS

À quoi pensez-vous quand vous entendez le mot «valeur»? Discutez de cette question avec vos camarades de classe.

CHAPITRE 2

Les **valeurs**

Objectifs

- *Identify and analyze values*
- *Ask for and provide information*

Culture

- Les valeurs les plus importantes en France depuis trente ans
- Poser des questions sur des valeurs, c'est une bonne idée?
- La musique comme valeur culturelle

Grammaire

1 *Prepositions of location; the pronoun* ***y***
2 *Interrogative adverbs*
3 *Interrogative pronouns*

Un pas vers la lecture

Les Filles de Caleb (extrait), Arlette Cousture

Un pas vers l'écriture

Un essai

You will also rewatch **SÉQUENCE 1: Le cauchemar** of the film *Encore.*

UN APERÇU SUR LE FILM

Qui peut-il être? Écoutez bien la description d'une scène du film *Encore*. Ensuite, avec un(e) partenaire, essayez de restituer *(put back together)* ce que vous avez entendu. Puis, présentez votre version à la classe. Est-ce que tout le monde a la même version que vous?

Réflexion **culturelle**

Les valeurs les plus importantes en France depuis trente ans

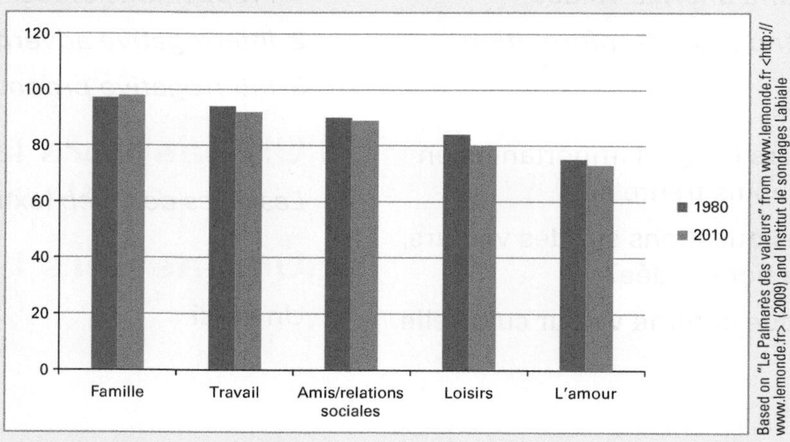

Based on "Le Palmarès des valeurs" from www.lemonde.fr <http://www.lemonde.fr> (2009) and Institut de sondages Labiale

En France, les **valeurs** les plus importantes restent plus ou moins les **mêmes** depuis trente ans. Il s'agit de la famille, du travail, des amis et des relations sociales, et des loisirs. De nos jours, de plus en plus, des ménages° incluent deux **salaires** et les couples **partagent** plus les décisions ensemble. Presque 68% des femmes travaillent contre 76% des hommes (sondage INSEE en 2017). L'amour, le **bonheur** et le **partage** restent des valeurs importantes. Cependant, **l'individu** peut toujours choisir ce qui lui plaît et ce qui est important pour son **bien-être.** Les **allocations** sont des valeurs acquises° de la société. Cependant, tout le monde n'est pas d'accord aujourd'hui sur cette valeur et certains veulent réduire° les allocations. **Par opposition,** la religion n'est plus aussi populaire comme valeur culturelle française mais la politique bénéficie d'un regain de popularité°.

Dans la plupart des pays musulmans de l'Afrique francophone, les valeurs de la famille° sont aussi très présentes. Au Maroc et en Tunisie, **par exemple,** la famille est la première institution à transmettre les valeurs importantes, comme l'éducation. On apprend les **traditions** et les **coutumes,** basées sur la religion, qui est une autre valeur **primordiale** des pays musulmans.

Le Québec partage aussi trois valeurs **fondamentales** communes à la France. **Par exemple,** depuis plus de 400 ans, les provinces francophones du Canada travaillent sur la **défense** du français et sont fières de leur langue, qui est à la base de l'**identité** québécoise. Le Québec est une **société** laïque° basée sur le **principe** de l'**égalité entre** les hommes et les femmes. Tout le monde a les mêmes **droits** et donc reçoit les allocations. En tant que valeurs toujours chères aux Québécois, ils paient des impôts élevés pour le bien de leur province et de son peuple. La troisième valeur est la séparation de l'**Église** et de l'**État,** qui a mis fin à la pression socio-culturelle-politique exercée par l'Église sur l'histoire du Québec.

les ménages *(m. pl.) households* **acquis(e)(s)** *acquired* **réduire** *reduce* **bénéficie d'un regain de popularité** *is experiencing a resurgence* **les valeurs de la famille** *family values* **laïque** *secular* **impôts** *taxes*

Source: Adapté de: www.lemonde.fr

Vocabulaire du texte

une allocation *benefit, allowance*
- **chômage** *unemployment benefit*
- **familiale** *family allowance*

le bien-être *well-being*
le bonheur *happiness*
une coutume *custom*
la défense *defense*
un droit *(legal) right*
l'égalité *(f.) equality*
l'Église *(f.) (the) Church*
l'État *(m.) (the) State*
l'identité *(f.) identity*
l'individu *(m.) individual*
le partage *sharing*
le principe *principle*
la réussite *success*

un salaire *salary*
la société *society*
une tradition *tradition*
une valeur *value*

---

partager *to share*

---

fondamental(e) *fundamental*
même *same*
primordial(e) *essential*

---

cependant *however*
entre *between*
par exemple *for example*
par opposition *in opposition*

Vocabulaire complémentaire

l'ambition *(f.) ambition*
l'amitié *(f.) friendship*
la classe sociale *social class*
la compétition *competition*
la couverture santé *health coverage*
les gens *(m. pl.) people*
l'intellectualisme *(m.) intellectualism*
la liberté *freedom*
le loisir *leisure activity*

le plaisir *pleasure*
la sécurité *security*
le sens de l'esthétique *appreciation for aesthetics*

---

accorder de l'importance (à) *to value*
associer *to associate*

---

de la même façon *in the same way*

Note de vocabulaire
When used in upper case, **l'Église** and **l'État** refer to institutions.

Note de vocabulaire
Cependant can usually be used interchangeably in most cases with its synonym **pourtant**. They are always placed at the beginning of a sentence.

Avez-vous compris? Répondez aux questions suivantes.

1. Quelles sont quatre valeurs importantes en France aujourd'hui?
2. Quelles sont trois valeurs importantes parmi les ménages français?
3. Quelles sont trois valeurs importantes dans la plupart des pays musulmans de l'Afrique francophone?
4. À quoi est-ce que les gens du Québec accordent de l'importance?

À votre avis

1. Pour la majorité des Français aujourd'hui, l'individu (et sa réussite personnelle) est plus important que la société. Qu'est-ce qui est plus important dans votre culture? L'individu ou la société?
2. Qu'est-ce qui est plus important pour vous? Votre réussite personnelle ou la réussite de votre société? Pourquoi?

PARTIE 1

VOCABULAIRE 1

A Synonymes Trouvez le terme qui correspond à chaque mot de vocabulaire.

1. une coutume
2. primordial
3. la réussite
4. le partage
5. les valeurs
6. l'Église
7. le bien-être

a. le succès
b. fondamental
c. le bonheur
d. la religion
e. une tradition
f. accorder de l'importance
g. partager

B Antonymes Trouvez un mot du vocabulaire qui est l'antonyme de ces mots.

1. le travail **2.** différent **3.** l'individu **4.** le danger **5.** séparer

C Les valeurs et le monde francophone Quelles sont vos impressions à propos des valeurs du monde francophone? En vous basant sur vos connaissances et sur le texte *Les valeurs les plus importantes en France depuis trente ans,* dites à un(e) partenaire si chaque valeur est **très importante, assez importante** ou **pas très importante** pour **les Français, les Québécois** et **les Africains.**

Modèle: À mon avis, la famille est une valeur très importante pour les Français.

1. la famille
2. l'éducation
3. le travail
4. l'amour
5. le partage
6. le bonheur
7. la religion
8. l'amitié
9. la défense de la langue française
10. l'égalité entre les hommes et les femmes

Conclusion Est-ce qu'il y a des valeurs qui sont très importantes pour tout le monde? Lesquelles? Pourquoi pensez-vous que ces valeurs sont partagées (presque) de la même façon?

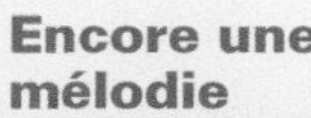

Encore une mélodie

© Hugo-Sébastien Aubert, archives La Presse.

Les Filles de Caleb est un roman québécois et une comédie musicale qui met en opposition les valeurs du passé avec celles de la modernité. Cherchez la chanson *Voir grand, voir devant,* extraite de cette comédie musicale, sur Internet et écoutez-la. Quelle valeur est très importante dans cette chanson?

D Votre pays et vous Pour la majorité des gens de votre pays, est-ce que chaque allocation ou valeur suivante est **un droit fondamental, un besoin** *(need),* **un privilège** ou **une mauvaise idée**? Et pour vous personnellement? Utilisez des expressions appropriées pour lier et pour contraster vos idées. Discutez avec un(e) partenaire.

Modèle: Pour la majorité des gens de mon pays, l'allocation chômage est un droit fondamental. Cependant, pour moi personnellement, l'allocation chômage est un besoin.

1. l'allocation chômage
2. l'allocation familiale *(family allowance)*
3. l'éducation
4. la liberté
5. la couverture santé
6. l'égalité entre les classes sociales
7. la défense des droits de l'homme
8. l'égalité entre les hommes et les femmes

Conclusion Est-ce que vous partagez les valeurs de la majorité des gens de votre pays? Sinon, expliquez pourquoi.

E Identifier les valeurs à travers les salaires

Étape 1. On peut parfois identifier les valeurs d'une culture en notant les salaires de certaines professions. Quelles valeurs associez-vous avec ces gens? Utilisez un mot de vocabulaire dans vos réponses.

Modèle: É1: **J'associe les professeurs avec l'éducation.**
É2: **Moi, j'associe les professeurs avec l'intellectualisme.**

1. les professeurs
2. les athlètes
3. les prêtres
4. les avocats
5. les psychologues
6. les agents de police
7. les hommes d'affaires
8. les artistes

Étape 2. Décidez avec votre partenaire quelles sont les trois professions où on gagne les plus gros salaires.

Conclusion Si les salaires sont une réflexion des valeurs d'une société, quelles valeurs sont les plus importantes dans votre culture?

F Les valeurs culturelles

Étape 1. Avec un(e) partenaire, dites si chaque valeur est une valeur importante dans votre culture.

1. la compétition
2. l'intellectualisme
3. le sens de l'esthétique
4. avoir de l'ambition
5. les loisirs
6. la sécurité

Étape 2. Voici une publicité américaine et une publicité française. Quelles différences voyez-vous? Quelles valeurs est-ce que vous associez avec chaque publicité? À quoi est-ce que la publicité américaine semble accorder de l'importance? Et la publicité française? À votre avis, est-ce que les deux publicités reflètent les valeurs américaines et les valeurs françaises? Discutez de ces questions avec un(e) camarade de classe.

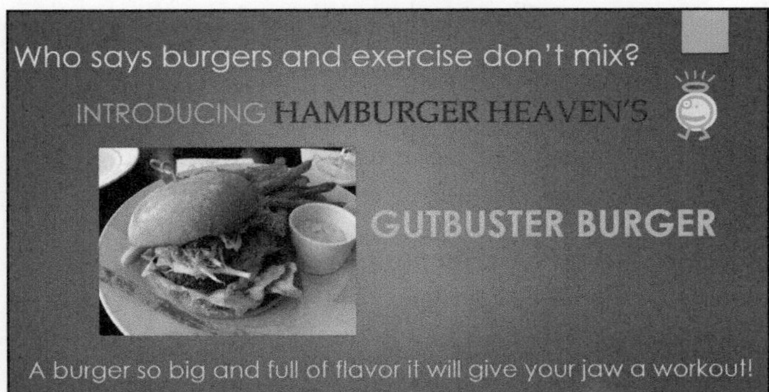

Who says burgers and exercise don't mix?
INTRODUCING HAMBURGER HEAVEN'S
GUTBUSTER BURGER
A burger so big and full of flavor it will give your jaw a workout!

Le Noble de Pain Calin

Un petit pain brioché grillé, légèrement tartiné d'une fine couche de moutarde de Dijon à la truffe noire, une tranche de foie gras frais, de la merguez, accompagné de pesto aux tomates séchées, et recouverte d'une tranche de fromage de chèvre.

Bon appétit!

Les prépositions de lieu et le pronom *y*

DU FILM *ENCORE*

Encore un pas vers la grammaire

Look at these photos from the film *Encore* and their captions.

M. SIMARD Il est question de beaucoup d'argent. La famille va contester votre réclamation.

CLAIRE Oui, j'**y** ai déjà pensé...

M. SIMARD Vous rentrez **chez vous** maintenant?

CLAIRE Non. Je vais chercher ma mère à l'hôpital.

1. What is the translation of **y** in the left caption?
   a. *there* b. *it*
2. What is the translation of **chez vous** in the right caption?
   a. *home* b. *mother's place*

MINDTAP Préparation

Go to **Préparation pour Grammaire 1** to review the following: prepositions **à, de,** and **en,** the gender of geographical locations, and the verbs **habiter** and **vivre.**

Les prépositions de lieu

- A common preposition of location is **chez,** which can have different meanings.

Abia rentre **chez elle.**	*Abia is returning home.*
Elle est **chez le coiffeur.**	*She is at the hairdresser's.*
La famille est très importante **chez les Français.**	*Family is very important to French people.*

- With cities, **à** is used to express *in* or *to,* and **de/d'** is used to express *from.*

Je suis **à** Paris. Elle vient **de** Montréal. Il est **d'**Avignon.

Note de grammaire

An article is not normally used unless it is part of the city's name, such as **La Nouvelle-Orléans.**

- To express being *in* or going *to* a country, the preposition **en** is used with feminine countries and **au** with masculine countries. To express *in* or *to* with countries that have plural grammatical gender like **les États-Unis, aux** is used. With continents, **en** is used because continents are always feminine.

Nous vivons **en** France.	Il travaille **au** Canada.
On va **aux** États-Unis.	Il est **en** Europe.

- To express *from* a country or continent, the prepositions **du** *(m.)*, **de** *(f.)*, **d'** (before a vowel sound) or **des** *(pl.)* are used depending on the location's grammatical gender.

  Carlos est **du** Mexique. | Anne est **de** Suisse.
  Il rentre **des** États-Unis. | Elle est **d'**Asie.

- States and provinces follow the same rules as countries and continents.

  J'habite **en** Floride. | On va **au** Colorado.
  Je vais **en** Californie. | Il travaille **au** Manitoba.
  Je suis **de** Floride. | On rentre **du** Colorado.
  Il est **de** Californie. | Il vient **du** Manitoba.

- For states in the U.S., **dans l'État du** or **dans le/l'** (masculine state) may be used.

  Il habite **dans l'État du** Maine. | Mes parents sont **dans l'État du** Texas.
  Mon université est **dans l'**Iowa. | Elle travaille **dans l'Ohio.**

- The preposition **en** is also used with many modes of transportation. With train travel, **par le** may also be used. To refer to traveling by foot or bicycle, use **à**.

  On se déplace souvent…

en bus	**en métro**	**par le (en) train**	**à pied**
en voiture	**en avion**	**à vélo**	**en taxi**

Le pronom *y*

- The pronoun **y** replaces previously mentioned phrases that begin with one of these prepositions: **à, chez, dans, en,** or **sur.** In the present tense, **y** goes before the conjugated verb or the infinitive if there is one.

  Je vais **au café.** J'**y** vais.
  *I am going **to the café.** I am going **there.***
  Elle vient **chez moi.** Elle **y** vient.
  *She is coming to **my house.** She is coming **here.***

- Some verbs other than those indicating movement that use **à** include **penser à, réussir à,** and **répondre à.**

  Il **pense à** son travail. Il **y** pense.
  He thinks about his work. He thinks about it.
  Il ne **répond** pas **aux** questions. Il **n'y** répond **pas.**
  He is not answering the questions. He is not answering them.

A **Les valeurs et les cultures** Quelles cultures est-ce que vous associez avec ces valeurs? Avec un(e) partenaire, complétez chaque phrase avec **un pays, un État, une ville** ou **un groupe de gens.** Faites attention aux prépositions.

1. La famille est une valeur fondamentale **en...**
2. L'égalité entre les hommes et les femmes est une valeur importante **au...**
3. L'amitié est une valeur importante **à...**
4. Le travail est une valeur fondamentale **aux...**
5. La couverture santé est excellente **chez...**
6. Les loisirs sont une valeur importante **à...**
7. Les traditions sont fondamentales **au...**
8. Le bonheur est une valeur primordiale **chez...**

B **Les célébrités**

Étape 1. Utilisez les prépositions pour dire d'où vient chaque personne. Ensuite, associez une valeur ou une notion avec chaque personne.

Bruce Springsteen	Bill Gates	Céline Dion
Lady Gaga	Penélope Cruz	Awkwafina (Nora Lum)

Modèle: Elle est **de Chicago.** C'est **Oprah Winfrey.** J'associe **le bonheur avec Oprah.**

1. Elle est **d'...**	**a.** France	**b.** Brésil	**c.** Espagne
2. Elle est **de...**	**a.** New York	**b.** États-Unis	**c.** Colorado
3. Il est **des...**	**a.** Canada	**b.** Italie	**c.** États-Unis
4. Il est **de...**	**a.** États-Unis	**b.** Chicago	**c.** Texas
5. Sa famille est **de...**	**a.** Maroc	**b.** Chine	**c.** Japon
6. Elle est **du...**	**a.** Californie	**b.** Canada	**c.** Italie

Étape 2. Demandez quelle valeur ou notion votre camarade de classe associe avec chaque personne célèbre.

Modèle: É1: **Quelle valeur est-ce que tu associes avec Penélope Cruz?**
É2: **J'associe la sensualité avec Penélope Cruz.**

C **Les valeurs et les endroits** Quels endroits est-ce que vous associez avec les valeurs suivantes? Répondez avec une ville, un État ou un pays. Discutez de vos réponses avec un(e) camarade de classe.

1. l'intellectualisme
2. le sens de l'esthétique
3. la compétition
4. le bonheur
5. le loisir
6. la liberté
7. la défense de la langue française
8. la réussite

D Les modes de transport

Étape 1. À votre avis, quel moyen de transport est-ce que les gens suivants prennent normalement dans chaque situation?

1. Les gens qui accordent de l'importance à l'activité physique font les courses ____________.
2. Les gens qui aiment faire des économies voyagent ____________.
3. Les gens qui accordent de l'importance à l'environnement voyagent souvent ____________.
4. Les gens paresseux font les courses ____________.
5. Les gens riches voyagent souvent ____________.
6. Les gens qui aiment dépenser de l'argent font du shopping ____________.

Étape 2. Quel moyen de transport est-ce que vous prenez dans chaque situation suivante? Discutez de vos réponses avec un(e) partenaire.

1. faire les courses
2. aller à l'université
3. aller au centre-ville
4. voyager entre les États

Conclusion Quelles valeurs est-ce que vous associez avec votre partenaire?

E Votre pays et vous

Répondez aux questions en remplaçant **les phrases en gras** avec le pronom **y**. Puis, posez les questions à votre partenaire.

Modèle: Est-ce que votre pays réussit **à préserver les traditions de votre culture?**
Oui, mon pays *y* réussit. / Non, mon pays n'y réussit pas.

1. Est-ce que votre pays réussit **à défendre les droits des femmes**?
2. Est-ce que votre pays réussit **à défendre la liberté d'expression**?
3. Est-ce que les gens font du recyclage **dans votre ville**?
4. Est-ce que les hommes politiques défendent les droits des femmes **chez vous**?
5. Est-ce que vous pensez souvent **aux loisirs**?

F Où est-ce que vous voulez vivre?

Étape 1. Discutez avec votre partenaire de ce que *(what)* vous associez à ces endroits.

1. la France
2. le Québec
3. la Tunisie
4. le Japon
5. la Californie
6. le Texas

Étape 2. Maintenant, dites si vous voulez vivre dans chaque endroit et expliquez pourquoi ou pourquoi pas. N'oubliez pas d'utiliser le pronom **y** dans votre conversation.

Modèle: É1: **Est-ce que tu veux vivre au Maroc?**
É2: **Oui, je veux y vivre parce que la famille est une valeur importante au Maroc et pour moi aussi. / Non, je ne veux pas y vivre parce que je ne partage pas les mêmes valeurs.**

COIN CULTUREL

Michael Weber imageBROKER/Newscom

«Liberté, Égalité, Fraternité» sont les valeurs de la devise *(motto)* française. À la suite de la Révolution française en 1789, ces termes ont été choisis pour montrer une égalité entre tous les citoyens. Cependant, depuis quelques années, la fraternité perd de son sens puisque l'individu pense plus à ses besoins personnels qu'aux besoins de la société (selon une enquête de Pierre Bréchon en 2009). Depuis la dernière vague d'immigration, après 1945, la notion de «laïcité» est également importante.

Journal de bord

Résumez en quelques mots ou phrases ce que vous avez appris dans la Partie 1 du Chapitre 2. Suggestions: Quelles valeurs sont fondamentales dans le monde francophone et dans les cultures de vos camarades de classe? Est-ce qu'il y a des valeurs qui semblent être universelles?

PARTIE 2 VOCABULAIRE 2

Réflexion culturelle

Poser des questions sur des valeurs, c'est une bonne idée?

Wavebreakmedia Ltd/Dreamstime.com

Mieux se connaître n'est pas toujours **évident**. On peut demander certaines choses dans certaines cultures, et dans d'autres pas. Les Français ont la réputation (vraie ou fausse) d'être **méfiants**. Une généralisation est qu'ils veulent tout d'abord savoir si vous partagez des valeurs communes et/ou de mêmes objectifs prioritaires dans la vie avant de vous accepter dans leur cercle d'intimes. Donc, connaître quelqu'un prend du temps en France. Même entre amis, certaines choses restent très personnelles et par **pudeur**, on ne veut pas s'exposer complètement.

Par exemple, beaucoup de Français restent très **pudiques** sur la question de l'**argent**. Habitude héritée° de la religion catholique dans laquelle l'argent était traditionnellement un **sujet** tabou, les Français évitent normalement d'en parler si possible. Dans le même ordre d'idée, prêter de l'argent à quelqu'un veut dire qu'on **a** entièrement **confiance en** cette personne et on ne le fait pas typiquement très légèrement°. Quand on prête de l'argent à quelqu'un, on sait qu'il ou elle va le rembourser. Une autre question assez **risquée** relative à l'argent est «Combien d'argent gagnez-vous par mois?». En règle générale°, les Français ne mentionnent pas non plus combien ils dépensent pour leurs **biens,** leurs besoins quotidiens ou leurs loisirs.

La même difficulté se pose avec la religion ou la spiritualité. On ne parle guère° de ses convictions religieuses ou spirituelles, même avec **les plus proches.** En France et au Québec, en général, on n'**a** pas **l'habitude de** demander «Où allez-vous à la messe?» ou «Croyez-vous en Dieu?». Par contre, parler de la famille en France et au Québec est assez acceptable. **Quant au** sujet de la famille, pour beaucoup de cultures de l'Afrique de l'Ouest, on devrait° tout d'abord **être proche de quelqu'un** avant de demander «Combien de frères et sœurs as-tu?» ou «Comment va ta famille?». Il s'agit d'un sujet très **privé** mais obligé socialement (par politesse ou par courtoisie) après être devenu amis.

hérité(e) *inherited* **légèrement** *lightly* **En règle générale** *Usually* **ne… guère** *hardly, barely* **devrait** *should*

Vocabulaire du texte

l'argent *(m.) money*
les biens *(m. pl.) goods, possessions*
les plus proches *(m. pl.) closest friends*
la pudeur *modesty*
un sujet *subject, topic*

évident(e) *obvious, evident*
méfiant(e) (de) *suspicious*
privé(e) *private*
pudique *modest, reserved*

risqué(e) *risky, dangerous*

---

avoir confiance (en) *to trust, have confidence (in)*
avoir l'habitude (de) *to have the habit of*
être proche de quelqu'un *to be close to someone*
mieux se connaître *to get to know each other better*

---

quant à *concerning*

Vocabulaire complémentaire

le confort *comfort*
les connaissances *(f. pl.) acquaintances*
la durabilité *sustainability*
l'écologie *(f.) ecology, environmentalism*

---

apprécier *to appreciate*
attacher de l'importance à *to attach importance to*

---

sensible *sensitive*

---

en argent *in/of silver*
en bambou *in/of bamboo*
en coton *in/of cotton*
en cuir *in/of leather*
en fourrure *in/of fur*
en laine *in/of wool*
en or *in/of gold*
en papier *in/of paper*
en plastique *in/of plastic*
en platine *in/of platinum*
en soie *in/of silk*
en verre *in/of glass*

Note de vocabulaire:

The preposition **à** in the expression **quant à** combines with **le, la, les,** and **l'**. The adjective **méfiant(e)** takes the preposition **de** and also combines with **le, la, les,** and **l'**.

Note de vocabulaire

The meaning of **sensible** becomes slightly nuanced when combined with **sujet(s)**. The expression **les sujets sensibles** means *hot-button issues.*

Avez-vous compris? Répondez aux questions suivantes.

1. Qu'est-ce que les Français veulent savoir avant de faire confiance à quelqu'un?
2. Est-ce que les Français ont peur de prêter de l'argent à leurs proches?
3. Comment est-ce que les Français et les Québécois voient le sujet de la religion?
4. Comment sait-on si on peut parler des valeurs ou d'un sujet personnel avec quelqu'un?

À votre avis Quelle est la règle générale ou sous-entendue *(implied)* à suivre pour ne pas offenser les gens avec qui vous parlez, surtout si c'est la première fois que vous vous parlez?

A C'est comme ça Choisissez le mot ou l'expression qui complète chaque phrase.

avoir l'habitude de	biens	méfiant	pudeur	pudique	risqué

1. Quand on n'a pas confiance en quelqu'un, on devient souvent ____________.
2. Si on ne veut pas trop parler d'un certain sujet, on reste ____________ sur ce sujet.
3. Quand on ne fait guère *(hardly)* une certaine activité, on (ne pas) ____________ faire cette activité.
4. Un synonyme de «mes affaires» est «mes ____________».
5. Si quelque chose n'est pas sûr *(safe)*, c'est peut-être ____________.
6. Quelqu'un qui est discret fait des choses avec ____________.

Et vous? Sur quel(s) sujet(s) restez-vous assez privé(e) avec les gens en général? Quant aux sujets sensibles, de quoi évitez-vous *(avoid)* de parler quand vous vous connaissez?

B Quelles valeurs les matériaux révèlent-ils?

Étape 1. On dit souvent que les matériaux qu'une personne préfère peuvent révéler ses valeurs. Lisez ces phrases et indiquez si chaque phrase est vraie ou fausse.

1. Les gens qui attachent de l'importance à l'écologie choisissent des assiettes jetables *(disposable)* en plastique. V F
2. Si tu attaches de l'importance à l'élégance, tu choisis des chemises et des chemisiers en soie. V F
3. Quelqu'un qui apprécie «le meilleur dans la vie» préfère des bagues et des boucles d'oreille *(earrings)* en platine. V F
4. Une personne pour qui le confort est important préfère des pantalons en cuir. V F
5. Si la durabilité est importante pour nous, nous préférons des objets en bambou. V F
6. Les gens qui attachent de l'importance au bien-être des animaux préfèrent des manteaux et des chapeaux en fourrure. V F

Étape 2. Comparez vos réponses de l'Étape 1 avec celles d'un(e) partenaire. Ensuite, posez-lui ces questions. Quelles valeurs est-ce que ses préférences semblent dévoiler *(reveal)*?

Quel matériau est-ce que tu préfères pour…

1. des couverts et des assiettes (jetables)?
2. des bagues et des boucles d'oreille?
3. des chemises ou des chemisiers?
4. des chaussures?
5. des sacs (à main, à dos, etc.)?
6. des pull-overs?

C On en parle mais est-ce au bon moment? *Réflexion culturelle* présente la notion que les sujets dont on peut parler ne sont pas toujours évidents. «On peut demander certaines choses dans certaines cultures, et dans d'autres pas.»

Développez cette idée avec un(e) partenaire selon votre culture et ses tendances, en répondant aux questions suivantes.

1. À qui est-ce que vous pouvez poser des questions sur les sujets suivants?

la religion	l'argent	l'amitié	son bien-être	ses biens	ses proches

2. Quels sont les sujets dont vous parlez avec les personnes suivantes?

vos connaissances	vos amis	vos parents	votre colocataire
votre meilleur(e) ami(e)			

3. Quand peut-on parler de sujets sensibles avec quelqu'un? Faut-il être proche de lui?
4. Quels autres sujets sensibles faut-il ajouter à la liste de la première question?

Conclusion À partir de vos réponses partagées, réfléchissez à ceci *(the following)*.

- Votre partenaire et vous, avez-vous tendance à être discrets / discrètes? Si oui, comment? Pourquoi restez-vous discrets / discrètes sur ces aspects?
- Si vous n'avez pas tendance à être discrets / discrètes, comment vous exposez-vous? De quoi parlez-vous et avec qui? Quelles questions posez-vous aux autres? Etc.

D Que nous disent nos perspectives et préférences? Qu'est-ce que nos perspectives et nos préférences révèlent à propos de vos valeurs?

Étape 1. Formez un petit groupe avec deux ou trois camarades de classe. À tour de rôle, posez-vous les questions et répondez-y ensemble.

1. Attachez-vous plus d'importance à la réussite ou au bonheur?
2. Appréciez-vous plus l'argent et les biens ou l'amitié et le bien-être?
3. Accordez-vous plus d'importance à l'écologie ou à l'économie?
4. Associez-vous un manteau *(coat)* en fourrure et une veste *(jacket)* en cuir avec le luxe ou la cruauté envers les animaux?
5. Aimez-vous le mieux les vêtements *(clothing)* en coton, en laine, en tissu *(fabric)* synthétique ou en soie?

Étape 2. Souvenez-vous *(Recall)* d'au moins une réponse de l'Étape 1 de chaque membre du petit groupe. Demandez-lui de justifier sa réponse.

Modèles: É1: **Lisa, tu attaches la même importance à la réussite et au bonheur. Pourquoi?**
É2: **Parce que je pense que le bonheur vient avec la réussite.**

Étape 3. Discutez ensemble de vos réponses à cette question finale et n'oubliez pas de justifier vos réponses: Qui semble partager des valeurs similaires?

COIN CULTUREL

Solitaire/Shutterstock.com

En France, les jeux, les cafés et les bars partagent une longue histoire. On y allait souvent pour retrouver ses amis mais aussi pour jouer aux jeux comme le flipper *(pinball)*, le babyfoot *(fooseball)*, les jeux d'arcade, les jeux de cartes ou les jeux de dés *(dice)*. Un nouveau genre de bar populaire se multiplie à travers Paris et dans d'autres villes françaises. Les bars à jeux de société offrent la possibilité de rencontrer de nouvelles personnes et de mieux se connaître à travers les jeux de plateau *(board games)*. Les jeux aident à combler *(to fill)* les silences gênants *(awkward)* et à établir des rapports platoniques basés sur une activité ou une passion en commun.

PARTIE 2 GRAMMAIRE 2

Les adverbes interrogatifs; l'adjectif interrogatif *quel* et ses variations

DU FILM *ENCORE*

Encore un pas vers la grammaire

Look at these photos from **Séquence 1** of the film *Encore* and their captions.

Pourquoi Claire consulte-t-elle un avocat?

Comment est-ce que Claire connaît cet homme?
Quel est son prénom?

1. What do the words **pourquoi, comment,** and **quel** mean?
2. What three ways are used to ask questions in these captions?

MINDTAP Préparation

Go to **Préparation pour Grammaire 2** to review asking questions with **est-ce que** and inversion.

Note de grammaire

Generally speaking, inversion is considered more formal than **est-ce que** and is more often used in writing or formal and polite conversations.

Note de grammaire

With **combien de,** always keep the preposition **d(e)** and its object together. **Combien d'examens avons-nous cette semaine?**

Les adverbes interrogatifs

Interrogative adverbs are used to ask specific questions that pertain to manner, cause, location, number, and time. Interrogative adverbs are typically placed at the beginning of the sentence with either **est-ce que** or inversion.

manner: **comment** *(how)*	number: **combien** *(how much)*, **combien de** *(how many)*
cause: **pourquoi** *(why)*	time: **quand** *(when)*, **à quelle heure** *(when, at what time)*
location: **où** *(where)*	

Pourquoi écrivez-vous ce courriel?	*Why are your writing this email?*
À quelle heure est-ce que le cours commence?	*At what time (When) does class start?*
Quand vont-ils lire la lettre?	*When are they going to read the letter?*
Comment vas-tu dire la vérité à tes parents?	*How are you going to tell your parents the truth?*
Combien de cours est-ce que tu prends?	*How many courses are you taking?*

Note de grammaire

Remember when using inversion with the **futur proche** to invert the subject pronoun and the conjugated verb **aller.** **Quand allez-vous étudier pour l'examen?**

- With **où, combien, comment, quand,** or **à quelle heure**, intonation is also possible to ask a question orally. The interrogative adverb is still placed at the beginning of the question.

Où va le bus?	*Where is the bus going?*
Combien coûte cet ordinateur?	*How much does this computer cost?*
Comment se passe ta journée?	*How's your day going?*

- In informal spoken French, **où, combien, comment, quand,** or **à quelle heure** may appear at the end of the question.

Ça coûte / fait **combien**?	*That/This costs how much?*
Tu viens d'**où**?	*You're from where?*
Nous arrivons **à quelle heure**?	*We're arriving at what time?*

- With **combien de** and **pourquoi,** only **est-ce que** or inversion is possible to ask a question. Notice that with inversion, the question begins with the subject, followed by a comma.

Combien d'amis est-ce que Stéphane amène?	*How many friends is Stéphane bringing?*
Le petit garçon, **pourquoi** pleure-t-il?	*Why is the little boy crying?*

L'adjectif interrogatif *quel* et ses variations

- **Quel** is an interrogative adjective that means *what* or *which.* Since it is an adjective, it must agree in gender and number with the noun it is modifying. When **quel** is positioned next to the noun it is modifying, use **est-ce que** or inversion to ask a question.

	Singular	Plural
Masculine	**quel**	**quels**
Feminine	**quelle**	**quelles**

Quel âge as-tu?	*How old are you? / What is your age?*
Quels journaux aime-t-il lire?	*Which newspapers does he like to read?*
Quelles fleurs est-ce qu'elle préfère?	*Which flowers does she prefer?*

- **Quel** can also appear with or without a noun it is modifying in front of the verb **être.** In this construction, only intonation is possible to ask a question.

Quels matériaux sont les meilleurs?	*What / Which materials are the best?*
Quelle est ta spécialisation?	*What is your major?*
Quels sont tes cours favoris?	*What / Which are your favorite courses?*
Quelles sont les meilleures universités?	*What / Which are the best universities?*

A Questions diverses Complétez les phrases avec le bon adverbe interrogatif.

1. (Comment / Pourquoi) ne buvez-vous pas de vin?
2. (Où / Quand) allez-vous pour être seul(e)?
3. (Combien / Combien de) vrais amis avez-vous?
4. (Comment / Combien) sont les vrais amis?
5. (Combien de / À quelle heure) commencez-vous à regarder la télé le soir?
6. (Combien / Combien de) dépensez-vous pour manger par mois?

Et vous? Avec quelles questions de cette activité avons-nous les meilleures chances de découvrir les valeurs personnelles de nos amis?

B Découvrez-vous et vos valeurs

Étape 1. Répondez à ces questions pour découvrir vos valeurs.

1. Combien d'aliments sains *(healthy)* et malsains *(unhealthy)* avez-vous dans votre cuisine?
2. Quand vous sentez-vous *(feel)* le plus calme et le plus décontracté(e) *(relaxed)*?
3. Où voudriez-vous voyager un jour et pourquoi?
4. Quel est votre dessert préféré et combien en mangez-vous d'habitude?
5. À quelle heure vous couchez-vous *(go to bed)* le soir?
6. Comment vos amis vous décrivent-ils?

Étape 2. En petits groupes, à tour de rôle, posez les questions de l'Étape 1 et répondez-y ensemble afin de trouver des valeurs en commun.

Modèle: É1: **Combien d'aliments sains et malsains avez-vous dans votre cuisine?**

É2: **Je n'ai pas beaucoup d'aliments sains. J'ai probablement deux ou trois pommes et peut-être des œufs. J'ai beaucoup de produits malsains comme du coca, des pizzas et des frites.**

É3: **Moi, par contre, j'ai beaucoup d'aliments sains. J'ai du poisson, des fruits, des légumes, de l'eau minérale et du thé vert.**

C Être journaliste comme Anne Sinclair Anne Sinclair est une journaliste française bien connue et respectée dans les professions médiatiques en France.

Étape 1. Complétez ces questions écrites dans le style d'Anne Sinclair avec **quel, quelle, quels** ou **quelles.**

1. ____________ est votre nouvelle position sur les armes nucléaires?
2. ____________ sont vos vrais objectifs par rapport aux négociations internationales?
3. ____________ est votre point de vue personnel sur la possession privée de biens importés?
4. ____________ sont vos actions récentes pour lutter *(to fight)* contre la pauvreté?

Étape 2. Complétez ces questions encore écrites dans le style d'Anne Sinclair avec le mot interrogatif le plus logique.

comment   pourquoi   où   combien (de)   quand   à quelle heure
quel/quelle/quels/quelles

1. Avec _______ argent payez-vous vos campagnes publicitaires? Celui des donateurs?
2. _______ expliquez-vous ce cauchemar politique? Ce n'est pas juste un hasard.
3. _______ envoyez-vous ces médicaments, monsieur? Dans le monde entier?
4. _______ détruisez-vous la planète? C'est pour faire de l'argent?

Et vous? Quel(le)(s) journaliste(s) respectable(s) connaissez-vous ou aimez-vous? Quelles célébrités ou personnes importantes voudriez-vous interviewer? Pourquoi?

D Questions de suivi Pour mener une discussion captivante avec quelqu'un, il faut savoir poser des questions de suivi *(follow-up)* sur les détails de la conversation. Lisez ces scénarios et préparez deux ou trois questions de suivi pour chacun *(each one).*

Modèle: É1: **On va voyager à l'étranger.**
É2: **Où est-ce que tu vas aller? Quand vas-tu voyager? Comment vas-tu voyager?**

1. On va organiser une fête d'anniversaire pour son meilleur ami / sa meilleure amie.
2. On va passer un entretien d'embauche *(job interview)* important.
3. On va sortir avec ses amis.
4. On va partir en vacances.

E Points de vue: Interviewer, c'est un art L'art d'interviewer les gens est un talent ou un atout *(skill)* particulier. Si l'on veut réussir dans ce domaine, tout d'abord, il faut savoir le genre de questions à poser.

Étape 1. Lisez ces trois types de questions que posent les journalistes professionnels.

- **Les questions ouvertes** exigent *(require)* de la personne d'exprimer ses idées personnelles par rapport à la question. Par exemple, «À quoi pensez-vous quand vous entendez le mot «durabilité?»
- **Les questions fermées** poussent *(push)* la personne interviewée à répondre seulement par «oui» ou «non». Par exemple, «Avez-vous confiance en vos employés?»
- **Les questions neutres** sont généralement objectives. On peut supposer que l'intervieweur ne sait pas la réponse avant de poser la question. Par exemple, «Monsieur, pourquoi faites-vous ces actions?»

Adapté des sources: www.snn-rdr.ca, www.journaldunet.com

Étape 2. Maintenant formulez des questions ouvertes, fermées et neutres pour interviewer un(e) camarade de classe pour mieux le/la connaître. Ensuite, faites l'interview et notez ses réponses. Soyez prêt(e) à le/la présenter aux autres.

Encore une mélodie

Alain BENAINOUS/Getty Images

Christophe Maé est un chanteur français de musique pop et de folk. Joueur de guitare acoustique et inspiré par Stevie Wonder, Maé incorpore souvent l'harmonica dans sa musique. Dans sa chanson *Pourquoi c'est beau ça* (2010), il pose la question «Pourquoi c'est beau ça et ça ne l'est pas?». Il pose aussi d'autres questions dans la chanson. Cherchez les paroles sur Internet et trouvez au moins une autre question qu'il pose dans la chanson.

Journal de bord

Résumez en quelques phrases ce que vous avez appris dans la Partie 2 du Chapitre 2. Suggestions: Qu'avez-vous appris à propos de l'acte de poser des questions sur des valeurs? Sur quels sujets et à qui peut-on poser ce genre de questions? Quelles valeurs avez-vous en commun avec vos camarades de classe et/ou votre professeur?

La musique comme valeur culturelle

Le Québec chante ses valeurs

Depuis ses origines, la chanson québécoise joue un rôle essentiel dans l'affirmation de l'identité culturelle et linguistique. Tandis que° la musique populaire est souvent considérée comme un art secondaire ailleurs° en Amérique du Nord, la chanson joue toujours un rôle actif au Québec. Dès ses débuts, les grands chansonniers et chanteurs[1], comme Félix Leclerc, Gilles Vigneault, Claude Gauthier, Raymond Lévesque, et Robert Charlebois, se servent de leurs chansons pour exprimer leurs idées et leurs valeurs ainsi que pour défendre l'importance de chanter dans leur langue.

Sur ce continent, l'anglais domine; le choix de chanter en français est donc une déclaration importante. Comme le dit le chanteur Richard Séguin: «C'est bien important de préciser que la langue, ce n'est pas seulement une façon° de communiquer, mais c'est une façon de penser. Dans mes préoccupations, au départ, c'est ça. Comment la voix, et puis comment ma musique, et comment socialement dans mes mots, je peux traduire ce qui m'entoure°.[2]

Le Québec a pour compagnon fidèle ses plus belles chansons qui retracent les événements marquants de l'histoire du Québec. On dit que les chansons ont préparé le terrain pour la Révolution tranquille des années 60, une révolution (sans violence) caractérisée par la séparation entre l'Église catholique et l'État, et la construction d'une identité québécoise qui marque l'entrée du Québec dans la modernité.

Ces chansons continuent à vibrer encore à toutes les fêtes nationales. Au Gala de l'ADISQ aujourd'hui (l'équivalent des *Grammys* des États-Unis), on entend résonner les voix et tous les genres de musiques du passé et de nouvelles générations d'artistes talentueux tels que Cœur de Pirate, Les Cowboys Fringants, Hubert Lenoir, Ariane Moffat, Marie Mai, Klô Pelgag et Fred Pellerin. Sans doute, la chanson québécoise reste l'une des meilleures ambassadrices des valeurs du Québec.

Tandis que *While* **ailleurs** *elsewhere* **façon** *way* **m'entoure** *surrounds me*

Avez-vous compris?

1. Comment est considérée la musique populaire en Amérique du Nord?
2. Pourquoi est-ce que c'est important pour Richard Séguin de chanter en français?
3. Qu'est-ce qui marque l'entrée du Québec dans la modernité?
4. Quelle est une des meilleures ambassadrices de l'histoire et des valeurs du Québec?

Hemis/hemis.fr/Alamy Stock Photo

[1] In addition to being a **chanteur**, a **chansonnier** places great importance on the texts of the songs that he/she composes.

[2] Communication personnelle en juillet 1997 avec Richard Séguin au théâtre Capitole de Québec

Zachary Richard chante les valeurs des Amériques francophones

Auteur-chanteur-compositeur, Zachary Richard s'inspire de nombreux styles musicaux de son État d'origine, la Louisiane, pour écrire ses chansons. Au début des années 70, il s'est acheté un accordéon. Grâce à cet instrument, il s'est imprégné° de la culture cadienne de Louisiane et a créé le Bayou Drifter Band, le premier groupe de musique cajun folk/rock moderne. Ils reprennent les vieilles chansons cadiennes, oubliées depuis longtemps. Mais les débuts étaient difficiles puisque la musique cadienne en Louisiane était loin d'être populaire. Il a donc tenté sa chance° au Québec à Montréal où il a enregistré° 7 albums de langue française. Deux, *Mardi Gras* et *Migration,* ont connu un énorme succès et sont devenus disques d'or.

De retour en Louisiane, il a écrit des chansons en anglais, mais son héritage cadien l'a rattrapé et il a donc décidé de composer des chansons de langue française. Il s'agissait de chansons riches, influencées par les textes et l'ambiance de la Louisiane. Par la suite, elles ont été reprises dans l'album *Cap enragé,* qui a lancé sa carrière en tant qu'°auteur-compositeur francophone.

Mais Zachary Richard, c'est aussi un poète reconnu puisqu'en 1998, le Conseil de la vie française en Amérique lui a décerné° le Prix Champlain pour son recueil de poésies *Faire Récolte*°. Il est aussi reconnu comme un grand défenseur de la langue française et de la culture cadienne. En 2017, il a sorti le 22e album de sa carrière, *Gombo,* dans lequel on trouve une chanson en duo avec le chanteur québécois Robert Charlebois. Il s'agit d'un album simple mais fortement marqué par les rythmes et les sons de la Louisiane, avec des chansons en anglais et en français. Avec force et conviction, Zachary Richard continue d'imprégner le monde francophone et américain de son héritage cadien.

s'est imprégné *immersed himself* **a donc tenté sa chance** *tried his luck* **a enregistré** *recorded* **en tant qu'** *as* **a décerné** *awarded* **Faire récolte** *Harvest*

MINDTAP La musique comme valeur culturelle

Courtesy of Wynne Wong

Would you like to learn more about **le Gala de l'ADISQ,** ***Gombo* de Zachary Richard,** or **le zouglou et le groupe musical ivoirien Magic System**? Visit **Liaisons culturelles** and **Aller plus loin** in MindTap to explore these topics.

Avez-vous compris?

1. Qu'est-ce que Zachary Richard s'est acheté dans les années 70 et qu'est-ce qu'il a fait après?
2. Quelles sont les caractéristiques des chansons de Zachary Richard?
3. Pourquoi est-ce que son album *Cap enragé* et son recueil de poésies *Faire Récolte* sont importants dans sa carrière?
4. Qu'est-ce que son album *Gombo* représente dans sa musique?

Qu'en pensez-vous?

La musique rythme ou marque certains moments de la vie. Elle stimule, calme, inspire, motive et ainsi de suite. Quel rôle la musique joue-t-elle dans votre vie et qu'apporte-t-elle à votre culture? Quelle est votre chanson préférée et pourquoi?

Frederic Sune/Alamy Stock Photo

PARTIE 3

GRAMMAIRE 3

Les pronoms interrogatifs

DU FILM *ENCORE*

Encore un pas vers la grammaire

Look at these photos from the film *Encore* and their captions.

Qu'est-ce que Claire fait chez l'avocat?

À votre avis, **qui** est André Laurent?

1. Is **qu'est-ce que** in the left caption followed by a verb or by a noun?
2. Is **qui** in the right caption followed by a verb or by a noun?

MINDTAP Préparation

Go to **Préparation pour Grammaire 3** to review **C'est** vs. **Il/Elle est** and disjunctive pronouns.

The pronoun **qui** *(who)* is used to ask questions about people. When **qui** is the subject of a question, it is immediately followed by a verb.

Qui est le professeur de ce cours?	*Who is the professor of this course?*
Qui a le sens de l'esthétique?	*Who has an appreciation for aesthetics?*
Qui travaille beaucoup le week-end?	*Who works a lot on weekends?*
Qui fait la cuisine ce soir?	*Who is cooking tonight?*

When **qui** is the direct object, **est-ce que** must follow it or inversion must be used. Note that a subject must follow **est-ce que.**

Qui est-ce que tu aimes?	*Who do you love?*
Qui aimes-tu?	*Who do you love?*
Qui est-ce que les étudiants admirent?	*Who do the students admire?*
Qui les étudiants **admirent-ils**?	*Who do the students admire?*
Qui est-ce qu'André regarde?	*Who is André looking at?*
Qui André **regarde-t-il**?	*Who is André looking at?*

- When *what* is the subject of the question, **qu'est-ce qui** is used and it is typically followed by a verb.

Qu'est-ce qui se passe dans le film *Encore*?	*What happens in the film* Encore?
Qu'est-ce qui va arriver à Claire?	*What will happen to Claire?*

- The interrogative pronouns **qu'est-ce que** *(what)* is used to ask questions about things, actions, or situations. When **qu'est-ce que** is the object of a question, it is immediately followed by a subject.

Qu'est-ce que tu étudies à l'université?	*What are you studying at the university?*
Qu'est-ce qu'ils regardent?	*What are they watching?*
Qu'est-ce que vous faites ce soir?	*What are you doing tonight?*

- With inversion questions, **que** is used. In everyday speech, **qu'est-ce que** is preferred while **que** + inversion is more common in written texts.

Qu'est-ce qu'on va faire ce soir?	*What are we going to do tonight?*
Que va-t-on faire ce soir?	
Qu'est-ce qu'il aime boire?	*What does he like to drink?*
Qu'aime-t-il boire?	
Qu'est-ce que vous avez envie de manger?	*What do you feel like eating?*
Qu'avez-vous envie de manger?	

- When **qui** is the object of a preposition, the preposition usually precedes **qui.** Either **est-ce que** or inversion of subject and verb should be used.

Avec qui est-ce que vous vivez?	*With whom do you live?*
Avec qui vivez-vous?	
De qui est-ce que M. Simard parle?	*Whom is M. Simard talking about?*
De qui parle M. Simard?	
De qui M. Simard **parle-t-il**?	

- When *what* is the object of a preposition, the interrogative **quoi** is used after the preposition and is followed by **est-ce que** + subject and verb or inversion of the subject and verb.

De quoi est-ce que vous parlez?	*What are you talking about?*
De quoi parlez-vous?	
Avec quoi est-ce qu'on sert ce plat?	*What is this dish served with?*
Avec quoi sert-on ce plat?	

PARTIE 3 GRAMMAIRE 3

A **Un défenseur de la langue française en Louisiane** Complétez chaque phrase avec le mot ou l'expression approprié(e).

		a.	b.
1. __________	est cet homme?	**a.** Qui	**b.** Qu'est-ce qui
2. __________	Zachary Richard.	**a.** Il est	**b.** C'est
3. __________	il fait dans la vie?	**a.** Qu'est-ce qui	**b.** Qu'est-ce qu'
4. __________	chanteur.	**a.** Il est	**b.** C'est
5. __________	un francophone de Louisiane.	**a.** Il est	**b.** C'est
6. __________	chante-t-il souvent? Des Américains?	**a.** Avec qui	**b.** Avec quoi
7. __________	parle-t-il dans ses chansons?	**a.** De qui	**b.** De quoi
8. __________	va arriver à la langue française en Louisiane?	**a.** Qu'est-ce qui	**b.** Qu'est-ce qu'

Et vous? Quelle valeur est fondamentale dans votre État?

Encore une mélodie

Pierre Roussel/Newscom

La chanson *Qu'est-ce qu'on leur laisse?* de Richard Séguin parle des valeurs qui sont chères au chanteur. Cherchez la chanson sur Internet et écoutez-la pour découvrir les valeurs mentionnées dans cette chanson.

B **Questions** Complétez chaque question avec **Qui, Qui est-ce que, Qu'est-ce qui** ou **Qu'est-ce que/qu'.** Ensuite, posez les questions à un(e) partenaire.

1. ________ vous allez faire ce soir?
2. ________ est intéressant à la télé ce soir? Il y a un bon film?
3. ________ admirez-vous? Votre mère? Votre professeur?
4. ________ vos amis admirent? Un acteur? Un chanteur?

C **Interviews** Voici des extraits des interviews d'une journaliste avec des gens célèbres. Quelle est la question de la journaliste pour chaque réponse soulignée? Utilisez **est-ce que** ou l'inversion pour formuler vos questions.

Modèle: Journaliste: **À qui voulez-vous dédier la chanson? / À qui est-ce que vous voulez dédier la chanson?**
M. Rivard: Je veux dédier la chanson à ma femme.

1. Journaliste: ________________________________
   Michel Rivard: Dans mes chansons, je parle de la défense de la langue française au Québec.
2. Journaliste: ________________________________
   Zebda: Le message de nos chansons plaît le plus à nos fans.
3. Journaliste: ________________________________
   Carla Bruni: J'admire mon mari le plus bien sûr!
4. Journaliste: ________________________________
   Richard Séguin: Je parle des enfants de l'avenir dans ma chanson *Qu'est-ce qu'on leur laisse?*
5. Journaliste: ________________________________
   Jacques Pépin: Julia Child est mon chef préféré.
6. Journaliste: ________________________________
   Luce Dufault: J'aime faire du vélo quand je ne travaille pas.

Et vous? Qui voulez-vous interviewer? Quelles questions voulez-vous poser?

D **À quoi attachent-ils de l'importance?** À tour de rôle, demandez à un(e) partenaire qui attache de l'importance aux choses ou idées suivantes. Votre partenaire va vous répondre et dire quel trait il/elle associe à cette personne ou à ce groupe.

Traits utiles

ambitieux	généreux	machistes *(chauvinist)*	progressifs
avares	humanitaires	matérialistes	spirituels
écologistes	intelligents	paresseux	traditionalistes
égoïstes	justes	pratiques	travailleurs

Modèle: l'amitié

É1: **Qui attache de l'importance à l'amitié?**

É2: **Les Suisses attachent de l'importance à l'amitié. Ils sont généreux. / Ce sont des gens généreux.**

1. la défense des droits de l'homme
2. les loisirs
3. l'égalité entre les hommes et les femmes
4. le sens de l'esthétique
5. la compétition
6. l'ambition
7. la religion
8. le travail

E **À quoi est-ce que les gens célèbres attachent de l'importance?** À tour de rôle, demandez à votre partenaire à quoi les gens suivants attachent de l'importance. Vous pouvez utiliser les traits de l'Activité D ou d'autres de votre choix.

Modèle: le président de l'université

É1: **À quoi est-ce que le président de l'université attache de l'importance? / Le président de l'université, à quoi attache-t-il de l'importance?**

É2: **Il attache de l'importance à l'éducation. C'est un homme intelligent. / Il est intelligent.**

1. le président de votre pays
2. Claire Gagner du film *Encore*
3. le président de votre université
4. le Dalai Lama
5. Kim Kardashian
6. Justin Trudeau, le premier ministre du Canada
7. le maire *(mayor)* de votre ville
8. le pape *(pope)*

F **Vos questions**

Étape 1. Utilisez les pronoms interrogatifs suivants pour poser huit questions à deux ou trois personnes dans la classe pour mieux connaître leurs valeurs.

1. Qui…
2. Qui est-ce que…
3. Qu'est-ce que…
4. Qu'est-ce qui…
5. Que…
6. Avec qui…
7. De quoi…
8. De qui…

Étape 2. Préparez trois questions intéressantes à poser à votre professeur.

Journal de bord

Résumez en quelques phrases ce que vous avez appris dans la Partie 3 du Chapitre 2. Suggestions: Qu'est-ce qui est intéressant dans les lectures culturelles? Qu'est-ce que vos camarades de classe pensent des valeurs des différentes cultures? Comparez les valeurs des cultures francophones avec les valeurs de votre culture.

DEUXIÈME PROJECTION

ENCORE
SÉQUENCE 1: Le cauchemar

Ⓐ Avant de visionner

Étape 1. Quand on parle du genre, on parle des caractéristiques qu'on associe à un film. Par exemple, on associe un film d'action à la poursuite *(chase)* en voiture ou peut-être aux explosions. Quels mots ou quelles expressions associez-vous à chaque genre suivant? Certains mots et expressions peuvent s'appliquer à plusieurs genres. Vous pouvez également ajouter d'autres mots et d'autres expressions.

Genre	Associations possibles
1. un film d'amour	**a.** la mort
2. un film à suspense, un mystère	**b.** le meurtre *(murder)*
3. la science-fiction	**c.** le conflit
4. le western	**d.** l'amour
5. un film à grand spectacle *(epic)*	**e.** la passion
	f. la technologie
	g. les extraterrestres
	h. une conquête spatiale, une expédition spatiale
	i. les chevaux
	j. les fusils *(rifles)*

Étape 2. Maintenant pensez au film *Encore*. Quels genres associeriez-vous à ces scènes? Quels genres ne s'appliquent pas à ces scènes?

Ⓑ ▶ Regardez la séquence Regardez encore une fois la Séquence 1 du film *Encore*. En plus de faire attention à ce que les personnages font et disent, cherchez des éléments qui suggèrent le genre auquel le film *Encore* appartient.

Ⓒ Les héros et les héroïnes Dans tous les genres de films, il y a toujours des héros ou des héroïnes. Avec votre partenaire, répondez aux questions suivantes. Après, vous allez présenter vos idées à la classe.

1. Qui est le héros ou l'héroïne du film *Encore*?
2. Comment est-ce qu'on peut déterminer qui est le héros ou l'héroïne d'un film? Quels sont les traits d'un héros ou d'une héroïne?

3. En comparaison avec les autres personnages dans un film, combien de temps est-ce que le héros ou l'héroïne passe en scène? Peut-on dire que c'est aussi vrai pour *Encore*?
4. Est-il possible d'avoir plus d'un héros ou d'une héroïne dans un film? Combien de héros ou d'héroïnes y a-t-il dans *Encore*?

D L'ambiance

Étape 1. Dans le cinéma, il y a une relation entre les genres et les ambiances *(moods)*. Quels genres associez-vous à chaque ambiance ci-dessous? Est-ce qu'il y a des couleurs que vous associez à certaines ambiances ou à certains genres?

1. l'horreur, la peur
2. la tristesse, la mélancolie
3. l'amour
4. le bonheur
5. l'ennui
6. la colère

Étape 2. D'après ce que vous avez répondu dans l'Étape 1, décrivez l'ambiance dans le film *Encore*.

E À écrire Basé sur vos discussions, écrivez un court essai, de 75 mots maximum. Utilisez les questions suivantes comme guide.

1. À quel genre appartient le film *Encore*?
2. Quels éléments dans le film *Encore* suggèrent le genre auquel il appartient?
3. Qui est le héros ou l'héroïne? Quels éléments à propos de ce personnage suggèrent qu'il/elle est le héros ou l'héroïne?
4. Quelles valeurs associez-vous avec le héros ou l'héroïne?

Encore: La culture dans le film

Le Boulevard Saint-Laurent à Montréal

William Manning/Alamy Stock Photo

Claire et André Laurent se croisent° sur le boulevard Saint-Laurent, un boulevard très connu de Montréal. Le boulevard Saint-Laurent est aussi appelé la *Main* (ou rue principale). Traditionnellement, il divise la ville de Montréal au niveau de la langue, de l'ethnicité et des classes sociales. Le boulevard Saint-Laurent a été pendant des générations la division symbolique pour la ville, avec la population anglophone à l'ouest, la population francophone à l'est et les nouvelles communautés d'immigrants entre la *Main* et l'avenue du Parc. Le quartier est bordé de restaurants et de boutiques spécialisées, et est le lieu de plusieurs festivals et rassemblements° locaux. La *Main* a contribué à faire connaître de nombreuses personnalités du monde artistique: Michel Tremblay (dramaturge) et Léonard Cohen (chanteur). La chanteuse Cœur de Pirate a même composé une chanson intitulée *Saint-Laurent*.

se croisent *bump into each other* **rassemblements** *gatherings, fairs*

SYNTHÈSE

OUI, JE PEUX!

Look at these "can-do statements" and rate yourself on how well you think you can perform these tasks in French. Then, with a partner, carry out the statements by doing Activities A and B. This will allow you to verify your abilities and to see how accurate your self-assessment was.

1. **"I can describe where I live now, where I am originally from, and other places that I have lived at. I can talk about some value differences at these different places and say how the values are the same or different."**

   I can perform this function

   ☐ with ease

   ☐ with some difficulty

   ☐ not at all

2. **"I can find out at least two things about my partner that I did not know before by asking interesting information questions."**

   I can perform this function

   ☐ with ease

   ☐ with some difficulty

   ☐ not at all

A Les valeurs et les endroits

Étape 1. Où habitez-vous maintenant? D'où venez-vous à l'origine? Avez-vous habité dans d'autres endroits? Dressez une liste de tous les endroits où vous avez habité. Ensuite pensez à deux ou trois valeurs importantes que vous associez avec chaque endroit sur votre liste. Est-ce que les valeurs sont similaires ou différentes pour chaque endroit où vous avez habité?

Étape 2. Décrivez à un(e) partenaire tous les endroits où vous avez habité et les valeurs que vous associez avec chaque endroit. Expliquez comment les valeurs pour chaque endroit sont similaires ou différentes.

Étape 3. Avez-vous bien réussi cette activité ou avez-vous eu des difficultés avec cette tâche *(task)*? Si oui, quelles étaient vos difficultés?

«Loin de sa maison, un homme est estimé à ce qu'il paraît. Dans sa maison, un homme est estimé à ce qu'il est.» (Proverbe chinois)

Ⓑ Les bonnes questions

Étape 1. Quelle est la meilleure question que vous avez jamais entendue un(e) journaliste poser à une célébrité? Pensez à deux ou trois bonnes questions que vous pourriez poser à un(e) camarade de classe afin d'obtenir des informations intéressantes à propos de lui/d'elle. Voici des adverbes et des pronoms interrogatifs pour vous aider à formuler vos questions.

à quelle heure	pourquoi	qu'est-ce qui
combien (de)	quand	qui
comment	que	qui est-ce que
où	qu'est-ce que	quel(s)/quelle(s)

Étape 2. Posez les questions que vous avez préparées dans l'Étape 1 à un(e) partenaire.

Étape 3. Avez-vous bien réussi cette activité ou avez-vous eu des difficultés avec cette tâche *(task)*? Si oui, quelles étaient vos difficultés?

Activité DU FILM

L'attaché(e) de presse Si un jour vous aviez la chance d'être journaliste et d'interviewer les acteurs principaux du film *Encore*, que voudriez-vous leur demander? Préparez une série de questions pour une interview sur une variété de sujets.

Les Filles de Caleb (extrait)

d'Arlette Cousture

Images Distribution Canada/Newscom

À DÉCOUVRIR:
Arlette Cousture

Nationalité: québécoise
Naissance: 3 avril 1948 (à Saint-Lambert, Québec, Canada)
Profession: écrivaine
Genres associés: récits historiques, romans de la terre
Distinctions: *Chevalière de l'Ordre national du Québec* (2012), *Grand prix littéraire de la Montérégie* (2004)

Avant de lire

Vous allez découvrir l'approche littéraire du «régionalisme», aussi appelée «roman de la terre», puis vous allez lire un extrait du prologue du premier volume du roman de la terre, *Les Filles de Caleb,* écrit par Arlette Cousture, et discuter de vos réactions à cet extrait. L'histoire du roman (écrit en 1985) se passe à la fin du 19e siècle. Dans l'extrait, Émilie, la fille aînée de Caleb et Célina Bordeleau, se révolte contre l'autorité paternelle et le rôle attribué aux femmes et aux filles. Dans ce prologue du roman, on rencontre Émilie à l'âge de 13 ans au cours d'une conversation assez animée avec son père Caleb.

Prélude Le «régionalisme», ou «roman de la terre», est lié à un mouvement littéraire appelé le «réalisme», dans lequel les écrivains s'attachent à la réalité exacte des personnages et de la région. Par exemple, dans *Les Filles de Caleb,* Cousture retrace l'histoire de sa grand-mère paternelle, Émilie. Il s'agit d'une œuvre de fiction—inspirée de la vie de personnes réelles et basée sur des stéréotypes—qui permet aux Québécois de faire l'expérience d'une identité et d'une authenticité historique et nationale. Lisez la liste suivante et identifiez les éléments qui semblent importants à la littérature «régionaliste».

les affaires internationales	l'espionnage	le patriotisme
les coutumes	le folklore	la topographie
les dialectes	le lexique local	les traditions

MINDTAP Le régionalisme
Would you like to learn more about **le roman de la terre** and its connections to the French literary movement known as **la littérature du terroir**? Visit **Aller plus loin** in MindTap to explore this topic.

OUTILS DE LECTURE
Recognizing verb stems
When you encounter verb tenses that you do not understand yet, try to recognize the verb stem or the past participle to understand its meaning. In *Les Filles de Caleb,* you will see several verb forms that you have not yet learned. Separate out the stem from the endings or focus on the past participle to glean meaning.

Un pas vers LA LECTURE

Note de vocabulaire
All words in italics are Canadianisms.

Les Filles de Caleb

d'Arlette Cousture

PROLOGUE
Saint-Stanislas, comté de Champlain
Printemps 1892

(Caleb:) «Si tu continues ton jeu de *balancigne*° longtemps, le souper va être pas mal froid.»

Du tac au tac°, Émilie lui répondit qu'il n'y avait rien là d'exceptionnel. [...]

(Caleb:) «Est-ce que tu veux dire par là que je donne pas assez à manger à ma famille?» [...]

(Émilie:) «Je veux dire que je trouve que nous autres, les filles, on est obligées d'en faire pas mal plus que nos frères. [...] Le matin, on se lève en même temps que vous autres. On aide au *train*°, on ramasse les œufs, on nettoie le poulailler°. Après ça, on se dépêche pour faire le déjeuner, le service, passer le balai pis° faire les lits. Pendant ce temps-là, mes frères, eux autres, mangent lentement, pis se lavent en prenant leur temps. Quand leur déjeuner est fini, nous autres il faut qu'on aide moman à ramasser. Après, on court pour se laver si on veut pas empester la vache° à l'école. Presque tout le temps les gars ont marché la moitié du chemin quand nous autres on sort en courant pour pas être en retard. Des fois on court dehors avec encore une tranche de pain dans les mains.» [...]

Caleb avait cessé de tapoter la table. Il regardait maintenant sa fille d'un œil injecté de colère. [...]

(Émilie:) «Ce que je veux dire, c'est que je trouve que vous nous en demandez plus. Vous regardez même pas si des fois on en aurait trop à faire. On passe nos samedis à faire du nettoyage pis du lavage, pis nos soirs de semaine à aider moman avec l'*ordinaire* pendant que vous autres vous jouez aux dames aux cartes. Des fois je suis tellement fatiguée, que j'ai de la misère à faire mes devoirs pis mes leçons... Mes notes à l'école sont pas aussi bonnes que je voudrais...»

(Caleb:) «Haaa!... c'est ça que tu voulais dire depuis le commencement?» [...]

(Émilie:) «Ce que je voulais dire, papa, c'est que je trouve qu'il y a quelque chose de pas juste là-dedans.»

Elle venait de toucher la corde sensible. Elle savait que son père se considérait comme un homme juste. Qu'il faisait comme tous les hommes. Qu'il élevait° sa famille comme son père à lui avait élevé la sienne°. Et voilà elle venait de lui dire qu'il était injuste.

balancigne *balancing* **du tac au tac** *instantly* **train** *daily grind* **poulailler** *chicken coop* **pis** *(and) then (regional pronunciation of* **puis***)* **empester la vache** *to smell like cow* **élevait** *raised* **la sienne** *his*

(Caleb:) «Il y a deux places chez nous, ma fille. Celle des hommes pis celle des femmes. Les hommes travaillent à la sueur° de leur front pour gagner le pain quotidien pis béni. La place des femmes, c'est de voir à ce que les hommes aient tout ce qui leur faut°.»

(Émilie:) «Moi, je veux manger en même temps que vous autres pis moi je veux aller à l'école la tête reposée.»

(Caleb:) «Si tu es fatiguée, ma fille, tu as rien qu'à arrêter d'aller à l'école. Ta mère aurait besoin de toi. Pis à part de ça°, pour une fille, tu es assez savante°.»

(Émilie:) «Personne est assez savante»! [...]

(Caleb:) «Tu vas te passer de manger à soir. Tu diras un acte de contrition après avoir jonglé° au quatrième commandement de Dieu. [...] Tu veux tout changer dans la maison. Tu me dis comment élever ma famille! Pis *astheure*°, tu dis au Créateur qu'Il sait pas comment écrire ses commandements! Un vrai blasphème! Tu iras te confesser. Je veux pas voir un de mes enfants faire un sacrilège»! [...]

Pour la première fois de sa vie, Émilie avait connu la peur. La peur d'elle-même, la peur de son père et surtout la peur d'être contrainte° de quitter l'école. Cesser d'apprendre. L'horrible perspective de regarder partir ses frères et sœurs sans elle.

sueur *sweat* **aient tout ce qui leur faut** *have everything they need* **à part de ça** *furthermore* **savante** *learned* **jonglé** *juggled, played with* **astheure** *right now (regional pronunciation of **à cette heure**)* **contrainte** *pressured*

Source: Arlette Cousture, *Les Filles de Caleb* © 2010, Les Éditions Libre Expression, pp. 14–19

Après avoir lu

A Comparaisons interpersonnelles et interculturelles Répondez aux questions suivantes.

1. Quel genre de protagoniste est votre préféré: le héros mâle typique, les femmes indépendantes, les personnages fantastiques, les enfants ou les adolescents, les animaux, etc.? Expliquez votre choix.
2. Est-ce que vous accordez la même importance à vos études qu'Émilie accorde à ses études? Si oui, pourquoi? Si non, à quoi accordez-vous le plus d'importance dans votre vie?
3. Est-ce que votre culture a la même pratique de confier *(to assign)* certaines responsabilités aux filles et d'autres aux garçons? Citez un ou deux exemple(s) pour ou contre cette pratique dans votre culture.

B Compréhension et interprétation Répondez aux questions suivantes.

1. Pourquoi Émilie et son père se disputent? Qu'est-ce qu'Émilie ne trouve pas juste? Êtes-vous d'accord avec elle?
2. Quelles valeurs associez-vous à Caleb et à Émilie? Justifiez votre réponse avec des exemples du texte. À votre avis, quelle sorte d'homme est Caleb? Et quelle sorte de jeune femme est Émilie? Comment la décrivez-vous?

Un pas vers L'ÉCRITURE

Inspirez-vous du personnage d'Émilie, des thèmes importants du roman de la terre et des valeurs multigénérationnelles présentés dans *Les Filles de Caleb* pour écrire un essai personnel dans lequel vous montrez les valeurs de la région d'où vous venez.

Préparation avant d'écrire

Étape 1. Un des buts des auteurs du roman de la terre est de montrer la réalité à travers des personnages simples et naturels qui sont vraiment représentatifs de leur région. Par exemple, beaucoup de lecteurs trouvent que le personnage d'Émilie représente des valeurs modernes, comme l'émancipation de la femme, la démocratie et/ou l'égalité, qui sont quelques valeurs importantes dans la société québécoise. Discutez des questions suivantes.

1. Êtes-vous d'accord avec l'idée qu'Émilie est une figure du féminisme et/ou qu'elle représente des valeurs modernes? Citez des exemples du texte qui soutiennent votre conclusion.
2. Quels personnages littéraires ou folkloriques et/ou quelles figures historiques ou contemporaines sont représentatifs de votre région? Quelles valeurs représentent-ils/elles? Défendez vos idées.

Étape 2. N'oubliez pas que le régionalisme touche à beaucoup d'autres aspects pour présenter une identité et une authenticité historique et nationale de la région. Remplissez la grille avec des exemples qui touchent à ces aspects de votre région et aux valeurs qu'ils représentent pour vous ou pour d'autres gens de votre communauté ou d'ailleurs *(elsewhere)*.

	Exemples de la région	Valeurs représentées
la nature ou la terre		
les expressions d'un dialecte ou l'accent		
la famille ou les relations entre les gens		
les coutumes ou les traditions		
la topographie, le climat ou le temps		
la façon dont les gens vivent		
la culture locale		

Écrire

Formez un petit groupe et discutez de vos réponses des deux étapes de l'activité précédente. Notez des informations pertinentes à votre région que vous voudriez incorporer dans votre essai. Ensuite, écrivez un essai de 150 à 300 mots en français dans lequel vous décrivez votre région d'origine.

PARTIE 1

Les noms

l'ambition *(f.) ambition*
une allocation *benefit*
  chômage *unemployment benefit*
  familiale *family allowance*
l'amitié *(f.) friendship*
le bien-être *well-being*
le bonheur *happiness*
la classe sociale *social class*
la compétition *competition*
une coutume *custom*
la couverture santé *health coverage*
la défense *defense*
un droit *(legal) right*
l'égalité *(f.) equality*
l'Église *(f.) (the) Church*
l'État *(m.) (the) State*
les gens *(m. pl.) people*
l'identité *(f.) identity*
l'individu *(m.) individual*
l'intellectualisme *(m.) intellectualism*
la liberté *freedom*
le loisir *leisure activity*
le partage *sharing*
le plaisir *pleasure*
le principe *principle*
la réussite *success*
un salaire *salary*
la sécurité *security*
le sens de l'esthétique *appreciation for aesthetics*
la société *society*
une tradition *tradition*
une valeur *value*

Les verbes

accorder de l'importance (à) *to value*
associer *to associate*
partager *to share*

Les adjectifs

fondamental(e) *fundamental*
même *same*
primordial(e) *essential*

Les prépositions

à (au, à la, aux, à l') *at, in*
chez *home, house, at the (place of), to the (place of)*
dans *in, inside*
de (du, de la, des, de l') *of, from*
en *to, in*
entre *between*
y *there, it*

Les prépositions et les modes de transport

à pied *on foot*
à vélo *by bicycle*
en avion *by plane*
en bus *by bus*
en métro *by subway*
en taxi *by taxi*
en voiture *by car*
par le train / en train *by train*

Les adverbes

cependant *however*

PARTIE 2

Les noms

l'argent *(m.) money*
les biens *(m. pl.) goods, possessions*
le confort *comfort*
les connaissances *(f. pl.) acquaintances*
la durabilité *sustainabilty*
l'écologie *(f.) ecology, environmentalism*
les plus proches *(m. pl.) closest friends*
la pudeur *modesty*
un sujet *subject, topic*
les sujets sensibles *hot-button issues*

Les verbes

apprécier *to appreciate*
attacher de l'importance à *to attach importance to*
avoir confiance (en) *to trust, to have confidence (in)*
avoir l'habitude (de) *to have the habit of*
être proche de quelqu'un *to be close to someone*
mieux se connaître *to get to know each other better*

Les mots interrogatifs

à quelle heure *when, at what time*
combien *how much*
combien de *how many*
comment *how*
où *where*
pourquoi *why*
quand *when*
quel(le)(s) *what, which*

Les adjectifs

évident(e) *obvious, evident*
méfiant(e) (de) *suspicious*
privé(e) *private*
pudique *modest, reserved*
risqué(e) *risky, dangerous*
sensible *sensitive*

Les matériaux

en argent *in/of silver*
en bambou *in/of bamboo*
en coton *in/of cotton*
en cuir *in/of leather*
en fourrure *in/of fur*
en laine *in/of wool*
en or *in/of gold*
en papier *in/of paper*
en plastique *in/of plastic*
en platine *in/of platinum*
en soie *in/of silk*
en verre *in/of glass*

Les expressions

quant à *concerning*

PARTIE 3

Les pronoms interrogatifs

que *what*
qu'est-ce que *what (object of verb)*
qu'est-ce qui *what (subject of verb)*
qui *who (subject of verb)*
qui est-ce que *who (object of verb)*
quoi *what (object of preposition)*

Les expressions

Qu'est-ce que c'est? *What is it?*
Qu'est-ce que c'est qu'un/une… ? *What is a . . . ?*

PREMIÈRES IMPRESSIONS

À quoi pensez-vous quand vous entendez le mot «famille»? Discutez de cette question avec vos camarades de classe.

Aldo Pavan/Lonely Planet Images/Getty Images

CHAPITRE 3

La famille

Objectifs

- *Describe, compare, and analyze families*
- *Express possession and discuss past events*

Culture

- La famille française en pleine évolution
- L'influence de la famille sur qui nous sommes
- La famille: manifestations et tendances

Grammaire

1 *Possessive adjectives and pronouns*
2 *Position of irregular adjectives*
3 ***Passé composé** with **avoir** and **être***

Un pas vers la lecture

Interview avec Nathalie Monsaint-Baudry (extraits)

Un pas vers l'écriture

Un résumé d'une interview

You will also watch **SÉQUENCE 2: La réunion** of the film *Encore*.

UN APERÇU SUR LE FILM

Femme inconnue Avec qui parle Claire? Regardez la photo et choisissez une réponse probable. Après avoir vu la Séquence 2 du film *Encore*, vous pouvez vérifier si vous avez bien choisi!

a. Claire parle avec sa superviseure à l'hôtel où elle travaille.
b. Claire parle avec sa mère qui vient de sortir de la clinique psychiatrique.
c. Claire parle avec une voisine qui surveille *(watches)* l'appartement de Claire quand elle est en voyage.

PARTIE 1 VOCABULAIRE 1

Réflexion culturelle

La famille française en pleine évolution

PhotoAlto/Sandro Di Carlo Darsa/Getty Images

La famille française **évolue** depuis° la révolution culturelle et sociale de Mai 68. Le nombre de mariages **baisse ainsi que** le taux de natalité°, **tandis que** le nombre de divorces **augmente.**[1] **Également**, la notion de vivre en couple change: un couple sur cinq vit en **union libre.**[2] Il est intéressant de noter que le PACS (Pacte civil de solidarité), créé en 1999 dans le but° de donner des droits aux couples homosexuels, devient très populaire chez les couples hétérosexuels. En 2016, il y a eu 184.000 PACS de couples hétérosexuels contre 7.000 PACS chez les couples de même sexe.[3] **En revanche,** le nombre de **monoménages** ne cesse° d'augmenter: un Français sur trois vit **seul.**[4]

Note de **vocabulaire**

To say statistics in French, use the preposition **sur** and the two numbers. For example, **un couple sur cinq** would express *one out of five couples.*

À côté de la **famille nucléaire,** existent d'autres formes de familles. Le taux de divorce est de 45% en 2018 et par conséquent, le nombre de **familles recomposées** (parents ayant des enfants d'une première union) augmente.[5] Un enfant sur dix vit dans une **famille monoparentale.**[6] La **famille homoparentale** fait aussi partie du paysage de la famille française. En faveur des homosexuels, la **loi** Taubira (avril 2013) officialise le mariage pour tous° en France.

Certains croient que les valeurs dites «traditionnelles» sont **menacées.** Cependant, le mariage et la famille restent souvent des institutions **sacrées.** Dans toutes les sociétés, la famille et ses différentes formes évoluent. Sommes-nous prêts à tous ces changements?

depuis *since* **taux de natalité** *birthrate* **but** *purpose, goal* **cesse** *stops* **tous** *all*

[1] https://www.insee.fr/fr/statistiques/3303338?sommaire=3353488

[2] http://www.leparisien.fr/vie-quotidienne/famille/qui-sont-les-union-libre-03-01-2018-7481007.php

[3] https://www.insee.fr/fr/statistiques/3303338?sommaire=3353488

[4] https://www.insee.fr/fr/statistiques/3303344?sommaire=3353488

[5] http://www.lalumieredumonde.fr/2018/10/chiffres-du-divorce-en-france-symbole-d-une-societe-qui-s-entredechire.html

[6] http://www.observationsociete.fr/structures-familiales/familles/de-plus-en-plus-de-familles-recomposees.html

Vocabulaire du texte

une famille homoparentale *family with same-sex parents*
une famille monoparentale *single parent family*
une famille nucléaire *nuclear family*
une famille recomposée *blended family*
la loi *law*
un monoménage *single person household*
l'union libre *(f.) living together without being married, common law marriage*

augmenter *to increase*
baisser *to decrease, to lower*
évoluer *to evolve*

menacé(e) *threatened*
sacré(e) *sacred*
seul(e) *alone*

ainsi que *as well as*
également *equally*
en revanche *on the other hand*
tandis que *while*

Vocabulaire complémentaire

l'aîné(e) *elder, eldest child*
les arrière-grands-parents *(m. pl.) great grandparents*
le beau-fils *son-in-law; stepson*
le beau-frère *brother-in-law*
le beau-père *father-in-law; stepfather*
la belle-fille *daughter-in-law; stepdaughter*
la belle-mère *mother-in-law; stepmother*
la belle-sœur *sister-in-law*
le benjamin / la benjamine *youngest child*
le cadet / la cadette *younger, youngest child*
le demi-frère / la demi-sœur *half brother/sister; stepbrother / stepsister*
le fils / la fille unique *only child*
le gendre *son-in-law*

le jumeau / la jumelle *twin*
le lien de parenté *family tie*

l'époux / l'épouse *spouse*
la famille élargie *extended family*
une famille nombreuse *large family*
une femme / un homme au foyer *housewife / househusband*
le/la partenaire *domestic partner*
le veuf / la veuve *widower / widow*

être lié(e) par les liens du sang / du mariage *to be related by blood / by marriage*

adoptif / adoptive *adopted*
célibataire *single*
remarié(e) *remarried*
répandu(e) *widespread*

Note de vocabulaire

Both **le benjamin / la benjamine** and **le cadet / la cadette,** without their articles **le** or **la,** may be used as adjectives. When referring to the youngest of a family of at least three siblings, use **benjamin(e)** instead of **cadet / cadette.**

Note de vocabulaire

Note that **célibataire** and **veuf/veuve** may be used as nouns or adjectives: **célibataire, un(e) célibataire; veuf/veuve, un veuf / une veuve.**

Avez-vous compris? Répondez aux questions suivantes.

1. Quelles sont les conséquences de Mai 68 sur l'évolution des familles françaises?
2. Qu'est-ce que le PACS (Pacte civil de solidarité), créé en 1999? Qui est concerné par le PACS?
3. Qu'est-ce que la loi Taubira?
4. Quels sont les types de familles en France?

À votre avis La famille française est en pleine évolution. Est-ce que ce phénomène existe aussi dans votre pays? À votre avis, est-ce que c'est «normal» d'avoir de nouveaux types de familles dans notre société? Pourquoi ou pourquoi pas?

PARTIE 1 VOCABULAIRE 1

COIN CULTUREL

Mario De Biasi;Sergio Del Grande/Mondadori Portfolio/Getty Images

Mai 1968 se caractérise par une crise de société en France. Le gouvernement gaulliste conservateur impose des mesures traditionnelles et décalées *(out of sync)* face à une population estudiantine aux idées révolutionnaires. Très vite, l'ensemble de la population se joint aux étudiants et descend dans la rue pour exiger du gouvernement des changements sociétaux.

A **Par le sang ou par le mariage?** Indiquez si chaque membre de famille est lié **par les liens du sang** ou **par les liens du mariage.**

1. Les arrière-grands-parents sont liés…
2. Un gendre est lié…
3. Une épouse est liée…
4. Une belle-mère est liée…
5. Un demi-frère est lié…
6. Un beau-père est lié…
7. Un fils aîné est lié…
8. Les jumelles sont liées…
9. Un frère benjamin est lié…
10. Une belle-sœur est liée…

Et vous? Y a-t-il quelqu'un qui n'est ni lié par les liens du sang ni par les liens du mariage que vous considérez comme un membre de votre famille? Qui?

B **Notre famille universitaire** Répondez aux questions suivantes.

1. Qui a l'autorité de changer les règles *(rules)* ou les lois de votre université?
2. Pouvez-vous nommer quelque chose de sacré sur votre campus?
3. Est-ce que le nombre d'étudiants baisse ou augmente depuis les cinq dernières années?
4. Qu'est-ce qui évolue sur votre campus?
5. Qu'est-ce qui est menacé dans votre université?

Conclusion Voyez-vous votre université comme une famille élargie? Expliquez.

C **C'est qui? C'est quoi?**

Étape 1. Quel mot de vocabulaire correspond à chaque description suivante?

1. une famille de douze enfants
2. un homme qui reste à la maison pour s'occuper de ses enfants
3. un mari ou une femme
4. une femme dont le mari est décédé *(deceased)*

Étape 2. Donnez votre propre définition de ces mots de vocabulaire.

1. un enfant unique
2. les célibataires
3. une femme remariée
4. une femme au foyer
5. une fille adoptive
6. le cadet

Et vous? Expliquez à un(e) partenaire les membres de votre famille.

D **Comparer les différents types de famille et les cultures**

Décrivez chaque type de foyer *(household)* suivant. Ensuite, nommez une personne célèbre qui correspond à chaque type de famille.

1. l'union libre
2. la famille homoparentale
3. la famille monoparentale
4. la famille nucléaire
5. la famille recomposée
6. le monoménage

E **Les familles recomposées célèbres** Lisez cet article sur la famille de Nicolas Sarkozy, ancien président de la France. Ensuite, complétez la description de sa famille avec les liens de parenté qui conviennent.

Famille, je vous sème° par Charlotte Rotman

Nicolas a eu deux premiers enfants, Pierre et Jean, avec sa première épouse, Marie-Dominique. Puis il a vécu près de vingt ans avec sa deuxième femme, Cécilia, et les deux filles de celle-ci, Judith et Jeanne-Marie, qu'il a élevées. Il a fait avec Cécilia un autre garçon, Louis. Aujourd'hui, il vit une partie du temps avec Aurélien, le fils que sa dernière épouse Carla a eu d'une précédente union. Tout le monde suit? Voilà la famille recomposée la plus célèbre de France[1]. Mais ce n'est pas la seule. 1,2 million d'enfants de moins de 18 ans vivent dans ce genre de configuration familiale.

[1]Nicolas Sarkozy a aussi un enfant avec Carla.

Source: "Famille, je vous sème", par Charlotte Rotman. *Libération* du 14 octobre 2009.

sème *sow*

Judith et Jeanne-Marie sont (1) ______________ de Nicolas et (2) ______________ de Cécilia. Pierre et Jean sont (3) ______________ de Nicolas. Louis est (4) ______________ de Pierre et de Jean. Aurélien est (5) ______________ de Nicolas et (6) ______________ de Pierre et de Jean. Carla est (7) ______________ de Pierre, de Jean et de Louis. Nicolas est (8) ______________ d'Aurélien, de Judith et de Jeanne-Marie.

Note de vocabulaire

The title ***Famille, je vous sème*** is a play on words. What common expression in French does **je vous sème** sound like?

F **Nos familles** Décrivez votre famille à un(e) partenaire en utilisant les questions suivantes. Vous pouvez aussi décrire la famille de quelqu'un d'autre si vous préférez.

1. Quelle est votre situation familiale (par exemple, famille nucléaire, famille monoparentale)?
2. Avez-vous une petite famille ou une famille nombreuse?
3. Qui sont les membres de votre famille? Comment s'appellent-ils?
4. Avec qui habitez-vous maintenant?

G **Points de vue: Les amis font-ils partie de la famille?** Est-ce qu'une famille se limite uniquement à ceux qui sont liés par les liens du sang ou du mariage? Répondez à ces deux questions avec un(e) partenaire pour vous aider à arriver à une conclusion. Notez vos idées.

1. Quelles sont les obligations de la famille et celles des ami(e)s?
2. Quelles choses un(e) ami(e) fait que la famille ne fait pas et vice versa?

Conclusion Écrivez ensemble un paragraphe en comparant les amis avec la famille. Voici des phrases à terminer pour vous aider à résumer vos idées.

1. Les obligations de la famille sont… et ces obligations sont également pour les ami(e)s.
2. Comme obligations, les ami(e)s doivent… En revanche, la famille doit…
3. Avec les ami(e)s, on… tandis qu'avec la famille, on…
4. Avec les ami(e)s, on… C'est ainsi aussi avec la famille.

Les adjectifs et les pronoms possessifs

DU FILM *ENCORE*

Encore un pas vers la grammaire

Look at these photos from the film *Encore* and their captions.

ABIA Ma chère Simone // C'est à **ton** tour *(turn)* // De te laisser parler d'amour...

Voici la cuisine de Claire. Préférez-vous **la sienne** ou **la vôtre**?

1. What does **ma** and **ton** mean?
2. What does **la sienne** and **la vôtre** mean?

Préparation

Go to **Préparation pour Grammaire 1** to review possessive adjectives.

Les adjectifs possessifs

Possessive adjectives in French must agree both in gender and in number with the nouns they modify (or the noun possessed) and not with the possessor as is the case in English.

Masculine singular	Feminine singular	Plural	Equivalent
mon	**ma**	**mes**	*my*
ton	**ta**	**tes**	*your (fam. & sing.)*
son	**sa**	**ses**	*his/her/its*
notre	**notre**	**nos**	*our*
votre	**votre**	**vos**	*your (form. or pl.)*
leur	**leur**	**leurs**	*their*

Mon frère est **mon** meilleur ami. — *My brother is my best friend.*

Ma sœur est **leur** professeure. — *My sister is their professor.*

Ses parents sont **nos** voisins. — *His/Her parents are our neighbors.*

Sa sœur est **ta** petite amie? — *His/Her sister is your girlfriend?*

Les pronoms possessifs

Possessive adjectives modify nouns, but possessive pronouns replace them. They are equivalent to *mine, yours, his, hers, its, ours,* and *theirs,* and must agree in gender and in number with the nouns they refer to, not with the possessor. Note that possessive pronouns always include a definite article.

Masculine singular	Feminine singular	Masculine plural	Feminine plural	Equivalent
le mien	**la mienne**	**les miens**	**les miennes**	*mine*
le tien	**la tienne**	**les tiens**	**les tiennes**	*yours (fam.)*
le sien	**la sienne**	**les siens**	**les siennes**	*his/hers/its*
le nôtre	**la nôtre**	**les nôtres**	**les nôtres**	*ours*
le vôtre	**la vôtre**	**les vôtres**	**les vôtres**	*yours*
le leur	**la leur**	**les leurs**	**les leurs**	*theirs*

Ce n'est pas ton livre. C'est **le mien.** — *This is not your book. It's mine.*

Ce n'est pas ta voiture. C'est **la sienne.** — *This is not your car. It's his/hers.*

Il mange ses bonbons et aussi **les tiens.** — *He's eating his candy and also yours.*

Cette clé est **la mienne** ou **la leur**? — *Is this key mine or theirs?*

Cette belle voiture, **c'est la mienne.** — *This beautiful car, it's mine.*

Ce beau petit garçon, **c'est le nôtre.** — *This handsome little boy, he's ours.*

Note the **accent circonflexe** (^) on **nôtre(s)** and **vôtre(s)** and that like **les leurs,** the plural forms show no gender distinction.

Cette table, c'est **la vôtre** ou c'est **la nôtre**? — *This table, is it yours or is it ours?*

J'aime ces fleurs et j'aime **les vôtres** aussi. — *I like these flowers and I like yours too.*

J'aime ses chats mais je préfère **les nôtres.** — *I like his/her cats, but I prefer ours.*

Ces livres, ce sont **les leurs**? — *These books, are they theirs?*

The usual contractions of **à** and **de** are made with the definite article that directly precedes the possessive pronoun.

Je téléphone souvent à mes parents. Est-ce que tu téléphones souvent **aux tiens**?
I call my parents often. Do you call yours often too?

Claire parle souvent de sa mère. Est-ce qu'Abia parle souvent **de la sienne**?
Claire speaks often of her mother. Does Abia speak often of hers?

Abia écrit parfois à sa famille. Est-ce que ses amis écrivent **à la leur**?
Abia sometimes writes to her family. Do her friends write to theirs?

Encore une mélodie

Mark Horton/Getty Images

Les Sœurs Boulay est un duo de la région de la Gaspésie au Québec. Les deux sœurs, Stéphanie et Mélanie, séduisent leurs fans avec leur simplicité et les douces harmonies de leur voix. Cherchez la chanson *Mappemonde* des Sœurs Boulay sur Internet. Quel membre de la famille est mentionné dans la chanson?

A Photos de famille

Étape 1. Guillaume vous décrit des photos de sa famille. Déterminez qui il décrit dans chaque photo. Faites attention aux adjectifs possessifs.

1. C'est **mon…**	**a.** mère	**b.** père	**c.** parents
2. Ce sont **mes…**	**a.** neveu	**b.** frère	**c.** cousins
3. Et ici, on a **leurs…**	**a.** nièces	**b.** neveu	**c.** belle-sœur
4. Ici, c'est **son…**	**a.** tante	**b.** oncle	**c.** cousins
5. Ce sont **nos…**	**a.** belle-mère	**b.** gendre	**c.** arrière-grands-parents
6. Ici, c'est **ma…**	**a.** demi-sœur	**b.** épouse	**c.** beau-père
7. À gauche, c'est **notre…**	**a.** belle-fille	**b.** cousins	**c.** grands-parents
8. Là-bas, c'est **sa…**	**a.** épouse	**b.** tante	**c.** oncle
9. Ici, c'est **ta…?**	**a.** fils	**b.** enfant	**c.** fille
10. Là-bas, c'est **votre…**?	**a.** enfants	**b.** chien	**c.** chats

Étape 2. Sortez des photos de votre famille ou de vos amis.

1. Décrivez votre famille ou vos amis à un(e) camarade de classe. Quel âge ont-ils? Qu'aiment-ils ou détestent-ils faire? Quels sont quelques faits intéressants à leur sujet?
2. Comparez la famille de votre partenaire avec la vôtre ou ses amis aux vôtres. Par exemple, qui a une famille plus amusante ou des amis plus intéressants?

B Comparons nos possessions

Étape 1. Des voisins comparent leurs possessions. Déterminez ce qu'ils décrivent. Faites attention aux pronoms possessifs.

1. Je préfère **le sien.**	**a.** un sac	**b.** une chaise	**c.** les sandales
2. Mon frère aime **la vôtre.**	**a.** un ordinateur	**b.** une montre	**c.** des affiches
3. Les miennes coûtent plus cher.	**a.** les livres	**b.** une table	**c.** les chaises
4. La tienne est plus chic.	**a.** un chapeau	**b.** une robe	**c.** les chaussures
5. La leur est plus jolie.	**a.** une maison	**b.** des sacs	**c.** un appartement
6. Le nôtre est plus loin.	**a.** les maisons	**b.** une voiture	**c.** un jardin
7. Ma sœur aime mieux **la mienne.**	**a.** les bottes	**b.** une jupe	**c.** un chapeau
8. Les vôtres sont magnifiques.	**a.** une voiture	**b.** un parc	**c.** les roses

Étape 2. Sortez les objets suivants. Ensuite, comparez vos objets avec ceux d'un(e) camarade de classe. Dites si vous préférez vos objets ou les objets de votre partenaire.

Modèle: un ordinateur

É1: **Je préfère le tien.**

É2: **Moi aussi je préfère le mien. Je n'aime pas les PC. Je préfère les Mac.**

1. un téléphone portable
2. des chaussures
3. une montre
4. des stylos

C Deux amies à l'Hôtel Delta Deux amies se rencontrent à l'hôtel. Complétez leur conversation avec un adjectif possessif ou avec un pronom possessif.

Nicole: Salut Karine! Tu es en vacances ici aussi?

Karine: Oui. Quel plaisir de te revoir! Ces deux charmantes petites filles sont (1) ____________?

Nicole: Oui, ce sont (2) ____________. Elles s'appellent Lise et Marie. Tu as des enfants?

Karine: Oui, (3) ____________ fils Luc a six ans et (4) ____________ fille Lucie a huit ans.

Nicole: Tes enfants sont plus âgés que (5) ____________. Lise ici a deux ans et Marie a trois ans.

Karine: (6) ____________ filles sont très mignonnes. Écoute, (7) ____________ mari m'attend. À plus!

D Les emprunteurs

Étape 1. Permettez-vous à ces gens d'emprunter les choses suivantes? Répondez avec un pronom possessif. Ensuite, partagez vos réponses avec un(e) partenaire. Qui est le plus gentil(le)?

Modèle: Votre camarade de classe: **Je peux emprunter ton cahier?**
Vous: **Oui, tu peux emprunter le mien.**
Non, tu ne peux pas emprunter le mien.

1. Votre professeur: Je peux emprunter votre stylo?
2. Votre cousin(e): Je peux emprunter ta brosse à dents?
3. Votre ami(e): Je peux emprunter la brosse à dents de ton/ta colocataire?
4. Votre oncle: Je peux emprunter ta voiture?
5. Votre cousin(e): Je peux emprunter tes chaussettes *(socks)*?

Étape 2. Et vous? Empruntez-vous souvent des choses? Répondez avec un pronom possessif. Ensuite, partagez vos réponses avec un(e) partenaire. Qui emprunte des choses le plus souvent?

1. Votre colocataire: Veux-tu emprunter les chaussures de mon petit frère?
2. Votre amie: Veux-tu emprunter ma robe Chanel?
3. Votre ami(e): Veux-tu emprunter la Porsche de mes parents?
4. Votre colocataire: Veux-tu emprunter l'iPad de mes camarades de classe?
5. Votre professeur: Voulez-vous emprunter mon livre de français pour ce cours?

E Les meilleures marques Dites à un(e) partenaire la marque que vous avez pour chaque objet. Ensuite, dites quelle marque vous préférez, la vôtre ou la sienne?

Modèle: un stylo É1: **J'ai un stylo Mont Blanc.**
É2: **J'ai un stylo Bic.**
É1: **Entre les deux, je préfère le mien.**
É2: **Oui, je préfère le tien aussi. Mont Blanc est une bonne marque.**

1. une voiture
2. un ordinateur
3. un sac à dos
4. des baskets *(sports shoes)*
5. des lunettes de soleil
6. une télévision

Journal de bord

Résumez en quelques mots ou phrases ce que vous avez appris dans la Partie 1 du Chapitre 3. Suggestions: Quels sont différents types de familles dans le monde francophone? Quels types de familles sont les plus répandus parmi vos camarades de classe?

Réflexion **culturelle**

L'influence de la famille sur qui nous sommes

Frans lemmens/Alamy Stock Photo

«Tu es bien la fille de ton père» est une expression **qui en dit beaucoup sur**° nos origines et notre **comportement.** Cette expression n'est pas toujours un compliment et fait souvent référence à la **personnalité.** Veut-on **ressembler à** ses parents, avoir leur **physique** ou leur personnalité? Pas nécessairement. Peut-on y échapper°? Pas si facile.

Nous sommes tous constitués° de choses innées° dont on **hérite,** telles que l'aspect physique, la couleur des yeux ou la **taille.** Quant au **caractère,** on retrouve en soi certains traits de nos parents, comme la gentillesse ou non. Ça fait partie de notre identité. Dur quand on est jeune d'accepter ses origines familiales alors qu'on essaie de se créer sa propre° personnalité.

L'influence de notre famille va au-delà° de la **génétique. L'éducation** et le milieu social ont une grande influence sur le niveau scolaire, qui reste souvent lié à la réussite dans la vie. La famille transmet aussi les valeurs telles que l'amour, le respect et le travail. Dans certaines familles, on hérite de biens chargés d'histoire. Est-ce une charge° ou une satisfaction pour celui ou celle qui le reçoit? En fin de compte°, notre famille a beaucoup d'influence sur qui nous sommes, nos goûts° et nos décisions, et ceci tout au long de notre vie.

qui en dit beaucoup sur *that says a lot about* **échapper** *to escape* **constitués** *constituted, made up* **innées** *innate* **propre** *own* **au-delà** *beyond* **charge** *burden* **En fin de compte** *Ultimately, At the end of the day* **goûts** *tastes*

Vocabulaire du texte

le caractère *character, nature*
le comportement *behavior*
l'éducation *(f.)* *upbringing, manners*
la génétique *genetics*
la personnalité *personality*

le physique *physique, build*
la taille *size, height*

hériter (de) *to inherit*
ressembler (à) *to look like, resemble*

Vocabulaire complémentaire

un geste *gesture*
un héritage *inheritance*
un objet de famille *family heirloom*
un trait (de visage) *(facial) feature*

les fossettes *(f. pl.)* *dimples*
le front *forehead*
les lèvres *(f. pl.)* *lips*
la mâchoire *jaw*
la naissance des cheveux *hairline*
les pommettes *(f. pl.)* *cheekbones*
les sourcils *(m. pl.)* *eyebrows*

courbé(e) *curved, bent*
court(e) *short*
droit(e) *straight*
étroit(e) *narrow*
fin(e) *thin*

haut(e) *high*
large *wide, large*
moyen(ne) *medium, average*

audacieux / audacieuse *daring*
digne de confiance *trustworthy*
fiable *reliable*
franc / franche *frank, open, direct*
minutieux / minutieuse *meticulous*
raisonnable *reasonable, intelligent*
flexible *flexible, adaptable*
têtu(e) *stubborn, pig-headed*

cela résulte de *this is the result of, this stems from*
d'une part / d'autre part *on one hand / on the other hand*
partager l'avis de quelqu'un sur quelque chose *to share someone's opinion on something*

Note de vocabulaire

La physique means *physics* whereas **le physique** means *physique* or *build.*

Note de vocabulaire

Other words for facial features you may remember are: **les cheveux** *(hair)*, **le nez** *(nose)*, **les oreilles** *(ears)*, **les yeux** *(eyes)*. Some adjectives to describe physical characteristics you may remember are: **petit(e)** *(small, little)*, **grand(e)** *(big, large)*, **mince** *(thin, slim)*, and **gros(se)** *(fat)*.

Avez-vous compris? Répondez aux questions suivantes.

1. À quoi fait référence la phrase «tu es bien la fille de ton père»?
2. Quelles sont des choses innées dont on hérite?
3. Qu'est-ce que nos parents nous donnent?

À votre avis La famille a beaucoup d'influence sur qui nous sommes. Est-il possible de changer certains traits dont on hérite? Est-ce que certains traits sont plus faciles que d'autres? Lesquels?

A **Associations** À votre avis, à quoi chaque trait suivant correspond-il?

un compliment — un résultat de l'éducation — un trait physique / génétique — un trait de personnalité / de caractère

1. les pommettes et les sourcils
2. être têtu(e)
3. avoir de jolies lèvres
4. la taille et le physique
5. être audacieux / audacieuse
6. avoir un front large
7. être franc / franche
8. avoir des fossettes adorables

Et vous? Comment décrivez-vous vos traits physiques et votre personnalité?

B **Un héritage, c'est un cadeau ou un cauchemar?**

Étape 1. On dit que «Hériter, c'est toujours bien». Mais y a-t-il aussi de mauvaises choses dont on peut hériter? Répondez à la question (selon chaque élément) dans le contexte de la prochaine génération de votre famille. Essayez de donner deux réponses par élément.

De quoi voulez-vous que la prochaine génération hérite et n'hérite pas comme…

1. trait du visage?
2. objet de famille?
3. geste ou habitude?
4. comportement?
5. manières d'agir? *(acting, doing something)*
6. façons de penser?

Étape 2. Discutez de la question suivante avec un(e) partenaire: Est-ce que l'héritage est une charge ou une satisfaction pour celui ou celle qui le reçoit? Donnez des exemples précis pour soutenir vos réponses. Voici des phrases à terminer pour vous aider à commencer à résumer vos idées.

1. L'héritage résulte de ______________.
2. D'une part, c'est une charge parce qu(e) ______________.
3. D'autre part, c'est une satisfaction parce qu(e) ______________.

C **L'héritage personnel** Dans le film *Encore,* Claire est une descendante de la famille Prévost et elle hérite d'une somme d'argent et d'une vieille bague. De quoi est-ce que vous avez hérité ou voulez hériter (à l'avenir) des membres de famille suivants? Discutez-en avec un(e) partenaire.

1. de votre mère
2. de votre père
3. de votre grand-mère
4. de votre grand-père
5. d'une tante
6. d'un oncle
7. d'un frère
8. d'une sœur

Et vous? Que voudriez-vous laisser comme héritage un jour? À qui ou à quoi? Quels critères ou facteurs vont influencer vos décisions? Pourquoi?

COIN CULTUREL

Valerylilas/Shutterstock.com

Depuis très longtemps, la province du Pays Basque, région du sud-ouest en France, maintient son héritage unique. Alors, l'aîné(e) de la famille, fille ou garçon, peu importe *(no matter which)*, hérite de la maison familiale et des terres. Ainsi, plusieurs générations peuvent vivre ensemble. Grâce à cette pratique traditionnelle, les traditions familiales et l'identité de la famille rattachée *(linked)* à la maison familiale se perpétuent.

D Les traits de personnalité et l'ordre de naissance Associez à chaque liste de traits de personnalité suivante l'enfant qui correspond probablement le mieux: **l'aîné(e), le cadet / la cadette, le benjamin / la benjamine, un fils / une fille unique.**

1. fiable, responsable, raisonnable, minutieux, organisé, qui a des objectifs
2. affectueux, aventureux, impatient, créatif, irresponsable, audacieux, sociable, charmant
3. calme, généreux, souple, compréhensif, inventif, compétitif, franc
4. doué, accompli, digne de confiance, ambitieux, prudent, parfois têtu

Note de vocabulaire
When used in the context of three children, **le cadet / la cadette** refers to the middle child.

Conclusion Est-ce que ces traits de personnalité correspondent à votre caractère et à votre ordre de naissance? Discutez-en avec un(e) partenaire.

E Points de vue: Votre personnalité est-elle écrite sur votre visage?

Étape 1. Lisez ce texte sur la «morphopsychologie», qui est une méthode pseudo-scientifique qui cherche des correspondances entre les traits de visage et la personnalité.

Pkchai/Shutterstock.com

Face et profil: la morphopsychologie

Au premier regard, le visage d'une personne vous parle. Votre intuition, guidée par votre inconscient collectif, vous aide à former une impression. La morphopsychologie permet de déchiffrer *(decode)* la personnalité de quelqu'un. Voici ce qu'on dit en général.

le front
un front haut: prudent, intelligent
un front moyen: organisé, compréhensif
un petit front: indépendant, aventureux

les yeux et les sourcils
de grands yeux: ouvert d'esprit, créatif
de petits yeux: analytique, qui a des objectifs
des sourcils courbés: sensible, émotif
des sourcils droits: analytique, raisonnable

la naissance des cheveux *(hairline)*
en forme de V: artistique, créatif
droite: analytique, raisonnable

le nez
un nez court: affectueux, gentil
un nez long: compétitif, audacieux
un nez bossué *(bumpy)*: enthousiaste, têtu

les lèvres et la mâchoire *(jaw)*
des lèvres fines: franc, minutieux
des lèvres pulpeuses *(thick)*: sociable, généreux
une mâchoire large: fiable, responsable
une mâchoire étroite: digne de confiance, franc

divers
des fossettes: charmant, optimiste, souple
des pommettes hautes: ambitieux, arrogant

Adapté des sources: http://www.faceetprofil.net/pages/introduction.html, http://www.aufeminin.com/mag/psycho/d4324.html

Étape 2. Examinez les traits de visage d'un(e) partenaire. Consultez les descriptions de la morphopsychologie de l'Étape 1 et faites son portrait (c'est-à-dire, une description à l'écrit). Ensuite, échangez vos portraits et répondez à ces deux questions.

1. Est-ce que votre partenaire a fait un bon portrait de vous, à votre avis?
2. Avec quelles descriptions de la morphopsychologie de vos traits de visage êtes-vous d'accord? Et avec lesquelles n'êtes-vous pas d'accord?

PARTIE
2 GRAMMAIRE 2

La position des adjectifs irréguliers

DU FILM *ENCORE*

Encore un pas vers la grammaire

Look at these photos from the film *Encore* and their captions.

Claire travaille à l'Hôtel Delta, un hôtel **cher** à Montréal.

Ma **chère** Simone

1. Why does **chère** have an **e** in the right caption but **cher** does not in the left caption?
2. Note that **cher** follows the noun in the left caption but precedes the noun in the right caption. What does this adjective mean when it follows and when it precedes the noun?

MINDTAP **Préparation**

Go to **Préparation pour Grammaire 2** to review regular and irregular adjective agreement and prenominal adjectives.

L'accord et la position des adjectifs irréguliers

- Adjectives in French must agree in gender and number with the nouns they modify. An **e** is typically added to the masculine singular form to make the feminine form and an **s** to the singular to form the plural.

  Exode est le film **préféré** de Claire, et Luce Dufault est sa chanteuse **préférée**.

- Some adjectives have irregular patterns.

Ma fille est **heureuse.**	Ces tartes sont **exceptionnelles.**	C'est un homme **actif.**
Mon garçon est **heureux.**	Ces desserts sont **exceptionnels.**	C'est une femme **active.**

- Some adjectives have singular feminine forms that are considerably different.

doux / douce	*sweet, soft*	fou / fo**lle**	*crazy*
faux / fausse	*false*	long / long**ue**	*long*
favori / favori**te**	*favorite*	roux / rou**sse**	*red-headed*
frais / fra**îche**	*fresh*	sec / s**èche**	*dry*

- Most adjectives follow the nouns they modify (**C'est un étudiant *intelligent***). Prenominal adjectives describing beauty, age, goodness, or size, as well as numbers or quantities come before the noun.

Qui est la **petite** fille?	C'est un **vieil** ami.	Ce sont mes **nouveaux** voisins.
J'ai **deux** chiens.	Il a **plusieurs** copains.	Il y a de **nombreux** problèmes.

- Adjectives that deal with size or shape can precede the noun they modify if the speaker is emphasizing the adjective for an added effect.

court(e)(s)	fin(e)(s)	haut(e)(s)	long(ue)(s)	large(s)

Les mannequins ont souvent des pommettes **hautes.**
Models often have high cheekbones.

Mon Dieu! Regarde ses **hautes** pommettes!
My goodness! Look at her high cheekbones!

- Some adjectives have different meanings depending on whether they appear before or after the nouns they modify.

ancien	une ville **ancienne**	*an **ancient** city*
	un **ancien** étudiant	*a **former** student*
cher	un portable **cher**	*an **expensive** cell phone*
	une **chère** amie	*a **dear** friend*
dernier	l'année **dernière**	*the **preceding** year*
	le **dernier** biscuit	*the **last** cookie*
grand	une femme **grande**	*a **tall** woman*
	un **grand** écrivain	*a **great** writer*
gros	un chien **gros**	*a **fat** dog*
	un **gros** problème	*a **big** problem*
même	la **même** robe	*the **same** dress*
	la robe **même**	*this **very** dress*
pauvre	un étudiant **pauvre**	*a **poor** student*
	un **pauvre** étudiant	*an **unfortunate** student*
prochain	le mois **prochain**	*the **following** month*
	la **prochaine** visite	*the **next** visit*
propre	une chambre **propre**	*a **clean** room*
	sa **propre** chambre	*his **own** room*
seul	un homme **seul**	*a man **who is alone***
	le **seul** homme	*the **only** man*

- When more than one adjective is used to describe someone or something, the adjectives occur in their normal position, either before or after the noun. If two adjectives follow the noun, **et** is used to link them.

un homme **sérieux et respecté**	une **petite** fille **heureuse**	une **belle haute** montagne

Note de grammaire

When prenominal adjectives precede a plural noun, the indefinite article **des** usually becomes **de: Elle travaille avec de *nouveaux* collègues.** Numbers and the adjectives **plusieurs** and **quelques** replace the indefinite article **des: J'ai quelques amis.**

Note de grammaire

The adjectives **méchant, horrible,** and **excellent** also frequently precede the noun they modify when emphasizing for added effect.

Note de grammaire

When these adjectives follow the noun, their meaning is generally more literal. When they precede the noun, their meaning is generally more figurative.

Encore une mélodie

Robert DOISNEAU/Gamma-Rapho/Getty Images

Le groupe français Les Négresses Vertes, formé en 1987, est connu pour son style hybride méditerranéen / sud-américain. Les instruments favoris de ce groupe sont la guitare acoustique et l'accordéon, mais on entend aussi très fréquemment le piano et les instruments de la famille des cuivres *(brass)* dans leur musique. Trouvez les paroles de la chanson *Famille heureuse* (1991) sur Internet. Quels mots de vocabulaire liés à la famille pouvez-vous trouver?

A La famille Simpson Terminez cette description de la célèbre famille américaine fictive, les Simpson. Choisissez les bons adjectifs.

Photos 12/Alamy Stock Photo

L'incroyable famille Simpson semble être une famille un peu 1. (fou / folle). Il y a deux filles, Lisa et Maggie, et un fils, Bart. Lisa semble être la fille 2. (favori / favorite) mais son frère Bart ne semble pas être l'enfant 3. (favori / favorite) de leur père Homer. Homer n'est pas exactement un père 4. (doux / douce) car il parle souvent avec un ton 5. (sec / sèche) mais c'est clair qu'il aime ses enfants. Personne n'est 6. (roux / rousse) dans la famille. Les enfants ont tous les cheveux blonds. Homer est chauve *(bald)* et Marge a des cheveux 7. (longs / longues) et bleus. On dirait qu'elle porte une 8. (gros / grosse) perruque «choucroute» *(beehive wig)*.

Et vous? Comment décrivez-vous les traits physiques / génétiques ou les traits de caractère des membres de la famille Simpson?

B Descriptions vraies ou fausses de célébrités Préparez des phrases vraies ou fausses qui décrivent ces célébrités. Ensuite, discutez de vos phrases avec un(e) partenaire. Êtes-vous d'accord avec ses descriptions?

beau	doux	gentil	loyal	pauvre
cadet	faux	gros	menteur	scandaleux
conservateur	favori	heureux	mignon	vieux
discret	fou	international	neuf	???

1. Serena et Venus Williams
2. Daniel Radcliffe
3. Beyoncé et Jay-Z
4. Zach Galifianakis
5. Lady Gaga
6. Jimmy Kimmel et Jimmy Fallon

C Qu'est-ce que je veux dire?

Étape 1. Choisissez la bonne réponse pour terminer chaque phrase.

1. Si c'est ma chambre, c'est… ma propre chambre / ma chambre propre.
2. Si l'étudiant n'a pas d'argent, c'est… un pauvre étudiant / un étudiant pauvre.
3. Hugo et Dumas sont… de grands écrivains / des écrivains grands.
4. Une femme avec trois hommes est… la seule femme / la femme seule.

Étape 2. Terminez chaque phrase de manière logique dans le style de l'Étape 1.

ancien / ancienne   cher / chère   dernier / dernière   grand(e)   pauvre   prochain(e)   propre   seul(e)

1. Si c'est un ami que j'aime ou que je chéris *(cherish)* beaucoup, c'est un…
2. Un professeur du semestre passé est un…
3. Si nous sommes en mai et si nous voyageons en juin, notre voyage est le…
4. S'il n'y a plus *(no more)* d'examens après celui-là, c'est le…

D Impressions de la vie universitaire Remettez les mots dans le bon ordre pour compléter chaque impression. Faites bien attention à la position des adjectifs.

1. les cours / et / intéressants / Les étudiants / utiles / apprécient
2. Il y a / nombreux / étudiants / nouveaux / de / cette année
3. de / avoir / colocataires / espèrent / gentils / Les étudiants / respectueux

Et vous? Partagez-vous ces mêmes impressions de la vie universitaire sur votre campus ou en avez-vous d'autres? Discutez-en avec un(e) partenaire.

E Qu'est-ce qu'on dirait?

Étape 1. Quels commentaires feriez-vous pour décrire votre université ou «famille universitaire»? Utilisez quelques-uns de ces adjectifs (ou des adjectifs similaires) et faites attention à leur position pour bien préciser le sens que vous voulez exprimer!

ancien	dernier	gros	long	pauvre
bon	excellent	haut	mauvais	petit
cher	gentil	horrible	méchant	premier
court	grand	large	même	propre

Modèles: les parkings sur le campus: **On a d'*horribles* parkings sur le campus!**
Les parkings sont grands sur le campus.
les cafés sur le campus: **On a d'*excellents* cafés sur le campus.**
On a *plusieurs* cafés *chers* sur le campus.

1. les chambres de résidence
2. le centre sportif ou le resto U
3. les bâtiments sur le campus
4. le réseau *(network)* informatique
5. les étudiants
6. la bibliothèque ou le stade
7. les professeurs
8. les salles de classe

Note de vocabulaire

Le resto U (or even **le RU**) is the nickname for **le restaurant universitaire** *(dining hall)* in France.

Étape 2. En petits groupes, à tour de rôle, lisez vos commentaires et dites si vous êtes d'accord ou pas d'accord avec les commentaires des membres de votre groupe. Choisissez vos deux ou trois commentaires favoris.

F Qui est cette famille? Préparez la description d'une famille bien connue qui existe en réalité ou à la télé mais ne dites pas son nom. Insistez sur les traits intéressants de cette famille. Ensuite, lisez votre description aux membres de votre groupe qui vont essayer de deviner *(guess)* le nom de la famille.

Modèle: **C'est une famille américaine qui existe en réalité. Il y a un bel homme grand, une belle femme grande et deux jolies filles. L'aînée ressemble à son père et la cadette ressemble plus à sa mère. Leur comportement n'est pas scandaleux. Les deux filles sont discrètes et la mère est très active. Le père est aussi très actif et dynamique. La famille n'est pas trop conservatrice mais elle est assez traditionnelle. Qui est cette famille?**

Journal de bord

Résumez en quelques phrases ce que vous avez appris dans la Partie 2 du Chapitre 3. Suggestions: Quelle(s) influence(s) la famille a-t-elle sur qui nous sommes? Qu'héritons-nous de notre famille? Comment formons-nous notre personnalité? Combien de portraits de famille différents existe-t-il dans la classe?

La famille: manifestations et tendances

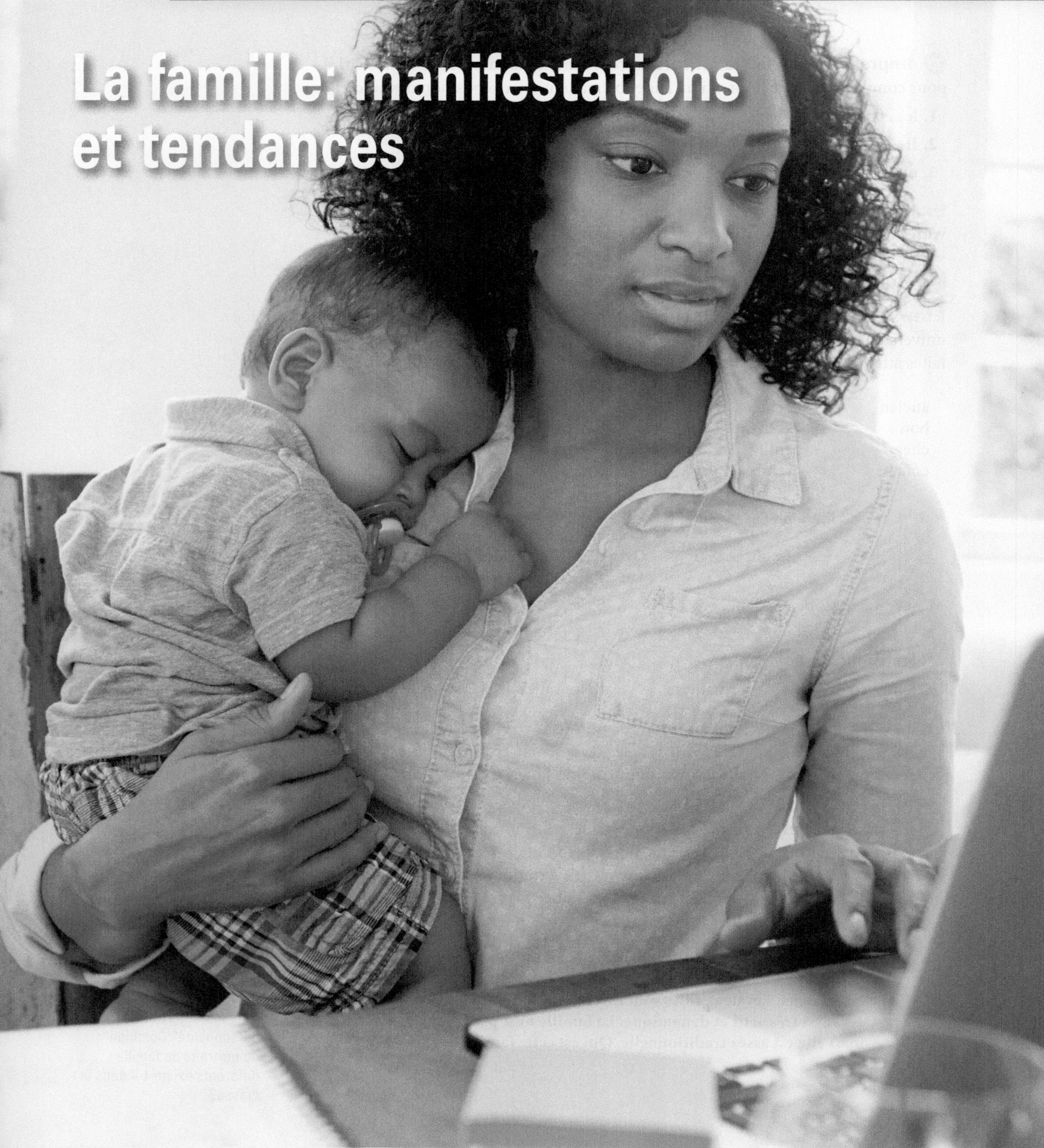

Vie de famille et carrière professionnelle

Selon un sondage de 2016, 80% de la population française vit en famille et le nombre de personnes qui travaillent (hommes et femmes de 15 à 64 ans) reste stable à 72%.[1] Ainsi°, les parents doivent maintenir° un équilibre entre leur activité professionnelle et leur vie de famille, ce qui n'est pas toujours facile. Le gouvernement français a donc mis en place plusieurs mesures pour encourager les Françaises qui le souhaitent à avoir des enfants, tout en maintenant leur emploi.

En France, le congé° maternité varie en fonction du nombre d'enfants. Une femme salariée dispose de 16 semaines pour le premier enfant et de 26 semaines pour le troisième enfant. Elle reçoit donc une indemnité° calculée en fonction de son salaire. Son travail est suspendu° durant cette période, elle ne peut pas le perdre. Elle reçoit le même salaire si elle décide de reprendre son travail. Le père peut lui aussi bénéficier d'un congé de paternité et d'accueil° pour son enfant, 11 jours pour un enfant et 18 jours dans le cas de jumeaux° ou triplets.

Au Québec, des mesures un peu comparables ont aussi été mises en place, avec un congé maternité de 18 semaines et 5 semaines pour le congé paternité. En plus de ces congés, il existe aussi un congé parental allant jusqu'à 52 semaines. Dans tous les cas, il s'agit de congé sans salaire. L'employé(e) peut dans certains cas recevoir une indemnité en fonction de ses conditions de travail.[2] De toute façon, l'employé(e) garde aussi son poste. Dans ces deux pays, il existe aussi un congé d'adoption (payé) qui dure 10 semaines maximales au Québec et de 10 à 18 semaines en France.

[1] https://www.insee.fr/fr/statistiques/3303384?sommaire=3353488#tableau-T18F041G2

[2] http://www4.gouv.qc.ca/FR/Portail/Citoyens/Evenements/DevenirParent/Pages/cong_matrn.aspx

Ainsi *So* **maintenir** *to keep* **congé** *leave* **indemnité** *allowance* **suspendu** *on hold* **accueil** *welcome* **jumeaux** *twins*

Avez-vous compris?

1. Qu'a mis en place le gouvernement français pour encourager les femmes à avoir des enfants tout en maintenant leur emploi?
2. Comment est calculé le congé maternité en France?
3. De quoi le père peut-il bénéficier pour une naissance ou pour l'accueil d'un enfant?
4. Quelles sont les mesures mises en place au Québec?

Katherine Frey/The Washington Post/Getty Images

L'adoption, un autre concept de la famille

Pendant de nombreuses années, la France, les États-Unis et le Canada figuraient parmi les pays qui adoptaient le plus d'enfants haïtiens. Le 12 janvier 2010, l'île d'Haïti a été frappée° par un violent séisme° qui a fait entre 200.000 et 250.000 victimes. Cette tragédie a entraîné l'adoption de nombreux enfants haïtiens accueillis par des parents adoptifs français, américains et canadiens. Plus récemment, en 2017, il y a eu 685 adoptions en France. Un tiers d'entre elles venait d'Asie, notamment du Vietnam (95 adoptions) et de Thaïlande (43 adoptions), puis de Colombie (86 adoptions), d'Haïti (70 adoptions) et de Côte d'Ivoire (40 adoptions).[1]

En parlant de l'adoption internationale pour les pays africains francophones, l'Ambassadeur français au Burkina Faso, Xavier Lapeyre de Cabanes, a dit: «Parler d'adoption, c'est avant tout parler de vies, d'amour, de joie, de rencontre et de souffrances [...] L'adoption n'est pas simplement une formalité ou un acte juridique. Elle est une décision prise sur l'avenir d'un enfant et d'adultes, un pari° que cet enfant et ces adultes sauront° construire un lien° filial et parental indépendamment de l'absence de lien génétique».[2] L'adoption concerne tout le monde. Adopter est un choix pour un couple ou une personne célibataire qui veut accueillir° un enfant, lui donner de l'amour, partager avec lui une vie de famille et le protéger.

[1] https://www.diplomatie.gouv.fr/IMG/pdf/pays-site-2017_cle8a395a.pdf

[2] https://bf.ambafrance.org/Seminaire-adoption-internationale-pour-les-pays-africains-francophones

a été frappée *was hit* **séisme** *earthquake* **pari** *bet, gamble* **sauront** *will know how* **lien** *link, relationship* **accueillir** *to welcome*

MINDTAP La famille: Manifestations et tendances:

Chokri Mahjoub/ZUMA Press/Tunis/Tunisia/Newscom

Would you like to learn more about **Le télétravail, une solution?, Marie-Josée Lord, adopter, c'est redonner** ou **Le phénomène Tanguy?** Visit **Liaisons culturelles** and **Encore plus loin** in MindTap to explore these topics.

Avez-vous compris?

1. Dans quels pays est-ce qu'on a adopté le plus d'enfants haïtiens en 2009?
2. Quelles sont les raisons d'adoption ou les motivations pour adopter un enfant?
3. D'où est-ce que la plupart des adoptions internationales en France en 2017 est venue?
4. Qu'est-ce que l'adoption représente pour un couple?

Qu'en pensez-vous?

La politique américaine officielle *(Family and Medical Leave Act)* de 1993 permet de prendre 12 semaines de congés non payés et d'avoir la protection de l'emploi pour les naissances et les adoptions. Mais c'est seulement pour les entreprises d'au moins 50 employés et si vous êtes employés depuis au moins un an et travaillez au moins 25 heures par semaine. Les entreprises peuvent toujours offrir d'autres options de congés parentaux ou d'autres mesures, mais c'est le choix de l'entreprise. Que pensez-vous de ces politique et pratique américaines?

Le passé composé avec *avoir* et *être*

DU FILM *ENCORE*

Encore un pas vers la grammaire

Look at this photo from the film *Encore* and its caption.

SIMONE Quand **je suis entrée** à l'hôpital, toi, tu commençais une nouvelle étape de ta vie. [...] Alors quand je te vois ici chez toi, quand je vois la femme que **tu es devenue,** une adulte, avec ta propre vie. J'me dis que **tu as** bien **fait,** ma fille. Je suis fière de toi.

1. Which auxiliary verb is used to form the **passé composé** with the verbs **entrer** and **devenir**?
2. Which auxiliary verb is used to form the **passé composé** of the verb **faire**?
3. Why is there an **e** at the end of the past participles **entrée** and **devenue**?
4. Why is there no **e** at the end of the past participle **fait**?

MINDTAP **Préparation**

Go to **Préparation pour Grammaire 3** to review expressing dates, the prepositions **au** and **en** with years and centuries, formation of the **passé composé** with **avoir,** and expressions associated with the **passé composé**.

- The **passé composé** is generally formed with the auxiliary verb **avoir** and a past participle, which usually ends in **-é, -i,** and **-u.**

Mon gendre **a travaillé** et **a vécu** à Paris.	*My son-in-law worked and lived in Paris.*

- The following verbs conjugated with **avoir** have irregular past participles.

avoir → **eu** être → **été** faire → **fait**

apprendre **appris**	dire **dit**	prendre **pris**
boire **bu**	écrire **écrit**	recevoir **reçu**
comprendre **compris**	falloir **fallu**	savoir **su**
conduire **conduit**	lire **lu**	souffrir **souffert**
connaître **connu**	mettre **mis**	sourire **souri**
courir **couru**	offrir **offert**	suivre **suivi**
croire **cru**	ouvrir **ouvert**	vivre **vécu**
découvrir **découvert**	plaire **plu**	voir **vu**
devoir **dû**	pleuvoir **plu**	vouloir **voulu**

- Some verbs form the **passé composé** with **être**. When **être** is the auxiliary verb, the past participle must agree with the subject in gender and number.

je **suis allé(e)**	tu **es allé(e)**	il/elle/on **est allé(e)(s)**
nous sommes **allé(e)s**	vous êtes **allé(e)(s)**	ils/elles **sont allé(e)s**

- Many verbs that take **être** in the **passé composé** deal with motion.

aller (allé) *to go*	**passer (passé)** *to pass, to go by*
arriver (arrivé) *to arrive*	**rentrer (rentré)** *to return, to go home*
descendre (descendu) *to go down*	**rester (resté)** *to stay*
devenir (devenu) *to become*	**retourner (retourné)** *to return, to go back*
entrer (entré) *to enter*	**revenir (revenu)** *to come back*
monter (monté) *to go up*	**sortir (sorti)** *to go out*
mourir (mort) *to die*	**tomber (tombé)** *to fall*
naître (né) *to be born*	**venir (venu)** *to come*
partir (parti) *to leave*	

- The verbs **descendre, monter, passer, sortir, retourner,** and **rentrer** can take a direct object. In these cases, the **passé composé** is formed with **avoir** instead of **être.**

Ma sœur **a sorti** la poubelle.	*My sister took out the trash.*
Claire et Abia **ont monté** leurs valises.	*Claire and Abia took their suitcases up.*

- Reflexive verbs are always formed with **être** in the **passé composé.** The reflexive pronoun goes before the verb **être** and the past participle generally agrees with the subject.

Je **me suis levé(e)** tard.	Julie **s'est maquillée.**	Vous **vous êtes reposé(e)(s)?**
Tu **t'es couché(e)** tard?	On **s'est endormi(e)s.**	Ils **se sont lavés.**

- When a reflexive verb is followed by a direct object, the past participle does not agree with the pronoun.

Elle s'est lavé**e.**	*She washed herself.*
Elle s'est lavé **les mains.**	*She washed her hands.*

- With some reciprocal and idiomatic reflexive verbs, the reflexive pronoun functions as an indirect object, and there is no agreement with the past participle.

s'écrire *(to write to each other)* → Elles **se sont écrit.**

- Here are some basic question patterns and negative statements with the **passé composé.**

Est-ce que Jean a mangé?	Jean a-t-il mangé?
Est-ce que vous vous êtes amusés?	Vous êtes-vous amusés?
Il n'a jamais fait la cuisine.	Elle ne s'est pas beaucoup amusée.

Note de grammaire

When **on** is used to mean **nous** with a verb that uses **être** in the **passé composé,** the past participle agrees in gender and number with the subject as if it were **nous: Claire et Abia ont dit: «*On est rentrées* tard hier.»**

Note de grammaire

Note that **passer** can take either **avoir** or **être.** To express *to pass by,* use **être.** To say *to pass / spend time,* use **avoir.**

Note de grammaire

Note that **rentrer** means *to put back* or to *bring in* when used with **avoir** and a direct object in the **passé composé.**

PARTIE 3

GRAMMAIRE 3

Michel Parent, www.QuebecPop.com

A Les Séguin Richard Séguin et sa sœur jumelle Marie-Claire ont chanté ensemble avant de faire leurs carrières en solo. Complétez les phrases sur les événements de leur vie avec (a) **Ils ont** ou (b) **Ils sont.**

1. ________ nés en 1952.
2. ________ grandi ensemble à Point-aux-Trembles, au Québec.
3. ________ sortis avec des gens intéressants avant de trouver leurs conjoints.
4. ________ sorti leur album *Récolte de rêves* en 1975.
5. ________ partagé la scène avec Félix Leclerc, père de la chanson québécoise.
6. ________ allés à Québec pour chanter au *Festival d'été* de Québec.
7. ________ devenus très célèbres au Québec.
8. ________ eu beaucoup de succès avec leurs albums.

Et vous? Connaissez-vous un duo frère-sœur célèbre dans votre culture?

B Avoir ou être?

Étape 1. Voici des activités de la famille d'Abia du film *Encore*. Faites attention aux verbes et terminez les phrases pour chaque membre de la famille.

1. Sa mère Bisa a sorti…	**a.** hier soir.	**b.** la poubelle.
2. Sa sœur Nadia est sortie…	**a.** très tôt ce matin.	**b.** ses livres.
3. Son neveu Patrick a retourné…	**a.** à 9 heures.	**b.** l'omelette.
4. Son père Adelai a descendu…	**a.** les valises.	**b.** avec Patrick.
5. Sa mère et son père sont rentrés…	**a.** à 10 heures.	**b.** la voiture dans le garage.
6. Son beau-frère François est monté…	**a.** les sacs.	**b.** dans le bus.

Étape 2. Mettez les verbes au passé composé pour décrire les activités d'Abia et de Claire.

1. Abia ________________ (sortir) son argent.
2. Claire ________________ (sortir) au restaurant avec ses amis.
3. Abia et Claire ________________ (descendre) en ville.
4. Abia et Claire ________________ (monter) leurs manteaux.

C Les activités des femmes dans *Bachelor, le gentleman célibataire*

Étape 1. Terminez les phrases qui décrivent les activités des femmes suivantes.

1. Nathalie et Émilie se sont lavé…	**a.** avant de partir.	**b.** les mains.
2. Monique s'est rasé**e…**	**a.** les jambes.	**b.** avec un nouveau rasoir.
3. Rachida et Marie se sont séché**es…**	**a.** les cheveux.	**b.** après la douche.
4. Anaïs et Amélie se sont brossé…	**a.** les dents.	**b.** les cheveux de Ron.
5. Aude et Danièle se sont coupé**es…**	**a.** les doigts.	**b.** dans la cuisine.
6. Céleste et Jeanne se sont coupé…	**a.** les cheveux.	**b.** avec des ciseaux

Étape 2. Demandez à un(e) partenaire s'il/si elle a fait les activités de l'Étape 1.

D Familles célèbres

Étape 1. Complétez les phrases avec la forme correcte du verbe approprié au passé composé. Décidez s'il s'agit de **Grace Kelly,** de **Céline Dion** ou de **Simone Gagner** du film *Encore.* Qui a **une famille nucléaire**? Qui a **une famille monoparentale**?

1. Elle vient d'une famille de douze enfants. Elle ____________ (se mettre / se rendre compte) à chanter à 12 ans. Elle ____________ (se rappeler / se marier) avec son manager en 1994. Plus tard, ils ____________ (partir / quitter) pour les États-Unis. Ils ____________ (s'installer / s'occuper) à Las Vegas. Ils ____________ (avoir / être) des jumeaux en 2010. Son mari ____________ (mourir / naître) en 2016. C'est qui? ____________
2. Elle ____________ (courir / naître) à Philadelphie en 1929. Elle ____________ (rencontrer / se rencontrer) le Prince Rainier en 1955. Ils ____________ (se disputer / se marier) en 1956 et elle ____________ (devenir / revenir) la Princesse de Monaco. Elle ____________ (être / aller) dans un accident de voiture avec sa fille Stéphanie. Elle ____________ (mourir / naître) en 1982. Sa fille ____________ (survivre / vivre) l'accident. C'est qui? ____________
3. Elle ____________ (se souvenir / souffrir) d'hallucinations et elle ____________ (croire / passer) plus de six ans dans un hôpital psychiatrique. Un jour, elle ____________ (se tromper / se rendre compte) qu'elle n'était pas folle. Sa fille s'appelle Claire et elles ____________ (s'entendre / se parler) hier de la bonne nouvelle. C'est qui? ____________

Étape 2. Écrivez une description de 4 à 6 phrases au passé composé des activités de quelqu'un d'une famille célèbre. Ne dévoilez pas la personne. Lisez votre description à deux camarades de classe. Vos camarades de classe vont deviner qui c'est.

E Notre premier jour à l'université

Étape 1. Qu'est-ce qui s'est passé pendant votre premier jour à l'université? Écrivez au moins cinq phrases. Vous pouvez utiliser les verbes suggérés ou d'autres verbes.

aller	écrire	lire	se reposer
s'amuser	faire	manger	sortir
boire	jouer	prendre	voir

Modèle: **Je me suis réveillée à 7 heures pour mon premier cours à 8 heures. Je n'ai pas pris de café parce que j'étais trop nerveuse. Je suis allée à la librairie pour acheter mes livres. Je suis rentrée à la résidence universitaire vers 5 heures. J'ai commandé une pizza avec ma colocataire. Je me suis couchée vers minuit.**

Étape 2. Partagez vos phrases avec un(e) partenaire. Qui s'est rappelé plus de détails? Avez-vous des choses en commun? Qui a passé une meilleure journée?

COIN CULTUREL

Courtesy of Wynne Wong.

Le Château Frontenac à Québec est l'hôtel le plus photographié au monde. Grace Kelly est descendue au Château Frontenac pendant les années 60 et aujourd'hui sa chambre est connue comme la «chambre Grace Kelly».

Journal de bord

Résumez en quelques phrases ce que vous avez appris dans la Partie 3 du Chapitre 3. Suggestions: Qu'est-ce qui est intéressant dans les lectures culturelles? Qu'est-ce que vous avez appris à propos des activités passées de vos camarades de classe et de celles de leurs familles?

PREMIÈRE PROJECTION

Vocabulaire du film

un accueil chaleureux *warm welcome*
disparaître *to disappear*
jurer *to swear*
prendre soin de *to take care of*
reprocher *to reproach*
sauver *to save*
Ça suffit. *That's enough.*
grâce à *thanks to*
Qu'est-ce qu'il y a? *What's the matter?*
rattraper le temps perdu *to make up for lost time*

A Avant de visionner La famille de Claire Gagner est une famille pas comme les autres. Regardez l'arbre généalogique de Claire. Identifiez les liens de parenté entre ces gens et Claire Gagner.

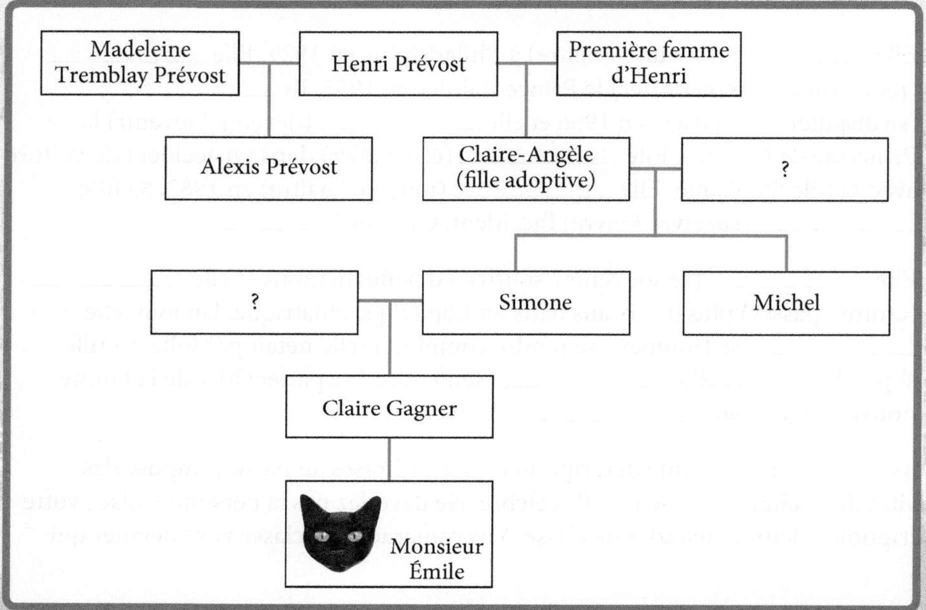

Modèle: Il est comme son enfant et il habite avec elle. **C'est son chat Monsieur Émile.**

1. Elle a passé six ans dans un hôpital psychiatrique. C'est la fille de Claire-Angèle.
2. C'est le frère de Simone Gagner et il habite à Paris.
3. C'est la fille adoptive d'Henri Prévost.
4. C'est le père de Claire-Angèle Prévost.
5. C'est le mari de Simone et il est mort avant la naissance de Claire.

B ▶ Regardez la séquence Regardez la Séquence 2. Utilisez le contexte pour vous aider à comprendre le plus de choses possible.

C **Compréhension** Répondez aux questions suivantes avec un(e) partenaire, d'après ce que vous avez vu *(saw)* dans la Séquence 2.

1. Qu'est-ce qu'Abia a fait pour Simone pour célébrer sa sortie de l'hôpital?
2. Décrivez les émotions de Simone dans cette séquence. A-t-elle l'air triste? A-t-elle l'air heureuse? A-t-elle à la fois l'air triste et heureuse? Justifiez votre réponse.
3. Pourquoi Simone crie-t-elle dans la cuisine à la fin de la séquence?
4. Qu'est-ce qui se passe quand Claire arrive à l'hôtel à la fin de la séquence?

D **Les femmes du film *Encore***

Étape 1. Vous souvenez-vous de ces répliques *(lines)*? Complétez les phrases avec les mots de la liste.

LEXIQUE

amie	fière	père	Simone
entrée	mère	propre	sœur
femme	pensé	seule	vie

ABIA: C'est rien. Je voulais *(wanted)* faire un accueil chaleureux à (1) ____________. Et puis, tu es mon (2) ____________. Je t'aime comme une (3) ____________, tu sais.

SIMONE: Quand je suis (4) ____________ à l'hôpital, toi, tu commençais une nouvelle étape de ta (5) ____________. Tu devenais une femme et j'étais pas là pour t'aider. Mais, dans mes moments de lucidité, j'ai souvent (6) ____________ à toi. […] Mais je me demandais *(wondered)* aussi si tout irait *(would go)* bien pour toi, toute (7) ____________ au monde, sans ta famille, sans ton (8) ____________, sans ta (9) ____________. Alors quand je te vois ici chez toi, quand je vois la (10) ____________ que t'es devenue, une adulte, avec ta (11) ____________ vie, j'me dis qu't'as bien fait, ma fille. Je suis (12) ____________ de toi.

Étape 2. Répondez aux questions.

1. En plus d'être la meilleure amie de Claire, quel(s) autre(s) rôle(s) Abia a-t-elle joué(s) dans la vie de Claire?
2. En plus d'être la fille de Simone, quel rôle Claire a-t-elle joué dans la vie de Simone?
3. Avez-vous un(e) ami(e) que vous aimez comme un frère ou une sœur?

SYNTHÈSE

OUI, JE PEUX!

Look at these "can-do statements" and rate yourself on how well you think you can perform these tasks in French. Then, with a partner, carry out the statements by doing Activities A and B. This will allow you to verify your abilities and to see how accurate your self-assessment was.

1. **"I can talk about a family member's physical and personality traits, and explain whether or not I resemble this family member."**

   I can perform this function

   ☐ with ease
   ☐ with some difficulty
   ☐ not at all

2. **"I can talk about a happy day in my life and say what happened on this day, and learn about a happy day in someone else's life and what happened on this day."**

   I can perform this function

   ☐ with ease
   ☐ with some difficulty
   ☐ not at all

A Un membre de ma famille et moi

Étape 1. Choisissez un membre de votre famille dont vous aimeriez parler. Ensuite, dressez une liste de ses traits physiques et de ses traits de caractère / personnalité. Puis, dressez une liste de vos traits physiques et de vos traits de caractère / personnalité. En quoi est-ce que vous ressemblez à ce membre de votre famille?

Étape 2. Décrivez le membre de votre famille à un(e) partenaire. Expliquez pourquoi vous ressemblez ou pourquoi vous ne ressemblez pas à ce membre de votre famille.

Étape 3. Avez-vous bien réussi cette activité ou avez-vous eu des difficultés avec cette tâche *(task)*? Si oui, quelles étaient vos difficultés?

«La pomme ne tombe jamais loin du pommier.» (Proverbe français)

B Une journée heureuse

Étape 1. Choisissez une journée heureuse dont vous aimeriez parler. Quelle est la date approximative de cette journée? Ensuite, écrivez au moins trois choses qui se sont passées ce jour-là.

Étape 2. Décrivez votre journée heureuse à un(e) partenaire.

Étape 3. Avez-vous bien réussi cette activité ou avez-vous eu des difficultés avec cette tâche *(task)*? Si oui, quelles étaient vos difficultés?

Activité DU FILM

Les événements importants dans le film *Encore*

Étape 1. Avec un(e) partenaire, décrivez les cinq événements que vous considérez les plus importants dans la Séquence 2 du film *Encore* en utilisant le passé composé. Comparez vos événements avec ceux d'un autre groupe. Avez-vous choisi les mêmes événements? Êtes-vous d'accord avec les choix de l'autre groupe?

Étape 2. Imaginez que vous êtes journaliste. Faites un reportage sur les événements de la Séquence 2 du film *Encore*.

Modèle: **Dans la Séquence 2 du film *Encore* hier,...**

Un pas vers LA LECTURE

Interview avec Nathalie Monsaint-Baudry (extraits)

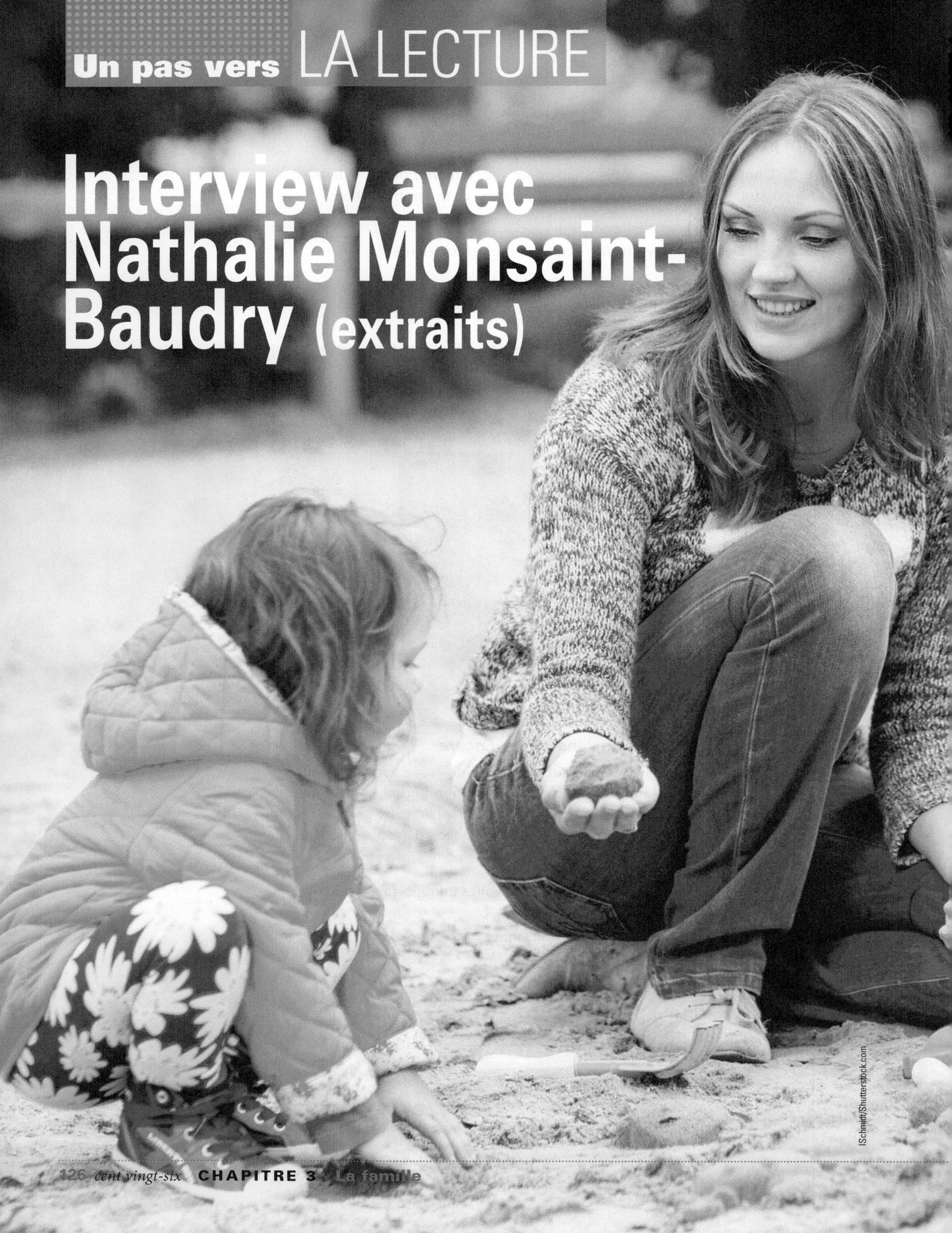

lSchmidt/Shutterstock.com

© Nathalie Monsaint-Baudry - wwwpbaudry.com

À DÉCOUVRIR: Nathalie Monsaint-Baudry

Nationalité: française, naturalisée américaine
Éducation: Maîtrise de civilisation américaine (1985), *Master's* en littérature américaine et *film studies* (1990)
Profession: essayiste, consultante interculturaliste franco-américaine
Résidence: (aujourd'hui) Paris; (années 80–90) Californie

Avant de lire

Vous allez découvrir quelques exemples de «l'interculturalité», qui est une approche analytique sur les similarités entre les gens ou les différentes cultures. Vous allez aussi lire un extrait d'une interview avec l'essayiste interculturaliste Nathalie Monsaint-Baudry. En 2012, *France-Amérique,* le journal français des États-Unis, a mené un entretien avec Monsaint-Baudry pendant lequel la journaliste Guénola Pellen s'est inspirée du livre de Druckerman, *Bringing Up Bébé,* et de celui de Monsaint-Baudry, *Être Française et Américaine, cristallisations culturelles,* comme plateforme pour parler de l'interculturalité des manières franco-américaines d'élever les enfants. Ensuite, vous allez avoir la possibilité de discuter de vos réactions au texte.

Prélude Il existe aux États-Unis et au Canada (et de plus en plus en France) un grand nombre de livres du genre *self-help*. Il s'agit de livres qui nous aident à mieux vivre. Avant 2018, les Français avaient tendance en général à se méfier de ce genre littéraire «Made in US-Canada» (mais qui sont souvent des bestsellers en Amérique du Nord). Pourtant, depuis 2018, certains experts du secteur croient que ce genre de littérature non-fictive commence à gagner en popularité en France petit à petit. Une série de livres un peu *self-help* qui comparent les manières de faire à la française et celles à l'américaine ou à la canadienne sort assez régulièrement en Amérique du Nord et en France. En effet, tous les auteurs présentent dans ces livres des exemples de l'interculturalité franco-américaine ou franco-canadienne.

a. *Sacrés Français! Un Américain nous regarde.*
b. *French Women Don't Get Fat*
c. *Bringing Up Bébé*

1. Ce livre révèle les secrets pour rester mince (boire et manger comme les Françaises) tout en profitant des petits plaisirs de la vie.
2. Ce livre parle de l'éducation des enfants en France, pays où ils mangent leurs légumes et jouent silencieusement pendant que les adultes parlent entre eux.
3. Ce livre présente des malentendus sur les relations internationales, la politique, l'économie et la société qui font des Français et des Américains des alliés-ennemis.

OUTILS DE LECTURE

Activating background knowledge

Before you start reading a new text, read the title (and the abstract or the introduction if included) and then think about what you already know or have experienced in relation to the topic. Activating background knowledge in this way may make reading comprehension easier.

Un pas vers LA LECTURE

Interview avec Nathalie Monsaint-Baudry

L'éducation française, un modèle unique et supérieur?

Q: Sans être aussi radicale qu'Amy Chua, l'auteure américaine controversée de *Battle Hymn of the Tiger Mother* louant *(praising)* les vertus de la coercition°, Pamela Druckerman défend l'éducation des Français, jugée plus stricte et plus traditionnelle que celle des Américains. L'éducation française rime-t-elle avec autorité?

R: Oui et non. Aux États-Unis, mes enfants ont appris, grâce à l'école, le concept d'«accountability». Ce sont les valeurs calvinistes qui sont mises en œuvre: ponctualité (l'école commence à 8h03!), silence, civisme. Dans mon chapitre *Accountability et Calvinisme,* j'explique que «chaque enfant apprend qu'à chaque action correspond un résultat, une erreur sert à apprendre et à ne pas la refaire, «a learning process» se met en place. Un manquement° à la loi est pénalisé, la conséquence suit explicitement l'action et une pénalité sanctionne immédiatement. Ainsi, les parents considèrent que leur enfant peut devenir une belle fleur ou une mauvaise herbe selon le choix qu'il fera, son libre arbitre° aidant. [...] Alors qu'en France, on intervient immédiatement et l'on prend parti pour celui du «clan» et généralement on empêche° que celui-ci soit confronté aux conséquences de ses actes. Ainsi n'apprendra-t-il pas de ses mauvais choix, de son manque de jugement. C'est inconséquent parce que l'erreur n'est jamais explicitée comme source potentielle d'apprentissage, de leçon à tirer. Nous n'aimons pas les moralisateurs en France et n'avons à recevoir de leçon de personne dit la formule.

Q: On a le sentiment qu'en France, l'enfant de par son jeune âge et son ignorance est inférieur à l'adulte et doit donc obéir à ses ordres. Aux États-Unis au contraire, on parle souvent d'«enfant roi». Ce schéma est-il justifié?

R: Oui. Les enfants français comptent pour du beurre°! La culture française apprend à être débrouillard, dégourdi°, «street smart», et à se forger un monde intérieur très fort. Aux États-Unis, les maisons sont tellement «child-proofed», qu'on a l'impression que ce sont les parents qui habitent chez leurs enfants! Mais ceci n'est pas nouveau! L'Amérique reste adolescente. «Les Américains n'ont point eu d'enfance, ils n'ont point encore de vieillesse», disait Chateaubriand. La maman française lève la voix, la main aussi parfois, pour avoir «le dessus» de la situation.

coercition *coercion* **manquement** *breach* **libre arbitre** *free will* **empêche** *prevents*
comptent pour du beurre *count for nothing* **dégourdi** *on the ball*

Q: La fessée°, popularisée en France par le philosophe Jean-Jacques Rousseau, est bannie par la plupart des mères américaines. L'éducation française serait-elle violente par comparaison?

R: L'éducation française est verbalement violente. Mais la fessée est en passe d'être bannie chez nous aussi! Au bout du compte, entre ce que l'on perçoit sur scène et dans les coulisses°, il semblerait que les jeunes Américains soient plus sûrs d'eux, extravertis, indépendants, «on stage» sur scène, mais très peu sûrs d'eux («insecure») en coulisses, alors que le jeune Français, habitué à être critiqué se forge une carapace°. Il se montre moins à l'aise en public, moins apte à se mettre en scène, son corps n'occupe pas le même espace que l'Américain, sa voix portera moins, mais il se forgera un monde intérieur plus intense, plus riche, et n'aura pas l'angoisse de la solitude, la peur du vide qui habite tant l'Américain. Ceci est à mettre en corrélation avec le fait que nous sommes une culture du lien. Le Français se sent aimé.

Q: Pamela Druckerman insiste beaucoup sur le fait qu'on apprend aux petits Français à bien se comporter à table. Le titre britannique de l'ouvrage est d'ailleurs *French kids don't throw food.* Le repas à la française est-il perçu comme sacro-saint° par les Américains?

R: Oui, ils sont admiratifs. Notre «three course meal» est incroyablement sophistiqué. Il était difficile pour mes enfants de comprendre pourquoi on doit mettre les mains sur la table lors d'un repas en France, alors que de retour à Los Angeles, c'était l'inverse que les «tables manners» dictaient. Les conventions sont arbitraires et codifiées.

fessée *spanking* **coulisses** *wings* **carapace** *shell, armor* **sacro-saint** *sacred*

Source: "L'enfant modèle est-il français?" par Guénola Pellen, *Le Journal Français des États-Unis*, www.france-amerique.com

Après avoir lu

A Comparaisons interpersonnelles et interculturelles Répondez aux questions suivantes.

1. Est-ce que votre éducation (personnelle) a ressemblé plus au modèle français ou au modèle américain? Donnez un ou deux exemples.
2. Avec quelles généralisations sur l'éducation des enfants (selon le modèle français ou selon le modèle américain) êtes-vous d'accord? Pourquoi?
3. Décrivez un peu le rapport enfant-parent *(parent-child relationship)* idéal, à votre avis. (Les parents sont-ils autoritaires? Les enfants et les parents ont-ils les mêmes droits? Les enfants et les parents sont-ils «meilleurs amis»? Est-ce que les parents ont le pouvoir *(power)* et les enfants écoutent ou obéissent?)

B Compréhension et interprétation Discutez de vos réponses aux questions suivantes.

1. Selon le texte, l'éducation des Américains est-elle plus ou moins stricte que l'éducation des Français?
2. Est-ce que l'idée de «l'enfant roi» appartient à la culture française ou à la culture américaine selon Monsaint-Baudry?
3. Que veut dire la phrase «Les enfants français comptent pour du beurre»?
4. Selon Monsaint-Baudry, qui a plus de confiance en soi en public? Qui est plus à l'aise *(at ease, comfortable)* dans son monde intérieur?

Un pas vers L'ÉCRITURE

Un résumé d'une interview

Inspirez-vous du format d'une interview et des thèmes du chapitre pour poser la question À quoi pensez-vous quand vous entendez le mot «famille»? par n'importe quel(s) moyen(s) *(any means)* de communication aux gens que vous désirez. Ensuite, vous allez écrire un résumé *(summary)* des réponses reçues.

Préparation avant d'écrire

Étape 1. Pour Monsaint-Baudry, «la famille» est surtout les parents et les enfants et l'obligation sociale des parents d'éduquer leurs enfants. Partagez-vous son avis? Répondez aux questions suivantes.

1. Quelles «leçons» de cette lecture voudriez-vous suivre comme parent ou apprendre à vos enfants un jour (si vous désirez devenir parent un jour)? Pourquoi?
2. Pensez-vous à l'éducation des enfants quand vous entendez le mot «famille»?
3. À quoi pensez-vous immédiatement quand vous entendez le mot «famille»?

Étape 2. N'oubliez pas qu'il faut commencer par poser la question **À quoi pensez-vous quand vous entendez le mot «famille»?** par n'importe quel(s) moyen(s) de communication de votre choix aux gens que vous désirez. Après avoir reçu les réponses, vous pouvez écrire votre résumé d'entre 150 et 300 mots. Répondez aux questions suivantes après avoir reçu les réponses.

1. À qui avez-vous posé la question et qui a répondu à la question? (N'oubliez pas que dans votre résumé, vous voulez identifier les individus qui ont répondu et sans doute aussi les décrire un peu. Par exemple, mentionnez leur âge, leur relation avec vous *(relationship to you),* leur culture d'origine et ainsi de suite.)
2. Par quel(s) moyen(s) de communication avez-vous posé votre question?
3. Avez-vous posé des questions secondaires *(follow-up questions)* ou avez-vous donné des suggestions ou d'autres indices *(hints, clues)* que vous voulez mentionner dans votre résumé?
4. Combien de réponses avez-vous reçues au total?
5. Y a-t-il certaines réponses qui sont plus populaires ou fréquentes que d'autres? Quelle réponse est la plus donnée?
6. Y a-t-il au moins une réponse très originale qu'il faut absolument mentionner dans votre résumé? Laquelle?

Écrire

Dans votre **résumé,** n'oubliez pas de présenter les éléments suivants.

1. La question ou les questions que vous avez posée(s) et le(s) moyen(s) de communication que vous avez employé(s).
2. Les gens à qui vous avez posé la question ou les questions et le nombre total de réponses que vous avez reçues.
3. L'identification des individus qui ont répondu (dont vous citez les réponses dans votre résumé) et les descriptions de ces gens. (Par exemple, mentionnez leur âge, leur relation avec vous *(relationship to you),* leur culture d'origine et ainsi de suite.)
4. Les détails qui contextualisent les réponses que vous résumez (les plus fréquentes, les plus communes, la plus originale, les seules/la seule, les meilleures/la meilleure, etc.).

RÉSUMÉ DE VOCABULAIRE

PARTIE 1

Les noms

l'aîné(e) *elder, eldest child*
les arrière-grands-parents *(m. pl.) great grandparents*
le beau-fils *son-in-law; stepson*
le beau-frère *brother-in-law*
le beau-père *father-in-law; stepfather*
la belle-fille *daughter-in-law; stepdaughter*
la belle-mère *mother-in-law; stepmother*
la belle-sœur *sister-in-law*
le benjamin / la benjamine *youngest child*
le cadet / la cadette *younger, youngest child*
le demi-frère / la demi-sœur *half-brother/sister; stepbrother / stepsister*
l'époux / l'épouse *spouse*
la famille élargie *extended family*
une famille homoparentale *family with same-sex parents*
une famille monoparentale *single parent family*
une famille nombreuse *large family*
une famille nucléaire *nuclear family*
une famille recomposée *blended family*
une femme / un homme au foyer *housewife / househusband*
le fils / la fille unique *only child*
le gendre *son-in-law*
le jumeau / la jumelle *twin*
le lien de parenté *family tie*
la loi *law*
un monoménage *single person household*
le/la partenaire *domestic partner*
l'union libre *(f.) living together without being married, common law marriage*
le veuf / la veuve *widower / widow*

Les verbes

augmenter *to increase*
baisser *to decrease, to lower*
évoluer *to evolve*

Les adjectifs

adoptif / adoptive *adopted*
célibataire *single*
menacé(e) *threatened*
remarié(e) *remarried*
répandu(e) *widespread*
sacré(e) *sacred*
seul(e) *alone*

Les expressions

ainsi que *as well as*
également *equally*
en revanche *on the other hand*
être lié(e) par les liens du sang / du mariage *to be related by blood / by marriage*
tandis que *while*

PARTIE 2

Les noms

le caractère *character, nature*
le comportement *behavior*
l'éducation *(f.) upbringing, manners*
les fossettes *(f. pl.) dimples*
le front *forehead*
la génétique *genetics*
un geste *gesture*
un héritage *inheritance*
les lèvres *(f. pl.) lips*
un objet de famille *family heirloom*
la personnalité *personality*
le physique *physique, build*
les pommettes *(f. pl.) cheekbones*
les sourcils *(m. pl.) eyebrows*
la taille *size, height*
un trait (de visage) *(facial) feature*

Les verbes

hériter (de) *to inherit*
ressembler (à) *to look like, resemble*

Les adjectifs

audacieux / audacieuse *daring*
courbé(e) *curved, bent*
court(e) *short*
digne de confiance *trustworthy*
doux / douce *sweet, soft*
droit(e) *straight*
étroit(e) *narrow*
faux / fausse *false*
favori / favorite *favorite*
fiable *reliable*
fin(e) *thin*
flexible *flexible, adaptable*
fou / folle *crazy*
frais / fraîche *fresh*
franc / franche *frank, open, direct*
haut(e) *high*
large *wide, large*
long / longue *long*
minutieux / minutieuse *meticulous*
moyen(ne) *medium, average*
raisonnable *reasonable, intelligent*
roux / rousse *red-headed, ginger*
sec / sèche *dry*
têtu(e) *stubborn, pig-headed*

ancien / ancienne[1] *former; ancient*
cher / chère *dear; expensive*
dernier / dernière *last; preceding*
grand(e) *great; tall*
gros / grosse *big; fat*
même *very; same*
pauvre *unfortunate; poor*
prochain(e) *next; following*
propre *own; clean*
seul(e) *only; alone*

Les expressions

d'une part / d'autre part *on one hand / on the other hand*
partager l'avis de quelqu'un sur quelque chose *to share someone's opinion on something*

Vocabulaire du film
(see page 122.)

[1] These adjectives take on the first meaning when they precede the noun being described. The adjectives take on the second meaning when they follow the noun being described.

PREMIÈRES IMPRESSIONS

Qu'associez-vous au mot «identité»? Discutez-en avec vos camarades de classe.

Tetra Images / Alamy Photo Stock

CHAPITRE 4

L'identité

Objectifs

- *Identify and analyze what makes up cultural and personal identities*
- *Express desires and make suggestions*

Culture

- Défense de l'identité culturelle
- L'identité personnelle
- Une mosaïque d'identités

Grammaire

1 *Direct object pronouns and the pronoun* ***en***

2 *Indirect object pronouns and the pronoun* ***y***

3 *The conditional and multiple object pronouns*

Un pas vers la lecture

Ru (extraits), Kim Thúy

Un pas vers l'écriture

Un compte rendu

You will also rewatch **SÉQUENCE 2: La réunion** of the film *Encore.*

UN APERÇU SUR LE FILM

Une réunion Regardez la photo de la Séquence 2 du film *Encore*. Ensuite, complétez le paragraphe avec les verbes les plus appropriés pour décrire la scène dans la photo.

Verbes possibles

voir souffrir vivre aller passer sortir venir

Simone, la mère de Claire Gagner, vient de (1) ______________ de la clinique psychiatrique. Elle a été internée à cause de ses hallucinations. Elle avait tendance à (2) ______________ des personnes que les autres ne voyaient pas. Maintenant, elle va (3) ______________ avec sa fille. Et pour fêter l'occasion, la meilleure amie de Claire, Abia, a préparé un gâteau délicieux. Est-ce que tout va bien (4) ______________ pour Simone maintenant?

Réflexion culturelle

Défense de l'identité culturelle

Vaflya/Shutterstock.com

Le quartier historique de Strasbourg, en Alsace.

Le **régionalisme,** dans le sens de la **valorisation** des identités culturelles françaises régionales, remonte aux° périodes historiques avant l'unification du pays quand il existait des **territoires** et des provinces séparés. Pour **marquer** visiblement l'identité culturelle, autrefois° et encore aujourd'hui, chaque région française a un style d'**architecture** unique qui doit respecter des lois régionales spécifiques. La diversité des identités culturelles est aussi renforcée par les langues régionales comme l'alsacien, le breton, le basque, le catalan, le corse et l'occitan qui sont toujours utilisées mais typiquement par seulement une petite partie de chaque population régionale correspondante. Le régionalisme se traduit également par la danse, la musique, la cuisine et le sport et par d'autres traditions **transmises** au fil des° générations.

Le régionalisme s'étend° aussi aux départements et territoires d'outre-mer° français. Au large de° Terre-Neuve sur la côte atlantique de l'Amérique du Nord, Saint-Pierre et Miquelon, une collectivité d'outre-mer française, est aussi marqué par une forte identité culturelle. On retrouve à Saint-Pierre, le fronton° basque, la cathédrale avec sa galerie intérieure, ainsi que les fêtes qui mélangent les cultures basques, françaises et canadiennes avec des jeux, de la musique et des plats représentatifs de ces cultures. Non loin de là se situe l'Acadie, une région francophone du Canada. Les Acadiens d'origine sont venus principalement au XVIIe siècle d'une région française au sud-ouest de la Loire et du Pays Basque. Voilà pourquoi on y retrouve des plats culinaires de ces régions françaises et le **langage courant** du français acadien basé sur son **dialecte,** auquel s'ajoute le français québécois.

remonte aux *dates back to* **autrefois** *in the past* **au fil des** *over, in the course of* **s'étend** *stretches, spreads* **outre-mer** *overseas* **Au large de** *Off the coast of* **fronton** *high wall*

Vocabulaire du texte

l'architecture *(f.) architecture*
un dialecte *dialect*
le langage courant *everyday language*
le régionalisme *regionalism, regional pride*

le territoire *territory*
la valorisation *valuing; increased status*

marquer *to mark, to show*

transmis(e) *transmitted*

Vocabulaire complémentaire

l'ail *(m.) garlic*
un ananas *pineapple*
le bambou *bamboo*
le basilic *basil*
les bleuets *(m. pl.) blueberries*
la harissa *North African hot chili paste or sauce*
une noix de coco *coconut*
un piment rouge *chili pepper*

un cerisier *cherry tree*
un chêne *oak tree*
un érable *maple tree*
la jungle *jungle*
la lavande *lavender*

un pin *pine tree*
un pommier *apple tree*
un rosier *rose bush*
un sapin *fir tree*
la savane *savannah*
un volcan *volcano*

faire du canoë *to go canoeing*
du cerf-volant *to go kite-flying*
jouer de l'accordéon *to play the accordion*
du tambour *to play the drum*
du violoncelle *to play the cello*

au cœur de *at the heart of*
considérer que *to consider that*

Note de vocabulaire

Un sapin is used in the well-known holiday expression **un sapin de Noël** *(Christmas tree)*. Note that **les bleuets** is a term used more commonly by Francophone communities in North America to refer to North American blueberries. A very similar berry grows in France, which is called **les myrtilles.** In France, the term **les bleuets** refers to *cornflowers*.

Note de vocabulaire

Jouer du tambour refers to a single drum. To play a drum set, use the expression **jouer de la batterie.** Other expressions you may already know include **jouer de la guitare, jouer du piano, jouer du violon,** and **jouer de la trompette.**

Avez-vous compris? Répondez aux questions suivantes.

1. Qu'est-ce que le régionalisme? Quel en *(of it)* est un exemple visible?
2. Quelles sont deux régions françaises où il y a une forte identité culturelle?
3. Quels sont des exemples qui illustrent la présence et l'importance de l'identité culturelle dans ces deux régions?
4. Quelles cultures ont marqué l'identité culturelle de Saint-Pierre et Miquelon?

À votre avis Le régionalisme, dans le sens de la valorisation des identités culturelles régionales françaises ou francophones, est un projet administratif et culturel important en France, surtout pour le tourisme. Est-il aussi important pour votre région ou votre état?

Note de grammaire

The verb **considérer** is a stem-change verb. The **accent aigu** becomes an **accent grave** in several forms: **je considère, tu considères, il/elle/on considère, ils/elles considèrent.**

PARTIE 1 VOCABULAIRE 1

A Identifier les cultures

Étape 1. Donnez un exemple d'une culture (une communauté, une ville, une région, un pays, un peuple) à laquelle vous associez chaque élément ou activité.

1. les ananas
2. la lavande
3. faire du canoë
4. le basilic
5. un érable
6. les noix de coco
7. jouer de l'accordéon
8. un chêne
9. l'ail
10. un volcan
11. des rosiers
12. faire du cerf-volant

Étape 2. Avec un(e) partenaire, choisissez au moins un élément qui semble bien refléter la culture ou l'identité donnée, à votre avis.

1. la culture japonaise: les cerisiers / le bambou / la savane
2. les cultures maghrébines: la harissa / le tofu / les piments rouges
3. les cultures africaines: jouer du tambour / jouer de l'accordéon / jouer du violoncelle
4. l'identité nord-américaine: les forêts de pins / la jungle / les pommiers
5. l'identité scandinave: les chênes / la lavande / les sapins
6. l'identité européenne: les bleuets / la savane / les rosiers

Et vous? Quels éléments des Étapes 1 et 2 associez-vous à deux ou trois régions spécifiques de votre pays?

B Généralisations culturelles

Étape 1. Préparez une phrase descriptive qui identifie des aliments *(foodstuff)*, des éléments de la nature et des activités (sportives ou musicales) «typiques» de chaque culture. Choisissez une culture différente pour le dernier numéro.

Modèle: **Pour la culture française, on identifie souvent les escargots, la lavande, la mer Méditerranée et ses plages, prendre un café dans un café et jouer au foot.**

1. le Québec ou le Mexique
2. les États-Unis ou l'Angleterre
3. la Chine ou le Japon
4. l'Inde ou le Pakistan
5. l'Algérie ou le Maroc
6. le Sénégal ou la Côte d'Ivoire
7. l'Argentine ou le Brésil
8. ???

Étape 2. Comparez vos phrases de l'Étape 1 à celles d'un(e) partenaire. Parlez de ce que les différentes cultures ont en commun. Quelles autres cultures associez-vous à ces mêmes éléments?

COIN CULTUREL

Tatiana Lutsenko/Shutterstock.com

Ce n'est pas possible de se promener en Lorraine, une région du nord-est de la France, et de ne pas entendre parler (ou même manger) de mirabelles! C'est un fruit délicieux, d'une variété de prunier *(plum tree)* spécial de la région, mais qui pousse aussi dans le nord de l'Alsace et aussi au Québec. Les Lorrains s'identifient fort avec les mirabelles de Lorraine et les mettent dans beaucoup de plats salés et sucrés. Le célèbre rappeur français MC Solaar se dit être un grand fan du fruit.[1] Il n'est pas de Lorraine, mais il a écrit une chanson aux couleurs de la Lorraine, qu'il a intitulée *Les mirabelles* (2017), dans laquelle il rend hommage à l'histoire de la région et au fruit lui-même.

[1] https://www.estrepublicain.fr/edition-de-verdun/2017/11/21/le-vent-solaar-souffle-sur-les-mirabelles

C **Le régionalisme chez vous** Comment identifiez-vous la culture de la région d'où vous venez? Posez les questions suivantes à un(e) partenaire et notez ses réponses.

1. De quel endroit géographique viens-tu?
2. Ta région est connue pour un certain dialecte ou un parler populaire?
3. Quel(s) style(s) d'architecture, de danse et/ou de musique aide(nt) à identifier la culture de ta région? Y a-t-il une certaine cuisine ou un sport particulier?
4. Par quels autres éléments l'identité culturelle de ta région est-elle transmise ou valorisée? Par exemple, y a-t-il un intérêt pour la topographie, l'histoire ou certains produits locaux?

D ***Maria Chapdelaine* (Louis Hémon, 1914)**

Le roman *Maria Chapdelaine* de Louis Hémon est un des plus connus de la littérature canadienne francophone et a contribué à la fondation de l'identité culturelle du Québec. Il raconte la dure vie des cultivateurs qui s'installent au Québec au début du XXe siècle.

Étape 1. Lisez cet extrait du roman et notez tout ce qui identifie la culture québécoise.

TFoxFoto/Shutterstock.com

«Les forêts du pays de Québec sont riches en baies° sauvages...; mais le bleuet... est la plus abondante de toutes les baies et la plus savoureuse. Sa cueillette° constitue de juillet à septembre une véritable industrie pour les familles nombreuses qui vont passer toute la journée dans le bois... D'autres [gens] ne cueillent que pour eux-mêmes, afin d'en faire des confitures ou les tartes fameuses qui sont le dessert national du Canada français.»

baies *berries* **cueillette** *picking, harvesting*

Source: *Maria Chapdelaine*, Louis Hémon, p. 54

Étape 2. Inventez un «dessert régional» pour votre région d'origine. Considérez:

- **les ingrédients** (représentatifs des produits locaux)
- **la forme** (représentative de la topographie locale)
- **les motifs de décoration** (représentatifs des activités, symboles ou autres éléments d'importance culturelle, caractéristiques du territoire)

E **Défendre l'identité culturelle de votre université** Avec un(e) partenaire, nommez les cinq ou six premiers éléments (qui vous viennent à l'esprit) que vous associez à votre université. Représentent-ils son identité culturelle? Si oui, terminez la phrase suivante. Si non, refaites l'activité jusqu'à ce que vous puissiez *(until you can)* terminer cette phrase.

Nous considérons qu(e)... se trouve(nt) au cœur de l'identité culturelle de notre université.

PARTIE 1 GRAMMAIRE 1

Les pronoms compléments d'objet direct; le pronom *en*

DU FILM *ENCORE*

Encore un pas vers la grammaire

Look at these photos from the film *Encore* and their captions.

SIMONE Tu **m'**as sauvé**e**.

SIMONE On va se préparer un thé, d'accord?

CLAIRE Ouais.

SIMONE Non. C'est moi. Je m'**en** occupe.

1. Identify the direct object pronoun in the left caption. Why is there an **e** at the end of **sauvé*e***?
2. To what does the pronoun **en** refer?

MINDTAP **Préparation**

Go to **Préparation pour Grammaire 1** to review direct object pronouns in affirmative and negative constructions.

Les pronoms compléments d'objet direct

- Direct object pronouns may replace direct object nouns. They appear before the conjugated verb. **Ne… pas** goes around the direct object pronoun and the conjugated verb.

Singular		Plural	
me/m'	*me*	**nous**	*us*
te/t'	*you*	**vous**	*you*
le/la/l'	*him/her/it*	**les**	*them*

Diane adore ces fleurs. Je **les** aime bien aussi. — *Diane loves these flowers. I like them too.*

Serge ne **m'**aime pas. Il aime ma sœur. — *Serge does not love me. He loves my sister.*

- When an infinitive follows a conjugated verb, the direct object pronoun goes before the infinitive. In negative statements, **ne… pas** goes around the conjugated verb.

Les livres? Nicole va **les** acheter. — *The books? Nicole is going to buy* ***them.***

Son ordinateur? Il **ne** veut **pas le** vendre. — *His computer? He* ***does not*** *want to sell* ***it.***

- In the **passé composé,** the past participle agrees in number and gender with the preceding direct object pronoun. It also agrees with preceding direct object nouns.

—Tu as mis **ta robe de soirée** hier?	*Did you wear* ***your cocktail dress*** *last night?*
—Oui, je **l'ai mise** hier.	*Yes, I* ***wore it*** *yesterday.*
—Quelqu'un a volé **son sac** et **son mobile.**	*Someone stole* ***her bag and cell phone.***
—Qui **les a volés**?	*Who stole* ***them****?*
Mon cousin? Je ne **l'ai pas vu** hier.	*My cousin? I* ***didn't see him*** *yesterday.*
C'est **la photo** que j'**ai prise** hier.	*This is* ***the photo*** *that I* ***took*** *yesterday.*

Note de **grammaire**

If the direct object *follows* the past participle, there is no agreement. Agreement occurs only when the direct object noun *precedes* the past participle: **J'ai acheté une pomme ce matin** *but* **C'est la pomme que j'ai achetée ce matin.**

Le pronom *en*

- The pronoun **en** replaces a direct object noun that is preceded by a number, an expression of quantity, or an indefinite or partitive article **(un, une, des, du, de la, de l').** The number or quantity expression is repeated after the conjugated verb.

—Combien de rosiers achetez-vous?	*How many rose bushes are you buying?*
—Nous **en** achetons **deux.**	*We're buying* ***two (of them).***
—Vous avez **beaucoup de** pommiers?	*Do you have* ***a lot of*** *apple trees?*
—Non, je n'**en** ai pas **beaucoup.**	*No, I don't have* ***many (a lot of them).***
—Tu prends du lait de coco?	*Are you having any coconut milk?*
—Non, je n'**en** prends pas.	*No, I'm not having* ***any.***

- Past participles never agree with **en.**

—Ont-elles acheté de nouvelles baskets?	*Did they buy some new sneakers?*
—Oui, elles **en ont acheté.**	*Yes, they bought* ***some.***

Note de **grammaire**

The pronoun **en** can also be used to replace a prepositional phrase that begins with **de,** as you see in the second example in **Du film *Encore*, Encore un pas vers la grammaire.** The verb **je m'occupe** takes **de.** The **en** is replacing the phrase **Je m'occupe de préparer un thé. (Je m'en occupe.)**

L'impératif et les compléments d'objet direct

- Direct object pronouns are attached to the end of affirmative commands with a hyphen. **Me** and **te** change in the imperative form to **moi** and **toi.**

Lisez **le journal.** Lisez-**le.**	*Read* ***the paper.*** *Read* ***it.***
Regardez-**moi.**	*Watch* ***me.***
Achetons **des biscuits.** Achetons-**en.**	*Let's buy* ***some cookies.*** *Let's buy* ***some.***

- In negative commands, pronouns precede the verb. **Me** and **te** are used for the first and second persons. **Ne... pas** goes around the object pronoun and the verb.

Ne m'ennuie **pas.**	***Don't*** *bother* ***me.***
Ne nous conduisez **pas.**	***Don't*** *drive* ***us.***

Encore une mélodie

dennizn/Shutterstock.com

Ginette Reno est une chanteuse et actrice québécoise connue pour sa voix très unique et son style de musique de cabaret. Sa chanson *Ne me parlez plus de lui* (2011) parle d'un homme qui lui fait de la peine *(hurts her)*. Dans une phrase célèbre de la chanson, elle chante: «Faites que je l'oublie.» Qui est le «l'» dans la phrase, à votre avis?

A Observations culturelles Lisez ces phrases et décidez quelles choses les pronoms compléments remplacent.

1. Sandrine **les** dessine. — **a.** *la fleur de lys* — **b.** *les érables*
2. Jean **en** mange tous les jours. — **a.** *le curry* — **b.** *du tofu*
3. Stéphanie ne **les** aime pas trop. — **a.** *les bleuets* — **b.** *des piments rouges*
4. Émilie n'**en** prend jamais. — **a.** *des escargots* — **b.** *le gingembre*
5. Audrey **l'**adore. — **a.** *les roses* — **b.** *la lavande*
6. Sébastien **en** mange beaucoup. — **a.** *des bananes* — **b.** *le steak au poivre*

Et vous? Quelle culture associez-vous avec chaque chose mentionnée en italique?

B Pratiques et associations culturelles Répondez à chaque question en remplaçant les mots en italique par un complément d'objet direct ou **en** selon le cas. N'oubliez pas d'utiliser une forme de négation si nécessaire.

1. Associe-t-on *l'ail* avec la culture japonaise?
2. Sert-on *de la harissa* aux Américains avec leurs hamburgers?
3. Associe-t-on *la guitare* avec la culture espagnole?
4. Prend-on *du thé à la menthe* avec des invités au Maroc?
5. D'habitude, achète-t-on à son ami *une noix de coco* comme cadeau d'anniversaire?
6. Associe-t-on *l'architecture asiatique* avec la culture suisse?

C Les aliments dits «exotiques» À tour de rôle, posez les questions suivantes à un(e) partenaire. Remplacez les mots en italique par le bon pronom dans vos réponses.

1. Est-ce que tu aimes *les piments rouges*?
2. Est-ce que tu manges *des escargots*?
3. Est-ce que tu cuisines avec *du sirop (syrup) d'érable* de temps en temps?
4. Est-ce que tu aimes *la harissa*?
5. Est-ce que tu achètes *des ananas frais* au supermarché?
6. Est-ce que tu aimes *le basilic*?

Conclusion Est-ce que votre partenaire aime les produits exotiques? Expliquez.

D Où faire et ne pas faire ces activités? Dites où il faut et ne faut pas faire ces activités.

Modèle: faire de la natation

Fais-en aux Caraïbes. N'en fais pas en Alaska en hiver.

1. parler des problèmes personnels
2. aller voir le désert
3. jouer de la batterie
4. admirer la mer
5. faire du canoë
6. lire les textos de ses amis

E Patrick et Aude Patrick est le neveu d'Abia et Aude est sa nièce. Ils ont des caractères bien différents. Terminez les phrases en choisissant l'objet direct qui manque.

1. Ce sont __________ que Patrick a oublié**es**. ☐ les devoirs *(m.)* ☐ les clés de la maison *(f.)*
2. Ce sont __________ qu'Aude a terminé**s**. ☐ les tâches ménagères *(f.)* ☐ les devoirs
3. C'est __________ que Patrick a perdu. ☐ le stylo ☐ la chaussette
4. C'est __________ qu'Aude a obtenu**e**. ☐ la bonne note ☐ le diplôme
5. Ce sont __________ que Patrick a raté**s**. ☐ les activités *(f.)* ☐ les examens *(m.)*
6. C'est __________ qu'Aude a réussi. ☐ le plat ☐ la tarte

Et vous? Avec qui vous identifiez-vous plus, Patrick ou Aude? Pourquoi?

F Xavier

Étape 1. Xavier, le frère d'Abia, est assez étourdi *(absent-minded)*. Terminez ses phrases avec le participe passé qui convient.

1. Où sont *les boissons* que j'ai __________? **a.** acheté **b.** achetée **c.** achetés **d.** achetées
2. Je n'ai pas __________ *nos parents,* je crois. **a.** vu **b.** vue **c.** vus **d.** vues
3. Patrick et Aude? Je *les* ai __________ à midi. **a.** cherché **b.** cherchée **c.** cherchés **d.** cherchées
4. Des bananes? J'oublie quand j'*en* ai __________. **a.** acheté **b.** achetée **c.** achetés **d.** achetées

Étape 2. Xavier n'a jamais vu ces endroits parce qu'il n'est pas très aventureux. Et vous? Avez-vous vu ces endroits? Qui est aventureux dans la classe?

Modèle: le désert du Sahara **Non, je ne l'ai jamais vu.**

1. l'océan Atlantique
2. le lac Léman
3. la forêt de Sherwood
4. les érables du Vermont
5. les montagnes Rocheuses *(Rocky)*
6. le volcan du Mont Fuji
7. les plages de Miami
8. la savane africaine

G La rentrée

Étape 1. Faites une liste d'activités (bonnes et mauvaises) à faire pour les nouveaux étudiants de cette année. Utilisez les verbes de la liste et d'autres de votre choix.

Modèles: **Mangez beaucoup de pizzas.**
Lisez le journal de l'université.

acheter	boire	étudier	manger	regarder
aller	écouter	lire	prendre	voir

Étape 2. Donnez votre liste à un(e) partenaire. Votre partenaire va dire si c'est une bonne idée ou non de faire ces activités et pourquoi. Utilisez des pronoms.

Modèles: **Non, n'en mangez pas beaucoup. J'en ai mangé beaucoup l'année dernière et j'ai grossi.**
Oui, lisez-le. Je l'ai lu plusieurs fois et il est très intéressant.

Journal de bord

Résumez en quelques mots ou phrases ce que vous avez appris dans la Partie 1 du Chapitre 4. Suggestions: Comment votre culture peut-elle être identifiée? Par quelles caractéristiques, traditions, coutumes ou activités musicales ou sportives? Combien de cultures différentes sont représentées dans la classe?

Réflexion culturelle

L'identité personnelle

Rudo film/Shutterstock.com

Dès l'enfance, certains individus **se distinguent** par leur forte personnalité innée°. D'autres forgent leur personnalité pendant l'adolescence ou même plus tard à l'âge adulte. Un grand nombre de facteurs ont un impact sur qui nous sommes et sur les **décisions que nous prenons.** Par exemple, la place que l'on occupe dans la famille (le premier né ou le cadet?) et l'éducation que nos parents nous donnent ou l'attention qu'ils nous prêtent° influencent la personne que nous devenons et l'identité que nous formons. L'influence des gens avec qui nous interagissons° (les amis, les autres membres de la famille, les professeurs, les camarades de classe) et les activités favorites auxquelles nous **participons** régulièrement jouent aussi un rôle déterminant° dans notre vie. Ces individus et ces activités contribuent à créer notre identité personnelle interne (la façon dont nous nous identifions nous-mêmes) ou externe (la manière dont les autres nous **perçoivent**).

Un important **marqueur** visuel de notre identité personnelle externe ou interne est l'apparence physique, soulignée par le **choix de vêtements qu'on fait,** la façon de les porter et la **coiffure.** Quel message voulons-nous **transmettre** aux autres à travers notre style? Comment est-ce que notre style affirme notre sens de l'identité personnelle? Un autre marqueur visuel est le choix de photos ou d'informations que nous décidons de poster sur Instagram, Snapchat ou sur d'autres **réseaux sociaux** comme LinkedIn ou Facebook. Ces photos et ces informations ne sont pas une coïncidence typiquement. Nous dévoilons certains aspects de notre vie et voulons être perçus d'une certaine manière par la société ou par notre entourage.

innée *innate* **prêtent** *pay* **interagissons** *interact* **déterminant** *determining, deciding*

Vocabulaire du texte

la coiffure *hairstyle*
un marqueur *marker, indicator*
les réseaux sociaux *(m.) social networks*
les vêtements *(m. pl.) clothing*

se distinguer *to stand out*

participer (à) *to participate (in)*
percevoir *to perceive*
transmettre *to transmit*
faire un choix *to make a choice*
prendre une décision *to make a decision*

Vocabulaire complémentaire

des chaussettes *(f.)* **longues** *tube socks*
un chignon *chignon, bun or French knot*
un débardeur *tank top*
un jean slim *skinny jeans*
un pantalon de ville *khakis*
  de yoga *yoga pants*
une robe de soirée *party dress, cocktail dress*

des baskets *(f.) sneakers*
des bottines *(f.) ankle boots*
des chaussures *(f.)* **à talons hauts** *high heels*
  de ville *dress shoes*
des tongs *(f.) flip-flops*

une coupe à la garçonne *pixie cut*
  une coupe en brosse *crew cut*
  une coupe mulet *mullet*
le crâne rasé *shaved head*
une crête iroquoise *mohawk*
une queue de cheval *ponytail*
une tresse *braid*

révéler *to reveal*

bon chic bon genre (BCBG) *preppy*
décontracté(e) *relaxed, casual*
démodé(e) *out-of-style*
habillé(e) *dressy*
négligé(e) *sloppy*
ringard(e) *nerdy*

Avez-vous compris? Répondez aux questions suivantes.

1. Qu'est-ce qui joue un rôle déterminant dans la vie d'une personne et contribue à créer son identité personnelle?
2. Quel est un important marqueur de notre identité personnelle?
3. Qu'est-ce qui influence la manière dont la société nous perçoit?

À votre avis La forte présence des médias influence aussi qui nous sommes et les idées que nous avons sur la culture. Quels médias ou quels individus en particulier influencent notre style ou nos choix de vêtements, et par extension notre identité personnelle?

Note de vocabulaire

Other words for clothing you may remember are: **des bottes** *(f.) (boots)*, **une casquette** *(baseball cap)*, **une chemise** *(shirt)*, **une cravate** *(tie)*, **une jupe** *(skirt)*, **un manteau** *(coat)*, **un pantalon** *(pants)*, **un pull-over** *(sweater)*, **un sac à main** *(handbag, purse)*, **un tee-shirt** *(t-shirt)*.

Note de vocabulaire

Note that **un marqueur** can also be a felt tip marker.

Note de vocabulaire

Other looks include **le look hipster, le look métrosexuel, le look punk,** and **le look bohème** *(bohemian)*.

Note de vocabulaire

Une crête iroquoise can refer both to the mohawk hairstyle made popular by 1980s punk rockers or the more contemporary and subdued *fauxhawk* made popular by David Beckham, Zac Efron, and Miley Cyrus.

Encore une mélodie

THE CANADIAN PRESS IMAGES/Graham Hughes

Le chanteur québécois Hubert Lenoir (1994–) est l'un des artistes les plus marquants de sa génération. Son répertoire musical est aussi original que son look. Vêtu d'habits féminins ou androgynes, il aime provoquer son public mais il gagne en même temps leur respect comme symbole de la tolérance des différences individuelles. Sa chanson *Fille de personne II* est devenue un hit instantané dans le monde francophone. Cherchez les paroles de cette chanson sur Internet. Décrivez le look de la fille dont il parle dans le refrain. Que portait cette fille? Quel type de coiffure a-t-elle?

A Plusieurs looks différents Faites des associations entre les vêtements, les coiffures, les chaussures *(shoes)* donnés et leurs looks correspondants.

a. le look punk	**d.** le look tendance *(trendy)*	**g.** le look décontracté
b. le look sportif	**e.** le look BCBG	**h.** le look mauvais garçon
c. le look classique	**f.** le look ringard	**i.** le look citadin *(urban, city)*

1. des tongs
2. un pantalon de ville
3. un débardeur
4. un pantalon de yoga
5. des baskets
6. une coupe mulet
7. une crête iroquoise
8. des chaussettes longues
9. une queue de cheval
10. des bottines
11. un chignon
12. un jean slim

Conclusion Quel(s) message(s) les gens qui adoptent ces looks veulent-ils transmettre aux autres, à votre avis?

B Comment créer un certain style et une identité publique?

Étape 1. Préparez une petite description pour chaque style.

Modèle: **Pour créer le style *hipster,* il faut mettre un jean slim, un tee-shirt, des lunettes et des chaussures de ville ou des bottines rétro. Il faut aussi porter une barbe et/ou une moustache et une coiffure ou une tresse négligée.**

1. le style rétro
2. le style habillé
3. le style ringard ou démodé
4. le style élégant
5. le style négligé
6. le style professionnel décontracté

Étape 2. Comparez vos descriptions de l'Étape 1 avec celles d'un(e) partenaire. Ensuite, à tour de rôle, posez-vous les questions suivantes et répondez-y.

1. Quels styles de mode adoptes-tu ou comment prends-tu tes décisions par rapport à ton style de mode et à ce que tu mets ou portes?
2. Quelle est ta tenue *(outfit)* idéale? Reflète-t-elle ta personnalité, à ton avis?
3. Quelle influence est-ce que tes amis ont sur les choix vestimentaires que tu fais ou comment est-ce que tu essaies de te distinguer d'eux?

C À quel âge? Discutez avec un(e) partenaire de l'âge (**pendant l'enfance, pendant l'adolescence** ou **à l'âge adulte**) où ces éléments sont appropriés et, au contraire, où ils sont déplacés. Expliquez vos réponses.

1. des chaussures à talons hauts
2. une coupe en brosse
3. le crâne rasé
4. un jean slim
5. une tresse
6. un chignon
7. des chaussures de ville
8. une robe de soirée

D Les chaussures sont-elles un marqueur d'identité?

Étape 1. Lisez l'article suivant sur les liens entre les types de chaussures et la psychologie. Avez-vous un type de chaussures préféré?

Baskets, tongs, bottes ou mocassins? Ce que la chaussure révèle de ta personnalité…

De nombreux psychologues en Amérique du Nord et en Europe croient effectivement que les chaussures en disent long sur° la personnalité d'un individu. Les détails comme la couleur, la matière, la hauteur des talons, le prix et bien d'autres choses encore permettent de peindre le portrait de l'identité personnelle de celui ou celle qui les porte.

Une équipe de chercheurs de l'Université du Kansas et de la petite université Wellesley aux États-Unis a trouvé en 2012 que les chaussures communiquent des messages symboliques, du moins quand il est question de faire une première impression. Selon eux, la décision d'acheter et de porter une paire de chaussures n'est pas prise au hasard. Nous avons souvent tendance à faire attention à ce que nous mettons et à ce que portent les autres autour de nous. On accepte d'une manière générale que les chaussures transmettent un message qui est rarement différent de la véritable° personnalité de l'individu qui les porte.

Legenda/Shutterstock.com

Les bottes de cow-boy: Vous avez beaucoup de confiance en vous.

Les bottes en caoutchouc *(rain boots)*: Vous êtes pratique ou actif et équilibré.

Les bottes de motard *(motorcycle boots)*: Vous êtes indépendant mais en même temps fidèle.

Les bottes cavalières *(riding boots)*: Vous êtes intelligente, classique et raffinée.

Les mocassins: Vous êtes toujours professionnel et vous avez de bonnes manières.

Les baskets de ville: Vous vous sentez bien dans votre peau.

Les chaussures à talons aiguilles *(stilettos)*: Vous êtes déterminée et vous voulez réussir dans la vie.

Les sandales Birkenstock: Soit vous êtes progressiste *(liberal)* soit vous aimez le confort.

Les chaussures de randonnée: Soit vous êtes sportif et aventureux soit vous avez tendance à être désagréable.

Les tongs: Vous êtes ouvert d'esprit et vous acceptez les gens comme ils viennent.

Les ballerines: Vous êtes très gentille et aimable mais parfois timide.

en disent long sur *have a lot to say about* **véritable** *real, true*

Based on *Le Monde* and *Journal of Research in Personality.*

Étape 2. Parlez avec autant de camarades de classe que possible. Chaque fois, étudiez leurs chaussures et discutez ensemble de vos réponses à ces questions.

1. Portez-vous en ce moment une paire de chaussures mentionnée dans l'Étape 1? Si oui, pensez-vous que la description correspond à votre personnalité? Expliquez.
2. Si vous ne portez pas de chaussures mentionnées dans l'Étape 1, que croyez-vous que les chaussures que vous portez maintenant révèlent de votre personnalité?
3. Combien de paires de chaussures avez-vous et lesquelles portez-vous le plus souvent? Que disent-elles sur votre personnalité, à votre avis?

Note de vocabulaire

Les baskets de ville refer to more fashionable or "dressy," street-styled (non-athletic) tennis shoes.

COIN CULTUREL

Franck Malthiery/Figarophoto/Contour Style/Getty Images

Depuis les années 80, on parle du look bobo (bourgeois-bohème) en France. Ce look connaît une évolution constante car il suit, en partie, les grandes tendances du moment. Pour réaliser la dernière version du look, on combine des articles de style écolo négligé et d'autres articles classiques de marques prestigieuses. On le voit le plus souvent chez les jeunes professionnels européens.

Les compléments d'objet indirect au présent, au passé composé et à l'impératif

DU FILM *ENCORE*

Encore un pas vers la grammaire

Look at these photos from the film *Encore* and their captions.

ABIA Madame Gagner, c'est vraiment un plaisir de vous voir.

SIMONE Claire, je veux te dire quelque chose.

1. Look at both captions and identify the direct object pronoun.
2. Look at both captions and identify the indirect object pronoun.

MINDTAP Préparation

Go to **Préparation pour Grammaire 2** to review indirect object pronouns.

Note de grammaire

If a sentence has an indirect object, it often also has a direct object. **Je lui écris une lettre.** *(I am writing him/her a letter.)* **Ils nous posent la question.** *(They are asking us the question.)*

- Indirect object pronouns may replace indirect object nouns. Like direct object pronouns, they appear before the conjugated verb. **Ne… pas** goes around the indirect object pronoun and the conjugated verb.

Singular		Plural	
me/m'	*(to/for) me*	**nous**	*(to/for) us*
te/t'	*(to/for) you*	**vous**	*(to/for) you*
lui	*(to/for) him/her/it*	**leur**	*(to/for) them*

Je parle à Paul. Je **lui** parle souvent. — *I am talking to Paul. I talk to him often.*

Les filles de Paul? Il ne **leur** écrit pas. — *Paul's daughters? He does not write to them.*

- When an infinitive follows a conjugated verb, the indirect object pronoun goes before the infinitive, just as it does with direct object pronouns. In negative statements, **ne… pas** goes around the conjugated verb.

Elle va **te** donner ses livres. — *She's going to give **you** her books.*

À Sophie? Nous **ne** désirons **pas lui** parler. — *To Sophie? We don't want to speak to **her**.*

- The verbs **appartenir à** *(to belong to)*, **faire plaisir à, obéir à, plaire / déplaire à, rendre visite à, répondre à** and **téléphoner à** always take an indirect object.

Benoît répond toujours **au prof.**	→	Benoit **lui** répond toujours.
Le cadeau fait plaisir **à Aurore et Fred.**	→	Le cadeau **leur** fait plaisir.

- **Manquer de** *(to lack)* takes a direct object; **manquer à** *(to miss)* takes an indirect object.

Le plat manque **de sel.** Il **en** manque.	Catherine manque **à Paul.** Elle **lui** manque.
The dish is lacking salt. It doesn't have enough of it.	*Paul misses Catherine. He misses her.*

- In the **passé composé,** unlike with direct objects, the past participle *never* agrees with preceding indirect object nouns or pronouns.

—Avez-vous répondu **à vos parents**?	*Have you answered **your parents**?*
—Oui, nous **leur** avons répondu.	*Yes, we answered **them**.*
—Tu as donné les DVD **à Amanda**?	*You gave the DVDs **to Amanda**?*
—Non, je ne **lui** ai pas encore donné les DVD.	*No, I haven't yet given **her** the DVDs.*

- If the object of the preposition **à** is a thing, use **y** to replace the indirect object noun. With people, continue to use indirect object pronouns.

Répondez-vous **aux questions**?	→	Oui, j'y réponds.
Répondez-vous **à vos profs**?	→	Non, je ne **leur** réponds pas.

- With **être à** *(to belong to)*, **faire attention à** *(to pay attention to)*, **s'associer à** *(to partner with, to be associated with)*, **s'habituer à, s'intéresser à, s'opposer à** *(to be opposed to)*, **penser à,** and **tenir à** *(to care about)*, use **y** with things but disjunctive pronouns **(moi, toi, lui/elle, nous, vous, eux/elles)** with people.

Pensez-vous **aux examens**?	→	Oui, j'y pense.
Pensez-vous **à vos amis**?	→	Non, je ne pense pas **à eux.**

- Like direct object pronouns, indirect object pronouns are also attached to the end of affirmative commands with a hyphen. **Me** and **te** change to **moi** and **toi.**

Achète-**toi** une rose.	Téléphonons-**lui** aujourd'hui.

- In negative commands, the object pronouns precede the verb. Use **me** and **te** for first and second persons. **Ne… pas** goes around the object pronoun and the verb.

Ne nous posez **pas** de questions.	**Ne me** parle **pas.**

Note de grammaire

The pronoun **y** also replaces a preposition of location and its object. **Je vais en France.** → **J'y** vais.

Note de grammaire

Penser à means *to think about* in the sense of having someone on your mind. **Penser de** means *to think about* when sharing an opinion.

Note de grammaire
Suggérer takes the preposition **à** and has two common constructions: **suggérer qqch à qqn** or **suggérer à qqn de faire qqch.**

A Comme ça va bien! Cristina Cordula est styliste et conseillère en image et présente plusieurs émissions de relooking *(makeover)* à la télé française sur la chaîne M6. Voici quelques personnes qu'elle est en train de relooker.

Étape 1. À quel objet ou à quelle personne est-ce que chaque pronom fait référence?

	a.	b.
1. Elle **lui** donne un nouveau jean slim.	**a.** à Marie	**b.** à Guy et Marie
2. Elle **la** suggère à Jacqueline.	**a.** les bottines	**b.** la coupe à la garçonne
3. Elle **en** donne à Guillaume.	**a.** les tongs	**b.** des chaussures de ville
4. Elle **leur** suggère une nouvelle coiffure.	**a.** à Joseph	**b.** à François et Joseph

Étape 2. Cristina Cordula montre à ces gens les derniers looks et leur donne des vêtements ou des chaussures (ou des suggestions). Refaites ces phrases en remplaçant l'objet ou la personne souligné(e) par le pronom approprié.

Modèle: Elle donne un débardeur à Édith et Michèle.
Elle leur donne un débardeur.

1. Elle donne les baskets à Marc.
2. Elle suggère le pantalon de yoga à Julie.
3. Elle suggère les chaussures à talons hauts à Monique.
4. Elle donne la robe de soirée à Élodie.
5. Elle suggère les tongs à Jean et Henri.
6. Elle donne des tee-shirts plus habillés à Stéphane.

Étape 3. Dites à un(e) partenaire ce que Cristina Cordula va probablement suggérer à ces gens si elle vient tourner une émission sur votre campus? Ont-ils besoin d'un relooking aussi?

Modèles: (à vous)
Elle va me suggérer de changer ma coiffure.
Elle va me suggérer un nouveau pantalon.
Rien. Je n'ai pas besoin de relooking.

1. à vous **2.** à votre partenaire (de cette activité) **3.** à votre partenaire et vous

Encore une mélodie

Tony Barson Archive/Getty Images

Isabelle Boulay, chanteuse québécoise de la ville de Sainte-Félicité, est une star internationale avec 19 Félix et 2 Victoires de la musique. Elle est appréciée au Québec et en France pour sa belle voix et son répertoire musical qui est un mélange de styles folk, country et pop. Elle a chanté avec les plus grands artistes du monde, tels que Charles Aznavour, Serge Lama, Francis Cabrel, Serge Reggiani, Kenny Rogers et Dolly Parton. Cherchez sur Internet les paroles de sa chanson *Parle-moi.* D'après la chanson, qu'est-ce que la chanteuse ne sait plus?

B Annette Annette est étudiante en mode et elle aime faire des recommandations à ses amis pour améliorer leur apparence physique. À quel objet ou à quelle personne est-ce que chaque pronom fait référence? Parfois, il faut faire attention au participe passé pour savoir.

	a.	b.
1. Elle **leur** a suggéré une tresse.	**a.** à Nathalie	**b.** à Nathalie et Nadine
2. Elle **les** a donn**ées** à Paul.	**a.** les baskets noires	**b.** les tee-shirts noirs
3. Elle **l'**a suggér**ée** à Pascale.	**a.** le crâne rasé	**b.** la coupe à la garçonne
4. Elle **nous** a recommandé une queue de cheval.	**a.** à Henriette et moi	**b.** à Henriette et Nicolas

Et vous? Comment vous sentez-vous quand un(e) ami(e) veut vous donner des conseils de mode? Le voyez-vous comme une menace à votre identité personnelle, une insulte, des conseils amicaux, une activité à partager ensemble ou bien quelque chose d'autre? Pourquoi?

C **Hier** Avec un(e) partenaire, formez des questions à partir des éléments donnés et puis posez-les et répondez-y avec un pronom qui convient. Votre partenaire et vous, avez-vous passé une journée similaire hier?

Modèle: parler / à ton (ta) petit(e) ami(e)
É1: **Est-ce que tu as parlé à ta petite amie hier?**
É2: **Oui, je lui ai parlé hier. / Non, je ne lui ai pas parlé hier.**

1. téléphoner / à ta mère
2. parler / à ton professeur
3. voir / tes amis
4. rendre visite / à tes parents
5. appeler / ton (ta) petit(e) ami(e)
6. déplaire / à tes colocataires

D **Les opposés s'attirent** Jean et Valérie sont très différents l'un de l'autre. L'un est *geek* et l'autre est activiste. Mais qui est le *geek* et qui est l'activiste?

Étape 1. À quel objet ou à quelle personne est-ce que chaque pronom fait référence?

1. Les chaussettes longues **lui** appartiennent. **a.** à Jean **b.** à Jean et Valérie
2. Elle s'**y** oppose. **a.** aux chasseurs **b.** à la chasse
3. Les produits écologiques **lui** plaisent. **a.** à Valérie **b.** à Jean et Valérie
4. Les jeux vidéo sont **à lui.** **a.** à Jean **b.** à Valérie
5. Elle **y** tient beaucoup. **a.** à Jean **b.** à l'environnement
6. Il **y** fait toujours très attention. **a.** à Valérie **b.** aux bandes dessinées

Étape 2. Avez-vous des tendances *geek* ou activistes? Répondez à ces questions avec un(e) partenaire pour le découvrir.

Modèle: Est-ce que tu penses *aux super-héros*?
Oui, je pense à eux de temps en temps. / Non, je ne pense pas souvent à eux.

1. Est-ce que tu t'associes *aux gens qui se battent pour les droits des animaux*?
2. Est-ce que tu fais attention *aux choses que tu jettes à la poubelle* et essaies de recycler?
3. Est-ce que tu plais beaucoup *aux collectionneurs de bandes dessinées*?
4. Est-ce que tu manques *aux amis avec qui tu joues aux jeux vidéo*?

Conclusion D'après vos réponses, avez-vous des tendances *geek* ou activistes?

E **Besoin de suggestions** Qu'est-ce qui manque à ces gens? En petits groupes, donnez des suggestions d'objets à donner ou à acheter en cadeau aux gens suivants. Donnez-vous des suggestions similaires ou différentes?

Modèle: à votre meilleur(e) ami(e) **Il lui manque des tongs. Achète-lui des tongs.**
Il ne lui manque pas de tongs. Ne lui donne pas de tongs.

1. à vos amis
2. à votre professeur
3. à votre colocataire
4. à votre colocataire et vous
5. à vous
6. à vos camarades de classe

Journal de bord

Résumez en quelques phrases ce que vous avez appris dans la Partie 2 du Chapitre 4. Suggestions: Quels messages ou quelles identités vos camarades de classe expriment-ils ou créent-ils par leur look ou leurs vêtements et chaussures? Quels sont les standards ou les tendances de l'apparence pour votre université?

Note de grammaire

Il manque de qqch à qqn is a common way to say *to not have enough of / to lack something.* This expression is used with specific items or contexts: **Il me manque de l'argent.** *(I lack some money.)* The **il** is impersonal. **Manquer de qqch** is used with everyday items in general: **Je manque d'argent.** *(I don't have enough money.)*

Une mosaïque d'identités

Jamel Debbouze, humoriste

Les Français, comme beaucoup d'autres cultures, adorent l'humour! Que ce soit l'humour noir, l'humour politique ou le stand-up, il en existe un grand choix. Parmi les humoristes préférés figure Jamel Debbouze, qui est d'origine franco-marocaine. Il a débuté sa carrière à la radio, à 20 ans, avec le *Cinéma de Jamel,* une chronique. Quelques années plus tard, il a créé le *Jamel Comedy Club* qui a permis aux nouveaux humoristes de se présenter et de se faire connaître du public français.

Dans plusieurs de ses spectacles et notamment dans *Tout sur Jamel,* il se moque de lui-même, partage ses moments intimes, comme sa scolarité, son mariage ou sa relation avec son fils Léon, et fait de l'esprit° sur sa propre famille musulmane. Il a aussi des sketches sur les Français Nord-Africains et notamment sur les banlieues[1], où les chances de réussir sont beaucoup plus faibles. Un de ses sketches les plus drôles est sur le boudin° que les Français une fois convertis° à l'islam ne veulent plus consommer alors qu'ils ont toujours mangé du porc.

Debbouze a aussi fait carrière dans le cinéma. Il est producteur et acteur et a notamment joué le rôle de Lucien, dans *Le fabuleux destin d'Amélie Poulain* (Jeunet, 2001), un personnage sans cesse ridiculisé par son patron épicier. Par la suite, il a interprété l'architecte Numérobis dans *Les aventures d'Astérix et Obélix: Mission Cléopâtre* (Chabat, 2002). Depuis 2002, il a joué des rôles secondaires et principaux dans au moins une quinzaine de° films, y compris *Angel-A* (Besson, 2005), *Indigènes* (Bouchareb, 2006), *Astérix aux Jeux olympiques* (Forestier et Langmann, 2008), *Hors la loi* (Bouchareb, 2010), *Poulet aux prunes* (Satrapi, 2011), *La marche* (Ben Yadir, 2013), *La vache* (Hamidi, 2016) et *Alad'2* (Steketee, 2018). À travers presque tous ses rôles comiques ou dramatiques et toutes ses apparences à la télé française, la fierté de son identité multiculturelle est palpable.

fait de l'esprit *delivers one-liners* **boudin** *blood sausage made with pork* **convertis** *converted* **une quinzaine de** *fifteensome*

Avez-vous compris?

1. De quelle origine est Jamel Debbouze?
2. À quel âge Jamel Debbouze a-t-il commencé sa carrière et dans quel style d'émission?
3. Quelle est la particularité du spectacle *Tout sur Jamel*?
4. Quels sont d'autres talents qu'a Jamel Debbouze?

[1] In its original meaning, the word **banlieue** translates as *suburbs* in English. However, in the context of certain suburbs of Paris (many of those typically found to the southeast of the city) and of other large cities around France such as Lille or Marseilles, the term **les banlieues** has come to signify residential areas with low-income housing, limited employment opportunities, petty crime, and uncivil behavior among youth.

AP Images/Brett Coomer

Lalla Essaydi: L'identité de la femme

Lalla Essaydi, photographe marocaine née dans une famille traditionnelle, a longtemps vécu en Arabie saoudite avant de s'installer aux États-Unis où elle est allée à l'université. Depuis, elle vit à New York et retourne de temps en temps en Arabie saoudite en tant qu'artiste. Dès son enfance, ses talents d'artiste ont été remarqués° et depuis, elle a acquis° une notoriété mondiale. Son éducation américaine lui a permis d'acquérir une seconde perspective vis-à-vis des femmes: le monde ouvert dans lequel les femmes occidentales évoluent s'oppose à l'espace confiné dans lequel elles vivent dans la société musulmane conservatrice.

Dans beaucoup de ses photographies, Essaydi combine la représentation du corps féminin revêtu° d'une tenue traditionnellement musulmane, les poses de la peinture orientaliste du XIXe siècle et la calligraphie au henné pour compléter ses portraits de femmes musulmanes. L'artiste remet en cause° les valeurs culturelles traditionnelles et contemporaines, la foi° et l'identité ainsi que le mélange de ces sujets. Elle joue aussi avec le temps, l'espace, l'architecture et l'abstrait.

La photographe s'implique° beaucoup dans ses œuvres° à travers une vision orientaliste revisitée par le monde occidental. Ses buts sont de montrer au public des identités complexes—celles des femmes marocaines ou saoudiennes, traditionnelles ou libérales, et musulmanes—et surtout de corriger les stéréotypes attribués aux femmes musulmanes.

remarqués *noticed* **a acquis** *acquired, gained* **revêtu** *covered* **remet en cause** *challenges* **la foi** *faith* **s'implique** *invests herself* **œuvres** *works*

Avez-vous compris?

1. Sur quoi se base le travail de Lalla Essaydi?
2. Sur quel type de peinture l'artiste base-t-elle son travail?
3. Quels sont les éléments que la photographe met en valeur dans ses œuvres?
4. Qu'est-ce que Lalla Essaydi espère accomplir à travers son travail?

Qu'en pensez-vous?

À travers le monde, les photographes et les humoristes utilisent souvent la photographie ou la comédie comme une arme pour lutter contre le racisme ou les préjugés. Laquelle de ces deux pratiques artistiques (la comédie ou la photographie) éveille *(raises)* le mieux la conscience du public, c'est-à-dire laquelle a l'effet le plus positif en ce qui concerne la lutte contre le racisme, d'après vous? Que préférez-vous personnellement, la photographie ou la comédie? Pourquoi?

MINDTAP **Une mosaïque d'identités**

ZUMA Press, Inc./Alamy Stock Photo

Would you like to learn more about **Debbouze, alias Numérobis; Niki de Saint Phalle, une artiste féministe risquée;** or **Richard Cocciante, une richesse d'identités culturelles**? Visit **Liaisons culturelles** and **Encore plus loin** in MindTap to explore these topics.

PARTIE 3 GRAMMAIRE 3

Les verbes irréguliers au conditionnel; la position des pronoms multiples

DU FILM *ENCORE*

Encore un pas vers la grammaire

Look at these photos from the film *Encore* and their captions.

CLAIRE Pardon. Mais... vous ressemblez à quelqu'un... à un ami. Vous **pourriez** être son frère...

—Claire a donné la brosse à dents à André dans la rue?
—Non, elle **la lui** a donnée à l'hôtel.

1. What does **pourriez** mean in the left caption? Is it in the present, future, or conditional form?
2. What do **la** and **lui** refer to in the right caption?

MINDTAP **Préparation**

Go to **Préparation pour Grammaire 3** to review the verbs **vouloir, pouvoir, devoir,** and the conditional.

Les verbes réguliers et irréguliers au conditionnel

- The conditional is used to express wishes and possibilities, to give advice, and to make polite requests or suggestions. The endings **-ais, -ais, -ait, -ions, -iez, -aient** are added to the infinitive form of verbs to form the conditional. If the infinitive ends in **-e,** drop the **-e** before adding the endings.

Nous aimer**ions** manger ici.	*We would like to eat here.*
On dir**ait** que vous êtes frères.	*One would say you are brothers.*

- These verbs have irregular stems:

aller: **ir-**	être: **ser-**	recevoir: **recevr-**
avoir: **aur-**	faire: **fer-**	savoir: **saur-**
devenir: **deviendr-**	falloir: **faudr-**	valoir: **vaudr-**
devoir: **devr-**	pleuvoir: **pleuvr-**	venir: **viendr-**
envoyer: **enverr-**	pouvoir: **pourr-**	voir: **verr-**
		vouloir: **voudr-**

Note de grammaire

The conditional form of reflexive verbs must include reflexive pronouns: **Je me brosserais les dents. Nous nous entendrions mieux. Ils se verraient plus souvent.**

Ils **voudraient** une nouvelle identité.	*They would like a new identity.*
Lucile **serait** heureuse en Louisiane.	*Lucile would be happy in Louisiana.*

To express that one *should* do something, use the conditional of **devoir** + *infinitive*. To say that one *could* do something, use the conditional of **pouvoir** + *infinitive*.

Marc et Anne **devraient** travailler moins.	*Marc and Anne should work less.*
Vous **pourriez** apporter un dessert.	*You could bring a dessert.*

La position des pronoms multiples

Sentences may contain both direct and indirect object pronouns, as well as **y** and **en.** When more than one pronoun occurs, there is a particular order to follow.

me **te** **se** **nous** **vous**	*before*	**le** **la** **les**	*before*	**lui** **leur**	*before*	**y**	*before*	**en**

In the negative, multiple pronouns occupy the same position as single pronouns. **Ne… pas** still goes around the pronouns and the conjugated verb.

Mon père **m'**achète **ces chaussures.** → Il **me les** achète.

Mon père a donné **ces chaussures à Anne.** → Mon père **les lui** a données.

Marie **ne** donne **pas ses robes à sa sœur.** → Marie **ne les lui** donne **pas.**

Reflexive verbs follow the same pattern. When an infinitive follows a conjugated verb, the pronouns go before the infinitive. In negative statements, **ne… pas** goes around the conjugated verb.

Ils **se** retrouvent tous les jours **à la gym.** → Ils **s'y** retrouvent tous les jours.

Guy **ne** va **pas** s'offrir **de cadeaux.** → Il **ne** va **pas s'en** offrir.

In affirmative commands, the word order is different. Hyphens are placed between the verb and pronouns. **Moi** and **toi** replace **me** and **te.**

le **la** **les**	*before*	**moi** **toi** **lui** **nous** **vous** **leur**	*before*	**y**	*before*	**en**

Apportez les bottines à Magda. → Apportez-**les-lui.**

In negative commands, the pronouns precede the verb. **Me** and **te** are used for the first and second persons. **Ne… pas** goes around the object pronouns and the verb.

Ne donnons pas le gâteau aux enfants. → **Ne le leur** donnons **pas.**

Note de grammaire

Me, te, moi, and **toi** become **m'** and **t'** before **y** and **en:** Parle-**moi** de tes problèmes. → Parle-**m'en.**

Note de grammaire

Recall that the past participle agrees in number and in gender with the preceding direct object pronoun or noun: **Ma mère a donné les robes à Marie. Ma mère les lui a données.**

A En vacances Choisissez le sujet pour chaque phrase.

1. J(e) / Nous / Mon copain ... serais très content de manger des bleuets au Québec.
2. Tu / Mes parents / Mon frère... viendraient à l'université me rendre visite.
3. Ma copine / Mes amis / Nous... pourrait passer ses vacances ici avec moi.
4. J(e) / Mon ami / Mon ami et moi... aurions plaisir à manger de la harissa.
5. Tu / Il / Nous... vaudrait mieux ne pas voyager parce que j'ai trop de travail.
6. Tu / Tes amis / Ton copain... irais aux États-Unis pour un match de football américain?
7. Vos amis / Votre frère / Vous... feriez du ski dans le Colorado?
8. Vous / Nous / Nos sœurs... enverrions des cartes postales aux amis.

Et vous? Qu'est-ce que vous aimeriez faire pendant les vacances? Voudriez-vous faire des activités sportives ou des activités culturelles dans les régions que vous visitez pour la première fois?

B Les préférences

Étape 1. À votre avis, qu'est-ce que les gens suivants préféreraient? Complétez les phrases avec le conditionnel.

1. Entre un hot-dog et des cuisses de grenouilles, je (prendre)...
2. Entre une pièce de théâtre et un concert de rock, mon/ma professeur(e) (aller)...
3. Entre une bière et un coca, mon/ma colocataire (boire)...
4. Entre un look élégant et un look décontracté, les Français(es) (choisir)...
5. Entre des baskets et des chaussures de ville, un étudiant américain typique (mettre)...
6. Entre le vélo et le yoga, mon ami(e) et moi, nous (faire)...

Étape 2. Demandez à un(e) partenaire ce qu'il/elle préférerait dans l'Étape 1.

Modèle: Entre un hot-dog et des cuisses de grenouilles, qu'est-ce que tu prendrais?

C L'importance de l'apparence Avec un(e) partenaire, posez-vous les questions suivantes et répondez-y. Utilisez des pronoms pour éviter la répétition.

Modèle: É1: **Est-ce que tu as demandé *les dernières baskets de ville Adidas à tes amis* comme cadeau d'anniversaire?**
É2: **Oui, je les leur ai demandées. / Non, je ne les leur ai pas demandées.**

1. Est-ce que tu as parlé *de la mode à ton meilleur ami / à ta meilleure amie*?
2. Est-ce que tu aimes acheter *les vêtements à la mode au centre-ville*?
3. Est-ce que tu peux suggérer facilement *la meilleure tenue à quelqu'un*?
4. Est-ce que tu *t'*intéresses toujours *à ton look* ou *à ton apparence*?
5. Est-ce que tu as posté *des photos de tes nouveaux vêtements sur les réseaux sociaux*?

Conclusion Est-ce que l'apparence semble jouer un rôle important dans votre vie ou dans votre identité personnelle? Pourquoi ou pourquoi pas?

D Que diriez-vous?

Étape 1. Comment répondriez-vous aux questions suivantes? Suivez le modèle.

Modèle: Mon ami m'a acheté ce livre de Stephen King. Je ne l'aime pas. Je peux l'offrir à mon prof?
Oui, offre-le-lui. / Non, ne le lui offre pas.

1. Mon/Ma petit(e) ami(e) m'a donné ces fleurs. Est-ce que je pourrais les donner à mes nouveaux voisins?
2. Nos voisins nous invitent à dîner. Devrions-nous leur donner des fleurs?
3. J'ai brûlé *(burned)* ces biscuits. Est-ce que je devrais les apporter chez ma mère?
4. Ma tante m'a préparé un repas végétarien. Je ne l'aime pas. Est-ce que je pourrais te l'offrir?

Étape 2. Comparez vos réponses avec celles d'un(e) partenaire. Qui a les meilleures réponses? Votre partenaire ou vous? Justifiez votre conclusion.

E Les demandes

Étape 1. Pour chaque situation suivante, créez une demande *(request)* directe avec des pronoms à l'impératif et une demande polie au conditionnel.

Modèle: Vous êtes au café et vous voulez du sucre pour votre thé.
demande directe: **Donnez-moi du sucre. / Donnez m'en.**
demande polie: **Est-ce que je pourrais avoir du sucre, s'il vous plaît? / J'aimerais avoir du sucre, s'il vous plaît.**

1. Vous êtes au restaurant avec vos colocataires. Vous voulez le sel.
   demande directe: ______________________
   demande polie: ______________________
2. Vous êtes à la boulangerie-pâtisserie. Vous voulez des croissants.
   demande directe: ______________________
   demande polie: ______________________
3. Votre colocataire va au marché. Vous lui demandez de vous acheter des pommes.
   demande directe: ______________________
   demande polie: ______________________
4. Vous demandez à la vendeuse au magasin Gap de vous montrer les tee-shirts noirs.
   demande directe: ______________________
   demande polie: ______________________

Étape 2. Demandez à un(e) partenaire ce qu'il/elle dirait pour chaque situation de l'Étape 1. Ensuite, déterminez qui a tendance à être plus direct et qui a tendance à être plus poli. Justifiez votre conclusion.

Modèle: É1: **Tu es au café et tu veux du sucre pour ton thé. Que dirais-tu?**
É2: **Je dirais «Pourriez-vous m'apporter du sucre?»**

Encore une mélodie

Fabio Diena/Shutterstock.com

Charles Aznavour, l'un des chanteurs les plus aimés et les plus récompensés de France, a écrit plus de 1.000 chansons avant sa mort en France en 2018, à l'âge de 94 ans. Connu comme le Frank Sinatra de France, Aznavour a chanté dans plusieurs langues: français, anglais, arménien, allemand, italien, espagnol et yiddish. L'une de ses plus belles chansons est *La bohème*. Cherchez les paroles de cette chanson sur Internet. Notez tous les compléments d'objet indirects et directs dans la chanson.

Journal de bord

Résumez en quelques phrases ce que vous avez appris dans la Partie 3 du Chapitre 4. Suggestions: Qu'est-ce qui est intéressant dans les lectures culturelles? Qu'est-ce que vous avez appris de vos camarades de classe à propos de leurs préférences?

DEUXIÈME PROJECTION

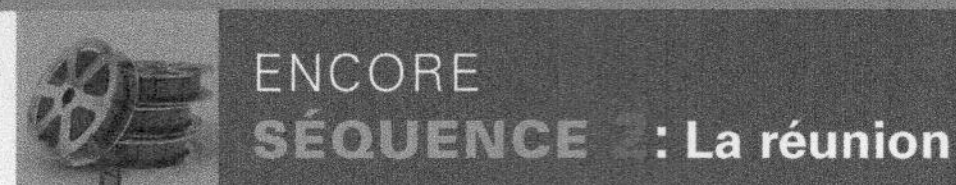

A Avant de visionner

Étape 1. Un réalisateur *(director)* peut se servir de beaucoup de techniques et de choses afin d'établir l'identité d'un personnage. Les vêtements et les coiffures des personnages révèlent souvent des informations importantes sur leur identité. Quels traits de personnalité ou adjectifs associez-vous avec chaque vêtement ou couleur et coiffure suivants? Ensuite, comparez vos réponses avec celles d'un(e) partenaire.

LEXIQUE

aimable	indépendant(e)	ordonné(e)
chaleureux / chaleureuse	jeune	raffiné(e)
décontracté(e)	mal à l'aise	sérieux / sérieuse
égoïste	malheureux / malheureuse	soigné(e)
fort(e)	âgé(e) *(mature)*	solitaire
empathique	menaçant(e)	timide
faible	mystérieux / mystérieuse	superficiel(le)
froid(e)	nerveux / nerveuse	bien dans sa peau

1. un jean
2. un manteau long
3. un cardigan
4. des bottes
5. des chaussures de ville
6. un chemisier en soie
7. les cheveux courts
8. les cheveux longs
9. les cheveux blonds
10. la couleur brune
11. la couleur rose
12. la couleur noire

Étape 2. Maintenant, pensez au film *Encore.* Qui dans le film porte les vêtements, les couleurs ou les coiffures de l'Étape 1? Est-ce que les traits de personnalité et les adjectifs que vous associez à ces vêtements, coiffures et couleurs correspondent à la personne en question (à Claire, à Simone, à Abia)?

B Regardez la séquence

Regardez la séquence Regardez encore une fois la Séquence 2 du film *Encore*. Faites attention à la coiffure des personnages et à ce qu'ils portent afin de vérifier vos réponses de l'Activité A. Avez-vous noté d'autres aspects de l'apparence physique des personnages qui sont importants pour établir leur identité personnelle?

C Les actions

Étape 1. Dans le cinéma, toutes les actions, même les plus banales, peuvent être significatives. Parfois ces actions servent à établir l'identité d'un personnage. À votre avis, que pourraient suggérer les actions suivantes à propos d'un personnage?

Modèle: Quelqu'un qui insiste pour mettre ses valises dans la chambre lui-même
Cette personne veut être indépendante.

1. Quelqu'un qui prépare du thé
2. Quelqu'un qui chante
3. Quelqu'un qui prépare un gâteau
4. Quelqu'un qui crie
5. Quelqu'un qui répond au téléphone
6. Quelqu'un qui range des vêtements dans un placard *(closet)*.

Étape 2. Qui a fait les actions de l'Étape 1 dans le film *Encore,* Claire, Simone ou Abia? Qu'est-ce que ces actions révèlent sur la personnalité ou sur l'identité de ces personnages?

D À écrire

Écrivez un bref portrait (de 75 mots maximum) de l'un des personnages du film *Encore*. Utilisez les questions et suggestions suivantes comme guide.

1. Qui est ce personnage?
2. Décrivez sa personnalité et/ou ses traits personnels.
3. Utilisez ses vêtements et d'autres aspects physiques pour rendre votre portrait plus détaillé.
4. Montrez comment les gestes et les actions de ce personnage sont liés à sa personnalité.

Encore: La culture dans le film

La chanson dans la séquence

La chanson qu'Abia chante pour Simone est une chanson populaire que les Québécois chantent pour faire honneur à quelqu'un, surtout pour fêter l'anniversaire de quelqu'un. Dans le film *Encore,* Abia chante cette chanson pour Simone afin de fêter sa sortie de l'hôpital et sa nouvelle vie avec Claire. L'origine de cette chanson vient de *Gens du pays* de Gilles Vigneault, qui est aussi l'hymne national du Québec: *Gens du pays // c'est à ton tour // de te laisser parler d'amour.* On chante cette chanson aux rassemblements° politiques et surtout à la fête nationale du Québec. Aujourd'hui, on remplace *gens du pays* avec *mon cher / ma chère ami(e)* pour faire honneur à quelqu'un.

rassemblements *gatherings, fairs*

SYNTHÈSE

OUI, JE PEUX!

Look at these "can-do statements" and rate yourself on how well you think you can perform these tasks in French. Then, with a partner, carry out the statements by doing Activities A and B. This will allow you to verify your abilities and to see how accurate your self-assessment was.

1. **"I can talk about three things that a family member, a friend, or a professor has done for me that makes me appreciate this person, and I can talk about two or three things I would like to do for this person to show my appreciation."**

   I can perform this function

   ☐ with ease

   ☐ with some difficulty

   ☐ not at all

2. **"I can name three things (personality traits, physical traits, clothing, food, activities, and so forth) that people tend to associate with my identity, and explain whether I agree or disagree with (or like/dislike) what they associate with me."**

   I can perform this function

   ☐ with ease

   ☐ with some difficulty

   ☐ not at all

A Je l'apprécie

Étape 1. Pensez à une personne que vous appréciez beaucoup et dressez une liste de trois choses que cette personne a faites pour vous. Qu'est-ce que vous voudriez faire pour cette personne afin de lui montrer votre appréciation? Notez deux ou trois choses.

Étape 2. Parlez de la personne que vous avez choisie avec votre partenaire. Expliquez pourquoi vous appréciez cette personne en parlant de ce que cette personne a fait pour vous. Ensuite, parlez de ce que vous voudriez faire pour cette personne afin de lui montrer votre appréciation.

Étape 3. Avez-vous bien réussi cette activité ou avez-vous eu des difficultés avec cette tâche *(task)*? Si oui, quelles étaient vos difficultés?

Voilà comment Claire répond: «Pour moi, cette personne serait Abia. Je l'apprécie parce qu'elle pense toujours à moi. Elle m'encourage dans les moments difficiles et elle m'aime comme une sœur. Quand je voyage, elle s'occupe de mon chat, Monsieur Émile. Abia est toujours là pour moi. Afin de lui montrer mon appréciation pour son amitié, j'aimerais lui offrir un cadeau. Je vais l'inviter à manger dans un bon restaurant élégant. Elle le mérite bien!»

B Comment les autres me voient

Étape 1. Qu'est-ce que les gens ont tendance à associer à votre identité? Dressez une liste de traits de personnalité, de traits physiques, d'activités, de vêtements, de nourriture et d'activités que les gens associent parfois avec vous. Regardez votre liste. Lesquelles de ces associations aimez-vous? Lesquelles n'aimez-vous pas? Pourquoi?

Étape 2. Dites à un(e) partenaire trois choses que les gens ont tendance à associer avec votre identité. Expliquez si ces associations sont correctes ou non et si vous aimez ou si vous n'aimez pas ces associations.

Étape 3. Avez-vous bien réussi cette activité ou avez-vous eu des difficultés avec cette tâche *(task)*? Si oui, quelles étaient vos difficultés?

Activité DU FILM

Une scène touchante

Étape 1. Une scène touchante du film *Encore* est celle où Simone arrive chez Claire pour commencer sa nouvelle vie. Avec deux autres personnes, complétez les répliques de cette scène avec un pronom d'objet direct ou indirect ou avec le pronom **en.**

ABIA: Madame Gagner, c'est vraiment un plaisir de (1) _________ voir.

SIMONE: Après toutes ces années à l'hôpital... les médicaments pour chasser mes hallucinations. Et puis découvrir que j'étais pas folle...

CLAIRE: Maman, on ne (2) _________ savait pas...

SIMONE: Je (3) _________ reproche rien, ma petite! Non. Tu (4) _________ as sauvée. Tu (5) _________ as sauvée, c'est vrai. Et puis tu (6) _________ invites à vivre ici, chez toi. Tu es un ange. Un ange!

SIMONE: Bon. Ça suffit. Où dois-je mettre mes affaires?

CLAIRE: Tu peux (7) _________ laisser dans ma chambre.

SIMONE: Non, non. Je ne suis pas infirme. Je m'(8) _________ occupe.

Étape 2. Jouez cette scène avec votre petit groupe.

Un pas vers LA LECTURE

Ru (extrait)

de Kim Thúy

Colin Edwards / Alamy Photo Stock

Ulf Andersen/Getty Images

À DÉCOUVRIR: Kim Thúy

Nom d'origine: Kim Thúy Ly Thanh; **Nom de plume:** Kim Thúy
Nationalité: vietnamienne, québécoise
Naissance: 19 septembre 1968 (à Saïgon, au Viêt-Nam)
Profession principale: écrivaine (depuis 2009)
Prix et distinctions: *Amazon.ca First Novel Award* (2013), *Grand prix littéraire Archambault* (2011), *Grand Prix RTL-LIRE—Salon du livre de Paris* (2010)

Avant de lire

Vous allez découvrir des extraits du roman titré *Ru* (2009) et discuter de vos réactions à ces extraits. Kim Thúy a écrit ce roman en français mais son titre est en fait aussi le mot vietnamien pour «berceuse» *(lullaby)* et le mot en vieux français qui signifie «petit ruisseau» *(stream)* ou «écoulement (de larmes, de sang, d'argent)» *(outpouring)*.

Prélude *Ru* appartient au genre littéraire appelé «le récit quasi-autobiographique». Lisez ce petit texte, puis répondez à la question avec un(e) partenaire.

Kim Thúy avait dix ans en 1979 quand elle a immigré au Canada avec sa famille. Ils ont choisi le Québec puisqu'ils parlaient déjà le français; un représentant du gouvernement québécois les a rencontrés dans un camp de réfugiés en Malaisie. Dans *Ru,* Kim Thúy raconte des moments personnels importants—tels que sa naissance au Viêt-Nam[1] pendant la guerre, la fuite *(escape)* avec les *boat people,* son arrivée au Québec et sa vie avec sa famille—le tout dans un style d'écriture du flux de conscience *(stream of consciousness)* et en employant quelques techniques de fiction, comme le changement de certains détails ou la modification de l'identité de ses proches. *Ru* est son histoire mais le livre raconte aussi «la vie» des autres immigrés vietnamiens, car d'autres gens s'identifient à Kim Thúy et reconnaissent aussi leur vie (leurs expériences) dans *Ru.*

- Vous êtes-vous jamais identifié(e) à un(e) écrivain(e) et/ou avez-vous reconnu votre vie (ou au moins certaines expériences) dans son écriture? Si oui, donnez-en quelques exemples.

OUTILS DE LECTURE

Identifying point of view

Reading can be made easier if you can identify the point of view from which the narrator speaks or thinks, because information can be affected by point of view. For example, try to understand if the character telling the story is participating in the events or only observing them unfold. Apply what you know about that character or narrator and filter what you read through this knowledge.

[1]Note that either **Viêt-Nam** or **Vietnam** spelling is correct. **Vietnam** was kept in the reading per original text.

Un pas vers LA LECTURE

Ru

de Kim Thúy

JE SUIS VENUE AU MONDE pendant l'offensive du Têt, aux premiers jours de la nouvelle année du Singe°, lorsque les longues chaînes de pétards° accrochées devant les maisons explosaient en polyphonie avec le son des mitraillettes°.

J'ai vu le jour à Saïgon, là où les débris des pétards éclatés en mille miettes° coloraient le sol de rouge comme des pétales de cerisier°, ou comme le sang des deux millions de soldats déployés, éparpillés° dans les villes et les villages d'un Vietnam déchiré° en deux.

Je suis née à l'ombre de ces cieux ornés de feux d'artifice, décorés de guirlandes lumineuses, traversés de roquettes et de fusées. Ma naissance a eu pour mission de remplacer les vies perdues. Ma vie avait le devoir de continuer celle de ma mère.

****

JE M'APPELLE NGUYỄN AN TỊNH et ma mère, Nguyễn An Tĩnh. Mon nom est une simple variation du sien puisque seul un point sous le *i* me différencie d'elle, me distingue d'elle, me dissocie d'elle. J'étais une extension d'elle, même dans le sens de mon nom. En vietnamien, le sien veut dire «environnement paisible°» et le mien, «intérieur paisible». Par ces noms presque interchangeables, ma mère confirmait que j'étais une suite d'elle, que je continuerais son histoire.

L'Histoire du Vietnam, celle avec un grand H, a déjoué° les plans de ma mère. Elle a jeté les accents de nos noms à l'eau quand elle nous a fait traverser le golfe du Siam, il y a trente ans. Elle a aussi dépouillé° nos noms de leur sens, les réduisant à des sons à la fois étrangers et étranges dans la langue française. Elle est surtout venue rompre mon rôle de prolongement naturel de ma mère quand j'ai eu dix ans.

****

GRÂCE À L'EXIL, mes enfants n'ont jamais été des prolongements de moi, de mon histoire. Ils s'appellent Pascal et Henri et ne me ressemblent pas. Ils ont les cheveux clairs, la peau blanche et les cils touffus°. Je n'ai pas éprouvé le sentiment naturel de la maternité auquel je m'attendais quand ils étaient accrochés à mes seins° à trois heures du matin, au milieu de la nuit. L'instinct maternel m'est venu beaucoup plus tard, au fil des nuits blanches°, des couches souillées°, des sourires gratuits, des joies soudaines. [...]

****

AVANT QUE NOTRE BATEAU ait levé l'ancre en pleine nuit sur les rives° de Rạch Giá, la majorité des passagers n'avait qu'une peur, celle des communistes, d'où leur fuite°. Mais, dès qu'il a été entouré, encerclé d'un seul et uniforme horizon bleu, la peur s'est transformée en un monstre à cent visages, qui nous sciait° les jambes, nous empêchait° de ressentir l'engourdissement° de nos muscles immobilisés. Nous étions figés° dans la peur, par la peur. Nous ne fermions plus les yeux quand le pipi du petit à la tête galeuse° nous arrosait°. Nous ne nous pincions plus le nez devant le vomi de nos voisins. Nous étions engourdis°, emprisonnés par les épaules des uns, les jambes des autres et la peur de chacun. Nous étions paralysés.

L'histoire de la petite fille qui a été engloutie° par la mer après avoir perdu pied° en marchant sur le bord s'est propagée° dans le ventre odorant du bateau comme un gaz anesthésiant, ou euphorique, qui a transformé l'unique ampoule° en étoile polaire et les biscottes° imbibées d'huile à moteur en biscuits au beurre. Ce goût d'huile dans la gorge, sur la langue, dans la tête nous endormait au rythme de la berceuse° chantée par ma voisine.

Singe *Monkey* **pétards** *firecrackers* **mitraillettes** *sub-machine guns* **miettes** *scraps* **cerisier** *cherry tree* **éparpillés** *scattered* **déchiré** *ripped, torn* **paisible** *calm, peaceful* **a déjoué** *thwarted, foiled* **a dépouillé** *stripped* **cils touffus** *thick eyelashes* **seins** *breasts* **nuits blanches** *sleepless nights* **couches souillées** *dirty diapers* **rives** *banks* **fuite** *escape, fleeing* **sciait** *sawed, dug into* **empêchait** *prevented* **l'engourdissement** *numbness* **figés** *frozen* **galeuse** *scabious, leper-like* **arrosait** *sprayed, sprinkled* **engourdis** *numbed* **engloutie** *swallowed* **perdre pied** *to lose footing* **s'est propagée** *spread* **ampoule** *lightbulb* **biscottes** *crispbread, Melba toasts* **berceuse** *lullaby*

Après avoir lu

A **Comparaisons interpersonnelles et interculturelles** Répondez aux questions suivantes.

1. Est-ce que vous aimez lire des autobiographies ou des récits quasi-autobiographiques? Pourquoi ou pourquoi pas?
2. Quelle(s) scène(s) racontée(s) par Thúy dans ces extraits vous frappe(nt) *(strike[s])* le plus? Pourquoi?
3. En quoi être un enfant d'immigrés pourrait affecter l'identité personnelle et culturelle d'une personne, à votre avis?
4. La narratrice explique qu'An Tịnh veut dire «intérieur paisible». Savez-vous pourquoi vos parents ont choisi votre prénom? Est-ce une tradition familiale ou culturelle? Quelles sont l'origine et la signification de votre prénom, si vous les connaissez?

B **Compréhension et interprétation** Discutez de vos réponses aux questions suivantes.

1. Quelles sont les raisons pour lesquelles la narratrice est née, d'après elle?
2. Comment est-ce que la narratrice explique les liens entre son prénom et celui de sa mère? (Par exemple, qu'est-ce que ces prénoms signifient pour sa mère avant de quitter le Viêt-Nam? Et après?)
3. En quoi est-ce que la narratrice s'identifie et ne s'identifie pas à ses deux fils?
4. Donnez un exemple qui montre la peur des passagers sur le bateau.
5. Quelles sont des peurs auxquelles les immigrants doivent faire face quand ils quittent leur pays?

Un pas vers L'ÉCRITURE

Un compte rendu

Dans les récits quasi-autobiographiques, l'auteur(e) parle pour lui-même mais aussi souvent pour ceux qui peuvent s'identifier à lui car ils ont vécu aussi cette histoire ou ce moment historique. Vous allez maintenant écrire un compte rendu *(personal account)* sur votre expérience personnelle la première fois où vous vous êtes trouvé(e) dans un nouvel endroit de votre choix.

Préparation avant d'écrire

Étape 1. Les prénoms sont le premier marqueur d'identité d'un individu et ont souvent des significations aussi. Par extension, nous pouvons aussi dire que le nom d'un endroit (une ville, un pays, un établissement) a aussi une histoire et a souvent une signification importante ou symbolique qui l'identifie en quelque sorte *(in a way).*

Répondez aux questions suivantes.

1. Quel est le nom d'un endroit qui a une importance particulière pour vous?
2. Décrivez un peu cet endroit. (Situation géographique, réputation, choses à y voir ou y faire, caractéristiques générales, etc.)
3. Réfléchissez à son nom. Quelle est l'histoire derrière ce nom (si vous la connaissez)? Qu'est-ce que ce nom signifie? Quelles sont ses origines linguistiques? (Essayez de deviner *[guess]* des réponses aux questions si vous ne savez pas. Vous pouvez faire de la recherche plus tard.)

Étape 2. N'oubliez pas que dans votre **compte rendu,** il faut raconter votre expérience personnelle la première fois que vous vous êtes trouvé(e) dans un nouvel endroit de votre choix. Ce nouvel endroit peut être l'endroit de l'**Étape 1** ou un autre. Répondez aux questions suivantes pour vous aider à écrire votre micro-récit quasi-autobiographique d'entre 150 et 300 mots.

1. Quel nouvel endroit voulez-vous choisir? Est-ce que son nom a une signification importante?
2. Qu'est-ce qui vous a marqué(e) ou vous a impressionné(e) lors de *(upon)* votre arrivée dans ce lieu?
3. Qu'avez-vous fait ou vu ce jour-là? Qu'avez-vous entendu ou senti? Qu'avez-vous goûté (mangé ou bu)? Avec qui avez-vous parlé? Qui avez-vous rencontré? Où êtes-vous allé(e)?
4. Quelle(s) émotion(s) avez-vous ressentie(s) *(felt):* la peur, l'inquiétude, l'impatience, le bonheur, la joie, l'enthousiasme, l'optimisme, l'hésitation, etc.? Pourquoi?

Écrire

Écrivez votre **compte rendu** en consultant vos réponses à la deuxième question de l'**Étape 1** de l'activité **Préparation avant d'écrire** (si vous écrivez sur le même endroit) et/ou en consultant vos réponses aux questions de l'**Étape 2** de la même activité.

PARTIE 1

Les noms

l'ail *(m.)* *garlic*
un ananas *pineapple*
l'architecture *(f.)* *architecture*
le bambou *bamboo*
le basilic *basil*
les bleuets *(m. pl.)* *blueberries*
un cerisier *cherry tree*
un chêne *oak tree*
un dialecte *dialect*
un érable *maple tree*
la harissa *North African hot chili paste or sauce*
la jungle *jungle*
le langage courant *everyday language*
la lavande *lavender*
une noix de coco *coconut*
un piment rouge *chili pepper*
un pin *pine tree*
un pommier *apple tree*
le régionalisme *regionalism*
un rosier *rose bush*
un sapin *fir tree*
la savane *savannah*
le territoire *territory*
la valorisation *valuing; increased status*
un volcan *volcano*

Les verbes

faire du canoë *to go canoeing*
  du cerf-volant *to go kite-flying*
jouer de l'accordéon *to play the accordion*
  du tambour *to play the drum*
  du violoncelle *to play the cello*
marquer *to mark, to show*

Les adjectifs

transmis(e) *transmitted*

Les expressions

au cœur de *at the heart of*
considérer que *to consider that*

PARTIE 2

Les noms

des baskets *(f.)* *sneakers*
des bottines *(f.)* *ankle boots*
des chaussettes longues *(f.)* *tube socks*
des chaussures *(f.)* **à talons hauts** *high heels*
  de ville *dress shoes*
un chignon *chignon, bun or French knot*
la coiffure *hairstyle*
une coupe à la garçonne *pixie cut*
  une coupe en brosse *crew cut*
  une coupe mulet *mullet*
le crâne rasé *shaved head*
une crête iroquoise *mohawk*
un débardeur *tank top*
un jean slim *skinny jeans*
un marqueur *marker, indicator*
un pantalon de ville *khakis*
  de yoga *yoga pants*
une queue de cheval *ponytail*
les réseaux sociaux *(m.)* *social networks*
une robe de soirée *party dress, cocktail dress*
des tongs *(f.)* *flip-flops*
une tresse *braid*
les vêtements *(m. pl.)* *clothing*

Les verbes

appartenir (à) *to belong to*
s'associer (à) *to partner with, to be associated with*
se distinguer *to stand out*
être à *to belong to*
faire attention (à) *to pay attention to*
manquer à *to miss*
manquer de *to lack, to not have enough*
s'opposer (à) *to be opposed to*
participer (à) *to participate (in)*
percevoir *to perceive*
révéler *to reveal*
tenir (à) *to care about*
transmettre *to transmit*

Les adjectifs

bon chic bon genre (BCBG) *preppy*
décontracté(e) *relaxed, casual*
démodé(e) *out-of-style*
habillé(e) *dressy*
négligé(e) *sloppy*
ringard(e) *nerdy*

Les expressions

faire un choix *to make a choice*
il manque de qqch à qqn *to not have enough, to lack*
prendre une décision *to make a decision*

William Perugini/Shutterstock.com

PREMIÈRES IMPRESSIONS

À quoi pensez-vous quand vous entendez le mot «amitié»? Discutez de vos idées avec vos camarades de classe.

CHAPITRE

5

L'amitié

Objectifs

- *Define friendship and summarize its evolution*
- *Narrate in the past*

Culture

- Et pour vous, que représente l'amitié?
- De la camaraderie à l'amitié
- L'amitié dans le monde francophone

Grammaire

1 *The **passé composé** of **courir, mourir, savoir, conduire, connaître, rire, suivre;** Time expressions*

2 *Position of adverbs*

3 ***Imparfait** and **passé composé***

Un pas vers la lecture

Une si longue lettre (extraits), Mariama Bâ

Un pas vers l'écriture

Une lettre personnelle

You will also watch **SÉQUENCE 3: Un nouveau danger** of the film *Encore.*

UN APERÇU SUR LE FILM

Qu'est-ce qui s'est passé? Regardez la photo et choisissez une description possible de la scène. Après avoir vu la Séquence 3 du film *Encore,* vous pouvez vérifier votre réponse.

a. La mère de Claire a fait une crise cardiaque.
b. Quelqu'un a attaqué Simone Gagner.
c. Simone Gagner est tombée dans la cuisine.

PARTIE 1 VOCABULAIRE 1

Réflexion **culturelle**

Et pour vous, que représente l'amitié?

Petrenko Andriy/Shutterstock.com

On entend souvent dire «les amis, c'est pour la vie», ce qui illustre bien le sens **profond** de l'amitié. L'amitié est basée sur une affection réciproque entre deux personnes. Que ce soit en France, au Québec ou en Afrique de l'Ouest, le monde francophone, tout comme beaucoup d'autres cultures à travers° le monde, attache la même importance à l'amitié.

Pour Cédric, de Toulouse, l'amitié signifie **se faire confiance, se confier à** son meilleur ami, et si nécessaire savoir qu'il peut **compter sur** lui. C'est à travers les **épreuves** qu'on se rend compte de qui sont nos amis, selon lui.

Aïsha, de Tunis, a trois amies sur qui elle peut compter. Elles sont allées à l'école maternelle ensemble et partagent beaucoup d'affinités ainsi que des secrets et, parfois, des **soucis.** Pour Aïsha, la **complicité** qu'elle partage avec ses amies est **inestimable.** Elles l'acceptent telle qu'°elle est, ne **portent pas de jugement** sur ce qu'elle fait, et sont en fait là pour la soutenir. Elles lui donnent des **conseils** si nécessaire; même si ça part d'un bon sentiment°, parfois ça **blesse.**

Quant à Tom, de Montréal, il a un très bon **ami d'enfance,** Éric, qu'il ne voit pas très souvent parce qu'il est parti faire ses études ailleurs°. Il a d'autres amis qu'il s'est faits à l'université mais il ne se confie pas à eux de la même façon. Il sait qu'il peut compter sur Éric quoi qu'il arrive°. Quand ils se retrouvent, c'est comme s'ils ne s'étaient jamais quittés.

à travers *through* **telle qu'** *the way* **part d'un bon sentiment** *means well* **ailleurs** *elsewhere* **quoi qu'il arrive** *whatever happens*

Vocabulaire du texte

un(e) ami(e) d'enfance *childhood friend*
la complicité *bond*
un conseil *advice*
une épreuve *difficulty, hardship*
un souci *worry*

blesser *to hurt*

compter sur *to rely on*
se confier à *to confide in*
se faire confiance *to trust one another*
porter un jugement *to judge*

inestimable *priceless*
profond(e) *deep, profound*

Vocabulaire complémentaire

l'âme *(f.)* **sœur** *kindred spirit*
un(e) ami(e) intime *close friend*
un intérêt commun *common interest*

aller à la pêche *to go fishing*
aller au spa *to go to the spa*
assister à un match de football / tennis *to attend a football / tennis match*
bavarder *to chat*
commander une pizza *to order a pizza*
être bénévole (dans une organisation) *to be a volunteer (in an organization)*
faire du camping *to go camping*
faire la fête *to party*
faire de la gym *to work out*
faire une promenade *to take a walk*
faire du shopping *to go shopping*
faire du sport *to play sports*
faire du vélo *to go bike riding*
faire un voyage *to travel*
faire du yoga *to do yoga*
s'inscrire dans un club *to join a club*
jouer à des jeux vidéo *to play video games*
prendre un café / un verre *to have coffee / a drink*
suivre un cours *to take a class*

avoir quelque chose en commun *to have something in common*
faire des compromis *to compromise*

Avez-vous compris? Répondez aux questions suivantes.

1. Selon l'introduction du texte, sur quoi est basée l'amitié?
2. Selon Cédric, comment se rend-on compte de qui sont nos vrais amis?
3. Pour Aïsha, quel aspect de l'amitié est inestimable?
4. Pour Tom, en quoi Éric et ses amis de l'université sont-ils différents?

À votre avis Le monde francophone attache beaucoup d'importance à l'amitié, et ces trois individus ont partagé leur avis personnel sur le sujet avec nous. Entre Cédric, Aïsha et Tom, avec qui êtes-vous d'accord ou avez-vous un avis en commun Est-ce que leurs notions sur les amis et l'amitié sont répandues *(widespread)* dans votre culture aussi? Quelles autres idées communes sur l'amitié ou sur les amis avez-vous?

COIN CULTUREL

AF archive/ Alamy Stock Photo

Le film *Bon Cop, Bad Cop* du réalisateur Érik Canuel (2006) est l'une des meilleures comédies canadiennes. Ce film bilingue raconte l'histoire de deux policiers: David Bouchard (joué par Patrick Huard) du Québec et Martin Ward (joué par Colm Feore) de l'Ontario. Quand un cadavre est découvert entre la frontière du Québec et de l'Ontario, les deux hommes doivent travailler ensemble pour trouver le meurtrier malgré leurs différences culturelles et leurs valeurs opposées. Ils ne s'entendent pas du tout au début mais petit à petit, ils apprennent à se faire confiance et ils deviennent de bons amis. Dans la suite *Bon Cop, Bad Cop II* (2017), leur amitié devient encore plus profonde. Regardez la bande-annonce *(trailer)* du film.

A Les mots

Étape 1. Trouvez le terme qui correspond le mieux à chaque mot de vocabulaire.

1. la complicité	**a.** de grande valeur
2. inestimable	**b.** une âme sœur
3. blesser	**c.** parler
4. un ami intime	**d.** une liaison profonde
5. se confier à	**e.** une suggestion
6. bavarder	**f.** faire mal à quelqu'un
7. un conseil	**g.** se faire confiance

Étape 2. Trouvez les mots en opposition avec ces mots et expressions.

1. une épreuve	**a.** la paix
2. porter un jugement	**b.** se méfier de
3. le souci	**c.** être difficile
4. compter sur	**d.** un ami
5. faire des compromis	**e.** une joie
6. un ennemi	**f.** accepter quelqu'un tel qu'il est

B L'amitié: le monde francophone et votre culture

Dans la lecture *Et pour vous, que représente l'amitié,* l'auteur parle des valeurs et des attributs associés à l'amitié par les gens du monde francophone (France, Québec et Afrique du Nord). Indiquez si chaque valeur et attribut suivants représentent aussi l'amitié dans votre culture.

1. la fidélité	**5.** pouvoir partager des secrets
2. la loyauté	**6.** partager des soucis
3. pouvoir se faire confiance	**7.** accepter quelqu'un tel qu'il est
4. pouvoir partager une complicité	**8.** se donner des conseils

Conclusion Est-ce que l'amitié dans votre culture est similaire à l'amitié dans les cultures francophones ou est-ce qu'elle est différente? Y a-t-il d'autres valeurs ou attributs que votre culture associe à l'amitié?

C Petites questions

Répondez aux questions.

1. Qui sont vos ami(e)s d'enfance? Est-ce qu'ils habitent dans la même ville que vous aujourd'hui? Vous avez gardé le contact avec ces amis?
2. À qui pouvez-vous toujours faire confiance?
3. Dans notre société, sur qui devrions-nous pouvoir toujours compter?
4. Dans quelles situations pourrait-on blesser un(e) ami(e)?
5. En général, à quels soucis ou épreuves les étudiants de votre âge doivent-ils faire face?
6. Décrivez quelques bons conseils que vous avez reçus de vos amis.

D **Les activités** Pour chaque activité suivante indiquez si vous préférez faire l'activité **tout(e) seul(e), avec un(e) ami(e) intime** ou **avec un groupe d'amis.** Justifiez vos réponses. Ensuite, discutez avec un(e) partenaire pour voir si vous avez les mêmes préférences.

Modèle: assister à un match de football américain

É1: **Je préfère assister à un match de football américain avec mon meilleur ami, parce que le football américain est une activité qu'on partage depuis l'enfance.**

É2: **Moi, je préfère assister à un match de football américain avec un groupe d'amis parce que cette activité est plus amusante quand on la partage avec beaucoup de gens.**

1. aller à la pêche
2. commander une pizza
3. faire une promenade
4. faire du vélo
5. s'inscrire dans un club
6. prendre un verre ou un café
7. faire un voyage
8. jouer à des jeux vidéo

E **Avec un ami ou une amie?** Dites à un(e) partenaire si vous préférez faire les activités suivantes avec un ami, une amie, les deux ou ni l'un ni l'autre *(neither)*. Justifiez vos réponses.

1. faire du sport
2. faire du shopping
3. bavarder
4. aller au spa
5. suivre un cours de danse de salon *(ballroom)*
6. faire du camping
7. faire de la gym
8. faire la fête

Conclusion Dans votre culture aujourd'hui, en général, est-ce que les hommes et les femmes ont beaucoup d'intérêts en commun ou ont-ils beaucoup d'intérêts différents?

F **Et pour se faire de nouveaux amis?**

Étape 1. Avec un(e) partenaire, décidez si chaque activité est une bonne activité pour se faire de nouveaux amis. Expliquez pourquoi ou pourquoi pas.

1. être bénévole dans une organisation caritative *(charity)*
2. s'inscrire dans un club
3. suivre un nouveau cours
4. aller au spa
5. faire la fête
6. faire de la gym
7. aller au cinéma
8. naviguer sur Internet

Étape 2. Avez-vous d'autres idées pour rencontrer de nouveaux amis? Donnez trois conseils pour se faire de nouveaux amis dans votre culture (qui sont différents de ceux de l'Étape 1).

G **Votre meilleur(e) ami(e)** Écrivez un paragraphe de cinq à huit phrases à propos de votre meilleur(e) ami(e). Utilisez les questions suivantes comme guide.

1. Comment avez-vous rencontré votre meilleur(e) ami(e)?
2. Pourquoi cet homme / cette femme est-il/elle votre meilleur(e) ami(e)?
3. Qu'est-ce que vous appréciez le plus chez votre ami(e)?

PARTIE 1 GRAMMAIRE 1

Le passé composé des verbes *courir, mourir, savoir, conduire, connaître, rire, suivre;* les expressions de temps

DU FILM *ENCORE*

Encore un pas vers la grammaire

Look at these photos from the film *Encore* and their captions.

Claire connaît son amie Abia **depuis** trois ans.

Quelqu'un **a suivi** Claire **pendant** quelques minutes.

1. Is the verb used with **depuis** in the present tense or in the past tense? Is the verb used with **pendant** in the present tense or in the past tense? What do **depuis** and **pendant** mean?
2. What does **a suivi** mean?

MINDTAP **Préparation**

Go to **Préparation pour Grammaire 1** to review the present tense forms of the verbs **courir, mourir, savoir, connaître, conduire, rire,** and **suivre.**

Le passé composé des verbes *courir, mourir, savoir, conduire, connaître, rire, suivre*

- The verbs **courir** *(to run)*, **mourir** *(to die)*, **savoir** *(to know)*, **conduire** *(to drive)*, **connaître** *(to know)*, **rire** *(to laugh)*, and **suivre** *(to follow)* are irregular verbs. Here are their present-tense conjugations and past participles.

je cours, tu cours, il/elle/on court, nous courons, vous courez, ils/elles courent
je meurs, tu meurs, il/elle/on meurt, nous mourons, vous mourez, ils/elles meurent
je sais, tu sais, il/elle/on sait, nous savons, vous savez, ils/elles savent
je conduis, tu conduis, il/elle/on conduit, nous conduisons, vous conduisez, ils/elles conduisent
je connais, tu connais, il/elle/on connaît, nous connaissons, vous connaissez, ils/elles connaissent
je ris, tu ris, il/elle/on rit, nous rions, vous riez, ils/elles rient
je suis, tu suis, il/elle/on suit, nous suivons, vous suivez, ils/elles suivent

courir	**couru**	connaître	**connu**
mourir	**mort**	rire	**ri**
savoir	**su**	suivre	**suivi**
conduire	**conduit**		

- To form the **passé composé** of **courir, savoir, conduire, connaître, rire,** and **suivre,** use **avoir** as the auxiliary verb and their past participles.

Après mes cours, j'**ai couru** jusqu'à la banque.	*After my classes, I ran to the bank.*
Qui t'**a conduit** à l'hôpital?	*Who drove you to the hospital?*
Mes amis **ont** beaucoup **ri** à la fête.	*My friends laughed a lot at the party.*
Un homme mystérieux **a suivi** Claire hier.	*A mysterious man followed Claire yesterday.*
J'**ai connu** cet homme.	*I knew this man.*

- To form the **passé composé** of the verb **mourir,** use **être** as the auxiliary verb. Do not forget the necessary agreements.

Les chiens **sont morts** dans un accident.	*The dogs died in an accident.*
Elles ne **sont** pas vraiment **mortes.** C'est un film.	*They are not really dead. It's a movie.*

Les expressions de temps

- Recall from **Chapitre préliminaire** that **depuis** is used in the present tense to express an action that began some time in the past and is still going on in the present. When used with a period of time, it means *for*. When used with a specific point in time or with a date, it means *since*.

Depuis combien de temps sont-ils amis?	(For) *How long have they been friends?*
Depuis quand faites-vous du yoga?	(For) *How long have you been doing yoga?*
J'habite ici **depuis** 2017.	*I've been living here since 2017.*

- The expressions **ça fait… que,** and **voilà… que** mean the same as **depuis** when used in the present tense, but the word order is different.

Ça fait trois heures **qu**'il fait de la gym.	*He's been working out for three hours.*
Voilà deux heures **que** j'attends ma pizza.	*I've been waiting for my pizza for two hours.*

- **Il y a** means *ago* when used in the past tense with a period of time without **que.**

J'ai fait un voyage avec Laure **il y a** deux ans.	*I took a trip with Laure two years ago.*

- When **pendant** is used with a time expression, it means *for*. **Pendant** plus a time expression is used in the past tense to denote that an action has been completed and is no longer ongoing in the present.

Hier, j'ai couru **pendant une heure.**	*Yesterday I ran for an hour.*
Pendant combien de temps ont-ils étudié hier?	(For) *How long did they study yesterday?*

Note de grammaire

The expression **il y a… que** also means the same thing as **ça fait… que** and **voilà… que: Il y a** un mois **qu**'ils habitent à Paris.

Encore une mélodie

AF archive/ Alamy Stock Photo

Le film *Séraphin: un homme et son péché* (2002) est une grande histoire d'amour québécoise. La chanson thème du film, *Depuis le premier jour,* est une belle chanson d'amour. Cherchez la chanson sur Internet. Qu'est-ce que la chanteuse sait depuis le premier jour?

A Trois amis d'enfance Complétez chaque phrase à propos de Serge, Paul et Julie, trois amis, avec **a. depuis, b. il y a** ou **c. pendant.**

1. Serge **a couru** voir le nouveau film de Luc Besson avec Paul ______ trois jours.
2. Julie **conduit** la voiture de Serge ______ une semaine parce que sa voiture est tombée en panne.
3. Paul **connaît** Serge et Julie ______ l'école maternelle *(kindergarden).*
4. Julie **a suivi** un cours de danse ______ quatre mois, de janvier jusqu'en avril.
5. Le chien de Julie **est mort** ______ deux jours. Julie **pleure** ______ deux jours.
6. ______ ce matin, Paul et Serge **savent** que Julie a perdu son chien.

Et vous? Depuis combien de temps connaissez-vous vos meilleur(e)s ami(e)s?

B Abia, l'amie intime de Claire Abia fait beaucoup d'activités intéressantes. Complétez chaque phrase avec **il y a, ça fait, voilà** ou **depuis.**

1. Abia est bénévole dans un refuge pour les animaux ______ cinq ans.
2. ______ quatre ans qu'elle fait de la danse classique.
3. Elle chante de la musique jazz ______ six ans.
4. Elle est membre d'un club de tennis ______ huit semaines.
5. ______ quatre ans qu'elle suit un cours de théâtre.

Et vous? Avez-vous des activités en commun avec Abia?

C Questions et réponses

Deux nouveaux amis se parlent. Choisissez le bon verbe pour compléter chaque phrase. Mettez le verbe au présent ou au passé composé, selon le cas.

1. —Depuis combien de temps est-ce que tu (savoir / connaître) ______ parler français?
   —Depuis deux mois.
2. —Pendant combien de temps est-ce que tes amis (courir / conduire) ______ une BMW?
   —Pendant trois ans.
3. —Pendant combien de temps est-ce que ton chien (savoir / suivre) ______ le chat?
   —Pendant quinze minutes.
4. —Depuis quand est-ce que vous (connaître / savoir) ______ votre professeur?
   —Depuis septembre.
5. —Pendant combien de temps est-ce que nous (rire / suivre) ______ ensemble hier?
   —Pendant deux ou trois heures.
6. —Pendant combien de temps est-ce que tu (mourir / courir) ______ au parc hier?
   —Pendant une heure.

D La vie de Carla Bruni Voici une chronologie des événements importants dans la vie de la chanteuse franco-italienne Carla Bruni-Sarkozy.

(1987–1996) travailler comme top model

(1997–2002) travailler sur son premier album *Quelqu'un m'a dit*

(2007–2008) sortir avec Nicolas Sarkozy

(2008–présent) être la femme de Nicolas Sarkozy

(2008–présent) être de nationalité française

(2008–2012) être la Première dame de France

(2009–présent) faire du travail bénévole pour la Fondation Carla Bruni-Sarkozy

(2011–présent) être la mère de sa fille, Giulia

Kommersant Photo/Getty Images

Étape 1. Créez trois phrases en utilisant l'expression de temps **pendant.**

Modèle: **Carla Bruni a travaillé comme top model pendant neuf ans.**

Étape 2. Écrivez trois phrases en utilisant les expressions de temps **depuis, voilà... que ou ça fait... que**

E Une biographie de nos ami(e)s

Étape 1. En vous servant de l'Activité D comme modèle, faites une chronologie de 6 à 8 phrases décrivant des événements importants dans la vie de votre meilleur(e) ami(e) ou d'un(e) ami(e) d'enfance (ou d'un[e] ami[e] imaginaire si vous préférez).

Étape 2. Échangez votre chronologie avec un(e) partenaire. Écrivez une petite biographie (de 4 à 6 phrases) de votre partenaire ou de son ami(e) en vous servant de sa chronologie avec les expressions de temps **pendant, depuis, voilà... que** ou **ça fait... que.** Soyez prêt(e) à partager votre biographie avec la classe.

F Questions pour le professeur

En petits groupes, préparez trois questions ensemble à poser à votre professeur en utilisant les expressions de temps. Soyez prêt(e)s à poser vos questions au professeur.

G La dernière fois

Posez les questions suivantes à votre partenaire pour voir qui a une meilleure vie.

Modèle: É1: **Quand est la dernière fois que tu as vu un bon film?**

É2: **Il y a trois jours. J'ai vu le film *A Star is Born* avec Lady Gaga. C'était magnifique! Et toi? Quand est la dernière fois que tu as vu un bon film?**

É1: **Je ne me rappelle pas. Peut-être il y a un an. Je ne vais pas souvent au cinéma…**

1. Quand est la dernière fois que tu as vu un bon film?
2. Quand est la dernière fois que tu as dormi pendant au moins *(at least)* huit heures?
3. Quand est la dernière fois que tu as commandé une pizza?
4. Quand est la dernière fois que tu as mangé dans un bon restaurant?
5. Quand est la dernière fois que tu as ri très fort?

Conclusion Qui a une meilleure vie d'étudiant? Vous ou votre partenaire?

Journal de bord

Résumez en quelques mots ou phrases ce que vous avez appris dans la Partie 1 du Chapitre 5. Suggestions: Quelles activités est-ce que vos camarades de classe aiment faire avec leurs amis? Est-ce que vos camarades de classe définissent l'amitié de la même façon que les gens du monde francophone?

PARTIE 2 VOCABULAIRE 2

Réflexion **culturelle**

De la camaraderie à l'amitié

Monkey Business Images/Shutterstock.com

Quand il s'agit de parler des différents degrés d'amitié, la langue française, comme d'autres langues, utilise des termes bien précis. Par exemple, nous pouvons citer les mots et expressions «**connaissances**», «**camarades de classe**» et «**copains**» entre autres. Qu'est-ce qui différencie ces mots et comment une **relation** d'amitié peut-elle évoluer?

On peut connaître des gens sans vraiment les connaître, n'est-ce pas? Ce sont des «connaissances» et nos rapports restent en général **superficiels,** un peu comme avec les «camarades de classe» ou les «collègues de travail». Nous échangeons peut-être quelques mots de temps en temps, mais nous ne nous voyons jamais en dehors de la salle de classe ou du lieu de travail. Le terme «copain», par contre, fait souvent référence aux participants de clubs sportifs ou organisations professionnelles, par exemple. On partage une passion pour quelque chose mais on n'est pas vraiment «amis». On est content de se voir, on **passe un bon moment** ensemble, mais on ne discute pas de sujets trop personnels. Avec les connaissances et même parfois avec les copains, on n'est pas toujours certain si c'est une personne **loyale** ou **déloyale.**

Quant aux «amis», on a, avec eux, une relation **chère** de longue date, d'où la loyauté et les meilleurs **souvenirs.** Pour beaucoup de francophones, l'amitié ne se crée pas du jour au lendemain°, mais plutôt au fil des° ans. À force de se fréquenter et de partager souvent des goûts et des valeurs similaires, et nos pensées les plus intimes, la **camaraderie** s'est transformée en amitié. On est là l'un pour l'autre et on sait qu'on ne **dérange** pas.

lendemain *the next day* **au fil des** *over the course of*

Vocabulaire du texte

un(e) camarade de classe *classmate*
la camaraderie *friendship, camaraderie*
une connaissance *acquaintance*
un copain / une copine *friend, pal, buddy*
une relation *relationship*
un souvenir *memory*

déranger *to bother, to disturb*
passer un bon moment *to have a good time*

cher / chère *dear*
déloyal(e) *disloyal*
loyal(e) *loyal*
superficiel(le) *superficial*

Vocabulaire complémentaire

l'affection *(f.) affection*
l'agacement *(m.) annoyance, irritation*
le chagrin *grief*
la colère *anger*
un(e) collègue de travail *work colleague*
une confidence *secret, confidence*
l'insincérité *(f.) insincerity, fakeness*
la jalousie *jealousy*
la joie *joy*
la tristesse *sadness*

avoir de l'amitié pour *to be friends with*
chérir *to cherish*
consoler *to console*

faire confiance à *to trust*
  des confidences à *to tell secrets to*
  semblant (de) *to fake*
inviter (pour / à) *to invite, to pay (for / to)*
laisser tomber *to drop*
ressentir *to feel*
soutenir *to support*
trahir *to betray, to let down*

c'est la même chose pour *it's the same (thing) for*
dans / en un sens *in a sense*
entre... et... *between . . . and . . .*
pour toujours *forever*

Note de vocabulaire

Most French speakers borrow from English **un(e) frenemy** to refer to someone who pretends to be a friend but is actually an enemy. It is also possible to hear **un faux ami** or **une fausse amie** or **un(e) anemi(e)** or **un(e) ennami(e)**, two combinations of **ami** and **ennemi**.

Note de vocabulaire

Depending on the context, **copain** and **copine** can also mean **petit(e) ami(e)** or *boyfriend / girlfriend.* Slang expressions exist too. In France, **ma meuf** and **mon mec** also mean *girlfriend* and *boyfriend.* In Quebec, you hear **ma blonde** and **mon chum.**

Note de grammaire

Knowing which preposition to use with **inviter** depends on whether you have a noun **(inviter qqn pour qqch)** or infinitive **(inviter qqn <u>à</u> faire qqch). Je t'invite pour un café.** *(I'm inviting you for a coffee.)* vs. **Je t'invite à prendre un café.** *(I'm inviting you to go get a coffee.)*

Avez-vous compris? Répondez aux questions suivantes.

1. Quels sont les termes que la langue française utilise pour faire référence à l'amitié?
2. Qu'est-ce qu'un copain?
3. Comment l'amitié se développe-t-elle?

À votre avis Qu'est-ce qui distingue une connaissance d'un(e) ami(e) pour vous? Quels critères *(criteria)* sont nécessaires pour qu'une connaissance devienne *(becomes)* un(e) ami(e), à votre avis? Autrement dit, comment passe-t-on du statut *(status)* de connaissance à ami(e)?

A Quel degré d'amitié? Indiquez le(s) terme(s) pour le(s) degré(s) d'amitié impliqué(s) par chaque description donnée.

a. un(e) camarade de classe	**d.** un(e) ami(e) d'enfance
b. une connaissance	**e.** un(e) collègue de travail
c. un copain / une copine	**f.** un(e) ami(e) déloyal(e)

1. Vous passez toujours un bon moment ensemble.
2. Il/Elle vous dérange assez souvent.
3. Vous respectez cette personne au niveau professionnel.
4. Il/Elle a de l'amitié pour vous.
5. Vous ne faites pas confiance à cette personne.
6. Il/Elle vous invite à déjeuner ou à prendre un café ensemble.
7. Vous lui faites des confidences.

B Quel genre d'ami(e)?

Étape 1. Identifiez une personne dans votre vie qui correspond à chaque description suivante. Quel genre de relation avez-vous avec lui/elle?

Modèle: Je ressens une affection constante pour lui/elle.
Pour moi, cette personne est Henri. C'est mon meilleur ami.

1. Je lui fais des confidences.
2. Je suis prêt(e) à le/la laisser tomber.
3. Je fais semblant d'avoir de l'amitié pour lui/elle.
4. Je ressens toujours de la joie pour lui/elle lorsqu'il/elle réussit.
5. Je n'ai pas trop envie de le/la soutenir, surtout pas dans les moments difficiles.

Étape 2. Parlez de vos réponses de l'Étape 1 avec un(e) partenaire. Ensuite, discutez ensemble de ce que vous feriez et ne feriez pas pour chaque classification d'ami(e) suivante.

Modèle: É1: **Qu'est-ce que tu ferais et ne ferais pas pour un(e) camarade de classe?**
É2: **Je lui prêterais un stylo ou un crayon. Je ne l'inviterais pas chez moi.**

1. une connaissance	4. un(e) ami(e) d'enfance
2. un(e) collègue de travail	5. un bon copain / une bonne copine
3. un(e) camarade de classe	6. un(e) ami(e) déloyal(e)

C Vous êtes un(e) ami(e) loyal(e)? Posez et répondez aux questions en petits groupes.

1. En général, est-ce que vous croyez être un(e) ami(e) loyal(e) ou déloyal(e)? Expliquez.
2. Est-ce que vous chérissez tous vos amis? Pourquoi ou pourquoi pas?
3. Avez-vous jamais fait semblant de ressentir de la tristesse ou du chagrin pour un(e) ami(e)?
4. Ressentez-vous de temps en temps de l'agacement ou de la colère envers vos amis? Essayez-vous de leur cacher ces émotions? Pourquoi ou pourquoi pas?
5. Est-ce que vous pensez être capable de trahir un être cher? Expliquez.

D L'intelligence émotionnelle

mimagephotography/Shutterstock.com

Étape 1. Que devrions-nous faire quand les émotions négatives nous envahissent *(invade, take over)*? Les experts sont d'accord qu'il faut stimuler son intelligence émotionnelle mais le processus *(process)* est différent pour chaque individu. Lisez ces cinq techniques les plus recommandées pour vous aider à améliorer votre intelligence émotionnelle.[1]

1. Apprendre à accepter ses émotions.
2. Essayer la relaxation autoconcentrative; c'est-à-dire la concentration intérieure ou la méditation. (Restez tranquille lorsque l'émotion vous traverse et réfléchissez à la source ou à la cause de l'émotion.)
3. Respirer et/ou aller marcher, danser, faire du sport, cuisiner, jardiner, écouter de la musique, chanter, jouer d'un instrument musical ou faire une activité créative.
4. Pratiquer l'autosuggestion; c'est-à-dire un dialogue avec soi-même. (Imaginez une autre personne dans la même situation que vous. Que lui diriez-vous?)
5. Anticiper les émotions négatives et utiliser les expériences passées pour se libérer des émotions négatives.

Étape 2. Discutez avec un(e) partenaire.

1. Avec quelle(s) technique(s) pour gérer les émotions négatives êtes-vous d'accord?
2. Quelle(s) technique(s) pratiquez-vous personnellement? Ça marche pour vous?
3. Une autre suggestion pour mieux gérer *(manage, handle)* les émotions négatives est d'essayer de trouver la joie dans la vie, même dans les plus petits plaisirs de la vie. Que faites-vous pour ressentir de la joie dans votre vie?

E Les «amis» des réseaux sociaux On dit que Facebook a réinventé l'idée de l'«ami» ou au moins, qu'il a ajouté une nouvelle catégorie de relations humaines. Répondez à ces questions avec un(e) partenaire et puis préparez ensemble une réponse.

1. Quels réseaux sociaux utilisez-vous? Combien d'amis avez-vous sur ces réseaux?
2. Qui sont ces amis pour vous: des amis d'enfance, des (anciens) camarades de classe, des (anciens) collègues de travail, des connaissances, des membres de la famille, des copains du lycée, des amis d'amis? Les connaissez-vous tous bien?
3. Quelles informations partagez-vous sur les réseaux sociaux? Est-ce que ces informations sont différentes de ce que vous dites ou partagez avec vos amis en personne?

Modèle: **Pour les amis des réseaux sociaux, il s'agit d'un grand groupe de personnes que nous connaissons mais nous n'avons pas vraiment d'amitié pour tout le monde. On partage les meilleurs moments de la vie mais dans un sens, c'est souvent pour faire semblant. Entre les vrais amis et les amis des réseaux sociaux, nous choisirions nos vrais amis pour toujours.**

COIN CULTUREL

Annette Shaff/Shutterstock.com

Facebook, Twitter, Tumblr ou Pinterest? L'Afrique francophone est elle aussi très branchée sur les réseaux sociaux, Facebook toujours en tête! C'est surtout à partir de leur portable que les Africains accèdent aux réseaux sociaux. En 2017, Facebook compte 168 millions d'utilisateurs, Instagram 31 millions d'utilisateurs et LinkedIn 24 millions d'utilisateurs en Afrique, selon Socialnetlink.

[1] Adapté de la source: https://www.ressources-actualisation.com/psychologie/comment-gerer-ses-emotions/

PARTIE 2 GRAMMAIRE 2

La position des adverbes

DU FILM *ENCORE*

Encore un pas vers la grammaire

Look at these photos from the film *Encore* and their captions.

Claire écoute **mal** le client de l'hôtel qui lui demande une suite. Elle est préoccupée par les événements de la nuit.

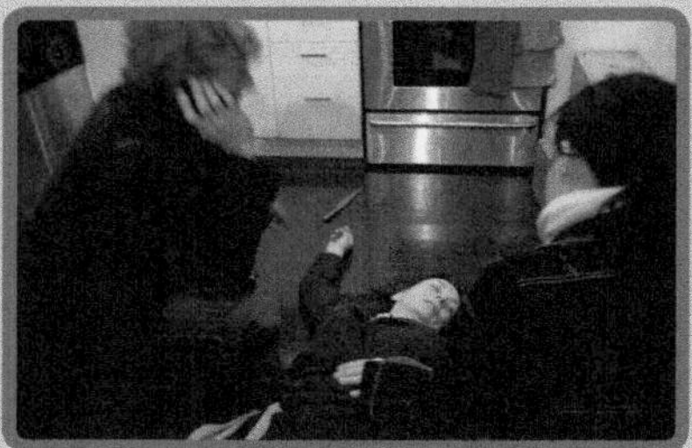

ANDRÉ: Une ambulance, s'il vous plaît…oui. Nous avons une femme d'environ euh 50 ans. Elle a l'air **gravement** blessée. Faites **vite.** Merci.

1. What words are the adverbs **mal, gravement,** and **vite** modifying?
2. Where are **mal** and **vite** positioned in relation to the words they modify? How about **gravement**?

MINDTAP Préparation

Go to **Préparation pour Grammaire 2** to review how to form regular and irregular adverbs

Note de grammaire

There are two important exceptions: **gentiment** *(nicely)* and **brièvement** *(briefly).* Their corresponding adjectives are **gentil / gentille** and **bref / brève.**

- Adverbs allow for more precision in description by indicating the manner in which something is done. Regular adverbs are formed by adding **-ment** to the feminine form of the adjective or the masculine form if it ends in a vowel. When the adjective ends in **-ent** or **-ant,** replace the ending with **-emment** and **-amment,** respectively.

Certaines amitiés se développent **lentement.**	*Some friendships will develop slowly.*
Ils parlent toujours **superficiellement.**	*They always speak superficially.*
La camaraderie est **absolument** importante.	*Camaraderie is absolutely important.*
Une amie chère est **évidemment** plus chérie.	*A dear friend is obviously more cherished.*
Je dois **constamment** leur parler.	*I always have to talk to them.*

- In addition to manner, adverbs also describe quantity, opinion, place, frequency, and time. Many of these common adverbs are irregular.

Manner	bien, ensemble, mal, mieux, pire, (tout) seul, vite
Quantity	assez, beaucoup, énormément, moins, (un) peu, plus, trop
Place	ailleurs *(elsewhere)*, dehors *(outside)*, ici, là, là-bas, nulle part *(nowhere)*, partout *(everywhere)*, quelque part *(somewhere)*

Opinion	heureusement *(fortunately, luckily, happily)*, malheureusement *(unfortunately, unluckily, sadly)*, peut-être *(maybe, perhaps, possibly)*, probablement *(probably, in all likelihood)*, sans doute *(most likely)*
Frequency	déjà, enfin *(finally)*, habituellement *(usually)*, parfois, quelquefois, rarement, souvent, toujours, tout le temps
Time	aujourd'hui, bientôt, ce matin, ce soir, cet après-midi, de temps en temps, demain, hier, immédiatement, maintenant, plus tard *(later)*, récemment, tard *(late)*, tôt *(early)*

- With simple tenses, such as the present tense, adverbs usually directly follow the verbs they modify. In negative constructions, the adverb follows **pas.**

Les amis déloyaux trahissent **facilement** leurs amis.	*Disloyal friends easily betray their friends.*
Les collègues **ne** parlent **pas franchement.**	*Colleagues don't speak frankly.*

- These adverbs precede the adjectives or adverbs they modify: **assez** *(rather, quite)*, **presque** *(almost)*, **particulièrement** *(especially, particularly)*, **vraiment, si** *(so)*, **très.**

Mon verre est **presque** vide.	*My glass is almost empty.*
Ils semblent **particulièrement** heureux ce soir.	*They seem especially happy this evening.*
Tu chantes **si** bien.	*You sing so well.*

- Like in English, an adverb may be used all alone to answer a question.

—Quand commencez-vous vos devoirs?	*When are you starting your homework?*
—**Maintenant.**	*Now.*

- With compound tenses, like the **passé composé,** adverbs most often come in-between the auxiliary verb and the past participle. With infinitives, they typically appear between the two verbs.

A-t-elle **vraiment** ressenti de l'affection pour lui?	*Did she really feel affection for him?*
Ils vont **cordialement** nous inviter.	*They are cordially going to invite us.*

- Adverbs may also be placed after the past participle in the **passé composé** for emphasis. Common adverbs of time and place also generally follow the past participle.

Non, je me suis levé **tard.**	*No, I got up late.*
Est-ce que tu l'as vu **ailleurs**?	*Did you see it elsewhere?*

- The adverbs **peut-être, sans doute,** and **probablement** usually precede **pas** in negative constructions of compound tenses.

Ils **n'ont probablement pas** invité Guy.	*They probably didn't invite Guy.*
Vous **n'êtes peut-être pas** sortis hier?	*You maybe didn't go out yesterday?*

Note de grammaire

The adverb **assez** changes meaning. With verbs, it describes quantity and suggests *enough.* With adjectives or adverbs, it describes manner and means *rather* or *quite.* **J'en ai assez pris. / J'en ai pris assez.** *(I took enough.)* vs. **Ils sont assez gentils.** *(They are rather / quite nice.)*

Encore une mélodie

Marianne Rosenstiehl/Sygma Premium/Getty Images

L'auteure-compositrice-interprète française Barbara (1930–1997) (née Monique Andrée Serf à Paris) est l'une des plus grandes artistes de la chanson française. Elle est toujours appréciée aujourd'hui pour sa poésie engagée et la beauté de ses mélodies. Beaucoup de ses chansons sont devenues des classiques de la chanson française tels que *L'aigle noir.* Dans cette chanson, Barbara décrit un rêve dans lequel un aigle noir descend du ciel et la réveille pendant qu'elle dort au bord d'un lac. Cherchez les paroles de cette chanson sur Internet et notez tous les adverbes dans la chanson.

A Tu veux dire? Terminez chaque phrase avec l'adverbe qui convient le mieux. Pour certains numéros, plusieurs réponses sont possibles.

ailleurs	enfin	parfois	sans doute
assez	heureusement	partout	tard
bientôt	mal	plus tard	tôt
dehors	nulle part	probablement	quelque part

1. Si tu ne te couches pas tôt ou à l'heure, tu te couches ______________.
2. Si tu invites tes amis quelquefois, tu les invites ______________.
3. Si tu sais que ton sac à dos n'est pas ici, tu sais qu'il est ______________.
4. Si tu manges moins qu'il faut, tu ne manges pas ______________.
5. Si tu vas faire quelque chose, tu vas le faire ______________.
6. Si tu sais que tu n'as pas perdu tes clés, tu sais qu'elles sont ______________ chez toi.
7. Si tu crois que tu vas faire quelque chose mais n'es pas sûr(e), tu vas ______________ le faire.
8. Si tu ne fais pas bien quelque chose, tu le fais ______________.
9. Si tu ne sais pas où tu as laissé quelque chose, tu le cherches ______________.
10. Si tu quittes ta maison, tu es maintenant ______________.

B Phrases descriptives sur l'amitié et la camaraderie Préparez des phrases complètes sur l'amitié et la camaraderie avec un adverbe (de cette liste *ou* de votre choix) et un sujet logiques.

absolument	en général	peut-être	souvent
assez	facilement	quelquefois	trop
de temps en temps	immédiatement	rarement	vraiment

Modèle: laisser tomber les amis
Je laisse rarement tomber mes amis.

1. avoir de l'amitié pour les camarades de classe
2. ne pas faire de confidences aux collègues de travail
3. faire confiance aux colocataires
4. faire semblant d'avoir de l'affection pour les amis
5. ressentir de l'agacement envers les membres de la famille
6. ne pas sortir avec les connaissances

Conclusion Montrez vos phrases à un(e) partenaire. Voyez-vous les êtres humains et leurs relations personnelles de la même manière?

C Les potins et les prédictions Racontez des potins *(gossip)* sur les (bonnes ou mauvaises) actions des célébrités ou des gens dans votre vie. Ou, faites des prédictions. Utilisez les verbes ou adverbes possibles ou d'autres de votre choix.

Quelques verbes possibles		Quelques adverbes possibles		
accepter	sauver	(trop) vite	mal	passionnément
aller	séduire	(très) bien	quelquefois	violemment
conduire	soutenir	souvent	rarement	loyalement
déranger	trahir	bientôt	plus tard	stupidement
déshabiller	s'amuser	tout le temps	une fois	prudemment
disparaître	se confier (à)	parfois	d'habitude	continuellement
divorcer	se disputer (avec)	enfin	moins	héroïquement
donner	s'ennuyer	presque	peut-être	finalement
hériter	se fâcher (contre)	partout	surtout	généreusement
mourir	s'habiller			
ressentir				

Modèles: **Mes amis ne se sont pas bien préparés pour leur présentation d'aujourd'hui, malheureusement.**

Ma copine va malheureusement rater son prochain examen, je crois.

Zac Efron et moi n'allons pas secrètement nous marier, malheureusement.

D Questionnaire: Quel genre d'ami(e) êtes-vous?

Étape 1. Préparez une série de questions que vous pouvez poser à vos camarades de classe pour savoir quel genre d'amis ils/elles sont. Utilisez un adverbe dans chaque question.

Modèle: **Est-ce que tu laisserais *facilement* un(e) ami(e) dans un endroit inconnu?**

Étape 2. À tour de rôles, posez vos questions à un(e) partenaire. Notez ses réponses et n'hésitez pas à lui poser des questions secondaires. Vous pourriez demander, selon le cas: **Pourquoi (pas)?, Dans quelles circonstances?, Explique-moi ça., Est-ce parce que tu… ?, Pourrais-tu donner plus de détails / précisions?,** et ainsi de suite.

Étape 3. Utilisez vos notes de l'Étape 2 pour écrire une petite description du genre d'ami auquel votre partenaire correspond, à votre avis. N'oubliez pas d'utiliser des adverbes pour préparer une description plus précise et complète.

Modèle: **Mon partenaire est un très bon ami. Il est vraiment loyal. Récemment, son camarade de chambre a eu un accident de voiture. Mon partenaire a dû aller à l'hôpital où il a patiemment attendu toute la nuit!…**

Conclusion Montrez votre description à votre partenaire et lisez la sienne. Êtes-vous d'accord avec les deux descriptions? Si non, quels changements aimeriez-vous faire?

Journal de bord

Résumez en quelques phrases ce que vous avez appris dans la Partie 2 du Chapitre 5. Suggestions: Qu'est-ce que vos camarades de classe feraient et ne feraient pas pour leurs amis et leurs connaissances? Êtes-vous d'accord avec l'idée des Français que l'amitié est «un investissement»? Pourquoi ou pourquoi pas?

L'amitié dans le monde francophone

L'amitié franco-québécoise

Les liens entre la France et le Québec remontent aux XVIe et XVIIe siècles, période de colonisation. Au fil des siècles, des efforts de coopération linguistique, artistique, culturelle et économique se sont développés pour aboutir à° de vrais échanges basés sur des valeurs communes comme l'amitié, la langue française et le rayonnement° économique et touristique entre le Québec et la France. Plusieurs associations régionales comme Québec-France et l'Office québécois de la langue française sont très impliquées tous les ans dans l'organisation de Francofête, un festival axé sur la culture et la langue françaises à travers des activités ludiques° et des soirées thématiques. Par exemple, les participants peuvent assister aux dictées, jeux linguistiques, conférences, expositions artistiques thématiques, prestations° musicales et soirées chansons, entre autres°. Francofête est toujours organisée autour du 20 mars, qui est la Journée internationale de la Francophonie.

Certains concepts culturels français ont été adoptés au Québec dans le but de renforcer la langue française. La célèbre dictée de Bernard Pivot[1] a été reprise sous le nom de «dictée des Amériques» entre 1994 et 2009. Depuis 2015, une nouvelle activité à grand public sous forme de concours° de participation a été ajoutée au programme. Appelée Tourismots, le but est de relier les attraits des villes et des régions françaises et québécoises avec les expressions du français canadien ou du français de France. Les Francofolies de La Rochelle et les FrancoFolies de Montréal, organisées à la mi-juin, sont aussi deux festivals de musique importants pour célébrer la langue française, avec plus de mille chanteurs, musiciens ou groupes musicaux venus de tous les coins du monde francophone. Dans la même idée, les Francofolies de Spa (en Belgique) sont organisées au mois de juillet. Quant aux artistes musicaux francophones internationaux, il existe depuis des décennies° une grande collaboration des deux côtés de l'Atlantique, la plus célèbre étant celle de Céline Dion et du chanteur-compositeur français Jean-Jacques Goldman. Également, Yves Duteil, un grand artiste de la chanson française, s'est distingué en composant *La langue de chez nous,* qui fait référence à la France et au Québec.

aboutir à *to lead to* **rayonnement** *influence* **ludiques** *playful* **prestations** *performances* **entre autres** *among others* **concours** *contest, competition* **décennies** *decades*

Avez-vous compris?

1. De quand datent les liens entre la France et le Québec?
2. Quels sont les efforts de coopération développés par la France et le Québec?
3. Qu'est-ce que Francofête?
4. D'où vient la «dictée des Amériques»?

[1] Bernard Pivot is a famous journalist, columnist, and host of cultural and literary televisions programs in France. He is known as **un passionné du bien écrit.**

RICHARD MILLE
HEURE JURASSIENNE
SWISS MADE

njene/Shutterstock.com

L'amitié entre les nations

Pour marquer les grands événements d'une nation, tels que l'anniversaire d'un pays ou d'une indépendance, ou la visite d'un chef d'état étranger° ou d'un membre d'une famille royale, il est d'usage d'offrir des cadeaux à ses invités. Ceux-ci sont minutieusement choisis, symbolisant l'origine et le travail des gens qui ont façonné ces objets, leur destination ou destinataire et, bien sûr, les célèbres industries du pays. Autrement dit, ces cadeaux représentent en quelque sorte° l'identité nationale du pays qui offre le cadeau mais aussi l'identité individuelle de l'invité (ses goûts ou ses préférences personnelles).

Par exemple, en 2011, la France a offert à Barack Obama et à sa famille un sac de golf Hermès, des peignoirs° Christian Dior, un sac Louis Vuitton et des lampes en cristal de Baccarat. Pour sa part, la Suisse, fleuron° de l'horlogerie, a envoyé au Québec en 2008 pour le 400e anniversaire de la province une très grande horloge, d'une valeur financière s'élevant à plusieurs milliers de dollars. Dans certains cas, le cadeau très symbolique peut poser quelques problèmes, comme le chameau° qu'a offert le Mali au président français François Hollande lors de son voyage là-bas en 2013. L'animal, confié à° une famille malienne, a été transformé en tajine![1]

Le cadeau le plus mémorable qui souligne bien l'amitié entre les États-Unis et la France est sans doute la Statue de la Liberté. Sculptée par Auguste Bartholdi en 1886 pour commémorer le centième anniversaire de l'indépendance des États-Unis, la statue représente non seulement la valeur inestimable de la liberté humaine, mais aussi le statut° chéri de la France en tant que° «premier ami» dans l'histoire américaine.

étranger *foreign* **en quelque sorte** *in a manner of speaking* **peignoirs** *bathrobes* **fleuron** *flagship* **chameau** *camel* **confié à** *entrusted to, left with* **statut** *status* **en tant que** *as*

MINDTAP L'amitié dans le monde francophone:

JEUX DE LA FRANCOPHONIE
JEUNESSE, ARTS ET SPORTS

Would you like to learn more about **Une complicité musicale franco-québécoise (Céline Dion et Jean-Jacques Goldman); Bartholdi, son œuvre à l'étranger;** ou **Amitiés francophones: les Jeux de la Francophonie?** Visit **Liaisons culturelles** and **Encore plus loin** in MindTap to explore these topics.

Avez-vous compris?

1. Selon le texte, comment sont choisis les cadeaux offerts aux différentes nations?
2. Pourquoi la Suisse a-t-elle offert une horloge au Québec?
3. Quel cadeau le président français a-t-il reçu de la part du Mali?
4. À quelle occasion la France a-t-elle offert la Statue de la Liberté?

Qu'en pensez-vous?

Quel cadeau souhaiteriez-vous que votre pays donne à un pays francophone? Choisissez d'abord le pays francophone destinataire de ce cadeau. Ensuite, sélectionnez le cadeau le plus approprié et expliquez pourquoi il est approprié à votre avis.

[1]A **tajine** is a Northern and Western African dish.

L'imparfait et le passé composé

DU FILM *ENCORE*

Encore un pas vers la grammaire

Look at these photos from the film *Encore* and their captions.

DÉTECTIVE Et vous n'**avez** jamais **vu** le visage de cet homme?

CLAIRE Non. Il **est arrivé** derrière moi.

ROBERT Claire, je sais que vous **avez subi** un choc terrible et que ces derniers jours **étaient** difficiles…

1. Which verb(s) is (are) in the **passé composé**? In the **imparfait**?
2. Which verb(s) is (are) used to describe actions that have been completed—the **imparfait** or the **passé composé**?
3. Which verb(s) is (are) used to describe a state or situation in the past—the **imparfait** or the **passé composé**?

MINDTAP Préparation

Go to **Préparation pour Grammaire 3** to review **imparfait** verb forms.

- In past time narratives, the **passé composé** is used for events with time boundaries. These events are viewed as completed or begun at a point in time.

Je **suis arrivé** à neuf heures.	*I arrived at nine o'clock.*
J'**ai étudié** pendant deux heures.	*I studied for two hours.*
Il **a plu** toute la journée.	*It rained all day long.*

- The **passé composé** is also used to express a sequence of actions in the past.

  Lise **a préparé** le dîner. Puis, elle **a fait** la vaisselle et elle **a sorti** la poubelle.

  Lise prepared dinner. Then she did the dishes and took out the trash.

- The **imparfait** is used for events without time boundaries, such as events that were in progress at a point in time. It is also used to talk about age and states of mind, and for descriptions in the past.

Quand je suis arrivé, il m'**attendait.**	*When I arrived, he was waiting for me.*
À minuit, j'**étudiais.**	*At midnight, I was studying.*
Guy **était** mince et triste quand il **avait** 5 ans.	*Guy was thin and sad when he was five years old.*

- The **imparfait** is also used to describe events that were repetitive or habitual without reference to when they began or ended.

Au lycée, j'**étudiais** tous les jours.	*In high school, I would study / studied everyday.*

- The **imparfait** often describes an activity or condition that was in progress (background information) while the **passé composé** expresses an interruption of that activity or condition.

  J'**étudiais** quand soudainement Luc est arrivé. — *I was studying when suddenly Luc arrived.*

- Except for **être**, the **imparfait** is formed by dropping the **-ons** from the **nous** form of the present tense and adding the **imparfait** endings: **-ais, -ais, -ait, -ions, -iez,** and **-aient** (je sav**ais,** tu sav**ais,** il/elle sav**ait,** nous sav**ions,** vous sav**iez,** ils/elles sav**aient**). The stem for **être** is **ét-**.

- With increased exposure to French, the use of the two past tenses to form narratives will become easier. Look over the following story. Note how the **passé composé** advances the actual action and timeline of the story while the **imparfait** does not.

  Hier j'ai eu un examen. J'**étais** un peu mal à l'aise quand je suis entré dans la salle de classe. Je n'**étais** pas bien préparé. Quand le prof nous a donné l'examen, j'**étais** choqué. L'examen **était** très long! Il y **avait** 80 questions mais on **avait** seulement une heure pour le finir! Donc j'ai commencé tout de suite et j'ai travaillé dur pendant l'heure. Quand le prof a dit qu'il **fallait** finir, j'ai terminé la dernière question! Je suis sorti de la classe pas très content mais j'**étais** soulagé.

- In French, the **passé composé** and the **imparfait** indicate different time frames, something that English grammar cannot do. Instead, English resorts to different words.

Je **connaissais** déjà le prof.	*I already knew the professor. (I was in the process of knowing him at a point in time.)*
J'**ai connu** le prof hier dans la classe.	*I met the professor yesterday. (I began to know him at a particular point in time.)*
Je **savais** la réponse.	*I knew the answer. (I was in the process of knowing the answer at a point in time.)*
J'**ai su** la réponse quand je l'ai vu.	*I grasped the answer when I saw him. (I began to know the answer at a particular point in time.)*
Je **pouvais** le faire pour lui.	*I could do it for him. (I was in the process of being able to do it at a point in time.)*
Enfin j'**ai pu** le faire pour lui.	*I managed to do it for him. (I was finally able to do it at a particular point in time.)*
Au lycée, je **voulais** être avocat.	*I wanted to be a lawyer in high school (my wanting was in progress in high school.)*
J'**ai voulu** être avocat mais j'ai raté l'examen.	*I wanted to be a lawyer but failed the exam (my wanting was over as soon as I failed the exam).*
Je **devais** faire mes devoirs.	*I was supposed to do my homework. / I had to do my homework.*
J'**ai dû** faire mes devoirs.	*I was (finally) forced to do my homework.*

Note de grammaire

The imperfect **j'étudiais** *(I would study)* is not the same as the conditional **j'étudierais** *(I would study).* The imperfect form is describing how it *used to be;* the conditional is describing how it *would be* given certain conditions or a hypothetical situation.

Note de grammaire

Several expressions are usually associated with habitual or reoccurring events and thus often appear with the **imparfait: à cette époque-là, autrefois, chaque année / mois, d'habitude, le lundi / le samedi…, souvent, toujours, tous les jours.**

Note de grammaire

Several expressions are usually associated with changes of state and thus often appear with the **passé composé: soudain / soudainement** *(suddenly),* **tout à coup** *(all of a sudden),* **une fois** *(once),* **un jour,** and **un matin.**

Encore une mélodie

Francois Guillot/AFP/Getty Images

Zazie est une auteure-compositrice-chanteuse française. Elle est bien connue pour ses paroles uniques. Dans sa chanson *J'étais là* (2007), elle chante sur des injustices de l'humanité. Cherchez les paroles sur Internet et notez tous les verbes à l'imparfait et tous les verbes au passé composé. Pourquoi n'est-il pas facile d'agir contre les injustices?

A Activités passées

Étape 1. Décidez si Robert faisait ces activités quand il était jeune ou s'il a fait ces activités hier.

	quand il était jeune	hier
1. Il **écoutait** la radio.	☐	☐
2. Il **a parlé** avec un ami.	☐	☐
3. Il **faisait des promenades.**	☐	☐
4. Il **allait** au musée.	☐	☐

Étape 2. Avez-vous récemment fait les activités de l'Étape 1 ou les faisiez-vous quand vous étiez jeune? Dites-le à un(e) partenaire et ajoutez des détails intéressants.

Modèles: **J'écoutais les chaînes de radio pop quand j'étais plus jeune.**
Je n'écoutais pas trop la radio quand j'étais plus jeune.
J'ai écouté NPR hier. J'aime bien *Fresh Air* avec Terry Gross.
Je n'ai pas écouté la radio hier. J'ai écouté des chansons sur MP3.

B L'enfance d'Abia, Nadia et Xavier

Abia, Nadia et Xavier sont plus que frère et sœurs. Ils sont aussi amis. Lisez cette description de leur enfance passée ensemble et choisissez le verbe qui complète correctement chaque phrase.

Quand ils 1. ______________ (étaient / ont été) petits, Abia, Nadia et Xavier 2. ______________ (faisaient / ont fait) presque tout ensemble. Ils 3. ______________ (jouaient / ont joué) souvent dans le jardin ensemble où ils 4. ______________ (inventaient / ont inventé) toujours leurs propres jeux. Un jour, ils 5. ______________ (inventaient / ont inventé) un jeu particulier un peu comme le football, dans lequel Abia et Nadia 6. ______________ (devaient / ont dû) lancer *(to throw)* un ballon à Xavier qui 7. ______________ (pouvait / a pu) seulement utiliser ses pieds pour l'attraper. Pendant un tir, Abia 8. ______________ (lançait / a lancé) le ballon trop fort. Xavier 9. ______________ (tombait / est tombé) et il 10. ______________ (se cassait / s'est cassé) la jambe.

C Un passé surprenant?

Complétez ces phrases avec des détails personnels et des verbes conjugués à l'imparfait ou au passé composé selon le cas. Ensuite, formez des petits groupes et lisez à voix haute vos phrases. Est-ce que quelqu'un a un passé qui vous surprend *(surprise)*? Pourquoi ou pourquoi pas?

1. Je ______________ tout le temps avec mes camarades de classe au lycée.
2. Pendant la dernière année du lycée, mes camarades de classe ______________.
3. Après la cérémonie de remise de diplôme, mes amis et moi ______________.
4. Le week-end dernier, mon meilleur ami / ma meilleure amie ______________.
5. Mon/Ma colocataire ______________ tous les soirs l'année passée.
6. Autrefois, je ______________.

D **Les films pour adolescents *(Teen flicks)*** Ce genre de film populaire aux États-Unis et en France mélange la comédie et le drame. La camaraderie en est souvent le thème principal et l'intrigue *(plot)* se déroule *(unravels)* autour d'événements de type cause et effet et d'interruptions. Créez des situations qui mélangent comédie et drame à partir de ces indices.

inviter (ses amis)	laisser tomber	blesser
faire une fête	ressentir	porter un jugement
se confier à	trahir	s'inscrire dans un club
faire des confidences	consoler	faire des compromis

Modèle: Une fille ______________ quand soudain ______________.

Une fille regardait la télé quand soudain elle a reçu un texto d'une amie.

1. Un garçon / Une fille ______________. Tout à coup, ______________.
2. Le directeur du lycée ______________. Soudain, ______________.
3. Les parents / Les adolescents ______________ quand les adolescents / les parents ______________.
4. Les amis ______________ quand soudainement ______________.

E **L'histoire du début d'une belle amitié** Abia et Claire sont meilleures amies. Mais comment leur belle amitié a-t-elle commencé? À vous d'inventer l'histoire! Suivez ces instructions et ensuite écrivez une petite histoire avec un(e) partenaire.

1. Décrivez Abia et Claire avant leur rencontre et au début de leur amitié.
2. Imaginez la situation dans laquelle Claire et Abia se sont rencontrées pour la première fois et ont fait connaissance.
3. Notez quelques phrases de plus *(additional)* qui décrivent ce qui s'est passé après et comment leur amitié s'est développée jusqu'au degré que vous voyez dans le film maintenant.

F **Simone** La mère de Claire a eu une vie assez compliquée mais ça commence à aller mieux maintenant. Choisissez la bonne forme du verbe pour compléter chaque phrase.

1. Quand Simone était petite, elle (a dû / devait) faire le ménage tous les jours après l'école.
2. Récemment, Claire (voulait / a voulu) aider sa mère et l'a accueillie *(welcomed)* chez elle.
3. Simone (pouvait / a pu) terminer un roman qu'elle était en train de lire l'autre jour.

Et vous? Parlez de vos activités récentes avec un(e) partenaire en utilisant ces questions pour guider vos réponses. Ajoutez d'autres détails intéressants.

1. Qu'avez-vous dû faire hier? Vouliez-vous faire cela? C'était une obligation agréable?
2. Avez-vous pu faire d'autres choses que vous vouliez ou deviez faire? Pourquoi ou pourquoi pas? Que vouliez-vous faire mais n'avez pas pu faire? Qu'est-ce qui s'est passé?

Journal de bord

Résumez en quelques phrases ce que vous avez appris dans la Partie 3 du Chapitre 5. Suggestions: Qu'est-ce qui vous intéresse dans les lectures culturelles? Qu'est-ce que vous avez appris de vos camarades de classe à propos de leur passé?

PREMIÈRE PROJECTION

Vocabulaire du film

un coup de fil *(phone) call*
un fusil *gun*
le gaz incapacitant *pepper spray, mace*
le pouls *pulse*
le visage *face*

agresser *to assault, to attack*
se calmer *to calm down*
être en pleine forme *to be in good shape*
réagir *to react*

se remettre (de) *to collect oneself, to regain one's composure*
subir un choc *to suffer a shock*

disponible *available*
interdit(e) *prohibited*
Gardez les yeux ouverts. *Keep your eyes open.*
Le travail me fera du bien. *Work will do me good.*

A Avant de visionner Voici des répliques de la Séquence 3 du film *Encore.* Complétez chaque réplique avec un mot ou une expression du vocabulaire du film. Vous allez vérifier vos réponses plus tard.

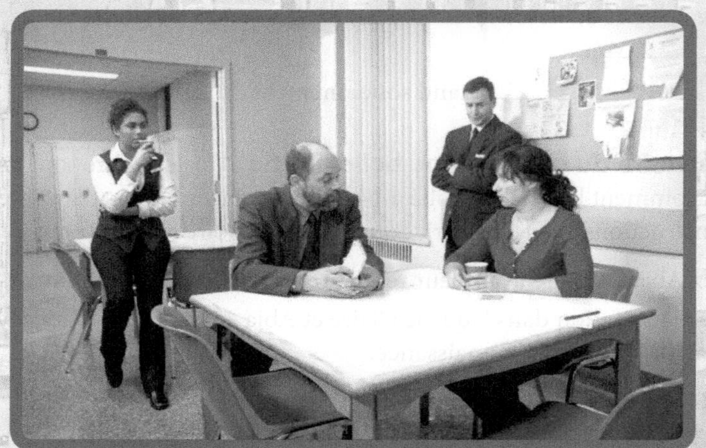

1. DÉTECTIVE: Et vous n'avez jamais vu le ______________ de cet homme?
   CLAIRE: Non. Il est arrivé derrière moi. J'ai ______________ comme j'ai pu.
2. DÉTECTIVE: Eh bien, je crois que nous avons terminé ici. Cet homme ne reviendra pas ce soir. Madame, voici ma carte. Je suis à votre disposition. ______________
   CLAIRE: Merci, inspecteur.
3. ROBERT: Claire, si vous voulez… Vous pouvez rentrer chez vous ce soir.
   CLAIRE: Ce n'est pas nécessaire. Je vais bien.
   ROBERT: Vous êtes sûre? Ça va?
   CLAIRE: Oui, oui. Je crois que ______________.
4. ROBERT: Claire, je sais que vous avez subi ______________ terrible et que ces derniers jours étaient difficiles… Mais quand même. Il faut que vous vous en remettiez.

B ▶ Regardez la séquence Regardez la Séquence 3. Utilisez le contexte pour vous aider à comprendre le plus possible.

C **Compréhension** D'après ce que vous avez vu *(saw)* dans la Séquence 3, répondez aux questions suivantes avec un(e) partenaire.

1. Pourquoi Claire parle avec un inspecteur?
2. Robert, le superviseur de l'hôtel, demande à Claire de rentrer chez elle. Pourquoi?
3. Qu'est-ce qu'Abia donne à Claire et pourquoi?
4. Pourquoi Claire crie quand elle entre chez elle?
5. Qui arrive à l'appartement de Claire à la fin de la séquence?

D **La complicité entre amis**

Étape 1. Claire et Abia partagent une complicité profonde. Voilà des répliques de la scène entre les deux amies dans le vestibule de l'hôtel. Ces répliques ne sont pas dans le bon ordre, alors remettez-les en ordre.

a. Bon. Et passe-moi un coup de fil ce soir quand tu seras rentrée chez toi, d'accord? Viens.
b. Ne prends pas ce ton avec moi, Claire. Quelqu'un t'a agressée ce soir! Sois raisonnable.
c. Je peux t'entendre. Et tu ne vas pas prendre le métro. Je t'appelle un taxi.
d. Bon, alors, j'ai deux mères maintenant.
e. Du gaz incapacitant? Abia! Mais où l'as-tu trouvé? C'est interdit ici.
f. OK, OK. Tu as raison. Merci.

ABIA: Claire, j'ai quelque chose pour toi. Tiens.

1. CLAIRE: ______________
2. ABIA: ______________
3. CLAIRE: ______________
4. ABIA: ______________
5. CLAIRE: ______________
6. ABIA: ______________

Étape 2. Répondez aux questions.

1. Dans cette scène, qu'est-ce qu'Abia fait pour Claire pour démontrer qu'elle est toujours là pour la protéger?
2. En plus d'être une amie, quel rôle est-ce qu'Abia joue dans la vie de Claire?
3. Avez-vous un(e) ami(e) comme Abia sur qui vous pouvez toujours compter? Qu'est-ce que vos ami(e)s ont fait pour vous qui vous a touché(e)?
4. Connaissez-vous d'autres films qui traitent du thème de l'amitié? Qui sont les personnages dans ces films? Décrivez leur amitié.

OUI, JE PEUX!

Look at these "can-do statements" and rate yourself on how well you think you can perform these tasks in French. Then, with a partner, carry out the statements by doing Activities A and B. This will allow you to verify your abilities and to see how accurate your self-assessment was.

1. **"I can talk about the different cities I have lived in or have visited and say for how long I lived or visited there. I can also talk about where I currently live and say for how long I have been living there. I can also say which city is my favorite city and explain why."**

   I can perform this function
   - ☐ with ease
   - ☐ with some difficulty
   - ☐ not at all

2. **"I can describe an event/incident that happened to a close friend or a childhood friend and me that made me laugh."**

   I can perform this function
   - ☐ with ease
   - ☐ with some difficulty
   - ☐ not at all

A Les villes

Étape 1. Dressez une liste de trois à cinq villes dans lesquelles *(which)* vous avez vécu ou que vous avez visitées. Pendant combien de temps y avez-vous habité ou les avez-vous visitées? Où habitez-vous maintenant? Depuis combien de temps / depuis quand est-ce que vous habitez dans cette ville? Quelle ville est votre ville préférée? Pourquoi?

Étape 2. Avec votre partenaire, parlez de trois villes dans lesquelles vous avez habité ou que vous avez visitées. Ensuite, dites à votre partenaire depuis combien de temps ou depuis quand vous habitez dans votre ville actuelle. Enfin, dites à votre partenaire quelle ville est votre ville préférée et expliquez pourquoi.

Étape 3. Avez-vous bien réussi cette activité ou avez-vous eu des difficultés avec cette tâche *(task)*? Si oui, quelles étaient vos difficultés?

B J'ai tellement ri!

Étape 1. Pensez à un événement de votre enfance, qui implique *(involves)* un(e) ami(e) d'enfance, qui vous a fait rire. Décrivez cet événement en utilisant l'imparfait et le passé composé. Pourquoi riez-vous toujours quand vous repensez *(think again)* à cet événement?

Étape 2. Décrivez l'événement que vous avez choisi à un(e) partenaire. Expliquez pourquoi vous riez toujours quand vous repensez à cet événement.

Étape 3. Avez-vous bien réussi cette activité ou avez-vous eu des difficultés avec cette tâche *(task)*? Si oui, quelles étaient vos difficultés?

Activité DU FILM

Une scène à suspense

Étape 1. Une scène avec beaucoup de suspense dans la Séquence 3 du film *Encore* est la dernière scène où Claire sort du taxi et trouve sa mère inconsciente *(unconscious)* dans la cuisine de son appartement. Imaginez que vous êtes narrateurs de cette scène. Décrivez ce qui s'est passé dans cette scène en utilisant l'imparfait, le passé composé et des adverbes.

Claire rentrait chez elle en taxi quand elle a vu un homme sortir de son appartement. Cet homme a couru…

Étape 2. Jouez cette scène dans votre petit groupe. L'un(e) de vos camarades va être le narrateur / la narratrice et il/elle va lire ce que vous avez écrit dans l'Étape 1 pendant que les autres jouent la scène.

Un pas vers LA LECTURE

Une si longue lettre (extraits)

de Mariama Bâ

Anton_Ivanov/Shutterstock.com

akg-images/dpa

À DÉCOUVRIR: Mariama Bâ

Nationalité: sénégalaise

Naissance: le 17 avril 1929

Décès: le 17 août 1981

Profession: écrivaine, institutrice (1947–1959)

Genres associés: le roman épistolaire, le récit à la première personne

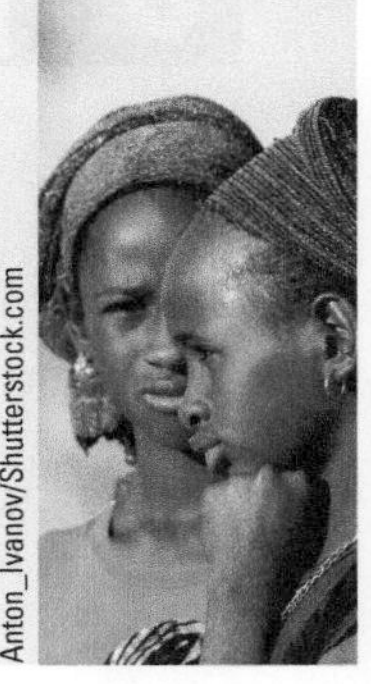

Anton_Ivanov/Shutterstock.com

Avant de lire

Vous allez découvrir les récits à la première personne, puis lire et discuter de vos réactions aux trois passages du roman épistolaire[1] *Une si longue lettre* (1979) de Mariama Bâ. Ce roman consiste en une série de vingt-huit lettres (ou chapitres) qu'une femme (Ramatoulaye) écrit à sa meilleure amie (Aïssatou) pendant sa période de deuil *(mourning)* suite à la mort de son mari. Au début, Ramatoulaye lui écrit pour raconter les détails des funérailles, mais petit à petit, elle commence à se plonger *(to immerse herself)* dans les souvenirs, les événements et les expériences que les deux femmes ont vécus ensemble. Un hommage à la chère et belle amitié entre ces deux femmes, le roman est aussi un témoignage *(testimony, account)* féministe sur la condition de la femme en Afrique traditionnelle.

Prélude Le roman *Une si longue lettre* est un récit à la première personne. Tous les récits à la première personne ont certaines caractéristiques en commun. Parmi ces caractéristiques, lesquelles sont typiques des récits à la première personne, selon vous?

☐ **a.** L'histoire est narrée par un personnage qui parle de lui-même et emploie souvent «je» ou «nous».

☐ **b.** Le récit est basé sur une enquête *(investigation)* policière.

☐ **c.** Il y a souvent des hypothèses sur l'avenir, l'espace et les sciences et les technologies.

☐ **d.** Les sentiments, les pensées et les expériences personnelles occupent une place très importante.

> **OUTILS DE LECTURE**
>
> Using affixes
>
> An affix is a grammatical unit (prefix, suffix, etc.) added to existing words to create new words. When reading unknown vocabulary in French, see if you can first identify a root in the unknown word. Here are some frequent affixes in French. For *prefixes,* **a-, in-, im-, il-, ir-, dé-, dés-** indicate negative meanings and **r-/re-** repetitive meanings. For *suffixes,* **-âge, -isme, -tion** designate nouns and **-ible, -able** adjectives.

[1]Le roman épistolaire introduit un ou plusieurs narrateur(s) et prend la forme d'une série de lettres. La littérature française est riche en exemples de romans épistolaires.

Un pas vers LA LECTURE

Une si longue lettre

de Mariama Bâ

Dans la première lettre, Ramatoulaye écrit à Aïssatou pour lui annoncer que son mari est mort.

Aïssatou,

J'ai reçu ton mot. En guise de réponse, j'ouvre ce cahier, point d'appui° dans mon désarroi°: notre longue pratique m'a enseigné que la confidence noie° la douleur. Ton existence dans ma vie n'est point hasard. Nos grand-mères dont les concessions° étaient séparées par une tapade°, échangeaient journellement des messages. Nos mères se disputaient la garde de nos oncles et tantes. Nous, nous avons usé° pagnes° et sandales sur le même chemin caillouteux de l'école coranique. Nous avons enfoui°, dans les mêmes trous, nos dents de lait, en implorant Fée-Souris[1] de nous les restituer plus belles. Si les rêves meurent en traversant les ans et les réalités, je garde intacts mes souvenirs, sel de ma mémoire.

Je t'invoque. Le passé renaît avec son cortège° d'émotions. Je ferme les yeux. Flux et reflux de sensations: chaleur et éblouissement°, les feux de bois; délice° dans notre bouche gourmande, la mangue verte pimentée, mordue° à tour de rôle. Je ferme les yeux. Flux et reflux d'images; visage ocre de ta mère constellé de gouttelettes de sueur°, à la sortie des cuisines; procession jacassante° des fillettes trempées°, revenant des fontaines.

Le même parcours° nous a conduites de l'adolescence à la maturité où le passé féconde° le présent.

Amie, amie, amie! Je t'appelle trois fois. Hier, tu as divorcé. Aujourd'hui, je suis veuve. [...]

Dans la vingt-deuxième lettre, Ramatoulaye se confie à Aïssatou sur ce qu'elle ressent émotionnellement maintenant que la période de veuvage approche. Elle s'interroge aussi sur ce qu'elles vont faire et sur ce dont elles vont parler lors de la visite de Aïssatou.

Je ressens une immense fatigue. Elle vient de mon âme° et alourdit mon corps. Ousmane, mon dernier né, me tend° ta lettre. Ousmane a six ans. «C'est tante Aïssatou».

Il a le privilège de m'apporter toutes tes lettres. Comment les reconnaît-il? À leur timbre? À leur enveloppe? À l'écriture soignée qui te reflète? À l'odeur de lavande qui en émane? Les enfants ont des points

[1]Traditionnellement dans les pays francophones, quand un enfant perd une dent il la met sous son oreiller et la Fée-Souris *(Fairy Mouse)* passe pour lui laisser un peu d'argent.

point d'appui *anchor* **désarroi** *disarray* **noie** *drowns* **concessions** *family compounds* **tapade** *walled-in courtyard* **avons usé** *wore out* **pagnes** *loincloths* **avons enfoui** *buried* **cortège** *procession* **éblouissement** *glare* **délice** *delicacy, delight* **mordue** *bitten* **sueur** *sweat* **jacassante** *chattering* **trempées** *soaked* **parcours** *path* **féconde** *fertilizes* **âme** *soul* **tend** *holds out* de repère° qui ne ressemblent pas aux nôtres. Ousmane savoure sa trouvaille. Il triomphe.

Ces mots caressants qui me décrispent° sont bien de toi. Et tu m'apprends la «fin». Je calcule. Demain, c'est bien la fin de ma réclusion. Et tu seras là, à portée de ma main, de ma voix, de mon regard. [...]

L'important ne sera pas sur nos corps en présence. L'essentiel, c'est le contenu de nos cœurs qui nous anime; l'essentiel est la qualité de la sève° qui nous inonde. Tu m'as souvent prouvé la supériorité de l'amitié sur l'amour. Le temps, la distance autant que les souvenirs communs ont consolidé nos liens et font de nos enfants des frères et des sœurs. Réunis, ferons-nous le décompte° de nos floraisons fanées° ou enfouirons°-nous de nouvelles graines pour de nouvelles moissons°?

Dans le dernier chapitre de sa lettre, Ramatoulaye conclut.

À demain, mon amie.

Nous aurons donc du temps à nous, Aïssatou, d'autant plus que j'ai obtenu la prolongation de mon congé de veuvage.

Je réfléchis. Cette tournure de mon esprit ne te surprend guère°... Je ne pourrai m'empêcher de me livrer à toi°.

points de repère *references points* **décrispent** *relax* **sève** *energy, lifeblood* **décompte** *account, breakdown* **floraisons fanées** *faded blossomings* **enfouirons** *will bury* **moissons** *harvest* **ne... guère** *barely* **je ne pourrai m'empêcher de me livrer à toi** *I will not be able to stop myself from opening up to you*

Source: Mariama Bâ, *Une si longue lettre* © Les Nouvelles Éditions Africaines du Sénégal

Après avoir lu

A Comparaisons interpersonnelles et interculturelles Répondez aux questions suivantes.

1. Quels auteurs connaissez-vous qui écrivent aussi des récits à la première personne? Est-ce que vous aimez ce style d'écriture littéraire? Pourquoi ou pourquoi pas?
2. Écrivez-vous des lettres (ou peut-être des emails) à vos amis d'enfance? Aviez-vous un(e) correspondant(e) *(pen-pal)* quand vous étiez plus jeune?
3. Que pensez-vous de la forme d'une lettre, en général, pour raconter un récit ou une histoire littéraire? Par exemple, est-ce que cela rend l'histoire plus facile ou plus difficile à lire, à votre avis?
4. Est-ce que la correspondance en tant que *(as)* forme littéraire (c'est-à-dire la lettre épistolaire) est un genre apprécié dans votre culture? Est-ce qu'une nouvelle forme de correspondance (littéraire ou populaire) est peut-être plus appréciée aujourd'hui? Expliquez un peu.

B Compréhension et interprétation Discutez de vos réponses aux questions suivantes.

1. Quels souvenirs de son enfance avec Aïssatou est-ce que Ramatoulaye mentionne dans ses lettres?
2. Qui est Ousmane et comment appelle-t-il Aïssatou?
3. Pour les deux femmes, qu'est-ce qui est plus fort ou plus durable: l'amitié ou l'amour?
4. Ramatoulaye écrit à la fin qu'elle «ne pourr[a] [s']empêcher de [se] livrer à [Aïssatou]». Pourquoi est-ce le cas, à votre avis?

Un pas vers L'ÉCRITURE

Une lettre personnelle

Vous allez écrire **une lettre personnelle** soit *(either)* à un(e) ami(e) d'enfance soit *(or)* à votre meilleur(e) ami(e) actuel(le). N'oubliez pas que le roman épistolaire trouve ses origines dans la correspondance. En général, ces écrivain(e)s traitaient de culture et de politique, le tout dans un ton intime où ils faisaient des confidences et décrivaient des détails de leur vie quotidienne, les étapes de leur travail ou leurs passions (souvent amoureuses!). À vous de vous inspirer de ces sujets et/ou d'adopter la technique de Mariama Bâ et d'incorporer des retours en arrière *(flashbacks)* ou des souvenirs dans votre **lettre personnelle.**

Préparation avant d'écrire

Étape 1. N'oubliez pas que dans votre **lettre personnelle,** vous avez le choix d'écrire à un(e) ami(e) d'enfance ou à votre meilleur(e) ami(e) actuel(le). Répondez aux questions suivantes pour vous aider à écrire votre lettre d'entre 150 et 300 mots.

1. Qui est votre ami(e) d'enfance ou votre meilleur(e) ami(e) actuel(le) et quelles nouvelles voulez-vous lui annoncer?
2. De quels faits, événements ou tendances (de mode, culturelles, de comportement des étudiants, etc.) actuels ou récents désirez-vous lui parler?
3. Avez-vous envie de relater *(talk about)* votre journée d'hier (ou un autre moment récent)? Si oui, que voudriez-vous lui écrire?
4. Quelles confidences aimeriez-vous peut-être lui faire (sur vos études, votre état d'esprit ou état d'âme, vos actions, votre entourage, etc.)?
5. Quels souvenirs ou moments passés avec votre meilleur(e) ami(e) ou votre ami(e) d'enfance vous viennent à l'esprit maintenant? Aimeriez-vous rappeler à votre ami(e) au moins un de ces souvenirs dans votre correspondance? Comment le narreriez-vous *(would you narrate it)*?

Étape 2. Dans la correspondance, il faut respecter un format traditionnel, autrement dit une organisation préétablie *(preestablished)*. Les **lettres personnelles** incluent: le lieu et la date, la formule d'appel, le corps du texte, la formule de politesse et la signature. Voici quelques formules d'appel et de politesse très communes dans la correspondance française. Lesquelles voulez-vous employer dans votre lettre?

- Formules d'appel: **Bonjour, Salut, Cher / Chère** + nom, **Coucou** *(Hey there!, Hi there!)*, **Comment vas-tu?, J'espère que tu vas bien.**
- Formules de politesse: **Amitiés** *(Best wishes, Kind / Warm regards)*, **Je t'embrasse** *(With love, Take care)*, **Bisous** *(Kisses)*, **À (très) bientôt, Affectueusement, J'ai hâte de te revoir!** *(Can't wait to see you again soon! / Looking forward to seeing you again soon!)*

Écrire

Écrivez votre **lettre personnelle** en consultant vos réponses aux questions des Étapes 1–2 de l'activité **Préparation avant d'écrire.** N'oubliez pas d'ajouter des descriptions et des dialogues, surtout s'ils complètent une petite narration désirée dans votre lettre.

RÉSUMÉ DE VOCABULAIRE

PARTIE 1

Les noms

l'âme *(f.)* **sœur** *kindred spirit*
un(e) ami(e) d'enfance *childhood friend*
un(e) ami(e) intime *close friend*
la complicité *bond*
un conseil *advice*
une épreuve *difficulty, hardship*
un intérêt commun *common interest*
un souci *worry*

Les verbes

aller à la pêche *to go fishing*
aller au spa *to go to the spa*
assister à un match de football / tennis *to attend a football / tennis match*
avoir quelque chose en commun *to have something in common*
bavarder *to chat*
blesser *to hurt*
commander une pizza *to order a pizza*
compter sur *to rely on*
se confier à *to confide in*
être bénévole (dans une organisation) *to be a volunteer (in an organization)*
faire du camping *to go camping*
faire des compromis *to compromise*
se faire confiance *to trust one another*
faire la fête *to party*
faire de la gym *to work out*
faire une promenade *to take a walk*
faire du shopping *to go shopping*
faire du sport *to play sports*
faire du vélo *to go bike riding*
faire un voyage *to travel*
faire du yoga *to do yoga*
s'inscrire dans un club *to join a club*
jouer à des jeux vidéo *to play video games*
porter un jugement *to judge*
prendre un café / un verre *to have coffee / a drink*
suivre un cours *to take a class*

Les adjectifs

inestimable *priceless*
profond(e) *deep, profound*

PARTIE 2

Les noms

l'affection *(f.)* *affection*
l'agacement *(m.)* *annoyance, irritation*
un(e) camarade de classe *classmate*
la camaraderie *friendship, camaraderie*
le chagrin *grief*
la colère *anger*
un(e) collègue de travail *work colleague*
une confidence *secret, confidence*
une connaissance *acquaintance*
un copain / une copine *friend, pal, buddy*
l'insincérité *(f.)* *insincerity, fakeness*
la jalousie *jealousy*
la joie *joy*
une relation *relationship*
un souvenir *memory*
la tristesse *sadness*

Les verbes

chérir *to cherish*
consoler *to console*
déranger *to bother, to disturb*
faire confiance à *to trust*
faire des confidences à *to tell secrets to*
faire semblant (de) *to fake*
inviter (pour / à) *to invite, to pay (for / to)*
laisser tomber *to drop*
ressentir *to feel*
soutenir *to support*
trahir *to betray, to let down*

Les adjectifs

cher / chère *dear*
déloyal(e) *disloyal*
loyal(e) *loyal*
superficiel(le) *superficial*

Les adverbes

ailleurs *elsewhere*
assez *rather, quite, enough*
bientôt *soon*
dehors *outside*
déjà *already*
enfin *finally*
ensemble *together*
habituellement *usually*
heureusement *fortunately, luckily, happily*
ici *here*
immédiatement *immediately*
là *there*
là-bas *over there*
maintenant *now*
malheureusement *unfortunately, unluckily, sadly*
nulle part *nowhere*
parfois *sometimes*
partout *everywhere*
peut-être *maybe, perhaps, possibly*
plus tard *later*
presque *almost*
probablement *probably, in all likelihood*
quelquefois *sometimes, occasionally*
quelque part *somewhere, someplace*
rapidement *quickly*
rarement *rarely*
récemment *recently*
sans doute *most likely*
(tout) seul *(all) alone*
si *so*
souvent *often*
surtout *especially, particularly*
tard *late*
tôt *early*
toujours *always*
tout le temps *all the time*
vraiment *really*

Les expressions

avoir de l'amitié pour *to be friends with*
c'est la même chose pour *it's the same (thing) for*
dans / en un sens *in a sense*
entre… et… *between . . . and . . .*
passer un bon moment *to have a good time*
pour toujours *forever*

PARTIE 3

Les adverbes

à cette époque-là *at that time, in those days*
autrefois *in the past, long ago*
chaque année / mois *each year / month*
d'habitude *usually*
soudain / soudainement *suddenly*
tous les jours *everyday*
tout à coup *all of a sudden*
une fois *once*
un jour *one day*
un matin *one morning*

Vocabulaire du film (see page 194.)

PREMIÈRES IMPRESSIONS

Qu'est-ce qui influence notre apparence? Discutez de cette question avec vos camarades de classe.

CHAPITRE 6

Les apparences

Objectifs

- *Compare aspects of appearances in different cultures*
- *Describe past events*

Culture

- L'apparence physique dans le monde francophone
- Notre apparence physique en fonction des circonstances
- L'apparence: mode, élégance et expression personnelle

Grammaire

1 *Comparative and superlative of adjectives, adverbs, and nouns*
2 *Relative pronouns*
3 ***Plus-que-parfait** and choosing past tenses*

Un pas vers la lecture

La Parure (extraits), Guy de Maupassant

Un pas vers l'écriture

Une annonce publique

You will also rewatch **SÉQUENCE 3: Un nouveau danger** of the film *Encore.*

UN APERÇU SUR LE FILM

Au début de la Séquence 3 Avec un(e) partenaire, mettez les phrases suivantes dans le bon ordre (1–4) pour créer un paragraphe qui résume ce qui se passe dans la photo du début de la Séquence 3.

_____ a. À la fin, Robert dit que Claire peut retourner chez elle si elle veut, mais elle dit que ce n'est pas nécessaire.
_____ b. Selon Claire, quelqu'un l'a attaquée à l'entrée des employés de l'hôtel.
_____ c. Au début de la Séquence 3, Claire décrit à un détective ce qui s'est passé quand elle est arrivée à l'hôtel.
_____ d. Quand le détective lui demande si elle a vu le visage de l'assaillant, elle répond que non.

PARTIE 1 VOCABULAIRE 1

Réflexion culturelle

L'apparence physique dans le monde francophone

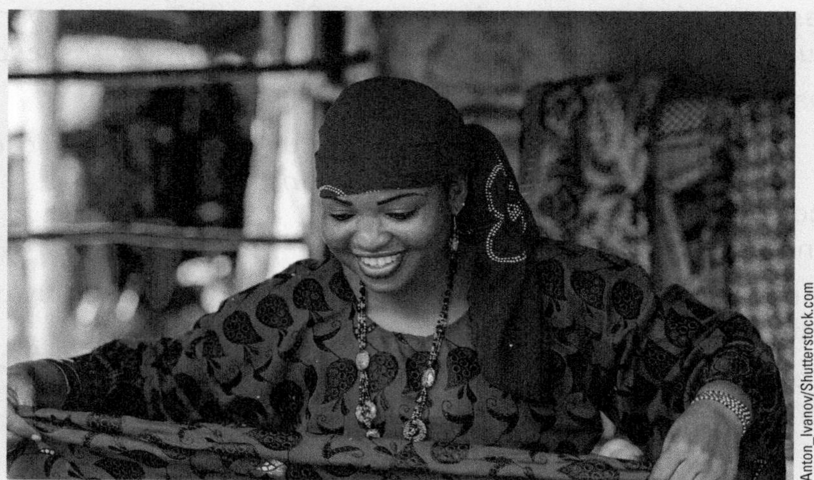

Anton_Ivanov/Shutterstock.com

Nous sommes tous **sensibles** à l'aspect visuel; une personne bien habillée ou habillée de façon originale **attire** notre attention. Même s'il ne faut pas **juger** les gens sur leurs apparences car celles-ci peuvent être **trompeuses,** l'**apparence** physique et la présentation de soi jouent un rôle important dans les grandes et même les petites villes du monde francophone.

En Afrique francophone, l'aspect vestimentaire° **compte** beaucoup, que ce soit° pour aller au marché, voir des amis ou bien aller au travail. La plupart des gens **soignent** leur apparence, aussi bien au niveau de la coiffure que de la **tenue.** En milieu rural, les gens s'habillent plus souvent de façon traditionnelle, avec des couleurs vives° typiques de la région et portent fréquemment une **tunique** et un pantalon léger. S'habiller en dashiki, une chemise longue et ample en forme de robe, ou plus courte et portée avec un legging, un pantalon ou un jean, est aussi courant pour les hommes et les femmes en ville ou en milieu rural. Par contraste, dans le monde des affaires et en politique, ou dans les grandes villes plus généralement, la plupart des gens sont vêtus° à l'occidentale, souvent **costume-cravate** pour les hommes, **tailleurs** ou robes pour les femmes.

En France, tout comme au Québec, l'apparence physique a beaucoup d'importance. En effet, **faire négligé** est l'impression à éviter à tout prix. En principe, on attache une importance primordiale° à ce qu'on porte et veut donner une bonne image de soi-même. Curieusement, inversement, au fil des ans, la tenue vestimentaire s'est démocratisée et le style est devenu un peu plus décontracté°, surtout avec les jeunes. Le week-end, les gens ont plus tendance maintenant à porter une tenue plus décontractée que pendant la semaine, mais tout en restant aussi chic, en ajoutant des accessoires ou souvent un article de marque° et des chaussures de mode et de bonne qualité. Le but est d'avoir du style.

vestimentaire *clothing* **que ce soit** *whether* **vives** *bright* **vêtus** *dressed* **primordiale** *essential, vital* **décontracté** *relaxed, casual* **de marque** *designer*

Vocabulaire du texte

l'apparence *(f.) appearance*
un costume-cravate *suit & tie*
un tailleur *woman's suit*
la tenue *outfit*
une tunique *tunic*

attirer *to attract*

compter *to count*
faire négligé(e) *to appear sloppy*
juger *to judge*
soigner *to take care of, to trouble over*

sensible *sensitive*
trompeur / trompeuse *deceptive, misleading*

Vocabulaire complémentaire

une barbe *beard*
une barbe de trois jours *stubble*
la beauté *beauty*
un bouc *goatee*
le confort *comfort*
la haute couture *high fashion*
une moustache *moustache*
le physique *build, body type*
le poids *weight*
le prêt-à-porter *ready-to-wear fashion*
le statut social *social status*
la taille *size, height*

une capuche *hood*
une casquette *ballcap*
un foulard *scarf*

les habits *(m. pl.) clothes*
les lunettes *(f. pl.) eyeglasses*
un voile *veil*

dépenser *to spend*
faire un effort *to make an effort*
faire sa toilette *to groom oneself*

confortable *comfortable*
conservateur / conservatrice *conservative*
osé(e) *daring, risqué*
propre *clean*
sale *dirty*
soigné(e) *well-groomed, clean-cut, polished*

Note de vocabulaire

Remember that **la physique** means "physics."

Add an **s** to both **costume** and **cravate** for the plural **(les costumes-cravates).**

Avez-vous compris? Répondez aux questions suivantes.

1. Sur quoi juge-t-on les gens d'après le texte?
2. Quels sont quelques différents types de tenues portées par les Africains francophones?
3. Comment la tenue vestimentaire a-t-elle changé au fil du temps en France et au Québec?
4. Comment les Français et les Québécois ont-ils plus tendance à s'habiller aujourd'hui pendant le week-end?

À votre avis Le texte présente la tendance de s'habiller différement en ville et dans les espaces ruraux francophones (être plus habillé en ville, par exemple). Est-ce que c'est pareil (*the same*) dans votre culture, en général? Expliquez votre réponse, peut-être avec quelques exemples de tenues typiques en fonction des différents endroits.

PARTIE 1 VOCABULAIRE 1

A Associations Quel pays, quelle culture ou quel peuple associez-vous avec chaque aspect suivant de l'apparence? Pourquoi?

1. une casquette
2. une moustache
3. une tunique
4. un foulard
5. un boubou
6. une barbe
7. une tenue confortable
8. des vêtements soignés

Conclusion Révisez vos associations. Certaines sont-elles des stéréotypes? Lesquelles?

Note de vocabulaire
Un kufi is a traditional African cap worn throughout North Africa, East Africa, West Africa, Asia, and North America by men wanting to symbolize their status as wise elders or family patriarchs or desiring to show their pride in their culture, history, and/or religion.

B Petit quiz: Significations historiques

Étape 1. Les aspects de l'apparence transmettent des messages vrais ou faux aux gens de cultures différentes. Essayez de faire correspondre les mots à leur signification historique culturelle. Ensuite, votre professeur va vous donner les bonnes réponses.

un physique athlétique	un kufi	un bouc	les lunettes
une barbe de trois jours	un voile	faire sa toilette	une capuche

1. Cela a pour but de marquer le respect, le statut social ou le sacré *(sacred)*.
2. Dans la tradition littéraire, cela symbolisait le mal *(evil)* ou des personnages méchants.
3. C'est souvent un signe de bonne santé, de virilité ou de la beauté à la Renaissance.
4. Autrefois, cela caractérisait le style ringard et provoquait la stigmatisation.
5. C'est un marqueur traditionnel de l'âge, de la sagesse, de l'autorité paternelle ou de la fierté culturelle (étant un article du costume national pour plusieurs pays africains).
6. Autrefois, cela faisait négligé ou pas propre ou donnait une mauvaise impression de soi.
7. C'est une activité quotidienne nécessaire pour gagner le respect d'un inconnu.
8. Au Moyen Âge, c'était un accessoire sophistiqué et élégant qui cachait le visage.

Étape 2. Discutez avec un(e) partenaire. Que symbolisent les aspects de l'apparence de l'Étape 1 aujourd'hui? Y a-t-il eu une évolution pour certains?

COIN CULTUREL

aastock/Shutterstock.com

Cela semble peut-être comme un paradoxe mais, d'après les experts de BFM Business et d'Eurostat, les Français dépensent moins que tous leurs voisins européens pour s'habiller. En 2016, les vêtements et les chaussures représentaient 3,7% des dépenses totales des ménages *(households)* français. Comment cela s'explique? En partie, la France, pays de l'hypermarché et des magasins *discount*, vend des habits à plus petits prix que ses voisins. La nouvelle tendance du «pas cher» très populaire des vide-greniers *(garage sales)* et de la vente de vêtements d'occasion *(used)* y contribue aussi.

C Influences Il y a beaucoup de mobiles *(motives)* qui influencent nos choix (sub)conscients en ce qui concerne notre apparence. Discutez avec un(e) partenaire des sources qui semblent influencer ces décisions. Quelques possibilités, entre autres: **le climat, la religion, la famille, les médias, les normes de la beauté, la mode, les coutumes / les traditions, les amis, ...**

Modèle: Les médias influencent souvent les décisions de perdre du poids.

1. perdre du poids
2. porter des vêtements conservateurs
3. soigner sa coiffure
4. ne pas faire négligé(e) au travail
5. porter des vêtements confortables
6. acheter une nouvelle tenue

Et vous? Qu'est-ce qui influence vos choix en ce qui concerne votre apparence?

D **Interprétations** Les gens interprètent souvent les apparences selon leurs normes culturelles ou leurs idées individuelles. Discutez par petits groupes de comment vous interpréteriez ces apparences.

Modèle: une femme habillée en tailleur conservateur

Je dirais qu'elle ne veut pas attirer trop d'attention et que les tendances de la mode ne comptent pas beaucoup pour elle. Elle est peut-être sensible et n'aime pas être jugée par les autres.

1. une femme de très grande taille
2. une femme en habits osés
3. un homme qui ne s'est pas rasé
4. un homme qui porte un jean sale
5. une femme qui ne se rase pas les jambes
6. un homme en costume-cravate bien soigné

E **Points de vue: L'apparence, ça passe ou ça casse°?**

Étape 1. En prenant le contexte de se préparer pour un premier rendez-vous, un journaliste aborde dans un article trois mythes culturels par rapport aux Français. Lisez ce petit texte. Quels mythes existent pour votre culture?

Mythe 1: Les Françaises se pomponnent° plus que les Français.

C'est vrai mais elles dépensent moins! 30% des Françaises achètent de nouveaux produits de beauté et dépensent à peu près° 15 € tandis que seulement 21% des Français achètent de nouveaux produits de beauté mais ils payent à peu près 24 €.

Mythe 2: Les Françaises sont les plus coquettes° de toutes les Européennes.

C'est faux! Seulement 33% des Françaises achètent une nouvelle tenue (contre 39% des Européennes) et seulement 22% des Françaises vont chez le coiffeur ou se font épiler° (contre 24% des Européennes).

Mythe 3: Les Français se soucient le plus de leur apparence.

C'est faux! Bien que les Français soignent beaucoup leur apparence, ce sont les Italiens qui font le plus d'effort. Acheter de nouveaux cosmétiques ou une nouvelle tenue ou bien passer par le salon de coiffure et de beauté sont des démarches° de rigueur.

Adapté de la source: "Combien les célibataires européens dépensent-ils avant un premier rendez-vous?", 11 avril 2013, www.20minutes.fr

ça passe ou ça casse *makes or breaks* **se pomponnent** *dress up, preen* **à peu près** *approximately* **coquettes** *stylish, fashionable* **se font épiler** *get waxed* **démarches** *steps*

Étape 2. Avec un(e) partenaire, posez-vous les questions suivantes et répondez-y.

1. Combien est-ce que les Françaises dépensent pour de nouveaux produits de beauté?
2. Qu'est-ce que les Françaises font plus, acheter une nouvelle tenue ou aller chez le coiffeur?
3. Qui fait le plus d'effort pour soigner son apparence, les Français ou les Italiens?
4. Et vous? Combien de temps passez-vous à vous pomponner pour un premier rendez-vous? Que faites-vous typiquement?
5. Remarqueriez-vous si pour votre rendez-vous la personne portait des vêtements haute couture ou du prêt-à-porter? Pourquoi ou pourquoi pas? Quelle serait son apparence idéale?

PARTIE 1 **GRAMMAIRE 1**

Le comparatif et le superlatif

DU FILM *ENCORE*

Encore un pas vers la grammaire

Look at these photos from the film *Encore* and their captions.

Claire est toujours troublée par l'agression de l'homme aux gants noirs. Elle fait **moins bien** son travail **que** d'habitude.

Robert a **autant de** soucis *(concerns)* pour le bien-être de Claire **qu'**Abia. Il laisse Claire rentrer chez elle pour se reposer.

1. What does **moins bien... que** mean? What does **autant de... que** mean?
2. Why does **de** follow **autant** in the right caption? Why is there no **de** after **moins** in the left caption?

MINDTAP Préparation

Go to **Préparation pour Grammaire 1** to review the comparative forms of **bon** and **mauvais.**

Note de grammaire

Recall that the comparative form of the adjective **bon(ne)(s)** is **meilleur(e)(s)**, and the comparative form of **mauvais(e)(s)** is **pire(s)** or **plus mauvais(e)(s): Les oranges sont meilleures que les pommes.** *(Oranges are better than apples.)* **Les examens sont pires / plus mauvais que les devoirs.** *(Exams are worse than homework.)*

- To compare most adjectives in French, use **plus** *(more)*, **moins** *(less)*, and **aussi** *(as)* before the adjective and **que** *(than, as)* after it.

Les chiens sont **plus sales que** les chats. — *Dogs are dirtier / more dirty than cats.*

Les chiens sont **aussi adorables que** les bébés. — *Dogs are as adorable as babies.*

- To compare most adverbs, also use **plus que, moins que,** and **aussi que.**

Sophie s'habille **plus** élégamment **que** Marie. — *Sophie dresses more elegantly than Marie.*

Didier travaille **aussi** dur **que** nous. — *Didier works as hard as we (do).*

- The adverbs **bien** and **mal** have irregular comparative forms.

Adverbe	Comparatif	Adverbe	Comparatif
bien *(well)*	**mieux** *(better)* **moins bien** *(worse)* **aussi bien** *(as well)*	mal *(badly, poorly)*	**plus mal** *(worse)* **moins mal** *(better)* **aussi mal** *(as badly, as poorly)*

En général, les Français se distinguent **aussi bien que** les Québécois en termes de mode.

In general, the French stand out as well as the Québécois in terms of fashion.

- The superlative form of adjectives is formed by adding **le, la,** or **les** to **plus / moins** and placing the entire construction after the noun (when the noun is expressed). The preposition **de** is used to express *in* or *of.*

C'est l'hôtel **le plus cher de** la ville.	*It's the most expensive hotel in the city.*
Ces tailleurs sont **les moins démodés.**	*These suits are the least out-of-style.*

- Adjectives that precede nouns such as **beau, grand, petit,** and **nouveau** may precede or follow the nouns they modify in the superlative form.

Paris, c'est la plus belle ville.	*Paris is the most beautiful city.*
Paris, c'est la ville la plus belle.	

- For the superlative form with adverbs, use **le plus** or **le moins** before the adverb. Continue to use **de** with adverbs to express *in* or *of.*

Luc s'habille **le moins** traditionnellement **de** ses amis.	*Luc dresses the least conservatively of his friends.*

- The superlative forms of **bon** and **mauvais** and **bien** and **mal** are also irregular.

bon(ne)(s) → **le/la/les meilleur(e)(s)** *(best)*	bien → **le mieux** *(the best) or* **le moins bien** *(the least well, the worst)*
mauvais(e)(s) → **le/la/les pire(s)** *or* **le/la/les plus mauvais(e)(s)** *(worst)*	mal → **le plus mal** *(the worst)* **le moins mal** *(the least badly)*
C'est **la meilleure** profession du monde!	*That's the best profession in the world!*
Les étudiants s'habillent **le moins bien** ici.	*Students dress the worst here.*

- You can also use comparative and superlative forms as adverbs themselves. There is one change. The comparative form becomes **autant que** *(as much as).*

Céline dépense **autant que** Thomas.	*Céline spends as much as Thomas.*
Paul dépense **le moins** pour ses habits.	*Paul spends the least on his clothes.*
Carla dépense **le plus.**	*Carla spends the most.*

- To compare nouns or quantities of things, use the following expressions:

plus de/d'	+ *noun* + **que**	*(more . . . than)*
moins de/d'	+ *noun* + **que**	*(less . . . than)*
autant de/d'	+ *noun* + **que**	*(as much / as many . . . as)*

Ma mère a **plus de** style **que** mon père.	*My mother has more style than my father.*
Le confort a **autant d'**importance **que** le style.	*Comfort has as much importance as style.*

- For the superlative form with nouns, use **le plus de** or **le moins de.**

Est-ce que les Français ont **le plus de** style?	*Do the French have the most style?*

Encore une mélodie

Mathieu Belanger/Reuters

La chanson *Un peu plus haut, un peu plus loin* est un monument de la chanson québécoise, écrite et enregistrée par l'auteur-compositeur-interprète Jean-Pierre Ferland à Paris en 1969. Intronisée *(Inducted)* dans le *Canadian Songwriters Hall of Fame* en 2007, cette chanson mythique qui parle de l'espoir et de la persévérance nous touche et nous fait pleurer en même temps. Écoutez la chanson sur Internet pour comprendre pourquoi autant d'artistes, tels que Ginette Reno, Céline Dion, Isabelle Boulay et Bruno Pelletier ont choisi d'interpréter cette chanson dans leurs répertoires.

A Généralisations qui touchent à l'apparence

Étape 1. Dites si vous êtes **d'accord** ou **pas d'accord** avec ces généralisations.

1. Les garçons soignent **plus attentivement** leur apparence **que** les filles.
2. Les filles dépensent **autant** pour leurs chaussures **que** les garçons.
3. Les garçons portent des baskets **moins souvent que** les filles.
4. Les filles choisissent **aussi sérieusement** leurs habits **que** les garçons.

Étape 2. Faites des phrases comparatives **(plus / moins / aussi… que)** à partir des mots donnés.

Modèle: trouver / les looks tendances / intéressant / les looks classiques
Je trouve les looks tendances aussi intéressants que les looks classiques.

1. trouver / un crâne rasé / choquant / une crête iroquoise
2. les coupes à la garçonne / être / osé / les cheveux longs pour les filles
3. voir / fréquemment / des tongs / cette année / les années passées
4. les pantalons de sport / être / à la mode / les jeans pour les garçons

Et vous? Montrez vos réponses de l'Étape 2 à un(e) partenaire. Faites-vous les mêmes généralisations? Que voudriez-vous voir plus / moins souvent en ville ou sur le campus?

B Qu'en pensez-vous?

Étape 1. Complétez ces questions et puis répondez-y par **oui** ou par **non.**

1. Est-ce que les capuches marchent ________ **(aussi / autant)** bien que les casquettes?
2. Les étudiants aiment-ils la barbe ________ **(plus / plus de)** que la moustache?
3. Les tuniques montrent ________ **(autant / autant de)** la tradition culturelle que les kufis?

Étape 2. Avec un(e) partenaire, faites des généralisations comparatives sur l'apparence selon votre culture. Utilisez les mots utiles suivants ou d'autres que vous préférez.

Mots utiles
Verbes: attirer avoir compter coûter dépenser donner être juger prendre soigner
Noms: l'apparence l'attention l'importance une impression un message le temps
Adjectifs: à la mode beau bon confortable démodé habillé mauvais trompeur
Adverbes: attentivement bien cher conventionnellement élégamment mal souvent
Comparatifs: aussi (que) autant (de) (que) moins (de) (que) plus (de) (que)

Modèles: **La beauté compte plus que le statut social.**
La taille a autant d'importance que le physique pour être jugé beau/belle.
On voit plus souvent des jeans au travail aujourd'hui qu'autrefois.

1. faire négligé / être soigné
2. les looks conservateurs / les looks osés
3. les tuniques / les t-shirts
4. le prêt-à-porter / la haute couture
5. le look *hipster*
6. la mode gothique

C Les tendances culturelles et personnelles?

Étape 1. Quelles sont les tendances culturelles vis-à-vis des sujets suivants? Répondez à ces questions. **Possibilités: les jeunes, les célébrités, les musiciens, les gens conservateurs, les hommes / femmes célibataires, les enfants, les professeurs, les étudiants, les employés,...**

1. Pour qui est-ce que l'apparence physique compte **le plus**?
2. Qui s'habille **le plus à la mode** et/ou dépense **le plus d'argent** pour son apparence?
3. Qui passe **le moins de temps** à faire sa toilette?

FashionStock.com/Shutterstock.com

«le look américain»

Étape 2. Discutez avec un(e) partenaire des habitudes des personnes suivantes. Utilisez les mots utiles ou d'autres que vous préférez. Qui a l'entourage le plus à la mode?

Mots utiles
Verbes: acheter avoir choisir se coiffer être faire s'habiller s'occuper porter suivre
Noms: l'apparence les chaussures un effort le goût les habits le style les tendances
Adjectifs: bizarre bon chic décontracté joli mauvais négligé osé ringard soigné
Adverbes: bien constamment fabuleusement fréquemment horriblement mal
Superlatifs: le/la/les moins (de) le/la/les plus (de)

Modèles: **Mes amis Kevin et Ben s'habillent le mieux de tous mes amis.**
Moi, j'achète le moins de nouveaux vêtements parmi tous mes colocataires.
Ma meilleure amie Becky a toujours les plus jolies chaussures.

1. Moi, je...
2. Mes colocataires...
3. Mon prof (de français)...
4. Mon/Ma meilleur(e) ami(e)...
5. Toi (votre partenaire), tu...
6. Mon/Ma petit(e) ami(e) et moi, nous...

D Points de vue: À vous la plume!

Virginia Mouzat, journaliste de mode française, est connue pour détester «le look américain». Que pourrait-elle dire sur la mode américaine?

Étape 1. Dressez une liste sur les aspects de l'apparence «américaine» que vous voulez incorporer dans votre critique. Notez des exemples précis.

Considérations: les habits, la coiffure, le maquillage, les chaussures, le look, les poils sur le visage *(facial hair)*, le physique, le poids, la taille, etc.

Étape 2. Répondez ensemble à ces questions en utilisant des expressions comparatives et superlatives:

1. Quels sont les avantages et les inconvénients du look?
2. Quels sont les meilleurs ou les pires aspects du look?
3. Qu'est-ce que vous aimez le mieux et/ou détestez le plus dans ce look?

Étape 3. Préparez ensemble votre critique. Identifiez clairement ce «look américain» et puis décrivez-le objectivement en vous servant de vos idées des Étapes 1 et 2.

Journal de bord

Résumez en quelques mots ou phrases ce que vous avez appris dans la Partie 1 du Chapitre 6. Suggestions: Quelles comparaisons interculturelles *(cross-cultural)* pouvez-vous faire sur l'apparence dans le monde francophone et la culture américaine ou votre culture? Comment est-ce qu'on peut interpréter les apparences ou certaines apparences selon la culture?

Réflexion culturelle

Notre apparence physique en fonction des circonstances

Courtesy of Nicole Hanson

Comment veut-on être perçu° par les autres et quelle image veut-on communiquer? En général, les Français préfèrent choisir des vêtements aux couleurs qui **s'harmonisent** bien et qui reflètent leur personnalité. D'après Cécile, styliste de mode personnelle et auteure du blog populaire *Et voilà!,* les Français ont tendance à porter du noir, du blanc, du beige, du marron, du bleu marine°, du gris, du vert foncé° et du bordeaux°.[1] La pratique de combiner des **accessoires** uniques mais complémentaires date de l'époque de Louis XIV et ajoute une touche de personnalité à la tenue.

En général, la façon de s'habiller varie selon la culture mais change aussi en fonction des **circonstances** qui sont similaires ou différentes pour chaque culture. Costume-cravate ou tailleur pour aller au travail semble être plus ou moins universel dans le monde des affaires internationales. Et on voit assez fréquemment dans les grandes villes européennes un style plus décontracté qui reste soigné (un jean habillé, avec une **veste** ou un **blouson** sur une **chemise fantaisie**), pour les hommes ou les femmes, pour sortir entre amis, en famille ou en amoureux en fin de semaine, par exemple.

Pour un mariage aux États-Unis, les gens du cortège° portent presque systématiquement la même tenue. En France, cette idée serait inconcevable pour beaucoup de Français qui croiraient que cela montrerait un **manque** de personnalité. Pour les mariages en France, seuls les enfants du cortège sont habillés de façon identique généralement. Le but°, pour les occasions spéciales ou juste simplement pour tous les jours, est de plaire, de **se faire remarquer** par son apparence et non de «**faire mal aux yeux**». Autrement dit, la règle de base pour l'apparence physique en France est qu'il faut se respecter et respecter les autres à travers son apparence.

perçu *perceived* **bleu marine** *navy blue* **vert foncé** *dark green* **bordeaux** *burgundy red* **cortège** *wedding party* **but** *goal*

[1] https://etvoila.info/3-tips-to-wear-colors-like-a-french-woman/

Vocabulaire du texte

un accessoire *accessory*
un blouson *jacket*
une chemise (fantaisie) *a button-down (printed / patterned) shirt*
une circonstance *circumstance, occasion*
un manque *lack*
une veste *sport coat*

faire mal aux yeux *to hurt the eyes*
se faire remarquer *to get noticed*
s'harmoniser *to match, to go together*

Vocabulaire complémentaire

une chemise à manches longues / courtes *(long / short sleeved) shirt*
un gilet *cardigan sweater*
un jogging *sweatpants*
un manteau *overcoat*
une (mini-)jupe *(mini) skirt*
un polo *polo shirt*
un pull à col roulé *turtleneck sweater*
un pull-over *pullover sweater*
un smoking *tuxedo*
un sweat *sweatshirt*
un uniforme *uniform*
les vêtements *(m. pl.)* **de marque** *designer clothes*

un bandana *bandana*
une boucle d'oreille *earring*
un chapeau *hat*
un collier *necklace*
une mallette *briefcase*
une montre *watch*

un sac à main *handbag*

un(e) agent de police *police officer*
un(e) avocat(e) *lawyer*
un(e) cadre *executive*
un coiffeur / une coiffeuse *hairdresser*
un(e) informaticien(ne) *computer specialist*
un inspecteur / une inspectrice *detective*
un militaire / une femme militaire *person in the military / military officer*
un plombier / une femme plombier *plumber*
un(e) psychologue *psychologist*
un(e) secrétaire *secretary*
un serveur / une serveuse *waiter, waitress*
un vendeur / une vendeuse *salesperson*

un code vestimentaire *dress code*

Encore une mélodie

Courtesy of Christine T. Jackowski

Daniel Bélanger est un auteur-compositeur-interprète incontournable du Québec. Récipiendaire d'une vingtaine de trophées Félix, il sait séduire son public avec ses textes intelligents et ses compositions originales. Dans une de ses chansons les plus connues, il s'agit d'un accessoire: un parapluie. Écoutez sa chanson *Le parapluie* sur Internet pour découvrir l'immense talent de Daniel Bélanger.

Avez-vous compris? Répondez aux questions suivantes.

1. D'après le premier paragraphe, comment les Français choisissent-ils leurs vêtements?
2. Quel personnage historique donnait beaucoup d'importance aux accessoires?
3. En quoi le cortège d'un mariage est-il différent aux États-Unis et en France?
4. Pourquoi l'apparence est-elle importante vis-à-vis des autres?

À votre avis Pour les Français, porter la même tenue que quelqu'un d'autre est inconcevable parce que ça montre un manque de personnalité. Êtes-vous d'accord avec cette idée? Pourquoi ou pourquoi pas?

A Une bonne ou une mauvaise tenue?

Indiquez si chaque tenue **s'harmonise bien** ou si elle **fait mal aux yeux.** Ensuite, partagez vos opinions avec un(e) partenaire pour voir si vous êtes d'accord. Si vous n'êtes pas d'accord, justifiez votre opinion à votre partenaire.

	Ça s'harmonise bien	Ça fait mal aux yeux
1. une veste avec un short	☐	☐
2. un blouson en cuir avec un jean habillé	☐	☐
3. une chemise fantaisie avec un sweat	☐	☐
4. un pull à col roulé sous un gilet	☐	☐
5. une chemise à manches longues et un jogging	☐	☐
6. un smoking avec des sandales	☐	☐
7. un manteau long et une mini-jupe	☐	☐
8. une robe sous un pull-over	☐	☐

COIN CULTUREL

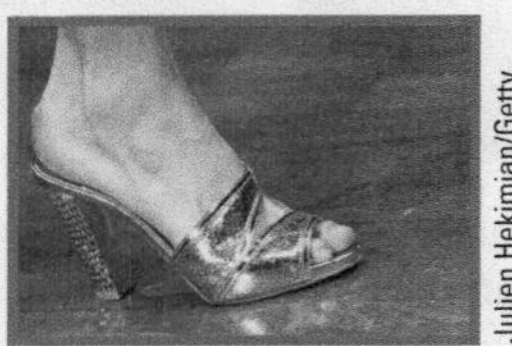

Julien Hekimian/Getty Images

Les mules reviennent périodiquement à la mode, mais elles ne datent certainement pas du XXIe siècle. Déjà au XVIIe siècle, le roi Louis XIV en portait. De nos jours, ce sont les femmes qui en portent, et les mules peuvent être simples ou bien élaborées.

B Les accessoires

Étape 1. Quel accessoire associez-vous à chaque description?

1. une personne décontractée	**a.** un collier	**b.** des sandales
2. un symbole de respect	**a.** un bandana	**b.** un chapeau
3. la haute couture	**a.** un sac à main de marque	**b.** une casquette
4. un symbole du statut social	**a.** une montre de marque	**b.** un sac à dos
5. un look osé	**a.** une boucle d'oreille	**b.** une mallette
6. un symbole du professionnalisme	**a.** une mallette	**b.** un bandana

Étape 2. Quels accessoires ou articles de mode porteriez-vous ou auriez-vous dans chaque circonstance suivante?

Modèle: Si vous vouliez vous faire remarquer
Si je voulais me faire remarquer, je porterais une mini-jupe noire en cuir et des boucles d'oreilles en diamant.

1. Si vous vouliez vous faire remarquer
2. Si vous vouliez avoir une apparence professionnelle
3. Si vous vouliez avoir l'apparence d'un(e) étudiant(e)
4. Si vous vouliez avoir l'air élégant

C Les vêtements, les accessoires et l'apparence professionnelle

Étape 1. Quel métier associez-vous aux accessoires ou vêtements suivants?

1. un costume-cravate et une mallette
2. un chapeau et un manteau long
3. des boucles d'oreilles et un collier
4. un polo et un jean
5. un tailleur et un sac à main de marque
6. un uniforme

Étape 2. Avec un(e) partenaire, discutez pour savoir s'il y a un uniforme obligatoire ou un code vestimentaire pour les métiers suivants dans votre culture. S'il y en a un, expliquez pourquoi le code vestimentaire est important et décrivez ce que les gens de ces métiers devraient porter afin d'avoir une apparence professionnelle.

1. un(e) agent de police
2. un coiffeur / une coiffeuse
3. un(e) secrétaire
4. un militaire / une femme militaire
5. un serveur / une serveuse
6. un(e) avocat(e)
7. un vendeur / une vendeuse
8. un plombier / une femme plombier

Et vous? À votre avis, devrait-on avoir un code vestimentaire pour les professeurs? Pour les étudiants universitaires? Justifiez votre réponse.

Note de vocabulaire
France does not have the equivalent of ROTC. The expression for military training in French is **l'entraînement militaire.**

D **Un code vestimentaire** Décrivez ce que vous portez typiquement pour les occasions suivantes. Ensuite, comparez vos réponses avec un(e) partenaire. Qui est plus soigné(e)? Qui est plus décontracté(e) dans sa tenue?

1. pour un mariage
2. pour aller à la gym ou faire du sport
3. pour aller dans un restaurant trois étoiles
4. pour un premier rendez-vous romantique

E **Une marque de solidarité et de complicité ou un manque de personnalité?** Indiquez s'il est typique pour les gens de votre culture de s'habiller de façon similaire ou de façon identique dans les situations suivantes. Ensuite, discutez avec un(e) partenaire et dites si c'est une bonne ou une mauvaise idée de s'habiller de la même façon dans les circonstances suivantes.

1. les demoiselles d'honneur *(bridesmaids)*
2. les membres d'une équipe sportive
3. les jumeaux / les jumelles (enfants et adultes)
4. les invitées d'une soirée ou d'une fête
5. un père et son fils / une mère et sa fille
6. les meilleur(e)s ami(e)s
7. les couples
8. les membres d'une organisation ou d'un club

Conclusion Dans quelles circonstances s'habiller de façon similaire est une marque de solidarité? Dans quelles situations cela montre-t-il un manque de personnalité?

F **Points de vue: Pour ou contre l'uniforme à l'école?** S'habiller de façon identique est rare en France. Pourtant, certains pensent qu'imposer l'uniforme à l'école pourrait être une bonne idée parce que les élèves ne pourraient pas juger ceux qui n'ont pas le bon jean ou la bonne paire de baskets. Donc, l'uniforme pourrait effacer les inégalités entre les élèves.

Étape 1. Dressez une liste des avantages et des inconvénients d'imposer l'uniforme à l'école. Ensuite, comparez votre liste avec celle d'un(e) partenaire.

Étape 2. Quelle est votre position sur la question «Pour ou contre l'uniforme?»? Faut-il imposer cette pratique aux écoliers? Aux élèves de lycée? Cette pratique efface-t-elle les inégalités ou reflète-t-elle un manque de personnalité? Avec votre partenaire, résumez votre position en quatre à six phrases.

Les pronoms relatifs

DU FILM *ENCORE*

Encore un pas vers la grammaire

Look at these photos from **Séquence 1** of the film *Encore* and their captions.

Voici l'homme **dont** le visage ressemble à celui d'Alexis Prévost. Cet homme s'appelle André Laurent.

SIMONE Les jours **où** tu m'as rendu visite étaient les jours les plus heureux de toute ma vie à l'hôpital.

1. What does the relative pronoun **dont** express in the first caption and what does it mean?
2. What does the relative pronoun **où** mean in the second caption?

MINDTAP **Préparation**

Go to **Préparation pour Grammaire 2** to review the relative pronouns **qui** and **que**.

- Relative pronouns are used to combine two ideas together into one sentence. The relative pronoun **qui** *(who, which, that)* acts as a subject and is followed by a verb. The relative pronoun **que** *(which, that)* acts as the object of a relative clause and is followed by a subject. Relative pronouns may be omitted in English but not in French.

C'est le professeur **qui** porte un jean en classe.	*It's the professor who wears jeans to class.*
Julie porte la robe **que** j'aime.	*Julie is wearing the dress (that) I like.*

- Note that **qui** may be used with prepositions. In this case, **qui** usually refers to people.

Voici l'étudiant **à qui** j'ai donné mon livre.	*Here is the student to whom I gave my book.*
À qui est-ce que tu parlais hier soir?	*To whom were you talking last night?*
Voilà l'homme **pour qui** elle a fait des courses.	*There is the man for whom she ran errands.*
Robert est l'homme **avec qui** Claire travaille.	*Robert is the man with whom Claire works.*

- A past participle that follows **que** agrees in number and gender with the preceding direct object.

  Bruno porte **la cravate que** j'ai achetée. — *Bruno is wearing the tie that I bought.*

  Voici **les deux filles qu'**on a vues hier. — *Here are the two girls that we saw yesterday.*

  J'ai acheté **les biscuits qu'**ils ont mangés. — *I bought the cookies that they ate.*

  Je n'aime pas **les livres que** Guy a lus. — *I don't like the books that Guy read.*

- The relative pronoun **dont** replaces **de** plus a noun and can refer to people or things. **Dont** is equivalent to *that, of whom, which, from whom / which,* or *about whom / which.*

  Voici le chien **dont** il a peur. — *Here is the dog (that) he is afraid of.*

- Some expressions that contain **de** and require **dont** when a relative pronoun is needed include **parler de, avoir besoin de, avoir envie de, avoir peur de,** and **se souvenir de.**

  Ce n'est pas le livre **dont** nous avons besoin. — *This is not the book (that) we need.*

  Voici le sac à main **dont** j'ai envie. — *Here is the purse (that) I want.*

  C'est un nom **dont** je ne me souviens plus. — *It's a name (that) I don't remember anymore.*

- **Dont** can also be used to refer to possessions. In this case, **dont** translates to *whose.* When referring to possessions, a definite article follows **dont.**

  C'est l'homme **dont le** visage ressemble à celui d'Alexis. — *It's the man whose face looks like Alexis'.*

  Voici la robe **dont le** créateur est belge. — *Here is the dress whose designer is Belgian.*

- When there is no definite antecedent for **qui, que,** or **dont**—meaning no specific, previously mentioned noun to which the pronoun refers—use **ce qui, ce que,** or **ce dont** instead. These are called indefinite relative pronouns and they often mean *what.*

  Savez-vous **ce qui** se passe? — *Do you know what is happening?*

  Je ne sais pas **ce que** tu veux dire. — *I don't know what you mean.*

  C'est **ce dont** j'avais peur. — *That was what I was afraid of.*

- The relative pronoun **où** is used with expressions of time and place (**l'année, le jour, le moment, l'endroit, la maison,** etc.), and is equivalent to *where* or *when.*

  C'est une ville **où** on trouve de bons restaurants. — *It's a city where one finds good restaurants.*

  Je me rappelle le moment **où** je suis tombée. — *I remember the moment when I fell.*

A Les vêtements et les accessoires

Étape 1. Complétez chaque phrase avec le pronom relatif **a. qui, b. que / qu'** ou **c. dont.** Ensuite, nommez un vêtement ou un accessoire qui correspond à chaque description.

C'est un vêtement / accessoire…

1. _____ … on a besoin en hiver. C'est _____________________.
2. _____ … un cadre apporte au travail. C'est _____________________.
3. _____ … les femmes portent. C'est _____________________.
4. _____ … le créateur s'appelle Louis Vuitton. C'est _____________________.
5. _____ … est utile pour tous les métiers. C'est _____________________.
6. _____ … j'ai envie d'acheter un jour. C'est _____________________.
7. _____ … on porte sur la tête. C'est _____________________.

Étape 2. Créez deux autres phrases en utilisant les phrases de l'Étape 1 comme modèle. Votre partenaire va deviner les réponses à vos phrases.

Modèle: **C'est un accessoire qui peut coûter très cher. Qu'est-ce que c'est?**

B Nos activités

Étape 1. Complétez chaque phrase avec l'objet approprié. Faites attention à l'accord du participe passé. Ensuite, demandez à un(e) partenaire de nommer l'objet selon la description.

1. Nomme _____ que tu as lus.	**a.** un journal	**b.** deux livres	**c.** une revue
2. Nomme _____ que tu as vu.	**a.** une voiture	**b.** deux affiches	**c.** un film
3. Nomme _____ que tu as écoutée.	**a.** une chanson	**b.** des albums	**c.** un poème
4. Nomme _____ que tu as prises.	**a.** des boissons	**b.** un vin	**c.** une tarte

Étape 2. En utilisant l'Étape 1 comme modèle, faites des phrases avec les éléments donnés au passé composé et demandez à votre partenaire de nommer la chose ou l'activité.

Modèle: une langue / apprendre: **Nomme une langue que tu as apprise.**

1. un vêtement / acheter
2. une émission de télévision / regarder
3. deux activités / faire
4. un parfum / utiliser

C Les apparences, les célébrités et la mode

Complétez chaque question avec un pronom relatif. Ensuite, posez les questions à un(e) partenaire et répondez à ses questions. Justifiez vos réponses.

1. Est-ce que tu aimes les créateurs ou les créatrices _____ viennent de France?
2. Est-ce que tu aimes les robes _____ les actrices ont portées aux Oscars?
3. Est-ce que tu sortirais avec quelqu'un _____ l'apparence est souvent négligée?
4. Est-ce que tu aimes visiter les villes _____ il y a beaucoup de boutiques chics?
5. Est-ce que tu sortirais avec un homme / une femme _____ porte beaucoup d'accessoires?
6. Est-ce que tu porterais la même tenue _____ ton ami(e) va porter à une soirée?

D Nos préférences

Étape 1. Complétez chaque phrase avec le bon pronom relatif indéfini et une idée de votre choix.

Suggestions

les hommes qui s'habillent en chemise-cravate	les vêtements confortables
les gens qui s'habillent de façon identique	les vêtements de marque
les gens qui n'aiment pas faire leur toilette	les montres de chez Walmart
les gens qui sont soignés d'apparence	les sacs à main de marque
les hommes qui ont un bouc ou une moustache	???

1. (Ce qui / Ce que / Ce dont) dégoûte les Français, ce sont ________.
2. (Ce qui / Ce que / Ce dont) les Françaises préfèrent, ce sont ________.
3. (Ce qui / Ce que / Ce dont) les Américains ont envie, ce sont ________.
4. (Ce qui / Ce que / Ce dont) mon/ma colocataire n'aime pas, ce sont ________.
5. (Ce qui / Ce que / Ce dont) plaît à mon professeur, ce sont ________.

Étape 2. Complétez chaque phrase avec **ce qui, ce que** ou **ce dont.** Ensuite, demandez à un(e) partenaire de vous donner un exemple de chaque description.

Modèle: É1: **Dis-moi ce que tu aimes porter.**
É2: **Ce que j'aime porter, ce sont des gants noirs.**

1. Dis-moi ________ tu as peur.
2. Dis-moi ________ te fascine en France.
3. Dis-moi ________ te dégoûte.
4. Dis-moi ________ tu préfères comme accessoire.
5. Dis-moi ________ tu n'as pas envie.
6. Dis-moi ________ tu vas faire après la classe.

E Paris et votre ville

Étape 1. Complétez cette description de Paris avec les bons pronoms relatifs.

Paris est une ville (1) ________ on peut toujours trouver quelque chose à faire. La ville est connue pour ses musées et ses boutiques chics (2) ________ vendent des vêtements de marque. Les créateurs de mode (3) ________ j'admire sont Coco Chanel et Christian Dior. (4) ________ me plaît aussi à Paris, c'est la gastronomie. Le gastronome Brillat-Savarin a dit: «Dis-moi (5) ________ tu manges et je te dirai qui tu es». Malheureusement, il existe aussi des inconvénients à Paris. La circulation est un inconvénient (6) ________ les Parisiens parlent souvent.

Étape 2. Écrivez un texte de quatre à six phrases sur votre ville avec des pronoms relatifs.

COIN CULTUREL

Courtesy of Wynne Wong

Les Français sont parmi les meilleurs créateurs de montures de lunettes. Chaque année, à Paris, a lieu le salon de l'optique *Silmo* où les meilleurs créateurs au monde dévoilent leurs nouvelles collections. Voici la monture en nomination d'un *Silmo d'or* de Jean-François Rey (aka J.F. Rey), ***Bloody Lys,*** une monture dorée à motifs de fleur de lys.

Journal de bord

Résumez en quelques phrases ce que vous avez appris dans la Partie 2 du Chapitre 6. Suggestions: Qu'est-ce qui est intéressant à propos des Français(es) et de leur apparence? Faut-il s'habiller en fonction des différentes circonstances? Comparez votre point de vue avec celui des Français en général et avec celui de vos camarades de classe.

L'apparence: mode, élégance et expression personnelle

Chanel, symbole de l'élégance

On parle encore aujourd'hui du look iconique de l'Âge d'or hollywoodien de l'actrice américaine Gloria Swanson. Mais qui est à l'origine de ses robes flottantes° et de ses tailleurs ornés° de plusieurs colliers de perles de longueurs différentes?[1] Coco Chanel, de son vrai nom Gabrielle Bonheur Chanel, a débuté en tant que° modiste° pour devenir une des plus célèbres créatrices° et couturières° au monde. Le contexte de la Première Guerre mondiale et les années qui ont suivi, avec tous les changements sociaux associés, lui ont été favorables pour transformer la mode féminine. Les femmes ne portaient plus de corset, ce qui était inconfortable et restrictif°. Coco Chanel recherchait avant tout le confort, la simplicité et l'élégance. Elle a réinventé la mode en créant de nouveaux modèles qui ont contribué à la libération du corps féminin. Elle a simplifié les lignes, a dessiné des coupes qui tombaient le long du corps de façon naturelle, tout en le mettant en valeur. Elle a aussi raccourci° la longueur des robes, d'où la jupe droite jusqu'aux genoux° du style des années 40 et 50 qui est toujours à la mode. Ce genre de silhouette est simple, élégant et restera indémodable°.

Une autre nouveauté disponible° à Chanel était le tissu. La soie étant devenue trop chère, elle l'a remplacée par le jersey. Elle a aussi introduit la toile à matelas rayée° dans les vêtements. Pour renforcer l'élégance, Coco Chanel utilisait de simples accessoires comme des perles ou une broche. Par la suite, elle a introduit le tailleur-jupe ou pantalon. Jusqu'à la fin, son secret était de combiner le confort, la simplicité et l'élégance. Selon Coco Chanel, «la mode se démode, le style jamais».

flottantes *floating* **ornés** *adorned* **en tant que** *as* **modiste** *milliner* **créatrices** *creators* **couturières** *designers, dressmakers, seamstresses* **restrictif** *constricting* **raccourci** *shortened* **jusqu'aux genoux** *knee-length* **indémodable** *timeless, classic, never going out of fashion* **disponible** *available* **tissu** *fabric* **toile à matelas rayée** *striped mattress ticking*

Avez-vous compris?

1. Comment a débuté Coco Chanel?
2. Quelle est une des conséquences de la Première Guerre mondiale sur la mode?
3. Que recherchait Coco Chanel dans la mode?
4. Comment Coco Chanel a-t-elle changé la mode?

[1] https://www.vanityfair.com/hollywood/2017/02/coco-chanel-golden-age-hollywood

Clive Limpkin/Associated Newspapers/Daily Mail/Rex/Alamy Stock Photo

Le voile: mode ou religion

Alors que le port du voile reste un grand débat dans certains pays, en France par exemple, il n'en est pas de même dans le reste du monde. Bien au contraire. La mode musulmane connaît de plus en plus de succès dans les pays principalement musulmans et même à l'international dans les cultures officiellement laïques°. Elle a certainement trouvé aussi sa place dans la haute couture.

Alors que jusqu'à récemment, les femmes musulmanes portaient le voile par conviction religieuse, il n'en est plus de même de nos jours. Dans certains pays musulmans, porter le hijab° n'est pas nécessairement une obligation religieuse, mais peut être aussi un choix personnel venant de la part des femmes, comme au Tchad par exemple, pays musulman libéral. De nos jours, de plus en plus de femmes non-musulmanes résidant dans des pays principalement non-musulmans décident de porter le hijab soit° pour se sentir plus protégées[1] soit° pour des raisons politiques afin de soutenir les femmes musulmanes contre le racisme et la xénophobie de leur pays[2].

Il faut aussi ajouter que de célèbres couturiers du monde entier, comme Hubert de Givenchy et Hina Anwar, se sont aussi lancés dans la mode du Moyen-Orient, en ciblant° particulièrement les femmes du Golfe°. Celles-ci attachent de l'importance à leur apparence, à la mode et au style, et sont à la recherche de choses raffinées, avec certains motifs, de la dentelle°, des coloris vifs et non plus limités au noir, au marron, au gris ou au bleu, les couleurs traditionnelles principales des foulards. Les créateurs ont donc réussi à concilier mode, tradition, et style contemporain autour du hijab et de l'abaya pour les rendre chics et à la mode.

laïques *secular* **hijab** *veil covering hair and chest* **soit… soit** *either . . . or* **ciblant** *targeting* **Golfe** *(Persian) Gulf* **dentelle** *lace*

Avez-vous compris?

1. Comment est considérée la mode musulmane à l'heure actuelle vis-à-vis de l'industrie de la mode?
2. Pourquoi les femmes musulmanes portaient-elles le hijab avant, en général?
3. De nos jours, qui porte le hijab et pourquoi?
4. Comment les couturiers ont-ils intégré le hijab dans la mode vestimentaire?

Qu'en pensez-vous?

Pour vous, qu'est-ce qui compte le plus dans la mode: le style plus que l'élégance ou le confort, les tendances plus que la couleur, le prix plus que le désir de créer un certain look, une certaine conviction (sociale, culturelle, politique) plus qu'un désir personnel ou bien autre chose? Pourquoi?

MINDTAP

L'apparence: mode, élégance et expression personnelle

Jason Sheldon/Shutterstock.com

Would you like to learn more about **L'iconique tailleur en tweed Chanel; Zuhair Murad: l'élégance de la couture libanaise;** or **Le Cirque du Soleil: Apparence, élégance et rêve?** Visit **Liaisons culturelles** and **Encore plus loin** in MindTap to explore these topics.

Mehmet Cetin/Shutterstock.com

[1] https://www.youtube.com/watch?v=Q8s9_dYNQ1g

[2] https://www.aljazeera.com/indepth/features/muslim-women-ramadan-hijab-challenge-180528051159806.html

PARTIE 3 GRAMMAIRE 3

Le plus-que-parfait et le choix des temps au passé

DU FILM *ENCORE*

Encore un pas vers la grammaire

Look at these photos from the film *Encore* and their captions.

Un inspecteur **est arrivé** à l'hôtel parce que quelqu'un **avait agressé** Claire.

ROBERT Claire, je sais que vous **avez subi** un choc terrible et que ces derniers jours **étaient** difficiles…

1. In the left caption, there are two bolded verbs. Which action occurred before the other?
2. In the right caption, which bolded verb expresses a condition or state? Which verb expresses an action in the recent past?

MINDTAP **Préparation**

There is no **Préparation** for **Grammaire 3.**

Le plus-que-parfait

The **plus-que-parfait** (the pluperfect in English) is a past tense used to express actions that *had occurred* or that people *had done* before other past events, actions, or states. It is formed using the **imparfait** of **avoir** or **être** plus the past participle of the main verb. Agreement rules are the same as for the **passé composé.**

manger	**aller**	**se laver**
j'**avais mangé**	j'**étais allé(e)**	je m'**étais lavé(e)**
tu **avais mangé**	tu **étais allé(e)**	tu t'**étais lavé(e)**
il/elle/on **avait mangé**	il/elle/on **était allé(e)**	il/elle/on s'**était lavé(e)**
nous **avions mangé**	nous **étions allé(e)s**	nous nous **étions lavé(e)s**
vous **aviez mangé**	vous **étiez allé(e)(s)**	vous vous **étiez lavé(e)(s)**
ils/elles **avaient mangé**	ils/elles **étaient allé(e)s**	ils/elles s'**étaient lavé(e)s**

Jules a préparé le dîner, mais j'**avais** déjà **mangé.** — *Jules prepared dinner but I had already eaten.*

Anne n'**était** pas **arrivée** quand sa famille est partie. — *Anne had not arrived when her family left.*

Nous nous **étions endormis** quand il a téléphoné. — *We had fallen asleep when he called.*

- The pluperfect follows the same rules as the **passé composé** for negation, placement of adverbs, and formation of questions.

Nous **étions** déjà **partis** quand il a appelé.	*We had already left when he called.*
Quand Jean est arrivé, elle n'**était** pas encore **partie.**	*When Jean arrived, she had not yet left.*
Nous ne **nous étions** pas encore **levés.**	*We had not gotten up yet.*
Aviez-vous déjà **mangé** quand il est arrivé?	Had you already eaten when he arrived?

- When used with **si,** the **plus-que-parfait** can express a wish or regret about past events.

  Si seulement ils **avaient étudié** pour leur examen.
  If only they had studied for their exam.

  Si j'avais su que tu portais la même tenue!
  If (only) I had known you were wearing the same outfit!

Note de grammaire

The expression **si j'avais su** is a common expression used to express regret.

Choisir les temps du passé

- To express that something happened in the remote past before another action, event, or state in the past, use the **plus-que-parfait.** To recount completed events in the more recent past, use the **passé composé.** To describe conditions, states, or habitual actions in the more recent past, use the **imparfait.**

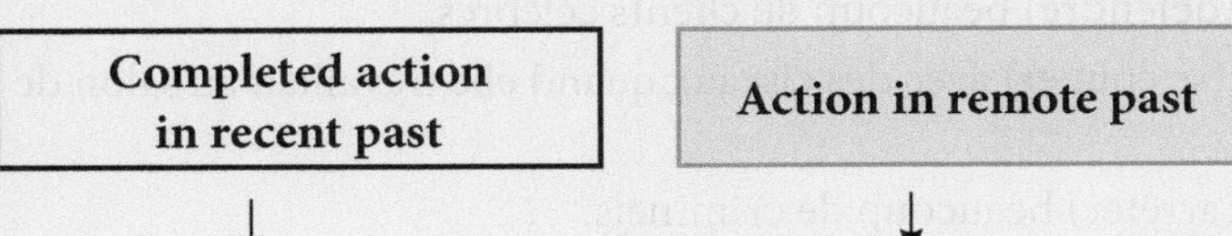

J'**ai acheté** la cravate que tu m'**avais recommandée.**
I bought the tie that you had recommended to me.

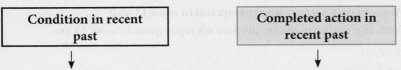

Il y **avait** des fleurs partout quand sa femme **est arrivée** au restaurant.
There were flowers everywhere when his wife arrived at the restaurant.

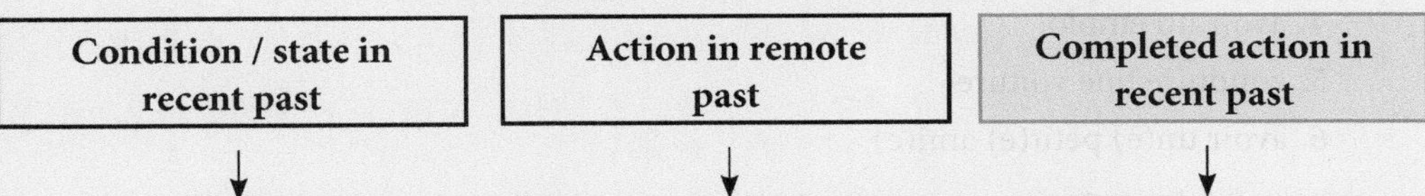

Claire **rêvait** de la bague qu'Alexis lui **avait donnée** quand elle **s'est réveillée** soudainement.
Claire was dreaming of the ring that Alexis had given her when she suddenly woke up.

- The verb **venir** in the **imparfait** + **de** + the infinitive of another verb is used to describe something that had *just happened* in the past.

  Claire **venait de découvrir** sa mère par terre quand André est entré dans l'appartement.
  Claire had just discovered her mother on the floor when André entered the apartment.

A Leurs apparences avant Abia décrit les apparences de sa famille avant un événement passé important. Complétez chaque phrase avec le sujet approprié.

	a.	b.	c.
1. … avait porté des tuniques en Afrique.	a. Fallou	b. Nous	c. Mes parents
2. … s'était maquillée comme un clown.	a. Aude	b. Patrick	c. Aude et Nadia
3. … avions porté des lunettes.	a. Nadia	b. Nadia et Bisa	c. Nadia et moi
4. … s'étaient habillés en boubou en Afrique.	a. Kofi	b. Bisa et Kofi	c. Kofi et Marie-Claire
5. … avait porté un voile.	a. J(e)	b. Fatima	c. Fatima et Asmaou
6. … n'avais pas eu de code vestimentaire.	a. Je	b. Nous	c. Abia et Nadine

Conclusion Qui avait porté des tenues ou des accessoires traditionnels?

B Leurs métiers d'autrefois Mettez les verbes dans les phrases au **plus-que-parfait.** Ensuite, devinez ce que ces gens avaient fait avant de changer de métier.

Modèle: Luc **avait programmé** (programmer) des ordinateurs.
Il avait été informaticien.

1. Marc ____________ (porter) un uniforme en Afghanistan.
2. Chloé et Julie ____________ (travailler) dans une clinique psychiatrique.
3. Guy et Luc ____________ (vendre) des vêtements de marque au magasin *Le Printemps* à Paris.
4. J(e) ____________ (répondre) au téléphone pour des cadres célèbres.
5. Pierre ____________ (voir) beaucoup de belles maisons quand il réparait les éviers de ses clients.
6. Nous ____________ (défendre) beaucoup de clients célèbres.
7. Marie ____________ (se couper) avec des ciseaux quand elle travaillait au salon de coiffure.
8. Nous ____________ (arrêter) beaucoup de criminels.

C À l'âge de 13 ans Avec un(e) partenaire, discutez de si vous aviez déjà fait ou pas encore fait les activités suivantes quand vous aviez 13 ans.

Modèle: É1: **Avais-tu déjà préparé un repas quand tu avais 13 ans?**
É2: **Non, je n'avais pas encore préparé un repas quand j'avais 13 ans.**

1. préparer un repas
2. étudier une langue étrangère
3. porter une boucle d'oreille
4. avoir un emploi
5. conduire une voiture
6. avoir un(e) petit(e) ami(e)

Conclusion Qui avait une vie plus intéressante à l'âge de 13 ans? Vous ou votre partenaire?

D **Les regrets** Quels regrets pourraient avoir les gens suivants? Complétez chaque phrase en utilisant la structure idiomatique **si + plus-que-parfait** pour exprimer leurs regrets.

Modèle: Si seulement j'**avais su qu'il y avait un code vestimentaire dans ce restaurant.**

1. Si seulement mes parents...
2. Si seulement mon/ma colocataire...
3. Si seulement j(e)...
4. Si seulement mon ami(e) et moi, nous...
5. Professeur(e), si seulement vous...

E **Votre journée d'hier** Lisez les situations suivantes et complétez les phrases en utilisant **le plus-que-parfait, le passé composé** ou **l'imparfait**. Ensuite, comparez vos phrases avec un(e) partenaire pour savoir si vous avez eu une journée similaire ou différente.

1. Quand je suis rentré(e) chez moi hier, mon/ma colocataire...
2. J'étudiais quand...
3. Puisque j'avais soif, je...
4. Je m'étais déjà couché(e) quand...
5. Pendant que j'écoutais mon professeur, un(e) camarade de classe...
6. Mon/Ma camarade de classe n'est pas venu(e) en classe parce que...

F **Un événement important**

Étape 1. Xavier, l'oncle d'Abia, parle de sa réunion du lycée qui a eu lieu hier. Complétez sa description en mettant les verbes au **plus-que-parfait,** au **passé composé** ou à l'**imparfait** selon le contexte des phrases.

1. Il ____________ (pleuvoir) le soir de la réunion donc beaucoup de mes camarades de classe ________________ (apporter) leur parapluie.
2. Les jumelles Denise et Élise ____________ (s'habiller) de façon identique mais elles ____________ (changer) d'avis avant de partir à la réunion.
3. Anaïs ____________ (recevoir) beaucoup de compliments sur son apparence parce qu'elle ____________ (dépenser) beaucoup d'argent pour sa tenue et son chapeau. Elle ____________ (être) vraiment belle!
4. Marc ____________ (mettre) un costume-cravate mais il ____________ (avoir) envie de porter un vêtement plus confortable donc il ____________ (changer) de tenue.
5. Candice et Nicole ____________ (entrer) avec beaucoup de sacs parce qu'elles ____________ (venir) de faire du shopping aux Galeries Lafayette.
6. Je ____________ (se coiffer) ce matin mais comme j(e) ____________ (faire) une sieste cet après-midi, j'ai dû me recoiffer avant de partir.

Étape 2. Pensez à la dernière fois que vous avez assisté à un événement particulier. Quel était cet événement? Qui vous accompagnait à cet événement? Décrivez l'apparence des gens (par exemple, leurs vêtements, leurs accessoires, etc.). Racontez ce qui s'est passé pendant l'événement ou ce qui s'était passé avant. Écrivez un paragraphe de cinq à sept phrases en utilisant le **plus-que-parfait,** le **passé composé** et l'**imparfait.**

Encore une mélodie

STR/EPA/Newscom

La chanson *Belle,* du drame musical *Notre-Dame de Paris* raconte le désir que trois hommes, Quasimodo, le prêtre Frollo et le chevalier Phœbus, ont pour Esmeralda. Cherchez la chanson sur Internet. Comment est-ce que les trois hommes décrivent l'apparence d'Esmeralda?

Journal de bord

Résumez en quelques phrases ce que vous avez appris dans la Partie 3 du Chapitre 6. Suggestions: Qu'est-ce qui est intéressant dans les lectures culturelles? Qu'est-ce que vous avez appris de vos camarades de classe à propos de leurs activités à l'école primaire?

DEUXIÈME PROJECTION

ENCORE
SÉQUENCE 3 : Un nouveau danger

Ⓐ Avant de visionner

Étape 1. Quelles fonctions pourraient avoir les vêtements et les accessoires dans un film? Faites-en une petite liste. Ensuite, comparez votre liste avec celle d'un(e) partenaire.

Étape 2. Les vêtements, les accessoires et même les traits physiques pourraient aussi révéler des informations importantes sur l'identité d'un personnage ainsi que sur son milieu social et son métier. Analysez chaque tenue suivante. Quels traits de personnalité, métiers ou milieux sociaux associez-vous avec les vêtements et les accessoires de chaque tenue?

LEXIQUE

de la haute société	démodé(e)	nerveux / nerveuse
de la classe moyenne ou de la bourgeoisie	jeune	négligé(e)
de la petite bourgeoisie *(lower middle class)*	mature (âgé[e])	osé(e)
à la mode	menaçant(e)	ringard(e)
décontracté(e)	mystérieux / mystérieuse	soigné(e)

1. un costume vert en polyester, une cravate verte de la même couleur que celle du costume, une chemise blanche
2. un costume gris foncé à rayures *(pinstripped)* en polyester, une chemise grise en coton, une cravate marron et grise en polyester, une ceinture noire, les cheveux gris, une barbe
3. un manteau bleu marine en laine, une écharpe blanche en coton, un jean bleu, des bottes en cuir noir à talons hauts, un grand sac en cuir noir
4. un long manteau noir en laine, un pull à col roulé noir, un jean bleu, des gants noirs, des chaussures de ville en cuir noir
5. un chemisier rose en soie, un long gilet marron en laine, un pantalon noir en velours, des collants, des chaussures confortables à talons plats *(flats)* en cuir marron

Étape 3. Comparez vos réponses avec celle d'un(e) partenaire. Avez-vous les mêmes impressions à propos de ces tenues? Qui portait ces tenues dans la Séquence 3 du film *Encore*?

Ⓑ ▶ Regardez la séquence Regardez encore une fois la Séquence 3 du film *Encore*. Faites attention à la coiffure des personnages et à ce qu'ils portent afin de vérifier vos réponses de l'Activité A.

C Les vêtements et les apparences comme symboles de transformation Un réalisateur se sert aussi des vêtements et des changements d'apparences pour signaler une transformation d'un personnage. Par exemple, dans *Les Misérables* de Victor Hugo, on voit la petite Cosette sale et en guenilles *(rags)* quand elle habitait avec les aubergistes Thénardier. Plus tard dans l'histoire, on la voit soignée en tenue raffinée. Ces vêtements de luxe et ce changement dans son apparence nous signalent que son statut social a changé.

Étape 1. En petits groupes, pensez à des films ou à des émissions de télévision où les vêtements ou les changements d'apparences fonctionnent comme des symboles de transformation d'un personnage. Ensuite, expliquez comment le réalisateur s'est servi des vêtements et de l'apparence physique pour montrer que le personnage a été transformé.

Étape 2. Maintenant pensez au film *Encore*. Y a-t-il des exemples dans *Encore* où un changement d'apparence ou un changement de tenue signale une transformation chez un personnage? Y a-t-il un personnage dont l'apparence ne change jamais?

D Les vêtements et les accessoires comme indices de l'intrigue Un réalisateur pourrait aussi se servir des vêtements et des accessoires comme indices *(clues)* pour faire avancer son histoire. Avec votre partenaire, répondez aux questions suivantes.

1. Quels objets ou accessoires signalent que Claire et sa mère sont en danger?
2. Quelqu'un a agressé Claire. Quels vêtements ou accessoires sont associés à cette personne? À votre avis, l'agresseur de Claire est-il un homme ou une femme? Pourquoi?
3. Quels vêtements ou accessoires sont associés à l'avocat? Au détective? À André Laurent?
4. Quels accessoires avait André Laurent quand il est entré dans l'appartement de Claire?

Encore: La culture dans le film

L'actrice Johanne-Marie Tremblay

Johanne-Marie Tremblay est une actrice dont le visage est bien connu au Québec. Avant de jouer le rôle de Simone Gagner dans *Encore,* elle avait interprété des rôles dans les films *Jésus de Montréal* et *Les invasions barbares* de Denys Arcand ainsi que dans *J'ai tué ma mère* de Xavier Dolan. Plus récemment, elle avait un rôle dans *Le démantèlement* de Sébastien Pilote. Elle était aussi la mère d'Émilie Bordeleau dans la célèbre télésérie *Les filles de Caleb,* basée sur le roman d'Arlette Cousture.

OUI, JE PEUX!

Look at these "can-do statements" and rate yourself on how well you think you can perform these tasks in French. Then, with a partner, carry out the statements by doing Activities A and B. This will allow you to verify your abilities and to see how accurate your self-assessment was.

1. **"I can describe the physical appearance of someone that I find attractive (a celebrity or someone I know) and explain why I find this person attractive."**

   I can perform this function

   ☐ with ease

   ☐ with some difficulty

   ☐ not at all

2. **"I can say three things that I had already done before arriving to class today, find out the same info from a classmate, and then say whose day is better."**

   I can perform this function

   ☐ with ease

   ☐ with some difficulty

   ☐ not at all

A Son apparence me plaît

Étape 1. Pensez à une personne dont l'apparence vous plaît. Ensuite, dressez une liste des traits physiques et du type de vêtements ou accessoires qu'il/elle porte et que vous aimez. Pourquoi est-ce que ces traits, ces vêtements ou ces accessoires vous plaisent?

Étape 2. Décrivez cette personne et son apparence à votre partenaire. Expliquez pourquoi l'apparence de cette personne vous plaît.

Étape 3. Avez-vous bien réussi cette activité ou avez-vous eu des difficultés avec cette tâche *(task)*? Si oui, quelles étaient vos difficultés?

Voilà comment Abia répond: «La personne dont l'apparence me plaît beaucoup est ma sœur Nadia. Elle est toujours bien habillée et bien coiffée. Elle a une collection de belles tenues de marques qui me rend jalouse. J'aime en particulier son tailleur bleu-marine Chanel qu'elle porte parfois avec des talons et un foulard Hermès. On peut la remarquer même quand elle met un simple t-shirt ou un sweat pour faire du jogging. Une femme qui est chic dans un t-shirt et en jean est une femme qui a du goût et qui est bien dans sa peau!»

B Qui est plus occupé(e)?

Étape 1. Faites une liste de trois choses que vous aviez déjà faites avant d'arriver en classe aujourd'hui en utilisant le **plus-que-parfait**.

Étape 2. Décrivez ce que vous aviez déjà fait avant d'arriver en classe à un(e) partenaire. Comparez vos activités et déterminez qui a une meilleure journée.

Étape 3. Avez-vous bien réussi cette activité ou avez-vous eu des difficultés avec cette tâche *(task)*? Si oui, quelles étaient vos difficultés?

Activité DU FILM

Qu'est-ce qui s'était déjà passé?

Étape 1. Dans la dernière scène de la Séquence 3 du film *Encore*, Claire entre dans son appartement et trouve sa mère inconsciente par terre. En utilisant les indices donnés, décrivez ce qui s'était déjà passé avant que Claire entre dans son appartement et trouve sa mère. Utilisez le **plus-que-parfait**. Ajoutez un autre événement de votre choix pour le numéro 5.

appeler un taxi pour Claire	partir
être blessé(e) *(hurt)*	terminer son travail à l'hôtel

Quand Claire est entrée dans son appartement,...

1. Claire…
2. Abia…
3. L'assaillant…
4. Simone…
5. ???

Étape 2. Recréez et jouez cette dernière scène en petits groupes.

La Parure (extraits)

de Guy de Maupassant

Print Collector/Hulton Archive/Getty Images

À DÉCOUVRIR:
Guy de Maupassant

Nationalité: française
Naissance: le 5 août 1850
Décès: le 6 juillet 1893
Profession: écrivain réaliste
Réputation: père de la nouvelle *(short story)* moderne

Avant de lire

Vous allez découvrir un peu la mode à Paris vers la fin du XIXe siècle, puis lire des extraits de la nouvelle titrée *La parure* (1884), écrite par Guy de Maupassant, et ensuite discuter de vos réactions à ces extraits. M. Loisel travaille dans un ministère et gagne un petit salaire. Pour faire plaisir à sa femme Mathilde, qui envie la vie des classes sociales supérieures, il arrive à se procurer une invitation à une grande soirée. Malheureusement, Mathilde n'a pas de bijoux. Elle emprunte *(borrows)* alors une parure *(set of jewels)* de diamants à son amie, Mme Forestier.

Prélude Une des conséquences de la révolution industrielle a été la profusion d'articles de mode pour être vendus dans les grands magasins *(department stores)* de la capitale. Ainsi, dès 1852, c'est donc grâce aux grands magasins que les grandes dames deviennent irrésistibles aux yeux de la société. Cependant, l'importance de l'apparence à cette époque ne se limite pas aux femmes. Les hommes aussi soignent leur apparence. Que savez-vous de l'apparence au XIXe siècle? Lisez ces descriptions et décidez si elles sont **correctes** ou **non**.

1. ____________ Les jupes doivent couvrir les jambes des femmes entièrement.
2. ____________ On ne peut pas sortir sans chapeau.
3. ____________ Porter une barbe de trois jours en public est acceptable.
4. ____________ Le nœud papillon *(bow-tie)* donne une apparence de supériorité.
5. ____________ Le corset n'est pas obligatoire.
6. ____________ On préfère les hommes aux cheveux courts.

OUTILS DE LECTURE
Identifying key words
Key words help you keep track of the gist of the text you are reading. They are often words that are repeated throughout the text or that may be closely related to its title. When you read a new text, try to anticipate key words and look for other words that seem related to them.

Un pas vers LA LECTURE

La Parure

de Guy de Maupassant

Maupassant présente Mme Loisel et raconte la scène où M. Loisel donne l'invitation à la fête à sa femme.

C'était une de ces jolies et charmantes filles, nées, comme par une erreur du destin, dans une famille d'employés. Elle n'avait pas de dot°, pas d'espérances°, aucun moyen d'être connue, comprise, aimée, épousée par un homme riche et distingué; et elle se laissa marier avec un petit commis° du ministère de l'Instruction publique. Elle fut° simple, ne pouvant être parée°, mais malheureuse comme une déclassée°; car les femmes n'ont point° de caste ni de race, leur beauté, leur grâce et leur charme leur servant de naissance et de famille. Leur finesse native, leur instinct d'élégance, leur souplesse° d'esprit sont leur seule hiérarchie, et font des filles du peuple les égales des plus grandes dames. [...]

Elle n'avait pas de toilettes, pas de bijoux, rien. Et elle n'aimait que° cela; elle se sentait faite pour cela. Elle eût tant désiré° plaire, être enviée, être séduisante et recherchée°.

Elle avait une amie riche, une camarade de couvent° qu'elle ne voulait plus aller voir tant elle souffrait en revenant. Et elle pleurait pendant des jours entiers, de chagrin, de regret, de désespoir et de détresse.

Or un soir son mari rentra, l'air glorieux et tenant à la main une large enveloppe.

(M. Loisel) «Tiens, dit-il, voici quelque chose pour toi.» Elle déchira° vivement le papier et en tira une carte imprimée qui portait ces mots:

«Le ministre de l'Instruction publique et Mme Georges Ramponneau prient M. et Mme Loisel de leur faire l'honneur de venir passer la soirée à l'hôtel du ministère, le lundi 18 janvier.» Au lieu d'être ravie, comme l'espérait son mari, elle jeta avec dépit° l'invitation sur la table, murmurant:

(Mme Loisel) «Que veux-tu que je fasse de cela?

(M. Loisel) —Mais, ma chérie, je pensais que tu serais contente. Tu ne sors jamais, et c'est une occasion, cela, une belle!»

Mme Loisel, irritée, demande à son mari ce qu'elle peut mettre pour la fête parce qu'elle n'a pas de toilette suffisamment soignée. M. Loisel lui donne quatre cents francs [qu'il économisait pour s'acheter un fusil de chasse°] pour s'acheter une belle robe.

Le jour de la fête approchait, et Mme Loisel semblait triste, inquiète, anxieuse. Sa toilette était prête cependant. Son mari lui dit un soir:

(M. Loisel) «Qu'as-tu°? Voyons, tu es toute drôle° depuis trois jours.» Et elle répondit:

(Mme Loisel) «Cela m'ennuie de n'avoir pas un bijou, pas une pierre, rien à mettre sur moi. J'aurai l'air misère° comme tout. J'aimerais presque mieux ne pas aller à cette soirée.» Il reprit:

(M. Loisel) «Tu mettras des fleurs naturelles. C'est très chic en cette saison-ci. Pour dix francs tu auras deux ou trois roses magnifiques.» Elle n'était point convaincue.

(Mme Loisel) «Non... il n'y a rien de plus humiliant que d'avoir l'air pauvre au milieu de femmes riches.»

Mais son mari s'écria:

(M. Loisel) «Que tu es bête! Va trouver ton amie Mme Forestier et demande-lui de te prêter des bijoux. Tu es bien assez liée° avec elle pour faire cela.» Elle poussa un cri de joie.

(Mme Loisel) «C'est vrai. Je n'y avais point pensé.» Le lendemain, elle se rendit chez son amie et lui conta sa détresse.

Mme Forestier alla vers son armoire à glace, prit un large coffret. L'apporta, l'ouvrit, et dit à Mme Loisel:

(Mme Forestier) «Choisis, ma chère.» Elle vit d'abord des bracelets, puis un collier de perles, puis une croix vénitienne, or et pierreries°, d'un admirable travail. [...] Elle demandait toujours:

(Mme Loisel) «Tu n'as plus rien d'autre?

(Mme Forestier) —Mais si. Cherche. Je ne sais pas ce qui peut te plaire.» Tout à coup elle découvrit, dans une boîte de satin noir, une superbe rivière de diamants°; et son cœur se mit à battre d'un désir immodéré. Ses mains tremblaient en la prenant. Elle l'attacha autour de sa gorge°, sur sa robe montante°, et demeura en extase devant elle-même.

Puis, elle demanda, hésitante, pleine d'angoisse:

(Mme Loisel) «Peux-tu me prêter cela, rien que cela?

(Mme Forestier) —Mais oui, certainement.» Elle sauta au cou° de son amie, l'embrassa avec emportement°, puis s'enfuit° avec son trésor.

dot *dowry* **espérances** *hopes, expectations* **commis** *civil servant, clerk* **fut** *was* **parée** *dressed up* **déclassée** *downgraded, inferior* **ne... point** *not* **souplesse** *flexibility* **ne... que** *only* **eût tant désiré** *had so much desired* **recherchée** *sought after* **couvent** *convent* **déchira** *tore open* **dépit** *spite* **fusil de chasse** *hunting rifle* **Qu'as-tu?** *What's the matter with you?* **drôle** *strange* **misère** *poor* **liée** *attached, close* **pierreries** *gemstones* **rivière de diamants** *diamond necklace* **gorge** *throat, bosom* **robe montante** *high-collared dress* **cou** *neck* **avec emportement** *impulsively* **s'enfuit** *ran off*

Source: Guy de Maupassant, "La Parure" in *Contes du jour et de la nuit*, 1884

Après avoir lu

A Comparaisons interpersonnelles et interculturelles Répondez aux questions suivantes.

1. Ressentez-vous de la pression à soigner votre apparence quand vous sortez en public? Donnez un exemple qui illustre votre réponse.
2. Qu'est-ce que vous aimez porter pour une occasion spéciale (une fête, un mariage, un dîner romantique, etc.)? Décrivez une tenue favorite.
3. Est-ce que la pratique de juger les autres (ou être jugé par les autres) à partir de son apparence est aussi répandue *(widespread)* dans votre culture aujourd'hui? Citez quelques exemples pour soutenir votre réponse.
4. Qu'est-ce qui indique le statut social (les habits, les accessoires, les loisirs, les possessions, les comportements, etc.) dans votre culture aujourd'hui?

B Compréhension et interprétation Répondez aux questions suivantes.

1. Faites le portrait de Mme Loisel: son apparence, son caractère, son comportement, etc.
2. Pourquoi Mme Loisel se fâche-t-elle quand son mari lui donne l'invitation à la soirée?
3. Qu'est-ce que Mme Loisel va porter à la soirée? Comment son choix de bijou reflète-t-il ses valeurs et ses traits de personnalité?
4. Partagez-vous les mêmes sentiments et soucis que Mme Loisel en ce qui concerne les événements importants auxquels vous êtes invité(e)? Que faites-vous normalement pour vous préparer?

Un pas vers L'ÉCRITURE

Une annonce publique

Vous allez écrire un script pour **une annonce publique** *(public service announcement)* pour une chaîne de radio comme *National Public Radio (NPR)*. Les annonces publiques jouent un rôle important pour les gouvernements du monde ou les organisations sociales ou culturelles qui veulent communiquer un message ou faire savoir certaines informations au public. D'habitude, les annonces publiques ont pour but un changement d'attitudes ou de comportement des gens vis-à-vis d'un problème social ou une conscientisation *(awareness-raising)* plus générale. Vous allez maintenant préparer une annonce publique sur le message suivant: «C'est dans la tête qu'on est beau.» *(Beauty is only skin deep.)*

Préparation avant d'écrire

Étape 1. N'oubliez pas que dans une **annonce publique,** il s'agit d'un message important à communiquer au public. Cela n'est pas trop loin d'un des buts de Maupassant dans ses nouvelles *(short stories)*. Maupassant faisait souvent passer des morales à travers ses nouvelles. L'histoire de *La parure* continue. Mathilde perd cette parure de diamants au cours de la fête. Elle n'ose pas le dire à son amie. Les Loisel s'endettent *(go into debt)* pour la remplacer. Dix ans plus tard, les deux femmes se croisent et Mathilde raconte à son amie la vérité sur la perte de la parure. Mme Forestier lui annonce que la parure était, en fait, fausse et sans valeur.

1. Comment réagiriez-vous si vous étiez Mathilde Loisel (et aviez perdu la parure de votre amie)? Que feriez-vous?
2. Que feriez-vous si vous étiez Mme Forestier, maintenant que vous savez la vérité sur la parure rendue *(returned)*?
3. Quelle est la morale de Maupassant dans cette nouvelle, à votre avis?

Étape 2. Répondez aux questions suivantes pour vous aider à écrire votre annonce publique pour une chaîne de radio d'entre 150 et 300 mots.

1. Qui est le public que vous voulez viser *(target)*: les jeunes filles ou les jeunes garçons, les adolescents, les étudiants, les professionnels, les employeurs, etc.?
2. Quelles sont les formes ou définitions de la beauté que vous voulez mentionner: la beauté externe, la beauté interne, la beauté naturelle, la personnalité ou le caractère, etc.?
3. Quels sont quelques scénarios qui illustrent que la beauté peut être «aussi superficielle que la peau»; par exemple, des apparences trompeuses?
4. Quel(s) format(s) voulez-vous utiliser: des témoignages *(testimonies)*, des parodies, des sketchs, un narrateur principal, des reconstitutions *(reenactments)*, etc.?
5. Quel slogan accrocheur *(catchy)* pouvez-vous inventer pour faire passer votre message? (Notez votre slogan dans votre script en LETTRES MAJUSCULES.)

Écrire

Écrivez votre **annonce publique** en consultant vos réponses aux questions de l'**Étape 2** de l'activité **Préparation avant d'écrire.** N'oubliez pas d'écrire un début accrocheur *(catchy)* et un slogan mémorable.

RÉSUMÉ DE VOCABULAIRE

PARTIE 1

Les noms

l'apparence *(f.)* *appearance*
une barbe *beard*
une barbe de trois jours *stubble*
la beauté *beauty*
un bouc *goatee*
une capuche *hood*
une casquette *ballcap*
le confort *comfort*
un costume-cravate *suit & tie*
un foulard *scarf*
les habits *(m. pl.)* *clothes*
la haute couture *high fashion*
les lunettes *(f. pl.)* *eyeglasses*
une moustache *moustache*
le physique *build, body type*
le poids *weight*
le prêt-à-porter *ready-to-wear fashion*
le statut social *social status*
la taille *size, height*
un tailleur *woman's suit*
la tenue *outfit*
une tunique *tunic*
un voile *veil*

Les verbes

attirer *to attract*
compter *to count*
dépenser *to spend*
faire négligé(e) *to appear sloppy*
faire sa toilette *to groom oneself*
faire un effort *to make an effort*
juger *to judge*
soigner *to take care of, to trouble over*

Les adjectifs

confortable *comfortable*
conservateur / conservatrice *conservative*
osé(e) *daring, risqué*
propre *clean*
sale *dirty*
sensible *sensitive*
soigné(e) *well-groomed, clean-cut, polished*
trompeur / trompeuse *deceptive, misleading*

Les comparatifs

aussi… que *as . . . as*
autant… que *as much . . . as*
moins… que *less . . . than*
plus… que *more . . . than*

aussi bien *as well*
aussi mal *as badly, as poorly*
mieux *better*
moins bien *worse*
moins mal *better*
plus mal *worse*

autant de/d' + *noun* + **que** *as much / as many…as*
moins de/d' + *noun* + **que** *less . . . than*
plus de/d' + *noun* + **que** *more . . . than*

Les superlatifs

le/la/les moins… de *the least . . . in*
le/la/les plus… de *the most . . . in*

le/la/les meilleur(e)(s) *the best*
le/la/les pire(s) *the worst*
le/la/les plus mauvais(e)(s) *the worst*

le mieux *the best*
le moins bien *the least well, the worst*
le moins mal *the least badly*
le plus mal *the worst*

le moins de + *noun* *the least…*
le plus de + *noun* *the most…*

PARTIE 2

Les noms

un accessoire *accessory*
un bandana *bandana*
un blouson *jacket*
une boucle d'oreille *earring*
un chapeau *hat*
une chemise à manches longues / courtes *(long / short sleeved) shirt*
une chemise fantaisie *casual shirt*
une circonstance *circumstance, occasion*
un code vestimentaire *dress code*
un collier *necklace*
un gilet *cardigan sweater*
un jogging *sweatpants*
une mallette *briefcase*
un manteau *overcoat*
une (mini-)jupe *(mini) skirt*
une montre *watch*
un polo *polo shirt*
un pull à col roulé *turtleneck sweater*
un pull-over *pullover sweater*
un sac à main *handbag*
un smoking *tuxedo*
un sweat *sweatshirt*
un uniforme *uniform*
une veste *sport coat*
les vêtements *(m. pl.)* **de marque** *designer clothes*

un(e) agent(e) de police *police officer*
un(e) avocat(e) *lawyer*
un(e) cadre *executive*
un coiffeur / une coiffeuse *hairdresser*
un(e) informaticien(ne) *computer specialist*
un inspecteur / une inspectrice *detective*
un militaire / une femme militaire *person in the military / military officer*
un plombier / une femme plombier *plumber*
un(e) psychologue *psychologist*
un(e) secrétaire *secretary*
un serveur / une serveuse *waiter, waitress*
un vendeur / une vendeuse *salesperson*

un manque *lack*

Les verbes

faire mal aux yeux *to hurt the eyes*
se faire remarquer *to get noticed*
s'harmoniser *to match, to go together*

Les pronoms relatifs

ce qui / ce que / ce dont *what*
dont *that, (of) which, (of) whom*
où *where, when*
que *that, which*
qui *who, that, which*

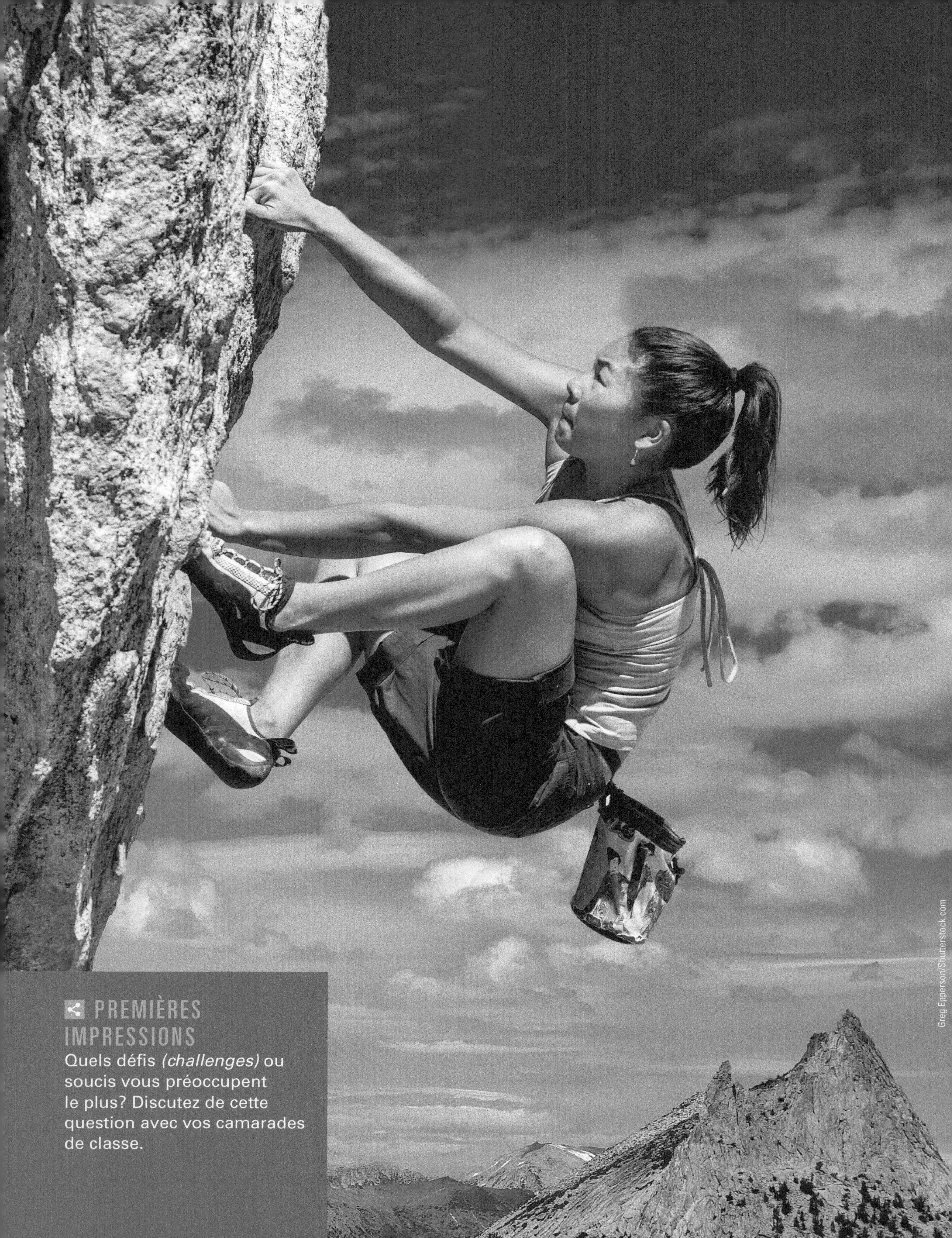

Greg Epperson/Shutterstock.com

PREMIÈRES IMPRESSIONS

Quels défis *(challenges)* ou soucis vous préoccupent le plus? Discutez de cette question avec vos camarades de classe.

CHAPITRE 7

Les défis

Objectifs

- *React to life's difficulties and challenges*
- *Express preferences, feelings, and reactions*

Culture

- Quelques défis du monde francophone
- La vie n'est pas un long fleuve tranquille
- Quelques défis anciens et nouveaux en Francophonie

Grammaire

1. *The subjunctive: expressing obligation, will, and emotion*
2. *The subjunctive and the indicative: expressing opinion, doubt, and uncertainty*
3. *The subjunctive with conjunctions; the past subjunctive*

Un pas vers la lecture

Entretien avec Corneille (extraits)

Un pas vers l'écriture

Un blog d'auto-assistance

You will also watch **SÉQUENCE 4: Une révélation** of the film *Encore.*

UN APERÇU SUR LE FILM

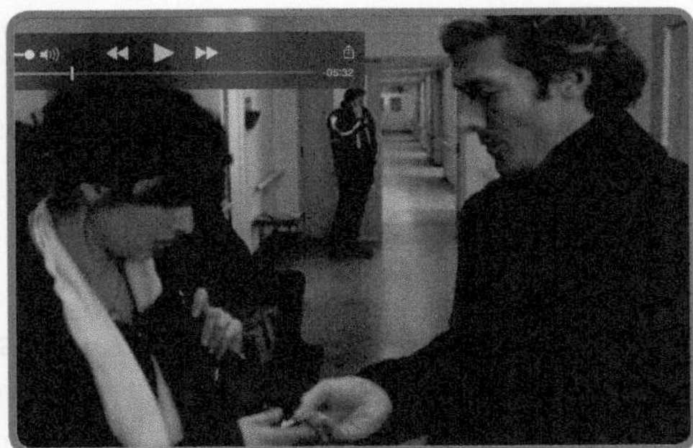

Il lui donne... Regardez la photo et répondez à la question: Qu'est-ce qu'André donne à Claire?

a. Il lui donne de l'argent pour aider sa mère.
b. Il lui donne une carte d'identité.
c. Il lui donne une photo qu'il a trouvée.

PARTIE 1 VOCABULAIRE 1

Réflexion culturelle

Quelques défis du monde francophone

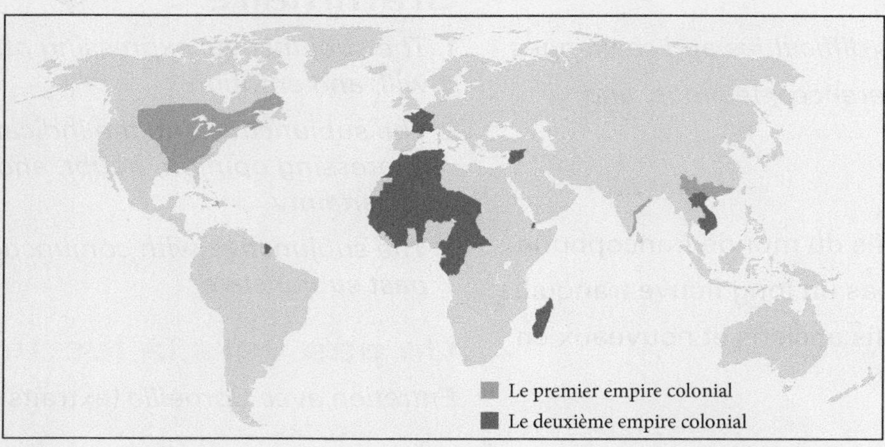

Au cours de son Histoire, le monde francophone a connu des moments de gloire et des **conflits,** qui ont opposé la France et ses colonies. Sous le premier empire colonial au XVIIe siècle, la France a agrandi° son territoire, en conquérant le continent nord-américain. Cet empire allait du Québec à la Louisiane, jusqu'au Montana. Un gros **défi** à cette époque-là et encore aujourd'hui était de maintenir et protéger la langue française.

Le second empire colonial au XIXe siècle **a touché** principalement des pays d'Afrique, qui ont finalement obtenu leur indépendance entre 1950 et 1960. À la suite de la décolonisation, les anciennes colonies **ont fait face à** un immense défi: comment s'identifier et se construire une nation indépendante? La première réponse impliquait° un retour aux sources, et la redécouverte des anciennes traditions et façons de vivre non-européennes et précoloniales. Ceci a créé des tensions entre les gens «modernes», ceux qui voulaient mélanger les cultures françaises et indigènes, et les gens «traditionnels» qui refusaient l'influence socio-culturelle européenne toujours présente sur le plan politique international même après la décolonisation. Dans certains pays du continent africain et ailleurs, ces tensions existent toujours.

À travers le monde francophone depuis le XXIe siècle, l'immigration et la migration des gens aux cultures, langues, religions, idéologies et façons de vivre diverses sont toujours aussi fortes. La **mondialisation culturelle** représente à la fois un défi et un enrichissement°: préserver le passé et respecter les différentes origines culturelles, accueillir de nouveaux individus, d'où des échanges et de nouvelles perspectives et façons de vivre. Tout cela nous force à nous remettre en question° et à comprendre le monde différemment.[1]

[1] Cultural globalization is typically viewed as a socio-economic phenomenon that, on the one hand, points to cultural diversity but that, on the other, recognizes the emergence of a common culture that threatens cultural diversity. It refers both to the cross-cultural transmission and exchange of (popular) products, perspectives, and practices among the world's civilizations and to the act of bringing cultures together through shared technology, goods, and services but with potentially homogenizing influences. Yet, conversely, cultural globalization also spurs resistance to universalizing cultural trends by encouraging the recognition and nurturing of local cultures (i.e., cultural diversity).

a agrandi *expanded* **impliquait** *involved* **enrichissement** *improvement, enrichment*
remettre en question *call into question, cast doubt on*

Vocabulaire du texte

un conflit *conflict*
un défi *challenge*
la mondialisation culturelle *cultural globalization*
faire face à *to cope with, to face up to*
toucher *to touch, to affect, to reach*

Vocabulaire complémentaire

l'absence *(f.)* **de domicile** *homelessness*
l'acceptation *(f.) acceptance*
la canicule *heat wave*
une catastrophe *catastrophe*
le chômage *unemployment*
une communauté *community*
le comportement *behavior*
un désastre *disaster, tragedy*
la faim *hunger*
la fracture sociale *social divide*
la guerre *war*
une inondation *flooding, flood*
une mentalité *mindset, outlook*
la mixité sociale *social diversity*
un ouragan *hurricane*
la paix *peace*
la pauvreté *poverty*
la sécheresse *drought*
le surpeuplement *overcrowding*
une tornade *tornado*
un tremblement de terre *earthquake*
une vague de froid *cold wave*

(s')adapter *to adapt (to get used to)*
affronter *to confront*
défavoriser *to discriminate against, to treat unfairly*
défier *to challenge, to defy*
(s')enrichir *to enrich (oneself)*
entraîner *to bring about, to lead to*
poser des problèmes *to cause / lead to problems*
surmonter *to overcome*

Note de vocabulaire

A popular slang expression in French is **C'est la cata! Cata** is an abbreviation of **catastrophe** and suggests that *the situation is really bad* or *a total disaster.*

Avez-vous compris? Répondez aux questions suivantes.

1. Quel était le territoire principal du premier empire colonial?
2. Quel est un gros défi du Québec?
3. Quelle a été une des conséquences de l'indépendance des anciennes colonies africaines?
4. Que représente la mondialisation culturelle?

À votre avis Quels sont des exemples spécifiques à votre culture où la mondialisation culturelle représente un défi et/ou un enrichissement? Expliquez un peu.

A Mots des manchettes Choisissez à partir des indices les bons mots de vocabulaire qui apparaissent souvent dans les manchettes *(headlines)* des journaux francophones.

la faim	une tornade	entraîner
la paix	l'absence de domicile	un désastre
la fracture sociale	une mentalité	surmonter
une inondation	affronter	une vague de froid

1. le manque de résidence permanente
2. les divisions entre les classes sociales
3. une situation de famine dans un pays
4. une grosse quantité anormale d'eau
5. un ensemble de manières de penser
6. une catastrophe, un grand malheur
7. vaincre *(to defeat)* un obstacle
8. en être la cause, impliquer, provoquer

Et vous? Parlez avec un(e) partenaire des nouvelles que vous avez récemment écoutées qui avaient pour sujet une de ces difficultés.

B Qu'est-ce que c'est?

Étape 1. Classez les défis suivants selon les catégories indiquées.

	un défi social	une catastrophe naturelle
1. la canicule	☐	☐
2. la mondialisation culturelle	☐	☐
3. les conflits de guerre	☐	☐
4. la sécheresse	☐	☐
5. le comportement d'une communauté	☐	☐
6. un tremblement de terre	☐	☐
7. le surpeuplement	☐	☐
8. l'acceptation de la mixité sociale	☐	☐

Étape 2. Répondez à ces questions avec un(e) partenaire.

1. Où, dans le monde, y a-t-il des pays, des régions ou des peuples qui doivent souvent faire face aux défis sociaux ou aux catastrophes naturelles de l'Étape 1?
2. Quels défis touchent votre culture ou votre région?
3. Quels (autres) défis posent des problèmes à votre communauté ou votre ville d'origine?

C Avez-vous la mentalité d'un(e) activiste social(e)?

Étape 1. Avec un(e) partenaire, identifiez ensemble les plus grands défis qui touchent la communauté dans laquelle votre université se trouve, puis discutez-en.

☐ la pauvreté	☐ la faim	☐ la guerre
☐ la fracture sociale	☐ la sécheresse	☐ l'acceptation
☐ le chômage	☐ les ouragans	☐ les vagues de froid
☐ l'absence de domicile	☐ les tornades	☐ autres défis?...

Étape 2. Feriez-vous les actions suivantes? À tour de rôle avec votre partenaire, posez-vous ces questions, puis répondez-y pour voir si vous avez la mentalité d'un(e) activiste.

1. Boycotterais-tu une entreprise ou un restaurant qui défavorise un groupe de gens? Explique.
2. Participerais-tu à un marathon ou à une marche de charité *(charity walk)* pour une bonne cause? Pour quelle(s) cause(s) en particulier?
3. T'adapterais-tu à vivre sans quelque chose que tu aimes bien si c'était pour défier un grand problème? De quoi pourrais-tu et ne pourrais-tu pas te passer *(to go without)*?
4. Proposerais-tu au gouvernement des solutions qui pourraient surmonter un défi ou enrichir la vie des gens d'une communauté? As-tu déjà des idées précises en tête? Parles-en un peu.

D La langue française est-elle en crise?

Étape 1. Lisez cet article sur le *Forum mondial de la langue française.*

La langue française face aux défis mondiaux

Issouf Sanogo/AFP/Getty Images

Le *Forum mondial de la langue française* s'organise chaque année dans une ville francophone différente avec l'objectif de faire connaître au monde son plaidoyer° pour la cause de la langue française. Pendant une semaine d'activités culturelles, de débats et de tables rondes, plus de 1 300 participants (d'au moins 104 pays francophones différents) réfléchissent sur l'avenir de leur langue. Ils reconnaissent que le français est indéniablement important pour de nombreuses organisations internationales et diplomatiques, dont les locuteurs° représentent des identités multiples et diverses (européennes, africaines, nord-américaines).

Avec 275 millions de francophones, le français est la cinquième langue la plus parlée au monde et, selon l'Organisation Internationale de la Francophonie, on s'attend à environ 700 millions de locuteurs d'ici 2050, la plupart en Afrique. Même si le français est représenté sur cinq continents et est la deuxième langue la plus enseignée sur le continent nord-américain, son enseignement est en danger aux États-Unis face à celui de l'espagnol.

Toujours selon l'OIF, il est important que la langue française continue d'évoluer en s'adaptant aux nouveaux usages et moyens de communication, notamment en étant plus présente sur les réseaux sociaux.

plaidoyer *plea, appeal* **locuteurs** *speakers*

Adapté de la source: www.francophonie.org

Étape 2. Répondez aux questions avec un(e) partenaire.

1. À quels défis le français doit-il faire face selon le texte? Voyez-vous d'autres défis?
2. Quelles solutions sont proposées pour surmonter ces problèmes? Voyez-vous d'autres solutions?
3. Êtes-vous d'accord avec l'idée que l'avenir d'une langue dépend de sa capacité à s'adapter aux nouveaux usages et aux nouvelles technologies? Pourquoi ou pourquoi pas?
4. Comment pourriez-vous inciter plus d'étudiants de votre université à étudier la langue française? Que leur diriez-vous, par exemple?

COIN CULTUREL

AP Images/Jacques Brinon

Pour les amoureux du roller *(rollerskating)*, l'association Pari Roller organise tous les vendredis soir dans la capitale un nouveau parcours *(itinerary)* de Paris la nuit, sur une trentaine de kilomètres. Beaucoup de participants voient cette activité comme une occasion de sensibiliser *(to raise awareness of)* le public à leurs causes sociales en portant un tee-shirt avec un message particulier.

PARTIE 1 GRAMMAIRE 1

Le subjonctif: les verbes réguliers; exprimer les désirs, les obligations et les émotions

DU FILM *ENCORE*

Encore un pas vers la grammaire

Look at these photos from the film *Encore* and their captions.

ANDRÉ Okay, okay, okay. **Il faut que** je vous **dise** la vérité.

DOCTEUR Je **suggère que** vous **retourniez** chez vous.

1. What verb follows **il faut que** in the left caption? What form is the verb in?
2. What verb follows **suggère que** in the right caption? What form is the verb in?

MINDTAP Préparation

Go to **Préparation pour Grammaire 1** to review the subjunctive forms of several very common regular and irregular verbs.

To express will and influence (volition), desires, opinions, and obligations, you need to use the subjunctive mood, **le subjonctif.** The present subjunctive form of most verbs is formed by dropping the **-ent** from the third-person plural form of present indicative verbs and adding the subjunctive endings **-e, -es, -e, -ions, -iez,** and **-ent.**

finir → finissent	**se détendre → détendent**
que je finiss**e**	que je me détend**e**
que tu finiss**es**	que tu te détend**es**
qu'il/elle/on finiss**e**	qu'il/elle/on se détend**e**
que nous finiss**ions**	que nous nous détend**ions**
que vous finiss**iez**	que vous vous détend**iez**
qu'ils/elles finiss**ent**	qu'ils/elles se détend**ent**

Je veux qu'ils finissent leur travail ce soir.	*I want that they finish their work tonight.*
Il est important que nous nous détendions.	*It is important that we relax.*
Il faut que je connaisse bien mes défis.	*It is necessary that I know my challenges well.*

Some verbs have two stems in the subjunctive: one stem for the **nous** and **vous** form and another stem for the **je, tu, il/elle/on,** and **ils/elles** forms.

	acheter	recevoir	comprendre	devenir
… que je/j'	achète	reçoive	comprenne	devienne
… que tu	achètes	reçoives	comprennes	deviennes
… qu'il/elle/on	achète	reçoive	comprenne	devienne
… que nous	achet**ions**	recev**ions**	compren**ions**	deven**ions**
… que vous	achet**iez**	recev**iez**	compren**iez**	deven**iez**
… qu'ils/elles	achèt**ent**	reçoiv**ent**	comprenn**ent**	devienn**ent**

- Other verbs with two stems in the subjunctive include the following:

appeler: que j'appelle, que nous appelions
boire: que je boive, que nous buvions
croire: que je croie, que nous croyions
devoir: que je doive, que nous devions
essayer: que j'essaie, que nous essayions
payer: que je paie, que nous payions
préférer: que je préfère, que nous préférions
prendre: que je prenne, que nous prenions
venir: que je vienne, que nous venions
voir: que je voie, que nous voyions

- The subjunctive almost always occurs in sentences that contain a main clause and a dependent clause and in which the subject of the main clause is different from the subject of the dependent clause. The expression or verb in the main clause requires that the subjunctive be used in the dependent clause. The dependent clause begins with **que** *(that)*.

Il faut **que vous lisiez** ce livre.	*It is necessary that you read this book.*
Il est important **que nous dormions** plus.	*It is important that we sleep more.*

- The subjunctive commonly occurs after these verbs and expressions.

Les expressions d'obligation

il (ne) faut (pas) que
il (n')est (pas) nécessaire que
il (ne) vaut (pas) mieux que
il (n')est (pas) important que

Les expressions de volonté *(will)*

demander que
désirer que
exiger que
préférer que
proposer que
recommander que
souhaiter que
suggérer que
vouloir que

Les expressions d'émotion

aimer (mieux) que
avoir peur que
être content(e) que
être désolé(e) que
être étonné(e) / surpris(e) que
être fâché(e) que
être fier / fière que
être ravi(e) que
regretter que

Je **suis étonné que** tu ne **prennes** pas de thé.	*I am surprised that you don't drink tea.*
On **regrette qu'**il ne **paie** pas son loyer.	*We regret that he is not paying his rent.*
Il **a peur qu'**on ne le comprenne pas.	*He is afraid that we don't understand him.*

Note de grammaire
Verbs that end in **-ier** retain the original **i** before adding **-ions** or **-iez** in the subjunctive. For example, **défier** becomes **que nous défiions** or **que vous défiiez** (with two i's).

Note de grammaire
Although *that* is optional in English, **que** cannot be omitted in French.

Note de grammaire
Even though it expresses emotion, the verb **espérer** *(to hope)* does not take the subjunctive in affirmative sentences.

Encore une mélodie

Lionel FLUSIN/Gamma-Rapho/Getty Images

Henri Dès est un compositeur-chanteur suisse (né dans le canton de Vaud) qui est très connu à travers l'Europe francophone pour ses chansons pour enfants. Depuis 1977, Dès a sorti au moins 36 albums pour la jeunesse dont les inspirations sont des livres et des contes pour enfants et parfois le style musical de la comédie musicale. Sa popularité s'étend sur *(stretches over)* trois générations. Une de ses chansons populaires est la chanson *Il faut que tu te laves*. Cherchez la chanson sur Internet et notez tous les verbes au subjonctif.

A Réactions aux défis dans le monde et à l'université

Étape 1. Complétez chaque réaction de façon logique.

1. Je veux qu'on __________ grâce à la culture.
   a. s'enrichisse **b.** s'enrichit **c.** devient **d.** devienne
2. Je suis désolée que vous __________ dans un pays en guerre.
   a. finissez **b.** finissiez **c.** viviez **d.** vivez
3. Je recommande que nous __________ de surmonter nos défis.
   a. essayons **b.** essayions **c.** recevons **d.** recevions
4. Je suis étonné(e) qu'on __________ plus de fractures sociales dans la société.
   a. comprend **b.** comprenne **c.** voit **d.** voie
5. J'exige qu'on __________ la langue française.
   a. défend **b.** défende **c.** croit **d.** croie
6. J'ai peur que vous ne __________ pas au nouveau climat.
   a. vous détendiez **b.** vous détendez **c.** vous adaptiez **d.** vous adaptez
7. Je regrette que vous __________ la discrimination.
   a. acceptiez **b.** acceptez **c.** appelez **d.** appeliez
8. Je propose que nous ne __________ pas les gens pauvres.
   a. prenons **b.** prenions **c.** défavorisions **d.** défavorisons

Étape 2. Quelles sont vos réactions aux défis à votre université? Complétez chaque phrase d'une façon logique.

1. ____________________ que les frais de scolarité deviennent trop élevés.
2. ____________________ que nous payions moins pour nos livres.

B Et vos réactions?

Quelles sont vos réactions aux situations suivantes? Complétez chaque phrase. Ensuite, comparez vos réponses avec un(e) partenaire.

Suggestions

(ne pas) accepter les gens comme ils sont
(ne pas) comprendre les défis de notre société
(ne pas) croire à la liberté d'expression
(ne pas) parler des problèmes dans la société
(ne pas) prendre le temps de s'enrichir
(ne pas) préférer aller à l'université
(ne pas) recevoir une bonne éducation
(ne pas) s'entendre bien
(ne pas) suivre un (de) cours de langue étrangère

Modèle: Je veux que tu **reçoives une bonne éducation.**

1. Je désire que tous les gens de mon pays…
2. Je suis fâché(e) que certains politiciens…
3. Je suis content(e) que nous…
4. Je suggère que les étudiants…
5. Je souhaite que nous…
6. Je demande que le président…

C Deux étudiantes américaines au Québec

Étape 1. Choisissez un verbe pour compléter chaque phrase et mettez le verbe au subjonctif.

Ma mère est contente que je (1) __________ (préférer / boire) étudier au Québec cette année avec ma sœur, Laure. Ma mère est d'origine québécoise donc elle veut qu'on (2) __________ (devoir / voir) sa culture comme elle la voit. Maman désire que nous (3) __________ (accepter / étudier) à son université, l'Université Laval. Elle est aussi ravie que nous (4) ne __________ (payer / essayer) pas de frais de scolarité parce que nous avons des bourses.

Parfois, maman est fâchée que ma sœur (5) __________ (sortir / choisir) et (6) __________ (boire / prendre) trop. Elle souhaite que Laure (7) __________ (devenir / venir) plus sérieuse. Moi, je suis contente que Laure (8) __________ (obéir / vivre) avec moi et que nous (9) __________ (s'amuser / se fâcher). Je propose que maman (10) __________ (appeler / venir) nous voir à Québec.

Étape 2. Quelles suggestions donneriez-vous à quelqu'un qui va étudier à l'étranger?

1. Je suggère que vous...
2. Je propose que vous...
3. Il est important que vous...
4. Je serais ravi(e) que vous...
5. J'exige que vous...
6. Je serais fâché(e) que vous...

D Les gens dans notre vie

Les gens sont rarement parfaits. Voudriez-vous que certaines personnes dans votre vie changent ou sont-elles parfaites comme elles sont? Discutez-en avec un(e) partenaire. Suivez le modèle.

Modèle: mon frère

É1: **Que penses-tu de ton frère?**

É2: **Je veux qu'il sorte moins. / Je suis ravi(e) qu'il vienne souvent dîner chez moi.**

1. mon/ma colocataire
2. mon/ma petit(e) ami(e)
3. mes ami(e)s
4. mes voisin(e)s
5. mes professeurs
6. mon chien / mon chat
7. le président
8. ???

E Petits sketchs

Par groupes de trois, créez une conversation entre (1) deux parents et leur enfant, (2) un(e) professeur(e) et deux étudiant(e)s, (3) un serveur / une serveuse et deux client(e)s ou (4) un homme / une femme et ses deux ex-petit(e)s ami(e)s. Utilisez le subjonctif. Soyez prêts à jouer vos petits sketchs devant la classe.

Modèle: Professeur: **Il faut que vous participiez souvent en classe.**

Étudiant 1: **Il vaut mieux que vous compreniez que le français est difficile.**

Étudiant 2: **J'exige que vous nous donniez moins de devoirs.**

Journal de bord

Résumez en quelques phrases ce que vous avez appris dans la Partie 1 du Chapitre 7. Suggestions: Quels défis importants touchent le monde francophone? Quels défis existent dans votre société? Quelles sont les réactions de vos camarades de classe à propos de certains défis?

PARTIE 2 VOCABULAIRE 2

Réflexion culturelle

La vie n'est pas un long fleuve tranquille

leolintang/Shutterstock.com

À chaque étape de la vie correspondent des **préoccupations** différentes. Que ce soient les études, la **maladie,** les **problèmes financiers** ou **relationnels,** tout le monde est touché par les soucis un jour ou l'autre. En effet, la vie n'est pas un long fleuve tranquille, peu importe° l'âge ou l'endroit.

Un des soucis les plus fréquents est le **manque** ou la **peur** de manquer d'argent. Sans argent, on ne fait pas grand-chose. Le coût des études universitaires aux États-Unis est très élevé et, par conséquent, la plupart des étudiants travaillent à côté pour payer leurs études, tandis qu'en France, celles-ci ont un coût plus faible lorsqu'il s'agit d'universités publiques. Le coût de la vie effraie° aussi les **seniors;** ont-ils assez d'argent de côté pour pouvoir vivre et assurer leur **retraite**? S'ils sont malades, où iront-ils et qui s'occupera d'eux? Ce sont des préoccupations majeures auxquelles on devient tous confronté. Alors qu'en Afrique, la pratique traditionnelle est que deux ou trois générations vivent souvent ensemble dans une maison traditionnelle pour s'entraider°. Pourtant, même dans ces cultures avec cette pratique de longue date, la réalité de la vie au XXIe siècle et les nécessités socio-économiques obligent de plus en plus de jeunes Africains et de jeunes familles africaines à quitter la maison familiale multigénérationnelle traditionnelle pour aller travailler dans les grandes villes et vivre séparément.

Comment réagit°-on à nos soucis? Arrive-t-on à voir ou croire qu'il existe une **solution** ou un **remède** à nos problèmes? Heureusement que de nos jours, il existe de nombreuses façons de **gérer le stress,** comme la **thérapie,** le yoga ou encore les **livres d'auto-assistance.**

peu importe *no matter* **effraie** *frightens* **s'entraider** *to help each other* **réagit** *react*

Vocabulaire du texte

un livre d'auto-assistance *self-help book*
la maladie *illness*
le manque *lack*
la peur *fear*
une préoccupation *concern, worry*
un problème financier / relationnel *financial / relationship problem*

un remède *remedy*
la retraite *retirement*
les seniors *(m. pl.) elderly*
une solution *solution*
le stress *stress*
la thérapie *therapy*

gérer *to manage*

Vocabulaire complémentaire

l'anxiété *(f.) anxiety, anxiousness*
la dépression *depression*
la dette *debt*
une difficulté *difficulty*
un groupe de soutien *support group*
le harcèlement scolaire *bullying (in school context)*
le harcèlement sexuel *sexual harassment*
l'intimidation *(f.) intimidation, bullying*
la santé *health*
la solitude *loneliness*

un(e) thérapeute *therapist*
un conseil *advice*
un conseiller / une conseillère *counselor*
l'estime *(f.)* **de soi** *self-esteem*

conseiller *to advise*
épargner (pour la retraite) *to save (for retirement)*
rembourser *to pay back*

efficace *effective*

Avez-vous compris? Répondez aux questions suivantes.

1. Quels sont des exemples de préoccupations de la vie mentionnées dans le texte?
2. Quel est le souci principal des étudiants américains?
3. Quels sont les soucis des seniors selon le texte?
4. Comment peut-on gérer le stress d'après le texte?

À votre avis Quels sont les soucis les plus courants parmi *(among)* les étudiants de votre université, à votre avis? Comment les étudiants gèrent-ils typiquement le stress de ces soucis?

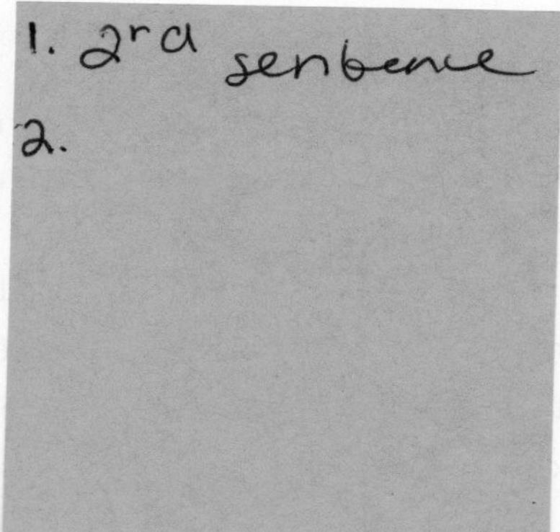

Encore une mélodie

SADAKA EDMOND/SIPA/SIPA France/PARIS/FRANCE/Newscom

Le chanteur Corneille a passé son enfance au Rwanda. Sa chanson *Parce qu'on vient de loin* est un grand succès inspiré des événements tragiques qui l'ont touché. Cherchez la chanson sur Internet. Quels défis pouvez-vous identifier dans la chanson?

A Problème ou solution? Indiquez si chaque mot fait typiquement référence à **un problème** ou à **une solution.**

1. la peur
2. un remède
3. gérer le stress
4. un défi
5. un conseil
6. un groupe de soutien
7. une difficulté
8. une préoccupation
9. un livre d'auto-assistance

B Les défis et les étapes de la vie

Étape 1. Lisez bien la liste des problèmes, des préoccupations et des maladies suivants. À votre avis, quel groupe de gens doit faire face à ces défis?

Modèle: le stress

Les étudiants universitaires doivent faire face au stress.

LEXIQUE

les enfants	les adolescents	les étudiants universitaires
les trentenaires *(adults in their 30s)*		les seniors

1. l'estime de soi
2. la solitude
3. les maladies
4. le manque d'amis
5. le harcèlement
6. épargner pour la retraite
7. rembourser ses dettes
8. les problèmes relationnels
9. la dépression
10. la peur de mourir

Étape 2. Discutez de vos idées de l'Étape 1 avec un(e) partenaire. Y a-t-il d'autres défis que vous pouvez identifier pour chaque étape de vie mentionnée? Justifiez vos réponses.

Modèle: **Les étudiants universitaires doivent faire face au stress parce qu'ils ont beaucoup d'obligations. Ils doivent travailler pour payer leurs études, aller en cours, et faire beaucoup de devoirs.**

C Les solutions efficaces

Étape 1. Regardez bien les solutions suivantes. À votre avis, pour quels problèmes ou quelles difficultés ces solutions seraient-elles les plus efficaces? Dans quelles situations devrait-on considérer ces solutions? Discutez de vos idées avec un(e) partenaire.

Modèle: consulter un médecin

É1: **Pour moi, consulter un médecin est efficace quand on est malade.**

É2: **Oui, mais pour être en forme, on devrait aussi consulter un médecin régulièrement.**

1. la thérapie
2. consulter un conseiller financier
3. faire de l'activité physique
4. parler avec des amis
5. habiter avec sa famille
6. lire un livre d'auto-assistance
7. trouver un groupe de soutien
8. respirer et rester calme

Étape 2. Quels conseils offririez-vous aux gens touchés par les défis suivants? Proposez des solutions à votre partenaire.

1. Samira vient d'emménager dans une nouvelle ville pour son travail et souffre de solitude. Elle ne connaît personne. Elle est timide et a des difficultés à se faire des amis. Elle n'a pas une bonne estime de soi et se retrouve souvent dans de mauvaises relations personnelles.
2. Thierry est célibataire et il fait ses études aux États-Unis. Sa mère est en France et elle souffre d'une grave maladie. Thierry veut voir sa mère plus souvent mais il n'a pas beaucoup d'argent et il a ses cours. Il a aussi un chien qui vieillit et qui est malade donc il ne veut pas le laisser tout seul. Thierry souffre de dépression et il ne peut plus dormir.
3. Isabelle est étudiante en droit à l'université. Elle habite seule dans un appartement avec son chat. Le gouvernement vient de couper son soutien financier et Isabelle a des difficultés à payer ses études. Elle a aussi beaucoup de dettes de carte de crédit parce qu'elle aime faire du shopping. Isabelle souffre d'anxiété. Elle ne veut pas abandonner ses études.

D Quiz sur le stress Tout le monde doit faire face au stress d'une façon ou d'une autre. Pourtant, quand le niveau de stress devient trop élevé, ceci peut causer des problèmes de santé, comme des maladies cardiaques, des insomnies et la dépression.

Étape 1. Faites le quiz suivant pour voir si vous gérez bien votre stress. Cochez les réponses qui sont vraies pour vous.

Quand vous êtes stressé(e)...

☐ vous avez tendance à blâmer d'autres personnes pour votre stress. (1 pt)
☐ vous devenez anxieux / anxieuse et vous n'avez pas envie de parler aux gens. (3 pts)
☐ vous ne réussissez pas à faire vos activités quotidiennes correctement. (3 pts)
☐ vous parlez de votre stress avec vos proches. (2 pts)
☐ vous ne faites rien. La source de stress va disparaître. (1 pt)
☐ vous avez tendance à penser à votre stress sans cesse. (3 pts)
☐ vous analysez votre stress une étape à la fois. (2 pts)
☐ vous acceptez ce que vous ne pouvez pas changer à propos du stress. (2 pts)
☐ vous ignorez le stress et vous faites des activités qui vous plaisent. (1 pt)

Étape 2. Ajoutez le nombre de points des réponses que vous avez cochées. Gérez-vous bien votre stress?

3–5 pts: Vous avez tendance à ignorer le stress, ce qui pourrait avoir des conséquences graves.
5–7 pts: Vous gérez bien votre stress. Vous confrontez votre stress d'une manière rationnelle.
8 + pts: Vous êtes trop anxieux / anxieuse et vous avez des difficultés à gérer votre stress de façon raisonnable.

Étape 3. Parlez avec un(e) partenaire d'une situation qui crée du stress pour vous ou pour un de vos proches. Écoutez la situation de votre partenaire et donnez-lui des suggestions pour gérer le stress. Vous pouvez utiliser des expressions telles que **je suggère que, je conseille que,** etc.

COIN CULTUREL

THE CANADIAN PRESS IMAGES/Graham Hughes

Les immigrants doivent souvent faire face à des défis, comme parler une nouvelle langue et comprendre comment fonctionnent les institutions de leurs nouveaux pays. Le chanteur québécois Gregory Charles aimerait aider les nouveaux immigrants à mieux s'intégrer dans la société québécoise avec *Je suis Québécois*, son programme de francisation et d'initiation à l'histoire, à la culture et aux institutions du Québec. Les étudiants de ce programme virtuel peuvent avoir pendant huit mois plus de 200 vidéos d'une dizaine de minutes qui traitent de sujets comme la langue française, le logement, les systèmes de santé et d'éducation, comment obtenir des permis, trouver un emploi, l'histoire, la culture, etc. Fils d'un immigrant des Antilles, l'entrepreneur-chanteur souhaite que tous les immigrants puissent avoir la possibilité de s'épanouir *(flourish)* dans leur nouveau pays comme son père l'avait fait: «Je suis le fils d'un immigrant, et je veux que les immigrants qui arrivent ici restent, et aient la possibilité de faire de même.» [1]

[1] https://www.journalde-montreal.com/2018/12/05/gregory-charles-lance-un-programme-daide-aux-nouveaux-arrivants

PARTIE 2 GRAMMAIRE 2

Le subjonctif: les verbes irréguliers; exprimer les opinions, le doute et l'incertitude

DU FILM *ENCORE*

Encore un pas vers la grammaire

Look at these photos from the film *Encore* and their captions.

Claire **est certaine que** sa mère lui **dit** toujours la vérité.

Claire **n'est pas certaine qu'**André lui **dise** la vérité.

1. Why is the verb **dire** in the left caption in the indicative form, **dit**?
2. Why is the verb **dire** in the right caption in the subjunctive form, **dise**?

MINDTAP **Préparation**

Go to **Préparation pour Grammaire 2** to review verbs with irregular subjunctive stems.

Note de grammaire

Verbs that are typically used only in the third-person singular have irregular present subjunctive forms: **falloir** *(to be necessary)*: **qu'il faille; pleuvoir** *(to rain)*: **qu'il pleuve; valoir** *(to be worth)*: **qu'il vaille.**

Some verbs have irregular subjunctive stems.

aller: aille, ailles, aille, allions, alliez, aillent
avoir: aie, aies, ait, ayons, ayez, aient
être: sois, sois, soit, soyons, soyez, soient
faire: fasse, fasses, fasse, fassions, fassiez, fassent
pouvoir: puisse, puisses, puisse, puissions, puissiez, puissent
savoir: sache, saches, sache, sachions, sachiez, sachent
vouloir: veuille, veuilles, veuille, voulions, vouliez, veuillent

The subjunctive is used after impersonal expressions that express an opinion.

il est bizarre que *it is bizarre that*
il est bon que *it is good that*
il est dommage que *it is too bad that*
il est essentiel que *it is essential that*
il est étonnant que *it is surprising that*
il est indispensable que *it is essential that*
il est juste / injuste que *it is fair / unfair that*
il est merveilleux que *it is wonderful that*
il est normal que *it is normal that*
il est possible que *it is possible that*
il est stupide que *it is stupid that*
il est surprenant que *it is suprising that*
il est triste que *it is sad that*
il est utile / inutile que *it is useful / not useful that*

- When impersonal expressions do not specify a particular person or thing, they are followed by **de/d'** and a verb in the infinitive instead of **que** + verb in the subjunctive.

Il est bon que vous **remboursiez** vos dettes.	*It's good that you repay your debts.*
Il est bon de rembourser les dettes.	*It's good to pay back debts.*

- When sentences with verbs of volition, emotion, or opinion have only one subject, the infinitive is also used instead of **que** + verb in the subjunctive. With **avoir peur**, and **regretter**, use **de/d'** before the infinitive.

Je veux gérer mon stress.	*I want to manage my stress.*
Je regrette que Paul **soit** malade.	*I am sorry that Paul is sick.*
Je regrette d'être malade.	*I am sorry for being sick.*

- The subjunctive is also used after verbs and expressions that express doubt, uncertainty, and disbelief.

douter que *to doubt that*	**il se peut que** *it is possible that*
il est douteux que *it is doubtful that*	**il semble que** *it seems that*
ne pas croire que *not to believe that*	**ne pas être sûr(e) que** *not to be sure that*
il est peu probable que *it is unlikely that*	**il est impossible que** *it is impossible that*
ne pas penser que *not to think that*	**il n'est pas évident que** *it is not obvious that*
ne pas être certain(e) que *not to be certain that*	**il n'est pas vrai que** *it is not true that*

Je **doute qu**'il y **ait** un remède contre sa maladie.	*I doubt that there is a remedy for his illness.*
Il semble qu'ils **soient** très stressés aujourd'hui.	*It seems they are very stressed today.*

- The indicative, not the subjunctive, is used after verbs and expressions that indicate certainty **(la certitude)** and beliefs such as the following.

croire que *to believe that*	**être sûr(e) que** *to be sure that*
pense que *to think that*	**il est clair que** *it is clear that*
savoir que *to know that*	**il est évident que** *it is obvious that*
être certain(e) que *to be certain that*	**il est vrai que** *it is true that*

Il est clair que l'intimidation **est** un problème.	*It is clear that bullying is a problem.*
Je sais que tu **as** beaucoup de soucis.	*I know that you have a lot of concerns.*

- Some verbs and expressions take the indicative in the affirmative, but take the subjunctive in the negative because the negative statements express doubt or uncertainty.

Je **crois qu**'il dit la vérité.	*I believe that he is telling the truth.*
Je **ne crois pas qu**'il dise la vérité.	*I do not believe that he is telling the truth.*

- A speaker may choose to use the subjunctive when asking a question with expressions of belief and certainty to indicate that he/she is unsure of the response.

Est-ce que tu crois que la solitude **soit** un gros problème chez les seniors?
Do you believe that loneliness is a big problem for the elderly?

Encore une mélodie

THE CANADIAN PRESS IMAGES/Denis Beaumont

Avec plus de 9 prix Félix (meilleur album rock de l'année, meilleure interprète féminine de l'année, etc.), l'auteure-compositrice-interprète québécoise Marie-Mai est l'une des artistes les plus prolifiques dans le monde francophone. Cherchez les paroles et une vidéo de sa chanson *Il faut que tu t'en ailles* sur Internet. Pourquoi Marie-Mai dit à la personne dans la chanson «Il faut que tu t'en ailles»?

A Nos points de vue Complétez chaque phrase avec le verbe approprié. Ensuite, avec un(e) partenaire, indiquez si vous êtes d'accord ou non avec les phrases suivantes.

1. Il est indispensable que tout le monde ________ une thérapie.
   a. suit **b.** suive **c.** puisse **d.** sache
2. Il est normal que tous les enfants ________ victimes de harcèlement scolaire.
   a. ait **b.** aient **c.** soit **d.** soient
3. Il est utile qu'on ________ à des réunions d'un groupe de soutien pour faire face à nos difficultés.
   a. aille **b.** va **c.** ait **d.** fasse
4. Il est possible que nous ________ plus stressés aujourd'hui que dans le passé.
   a. veuilles **b.** voulions **c.** soyons **d.** soient
5. Il est essentiel que les seniors ________ vivre dans la solitude.
   a. fassent **b.** savent **c.** sachent **d.** soient

B Les difficultés Complétez chaque phrase de façon logique. Ensuite, comparez vos réponses avec un(e) partenaire pour voir si vous avez des idées similaires.

1. Un étudiant n'a pas d'appétit depuis deux semaines. Il est possible que…
2. Un voisin n'a pas épargné assez d'argent pour sa retraite. Il est triste que…
3. Quand on souffre d'anxiété, il est utile de…
4. Un enfant est victime de harcèlement scolaire. Il est indispensable que…
5. Mon ami(e) est célibataire. Il est surprenant que…
6. Quand on a des dettes, il est stupide de…
7. Quand on a beaucoup de soucis, il est bon de…

C Le doute ou la certitude?

Étape 1. Mme Saxton, une cliente de l'hôtel, parle avec ses jumeaux qui viennent de terminer leurs études. Pour chaque phrase, décidez si elle exprime un doute ou une certitude.

1. … vous **remboursez** vos dettes.	**a.** Je suis certaine que	**b.** Il se peut que
2. … vous **ayez** des amis superficiels.	**a.** Je ne pense pas que	**b.** Je suis certaine que
3. … vous **sortiez** trop pendant la semaine.	**a.** Il est évident que	**b.** Il est impossible que
4. … vous **épargnez** assez d'argent.	**a.** Je suis sûre que	**b.** Je doute que
5. … vous **fassiez** trop la fête.	**a.** Je crois que	**b.** Je ne crois pas que
6. … vous **avez** une petite amie sympa.	**a.** Je sais que	**b.** Il est peu probable que
7. … vous **dormiez** assez.	**a.** Il est vrai que	**b.** Il semble que
8. … vous **fassiez** toujours face à vos défis.	**a.** Il est douteux que	**b.** Je pense que

Conclusion Est-ce que Mme Saxton pense que ses fils sont des jeunes gens responsables?

Étape 2. Et votre colocataire? Est-il/elle responsable quand il/elle doit faire face à des défis? Complétez chaque phrase avec **Je sais que mon/ma colocataire** ou **Je doute que mon/ma colocataire.** Mettez les verbes à l'indicatif ou au subjonctif.

Modèle: (vouloir) parler avec un psychologue quand il/elle est déprimé(e)
Je sais que mon colocataire veut parler avec un psychologue quand il est déprimé.

1. (savoir) épargner son argent
2. (lire) des livres d'auto-assistance
3. (aller) à des réunions d'un groupe de soutien quand il/elle en a besoin
4. (sortir) avec ses amis quand il/elle a besoin de travailler
5. (faire) de l'activité physique quand il/elle est stressé(e)
6. (prendre) le temps de parler avec ses ami(e)s quand il/elle a des soucis

D Les défis relationnels

Étape 1. Richard parle de son colocataire qui est très différent de lui. Complétez les phrases avec un verbe au subjonctif, à l'indicatif ou à l'infinitif selon le cas.

Je pense que Jean (1) ___________ (avoir) bon cœur et il est indispensable de (2) ___________ (vivre) avec quelqu'un qui est honorable, mais j'ai aussi des doutes. Les amis de Jean sont un peu bizarres et il se peut qu'ils (3) ___________ (ne pas être) cultivés parce qu'ils pensent que le foie gras (4) ___________ (être) du fromage. Il est aussi bizarre que Jean (5) ___________ (ne jamais prendre) de légumes. Je veux qu'il (6) ___________ (faire) du shopping plus souvent parce qu'il ne s'habille pas bien. J'ai peur que nous (7) ___________ (ne pas avoir) assez de choses en commun. Il est bon de/d' (8) ___________ (avoir) quelques intérêts différents mais il est difficile de/d' (9) ___________ (s'entendre) si on est trop différent.

Étape 2. Les relations ne sont pas faciles parce que les gens ne sont jamais parfaits. Décrivez un(e) de vos ami(e)s, une personne avec laquelle vous sortez ou bien une personne avec laquelle un(e) de vos ami(e)s sort. Complétez les phrases suivantes.

1. Il est bon qu'il/elle...
2. Il est dommage qu'il/elle...
3. Il est vrai qu'il/elle...
4. Je regrette qu'il/elle...
5. Il est évident qu'il/elle...
6. Je veux qu'il/elle...
7. Je doute qu'il/elle...
8. Il est merveilleux qu'il/elle...

E **Après les études** Recevoir son diplôme universitaire peut entraîner des sentiments mêlés. On a hâte de découvrir les nouvelles possibilités qui s'offrent à nous, mais on doit aussi faire face à de nouveaux défis. Par groupes de trois, employez le subjonctif, l'indicatif ou l'infinitif de façon appropriée pour discuter de ces nouvelles possibilités et de ce qui vous préoccupe après les études.

Les défis	**Les possibilités**
___________________	___________________
___________________	___________________
___________________	___________________
___________________	___________________

COIN CULTUREL

Source: refugedesjeunes.org

Un grand nombre de jeunes doivent faire face à beaucoup de défis. Le refuge des jeunes de Montréal est une organisation qui vient en aide aux jeunes hommes en difficulté et sans-abri de 17 à 25 ans. L'organisation a des conseillers qui donnent du soutien, de l'orientation et de l'éducation à ces jeunes hommes. Le chanteur Dan Bigras organise chaque année un spectacle, *Le show du refuge,* afin de récolter des fonds *(funds)* pour l'organisation.

Journal de bord

Résumez en quelques phrases ce que vous avez appris dans la Partie 2 du Chapitre 7. Suggestions: Quels défis personnels touchent le plus les gens de votre âge? À quels défis vos camarades de classe vont-ils devoir faire face après leurs études? Qu'est-ce qu'il faut faire pour bien gérer le stress?

Quelques défis anciens et nouveaux en Francophonie

La langue française et ses défis

En colonisant ses territoires, la France a imposé le français comme langue officielle. Or, les années cinquante et soixante du XXe siècle marquent l'indépendance des anciennes colonies françaises africaines et asiatiques. C'est le début de la Francophonie sans la France. Une des répercussions en Afrique sera le recul° du français devenant langue co-officielle avec l'arabe (le français étant seconde langue après l'arabe), surtout au Maghreb. Pourtant, l'enseignement du français persiste dans 13 pays africains. En Asie aujourd'hui, les langues d'origines locales (par exemple le khmer au Cambodge ou le vietnamien au Viêt-Nam) ont remplacé principalement l'utilisation du français dans la vie et les affaires des pays. Cependant, le Laos reconnaît toujours quasi-officiellement le français comme une langue (mineure) parlée dans le pays avec les langues plus dominantes comme le laotien (langue officielle), le hmong ou le khmu.[1]

Tout au long de son histoire précoloniale, coloniale et postcoloniale, la France a mis en place plusieurs institutions et lois pour renforcer et protéger la présence du français. En 1635, le cardinal de Richelieu a officialisé l'Académie française, dans le but d'unifier et de définir les règles de la langue française, langue internationale à cette époque du fait de la présence de la France à travers° le monde et de son statut comme «langue véhiculaire»[2] de la diplomatie et du commerce (le sens original de l'expression anglaise *lingua franca*). Par la suite, le rôle de l'Académie, qui existe et fonctionne toujours aujourd'hui, est d'élaborer le dictionnaire du français qui fixe les règles et l'usage du français. Tout comme la «Loi 101» qui a reconnu le français comme langue officielle au Québec en 1977, la France a voté la «Loi Toubon» en 1994, première loi reconnaissant le français comme la seule langue d'enseignement, d'administration et de commerce en France, contre la montée° de l'anglais en France, notamment dans les télécommunications, les médias et les affaires.

Ainsi, la langue française, soit° en France soit° au Québec, a enrichi son vocabulaire face à l'anglais avec de nouveaux mots comme, entre autres, un parc de stationnement, magasiner, un courriel, télécharger ou la fin de semaine. Cependant, l'utilisation mondiale de l'anglais continue à menacer le français, et l'influence socio-culturelle de jeunes Français et de jeunes Québécois—surtout sur les réseaux sociaux et sur Internet—qui voient l'utilisation de l'anglais comme une chose *cool* n'aide pas les défis de la langue française non plus.

recul *regress* **à travers** *throughout* **montée** *rise* **soit** *either* **soit** *or*

Evannovostro/Shutterstock.com

Avez-vous compris?

1. Quelle est une des conséquences de l'indépendance coloniale?
2. Quel rôle l'Académie française joue-t-elle?
3. Pourquoi la «Loi Toubon» a-t-elle été créée?
4. Comment dit-on *parking* et *download* en français?

[1] https://www.studycountry.com/guide/LA-language.htm

[2] **Une langue véhiculaire** (also known as a bridge language or common language) is any language used for communication between speakers who do not share the same native language or dialect.

ONE WAY

La Nouvelle-Orléans: Ville multiculturelle américaine par excellence

Le 29 août 2005, l'ouragan Katrina a dévasté plus de 80% de La Nouvelle-Orléans. Presque quinze ans après la catastrophe, les travaux de reconstruction avancent toujours trop lentement dans certains quartiers. En plus, beaucoup d'anciens citadins° ont décidé de faire leur vie ailleurs. La ville, fondée en 1718, souhaite toujours «laisser les bons temps rouler», mais les souvenirs et les traces encore visibles de la rage de Katrina continuent de hanter beaucoup de survivants. Pour affronter ce défi, la ville s'est tournée vers sa culture, son histoire et son identité uniques.

En mettant l'accent sur l'économie des entreprises locales—les restaurants en particulier—la ville a réussi à restaurer sa capitale culturelle créole. Cet héritage aux origines multiculturelles et multilinguistiques (amérindiennes, françaises, espagnoles, africaines occidentales, haïtiennes, allemandes, irlandaises, écossaises et italiennes) vibre particulièrement fort tout au long de la rue Bourbon, au cœur du Quartier français, aussi appelé le Vieux Carré°. Il s'agit du plus vieux quartier de la ville, fondé en 1718 par Jean-Baptiste Le Moyne de Bienville. Né à Montréal dans une famille de colons° français, Bienville a accompagné son frère aîné Pierre Le Moyne d'Iberville et d'Ardillières (explorateur) lors d'°une expédition pour établir une colonie. En 1717, il a découvert une courbure° en forme de croissant en bordure du fleuve Mississippi qu'il croyait protégée des mouvements de marée° et des ouragans. Il l'a proposée comme nouveau site de la capitale de la colonie et en 1718 la construction de la ville de La Nouvelle-Orléans a commencé.

Au fil des siècles suivants, la ville a connu plusieurs vagues° d'immigration de gens de cultures et origines différentes, chaque groupe laissant ses empreintes° importantes et encore vivantes à travers cette grande ville cosmopolite. En 2018, La Nouvelle-Orléans a fêté ses 300 ans d'existence (son tricentenaire) avec des événements et des festivals culturels et musicaux qui ont célébré fièrement son riche passé, sa diversité culturelle et ses traditions uniques.

citadins *city residents, city dwellers* **Vieux Carré** *Old Square* **colons** *colonists* **lors d'** *during* **courbure** *bend* **mouvements de marée** *tidal waves* **vagues** *waves* **empreintes** *imprints*

Avez-vous compris?

1. Quelles sont les conséquences de Katrina sur La Nouvelle-Orléans?
2. Quelles sont les origines culturelles de l'héritage de La Nouvelle-Orléans?
3. Qui a fondé la ville de La Nouvelle-Orléans et en quelle année?

Qu'en pensez-vous?

Quels sont les défis les plus importants ou les plus difficiles auxquels votre culture doit faire face? Quelles solutions sont mises en place (par le gouvernement, par les citoyens, par certains individus, etc.)? Quelles autres solutions faut-il essayer, à votre avis?

travelview/Shutterstock.com

MINDTAP Quelques défis anciens et nouveaux en Francophonie

DIMITAR DILKOFF/AFP Creative/Getty Images

Would you like to learn more about **L'Académie française, qui y rentre?**; **Le Vieux Carré, quartier le plus ancien de La Nouvelle-Orléans;** or **Un défi mondial, la soupe de plastique?** Visit **Liaisons culturelles** and **Encore plus loin** in MindTap to explore these topics.

Le subjonctif avec les conjonctions et le passé du subjonctif

DU FILM *ENCORE*

Encore un pas vers la grammaire

Look at these photos from the film *Encore* and their captions.

DOCTEUR Le docteur dit à Claire de rentrer chez elle afin qu'elle **puisse** se reposer.

Quoiqu'elle **ait** des doutes, Claire écoute André.

1. What expression requires the subjunctive form in the left caption?
2. Which conjunction requires the subjunctive form in the right caption?

MINDTAP Préparation

There is no **Préparation** for **Grammaire 3.**

Note de grammaire

The subjunctive is also used after a main clause that contains one of these expressions: **ne… personne** *(nobody)*, **ne… rien** *(nothing)*, and **ne… que** *(only)*: **Il** ***n'y*** **a** ***personne*** **qui** ***puisse*** **me consoler.**

Les conjonctions

The subjunctive is required after certain conjunctions like the following.

à condition que *on the condition that*	**en attendant que** *waiting for*
à moins que *unless*	**jusqu'à ce que** *until*
afin que *in order that*	**pour que** *so that*
avant que *before*	**pourvu que** *provided that*
bien que *although*	**quoique** *although*
de peur que *for fear that*	**sans que** *without*

En attendant que nous **arrivions,** il a lu le journal.
While waiting for us to arrive, he read the newspaper.

Il a consulté un conseiller financier **sans que** nous le lui **disions.**
He consulted a financial counselor without us telling him (to do so).

Nous allons nous parler **jusqu'à ce que** nous **nous endormions.**
We are going to talk to each other until we fall asleep.

When the subject of a dependent clause (containing a conjunction requiring the subjunctive) is the same as the subject of the main clause, the following conjunctions may be replaced by a preposition followed by an infinitive.

afin que	**afin de**
avant que	**avant de**
en attendant que	**en attendant de**
à condition que	**à condition de**
à moins que	**à moins de**
de peur que	**de peur de**
pour que	**pour**
sans que	**sans**

Avant que vous parliez, laissez-moi expliquer. — *Before you speak, let me explain.*

Il réfléchit toujours **avant de parler.** — *He always thinks before speaking.*

Je lui donne du café **afin qu'elle n'ait pas** sommeil. — *I give her coffee so that she is not sleepy.*

Elle a bu du café **afin de ne pas s'endormir.** — *She drank coffee in order to not fall asleep.*

The conjunctions **bien que, quoique, pourvu que,** and **jusqu'à ce que** cannot be replaced by an infinitive construction even when the subject of the main clause and dependent clause is the same.

Note de **grammaire**

Note that, while **avant que** is followed by the subjonctif, **après que** does not take the subjunctive: **Il est parti après que nous sommes arrivés.**

Le passé du subjonctif

Use the past subjunctive if the verb in a dependent clause requiring the subjunctive took place in the past. The past subjunctive is formed using the present subjunctive of **avoir** or **être** plus the past participle of the main verb.

Il se peut que Marc **ait perdu** le livre. — *It's possible that Marc* ***lost*** *the book.*

Je doute qu'elle **soit allée** au groupe de soutien. — *I doubt that she* ***went*** *to the support group.*

Je ne crois pas qu'ils nous **aient dit** la vérité. — *I don't believe they* ***told*** *us the truth.*

Pensez-vous qu'elle **se soit levée** tôt? — *Do you think she* ***got up*** *early?*

Verbs that take the auxiliary verb **avoir** in the **passé composé** also take **avoir** in the past subjunctive. Verbs that take the auxiliary verb **être** in the **passé composé** also take **être** in the past subjunctive.

que j'**aie parlé**	que je me **sois amusé(e)**
que tu **aies parlé**	que tu te **sois amusé(e)**
qu'il/elle/on **ait parlé**	qu'il/elle/on **se soit amusé(e)**
que nous **ayons parlé**	que nous nous **soyons amusé(e)s**
que vous **ayez parlé**	que vous vous **soyez amusé(e)(s)**
qu'ils/elles **aient parlé**	qu'ils/elles se **soient amusé(e)s**

Encore une mélodie

YPBO/Agence Quebec Presse/Newscom

Quand la France a perdu la Nouvelle-France aux Anglais en 1759, défendre la langue française est devenu l'une des plus importantes préoccupations des Canadiens-Français. En 1989, Michel Rivard a composé la chanson *Le cœur de ma vie,* pour valoriser le français au Québec. Cherchez la chanson sur Internet. Comment Rivard décrit-il la langue française en Amérique?

A Céline Dion, chanteuse engagée

Étape 1. Voici quelques extraits d'articles de journaux qui parlent des activités de Céline Dion. Complétez chaque phrase avec la conjonction appropriée.

1. (De peur que / Sans que) les gens de Louisiane n'aient pas assez de soutien, Céline fait un don de 1 million de dollars aux habitants après l'ouragan Katrina.
2. Céline va rester présidente d'honneur de la fondation contre la fibrose kystique (de peur qu' / jusqu'à ce qu') on trouve un remède contre la maladie.
3. (En attendant qu'/ Sans qu') on le lui demande, Céline soutient la fondation Achille-Tanguay, une fondation qui apporte de l'aide aux familles pauvres.
4. (Quoique / En attendant que) les enfants qui cherchent des familles permanentes arrivent, Céline répète sa chanson *Because You Loved Me* pour l'émission *Home for the Holidays.*

Étape 2. Aimeriez-vous faire des activités humanitaires? Complétez les phrases.

1. Je donnerais de l'argent à une fondation pourvu que…
2. Quoique je sois étudiant(e), je…

B À propos des défis

Étape 1. Des amis parlent des difficultés personnelles et des défis dans le monde. Complétez chaque phrase avec une conjonction du lexique.

LEXIQUE

afin que / afin de	à moins que / à moins de
en attendant que / en attendant de	de peur que / de peur de
avant que / avant de	pour que / pour
à condition que / à condition de	sans que / sans

1. Je lirais un livre d'auto-assistance ______________ quelqu'un me l'achète.
2. Nous allons trouver un groupe de soutien ______________ pouvoir mieux gérer notre stress.
3. J'ai conseillé à David de consulter un conseiller financier ______________ il ait trop de dettes.
4. Zachary Richard parle le français en Louisiane ______________ protéger la langue française.
5. Je suis allé à la gym tout seul ______________ ma femme.
6. Ma tante ne voyage jamais ______________ ne pas avoir assez d'argent pour sa retraite.
7. Luc est malade mais il ne veut pas aller chez le médecin ______________ j'y aille avec lui.

Étape 2. Et vous? Que pensez-vous des situations suivantes? Complétez les phrases.

1. On devrait rembourser ses dettes avant de…
2. On devrait protéger l'environnement pour que tout le monde…
3. Parfois je ne parle pas français en classe de peur de…

C Les événements passés dans le film *Encore* Complétez les phrases avec les expressions données au passé du subjonctif.

(agresser) Claire
(avoir) un fusil
(dire) toujours la vérité
(entrer) dans l'appartement de Claire
(être) folle
(être) une personne honnête
(s'habiller) en noir comme l'agresseur
(rentrer) chez elle après son travail
(rester) toute seule à l'appartement
(sortir) de l'hôpital
(trouver) du travail à l'hôtel
(voir) Alexis Prévost

Modèle: Il est douteux que Robert **ait agressé Claire.**

1. Je suis étonné(e) que Simone…
2. Il est peu probable que Simone…
3. Il est bon que Claire…
4. Il vaut mieux que Claire…
5. Il est possible que l'avocat M. Simard…
6. Je regrette que l'avocat…
7. Il est bizarre qu'André…
8. Je doute qu'André…

D Claire Gagner Claire parle des gens dans sa vie. Complétez les phrases avec un verbe au passé du subjonctif ou à l'infinitif.

Ma mère est une femme forte. Avant de (1) ______________ (découvrir / sortir) de l'hôpital, on a pensé qu'elle était folle. Je regrette qu'elle (2) ______________ (aller / passer) plus de six ans dans une clinique psychiatrique, mais je suis contente qu'elle (3) ______________ (sortir / venir) finalement.

Ma meilleure amie s'appelle Abia. Sans que je le lui (4) ______________ (dire / parler), Abia avait préparé un gâteau afin de (5) ______________ (plaire / rendre) ma mère heureuse. Nous nous amusons toujours ensemble.

Alexis Prévost reste toujours quelqu'un d'important dans ma vie. Je regrette qu'il (6) ______________ (partir / visiter), mais je suis contente que nous nous soyons vus avant qu'il (7) ______________ (disparaître / surmonter). Il est bizarre que l'homme que j(e) (8) ______________ (accepter / rencontrer) l'autre jour ressemble à Alexis Prévost.

E Les activités de votre passé

Étape 1. Faites une liste de six activités intéressantes que vous avez faites dans le passé.

Modèle: **J'ai joué de l'accordéon. Je suis allé(e) à Paris. Je suis sorti(e) avec un acteur / une actrice…**

Étape 2. Échangez votre liste avec un(e) partenaire. Exprimez votre opinion à propos des activités de votre partenaire. Utilisez le passé du subjonctif.

Modèle: **Il est surprenant que tu aies joué de l'accordéon. Il est merveilleux que tu sois allé(e) à Paris. Je doute que tu sois sorti(e) avec un acteur / une actrice…**

Journal de bord

Résumez en quelques phrases ce que vous avez appris dans la Partie 3 du Chapitre 7. Suggestions: Qu'avez-vous appris à propos des lectures culturelles? Quels défis touchent le monde francophone? Quelles sont vos réactions aux activités passées de vos camarades de classe?

PREMIÈRE PROJECTION

Vocabulaire du film

un arrêt cardiaque *heart attack*
un détective privé *private detective*
un état critique *critical condition*
un garde du corps *body guard*
un sosie *double, look alike*

assurer *to assure*
être au courant (de) *to be informed, to be aware*
protéger *to protect*
raccompagner *to walk / drive back*
surprendre *to surprise*

inattendu(e) *unexpected*
incroyable *unbelievable*
à l'avance *in advance*
auparavant *before, formerly*
nulle part *nowhere*
en liquide *in cash*
de modestes moyens *of modest means*
en tout cas *in any case*

A Avant de visionner Voici des répliques de la Séquence 4 du film *Encore*. Devinez qui a dit chaque réplique dans la séquence. Écrivez CLAIRE, ANDRÉ ou DOCTEUR. Vous allez vérifier vos réponses plus tard.

1. __________ Peut-être qu'elle a souffert d'un choc, de quelque chose d'inattendu? En tout cas, il faut attendre qu'elle puisse nous dire ce qui est arrivé.
2. __________ Me raccompagner? Je ne vais nulle part avec vous. Je ne vous connais pas!
3. __________ Non, écoutez, il me paie à l'avance et en liquide. Je reçois l'argent sous forme d'enveloppe non marquée, donc euh…
4. __________ … et je suis une personne de modestes moyens, vous comprenez?
5. __________ Vous êtes donc au courant. Rien ne me surprend plus.
6. __________ Ah, lui. Vous vous rappelez, je vous parlais de votre sosie ce matin?

B ▶ Regardez la séquence Regardez la Séquence 4. Utilisez le contexte pour vous aider à la comprendre le plus possible.

C **Compréhension** Avec un(e) partenaire, indiquez si chaque phrase est vraie ou fausse, d'après ce que vous avez vu *(saw)* dans la Séquence 4.

1. Le docteur pense que Simone est tombée dans la cuisine de Claire.
2. André avoue *(admits)* qu'il suivait Claire.
3. Selon André, il est détective privé et garde du corps.
4. André dit qu'il connaît la personne qui le paie pour protéger Claire.
5. Claire laisse André la raccompagner chez elle.
6. André dit qu'Alexis Prévost est de sa famille.

D **Les défis des personnages**

Étape 1. Un défi personnel auquel on doit parfois faire face est de décider si on peut avoir confiance en quelqu'un. Dans la Séquence 4, Claire apprend de nouvelles choses sur André Laurent. Est-ce qu'il dit la vérité? Voilà un extrait de leur conversation à l'hôpital. Leurs répliques ne sont pas dans le bon ordre, alors remettez-les en ordre (1 à 7).

CLAIRE: Vous me suivez, n'est-ce pas? À l'hôtel... et, ce matin, quand je suis sortie du bureau de l'avocat. Ce n'était pas par hasard.

_____ **a.** ANDRÉ: Je ne le connais pas personnellement. Il m'a contacté par téléphone.

_____ **b.** ANDRÉ: Oui, c'est vrai. Ma mission est de vous suivre et de vous protéger, si c'est nécessaire.

_____ **c.** ANDRÉ: C'est mon client qui me l'a dit. Il m'a dit que...

_____ **d.** ANDRÉ: Vous venez d'entrer en possession d'une grosse fortune et...

_____ **e.** CLAIRE: Comment vous savez ça?

_____ **f.** CLAIRE: Me protéger? De quoi? De qui?

_____ **g.** CLAIRE: Votre client? Qui est votre client?

Étape 2. Répondez aux questions avec votre partenaire.

1. Croyez-vous qu'André veuille protéger Claire?
2. Est-ce qu'il est possible qu'André ait agressé Simone?
3. Pensez-vous que Claire ait confiance en André?
4. À votre avis, comment est-ce qu'André connaît Alexis Prévost?

OUI, JE PEUX!

Look at these "can-do statements" and rate yourself on how well you think you can perform these tasks in French. Then, with a partner, carry out the statements by doing Activities A and B. This will allow you to verify your abilities and to see how accurate your self-assessment was.

1. **"I can talk about one or two challenges that I face personally or that society faces and say what I or someone else could do to help overcome these challenges."**

   I can perform this function

   ☐ with ease

   ☐ with some difficulty

   ☐ not at all

2. **"I can talk about two or three people who have done something to surprise me in some way and explain how I feel about their actions."**

   I can perform this function

   ☐ with ease

   ☐ with some difficulty

   ☐ not at all

Ⓐ Les défis

Étape 1. Quels sont vos défis personnels? Quels sont certains défis dans la société? Pensez à un ou deux défi(s) important(s) au(x)quel(s) vous ou votre société devez faire face. Ensuite, dressez une liste des idées que vous avez pour affronter ou surmonter ces défis.

Étape 2. Décrivez vos défis à un(e) partenaire. Expliquez comment vous pourriez affronter ou surmonter ces défis.

Étape 3. Avez-vous bien réussi cette activité ou avez-vous eu des difficultés avec cette tâche *(task)*? Si oui, quelles étaient vos difficultés?

Voilà comment Simone répond: «Mon grand défi est que je dois refaire ma vie à l'âge de 52 ans. Après avoir passé plusieurs années dans une clinique psychiatrique, il faut que je m'adapte à une nouvelle vie avec ma fille, Claire. Je suis ravie de pouvoir rattraper le temps perdu avec elle mais je souffre aussi d'anxiété. Claire n'est pas au courant mais j'ai peur que mes hallucinations reviennent. Avant que mon stress pose trop de problèmes, je devrais trouver un groupe de soutien ou suivre une thérapie.»

B Quelle surprise!

Étape 1. Pensez à deux ou trois personnes qui ont fait des choses étonnantes. Notez une ou deux chose(s) que chaque personne a faite(s) que vous trouvez étonnante(s) (Exemple: Il est étonnant que / Je suis étonné(e) que…). Ensuite, exprimez votre réaction à ces actions (Exemple: Il est merveilleux que… / Il est bizarre que…).

Étape 2. Décrivez à un(e) partenaire les choses que les personnes de l'Étape 1 ont faites que vous trouvez étonnantes. Exprimez vos réactions aux actions de ces personnes.

Étape 3. Avez-vous bien réussi cette activité ou avez-vous eu des difficultés avec cette tâche *(task)*? Si oui, quelles étaient vos difficultés?

Activité DU FILM

Mes réactions aux événements du film *Encore*

Étape 1. Donnez vos réactions au sujet des événements du film *Encore*. Utilisez les indices donnés.

Modèle: Il est essentiel que **Claire apprenne la vérité à propos d'André.**

Claire	Abia	M. Simard (l'avocat)
Simone	André	Robert (le superviseur)

1. Il est bizarre que…
2. Il est possible que…
3. Il n'est pas évident que…
4. Je suis certain(e) que…
5. Il est bon que…
6. Je veux que…

Étape 2. Discutez de vos réponses de l'Étape 1 avec un(e) partenaire. Avez-vous les mêmes réactions?

Un pas vers LA LECTURE

Entretien avec Corneille (extraits)

PASCAL GUYOT/AFP/Getty Images

MATTHIEU ALEXANDRE/AFP/Getty Images

À DÉCOUVRIR:
Corneille

Nom d'origine: Cornelius Nyungura
Nationalité: rwandaise, québécoise (né en Allemagne)
Naissance: le 24 mars 1977
Profession principale: chanteur (en anglais et en français)
Influences musicales: Prince, Marvin Gaye, Stevie Wonder, Michael Jackson

Avant de lire

Vous allez lire un texte au sujet du génocide qui a eu lieu au Rwanda en 1994 et discuter de vos réactions au texte. Né en Allemagne de parents rwandais, le chanteur Corneille a passé une bonne partie de son enfance en Allemagne et puis son adolescence au Rwanda où il a vécu le génocide. Seul survivant de sa famille, Corneille s'est enfui à l'âge de 17 ans premièrement en Allemagne pour finalement s'installer au Québec trois ans plus tard. Jurant *(Swearing)* à l'origine de ne jamais retourner au Rwanda, Corneille a trouvé la paix dans sa musique et commence à parler de peut-être y retourner un jour.

Prélude Lisez ce petit texte et répondez à la question avec un(e) partenaire. Entre avril et juillet 1994, plus d'un million de Rwandais ont perdu la vie, des Tutsi pour la plupart ainsi que des Hutu modérés, morts dans une guerre civile. Le but de cette guerre était d'éliminer le groupe Tutsi, opposé au gouvernement rwandais composé de Hutu extrêmes. De nombreux survivants se sont réfugiés en France, au Canada et aux États-Unis. S'exprimer sur ce génocide reste encore très difficile, mais le plus grand défi pour beaucoup est que la lumière soit faite à son sujet et qu'il y ait une justice. En 2016, Corneille a écrit une autobiographie, *Là où le soleil disparaît*, dans laquelle il raconte pour la première fois en détail ce qu'il a vécu pendant le génocide rwandais et parle du miracle de sa survie ainsi que de ses espoirs et de ses rêves.

- À votre avis, quelles sont les meilleures façons pour un individu, un groupe ou une société de commémorer *(memorialize)* les vies perdues en raison de la violence? (Nommez au moins deux façons.)

OUTILS DE LECTURE
Using headings and subheadings
Headings and subheadings set up the context of a text in a very precise manner by giving clear insight into its content. As you read each section of a text, try to identify key points of information that support its headings or subheadings.

Un pas vers LA LECTURE

Entretien avec Corneille

Corneille raconte son drame

Avant de devenir le chanteur à succès qu'il est aujourd'hui, Corneille, de son vrai nom Cornelius Nyungura, qui vit au Canada, a dû se battre pour échapper à la mort. Dans l'émission *La parenthèse inattendue* de France 2, il raconte comment il a survécu au massacre de sa famille pendant le génocide du Rwanda, son pays d'adolescence et d'héritage culturel. Corneille dit tout. Et non sans émotion.

DE SA NAISSANCE EN ALLEMAGNE À SES PREMIERS JOURS AU RWANDA

«Je suis né en Allemagne, j'y ai grandi jusqu'à l'âge de sept ans. Je parlais allemand avec mes parents. Mais, entre eux, ils parlaient une langue un peu bizarre, que je ne comprenais pas. Je ne sais pas par quelle tactique ou stratégie mon père a réussi très vite à me faire comprendre qu'il y avait un autre chez moi. [...]

J'ai eu la passion de la musique par le biais° de mon père. Il était ingénieur électricien. [...] Tous les dimanches, on allait dans son bureau et on écoutait de la musique. Il était engagé, il a entrouvert la porte et m'a dit: "Tu chantes pas mal. Tu me fais penser à Tracy Chapman." Il m'encourage concrètement quand je lui dis qu'il y a trois potes° avec qui je fais de la musique. Je lui dis qu'on voudrait enregistrer, mais on a besoin d'un coup de main. Sans réfléchir, il me dit oui [...]».

LE MASSACRE DE SA FAMILLE SOUS SES YEUX

«Il faut savoir que le génocide a commencé proprement dit le 6 avril 1994. C'est au moment où on a tiré sur l'avion du Président de l'époque que les massacres ont commencé. Des milices° hutus ont commencé à massacrer les Tutsi. À mon âge, à cette époque (17 ans), on n'a pas peur parce qu'on est complètement inconscient. [...] Moi, je ne me sentais pas concerné par tout cela. J'étais un ado, j'étais à l'école, il y avait les filles, etc. J'étais dans ma musique.

Dans la nuit du 15 au 16 avril 1994, il y a des gens armés qui se sont introduits chez nous. Ils nous ont demandé de nous asseoir dans le salon. Il y avait les deux petits frères, ma petite sœur, ma mère, mon père et moi. [...] Ils ont commencé à tirer°. Ça a dû prendre deux à trois minutes, mais dans ma tête ça n'a duré que deux secondes. [...]

J'ai sauté derrière un canapé qui était juste à côté de moi. Ils ont tiré sur tout le monde et ils sont partis en courant. J'imagine qu'ils n'ont pas eu le temps de vérifier que tout le monde était mort. Et moi, je suis sorti de ma cachette. [...] La première chose que j'ai faite, c'est d'aller dans la salle de bains de mes parents. Je me suis regardé dans le miroir, pour voir ce que je pensais être vrai: c'est-à-dire vivant. Je pense que là, j'étais figé°. [...] Je ne sentais plus rien, je ne bougeais pas, je ne pleurais pas. J'étais dans un état de choc total. [...]

C'était de la folie° humaine. Personne n'est préparé à ça. Plutôt que de me dire qu'est-ce qui m'est arrivé, je me suis accroché° à survivre. Moi, je suis resté vivant. [...] Mon réflexe a été de prendre le porte-monnaie° de ma mère, parce que je savais qu'il y avait des cartes de visite° d'amis de mes parents en Allemagne avec qui ils avaient gardé contact. [...] C'est le seul objet que j'ai pris de chez moi. Pas de photos, rien d'autre. Vraiment, le strict minimum.»

SUR LE CHEMIN DE L'EXIL

«J'ai pris la route de l'exil. Dans ces lignes interminables de gens qui marchaient, j'étais dedans. L'armée se servait des marcheurs comme boucliers°. [...] On courait pour échapper aux tirs°. À chaque fois que je regarde à gauche ou à droite, je voyais des gens tomber. On a marché, on a marché, on a marché! Je n'avais pas le temps de m'apitoyer sur mon sort°. Parce que je voyais des pères qui ne trouvaient pas leurs enfants, leurs femmes. Et, surtout, je me disais que j'allais sortir de ce pays. Je chantais énormément. [...] Et j'ai réussi, grâce à une bonne amie de mon père, qui s'appelle Rose, que je ne remercierai jamais assez, qui a joué les intermédiaires avec les amis de mes parents en Allemagne. [...]».

par le biais *by means, by way* **un pote** *pal* **une milice** *militia* **tirer** *to shoot* **figé** *frozen* **la folie** *insanity, madness* **je me suis accroché** *I clung (on)* **le porte-monnaie** *coin purse, wallet* **une carte de visite** *business card* **un bouclier** *shield* **les tirs** *shooting, firing* **le sort** *fate, destiny, chance, lot*

Source: "Après avoir survécu au massacre de sa famille, Corneille raconte son drame", *Afrique Connection*, February 28, 2014 - www.afriqueconnection.com

Après avoir lu

A Comparaisons interpersonnelles et interculturelles Répondez aux questions suivantes.

1. Quelles passions aviez-vous quand vous étiez petit(e) et avec qui les partagiez-vous?
2. Comme Corneille, est-ce que chanter vous donne le courage de surmonter les défis personnels? Si oui, que chantez-vous typiquement et comment? Si non, qu'est-ce qui vous donne le courage de surmonter les défis personnels?
3. Toutes les sociétés du monde ont une histoire de discrimination contre des pays voisins ou bien une histoire où elles ont défavorisé certains groupes de gens (typiquement minoritaires) au sein de *(within)* leur propre société. Quelle est l'histoire de discrimination dans votre culture? Les gens de quel(s) pays ou de quel(s) groupes ont été défavorisés historiquement (et peut-être sont toujours défavorisés aujourd'hui)?
4. Quelles démarches *(steps)* est-ce que votre culture prend pour éliminer la discrimination dans votre société? Quelles autres démarches devraient être mises en place, à votre avis?

B Compréhension et interprétation Répondez aux questions suivantes.

1. Où Corneille est-il né et comment décrit-il les sept premières années de sa vie?
2. Comment corneille a-t-il découvert sa passion pour la musique?
3. Qu'est-ce que Corneille a fait après être sorti de sa cachette la nuit du massacre de sa famille? Que ressentait-il? Qu'a-t-il fait? Pourquoi?
4. Quels détails du récit montrent que Corneille «s'est accroché à survivre»?

Un pas vers L'ÉCRITURE

Un blog d'auto-assistance

Dans les cultures américaine et québécoise, la valeur culturelle du «compter sur soi» *(self-reliance)* est primordiale. Les livres d'auto-assistance ou de développement personnel *(self-help)* y sont très populaires (et le deviennent de plus en plus en Europe francophone) et sont souvent même des *bestsellers*. Vous allez maintenant écrire un **blog d'auto-assistance** sur le thème suivant: Comment surmonter les difficultés de la vie estudiantine?

Préparation avant d'écrire

Étape 1. Répondez aux questions suivantes.

1. Quel ton voulez-vous employer: sérieux, sarcastique, parodique, humoristique?
2. Qui est votre lectorat visé *(targeted, intended readership)*?
3. Quelles sont les plus grosses difficultés pour vous en tant qu' *(as)* étudiant(e) et comment les surmontez-vous personnellement?
4. Quels conseils voulez-vous donner aux nouveaux étudiants ou à ceux qui souffrent des mêmes difficultés?

Étape 2. Préparez plusieurs phrases en utilisant vos réponses de l'Étape 1 et en vous servant des expressions utilisées avec le subjonctif qui conviennent.

conseiller	il faut	afin que/de
croire	il est bon	avant que/de
exiger	il est dommage	bien que
penser	il est nécessaire	en attendant que
suggérer	il est normal	jusqu'à ce que
proposer	il semble	pourvu que
recommander	il est utile	de peur que

Écrire

Écrivez votre **blog d'auto-assistance** d'entre 150 et 300 mots sur le thème de «Comment surmonter les difficultés de la vie estudiantine» en consultant vos réponses aux questions de l'**Étape 1** et vos phrases de l'**Étape 2** de l'activité **Préparation avant d'écrire.**

RÉSUMÉ DE VOCABULAIRE

PARTIE 1

Les noms

l'absence *(f.)* **de domicile** *homelessness*
l'acceptation *(f.) acceptance*
la canicule *heat wave*
une catastrophe *catastrophe*
le chômage *unemployment*
une communauté *community*
le comportement *behavior*
un conflit *conflict*
un défi *challenge*
un désastre *disaster, tragedy*
la faim *hunger*
la fracture sociale *social divide*
la guerre *war*
une inondation *flooding, flood*
une mentalité *mindset, outlook*
la mixité sociale *social diversity*
la mondialisation culturelle *cultural globalization*
un ouragan *hurricane*
la paix *peace*
la pauvreté *poverty*
la sécheresse *drought*
le surpeuplement *overcrowding*
une tornade *tornado*
un tremblement de terre *earthquake*
une vague de froid *cold wave*

Les verbes

(s')adapter *to adapt (to get used to)*
affronter *to confront*
défavoriser *to discriminate against, to treat unfairly*
défier *to challenge, to defy*
(s')enrichir *to enrich (oneself)*
entraîner *to bring about, to lead to*
faire face à *to cope with, to face up to*
poser des problèmes *to cause / lead to problems*
surmonter *to overcome*
toucher *to touch, to affect, to reach*

Les expressions de volonté

demander que *to ask that*
désirer que *to desire that*
exiger que *to demand that*
préférer que *to prefer that*
proposer que *to propose that*
recommander que *to recommend that*
souhaiter que *to wish that*
suggérer que *to suggest that*
vouloir que *to want that*

Les expressions d'émotion

aimer (mieux) que *to like better that*
avoir peur que *to be afraid that*
être content(e) que *to be happy that*
être désolé(e) que *to be sorry that*
être étonné(e) / surpris(e) que *to be surprised that*
être fâché(e) que *to be angry that*
être fier / fière que *to be proud that*
être ravi(e) que *to be delighted that*
regretter que *to regret that*

PARTIE 2

Les noms

l'anxiété *(f.) anxiety, anxiousness*
un conseil *advice*
un conseiller / une conseillère *counselor*
la dépression *depression*
la dette *debt*
une difficulté *difficulty*
l'estime *(f.)* **de soi** *self-esteem*
un groupe de soutien *support group*
le harcèlement scolaire *bullying (in school context)*
le harcèlement sexuel *sexual harassment*
l'intimidation *(f.) intimidation, bullying*
un livre d'auto-assistance *self-help book*
la maladie *illness*
le manque *lack*
la peur *fear*
une préoccupation *concern, worry*
un problème financier / relationnel *financial / relationship problem*
un remède *remedy*
la retraite *retirement*
la santé *health*
les seniors *(m. pl.) elderly*
la solitude *loneliness*
une solution *solution*
le stress *stress*
un(e) thérapeute *therapist*
la thérapie *therapy*

Les verbes

conseiller *to advise*
épargner (pour la retraite) *to save (for retirement)*
gérer *to manage*
rembourser *to pay back*

Les adjectifs

efficace *effective*

Les expressions d'opinion

il est bizarre que *it is bizarre that*
il est bon que *it is good that*
il est dommage que *it is too bad that*
il est essentiel que *it is essential that*
il est étonnant que *it is suprising that*
il est indispensable que *it is essential that*
il est juste / injuste que *it is fair / unfair that*
il est merveilleux que *it is wonderful that*
il est normal que *it is normal that*
il est possible que *it is possible that*
il est stupide que *it is stupid that*
il est surprenant que *it is surprising that*
il est triste que *it is sad that*
il est utile / inutile que *it is useful / not useful that*

Les expressions de doute

douter que *to doubt that*
il est douteux que *it is doubtful that*
il est impossible que *it is impossible that*
il est peu probable que *it is unlikely that*
il n'est pas évident que *it is not obvious that*
il n'est pas vrai que *it is not true that*
il se peut que *it's possible that*
il semble que *it seems that*
ne pas croire que *not to believe that*
ne pas être certain(e) que *not to be certain that*
ne pas être sûr(e) que *not to be sure that*
ne pas penser que *not to think that*

Les expressions de certitude

croire que *to believe that*
être certain(e) que *to be certain that*
être sûr(e) que *to be sure that*
il est clair que *it is clear that*
il est évident que *it is obvious that*
il est vrai que *it is true that*
penser que *to think that*
savoir que *to know that*

PARTIE 3

Les conjonctions

à condition que *on the condition that*
à moins que *unless*
afin que *in order that*
avant que *before*
bien que *although, even though*
de peur que *for fear that*
en attendant que *waiting for*
jusqu'à ce que *until*
pour que *so that*
pourvu que *provided that*
quoique *although, even though*
sans que *without*

Vocabulaire du film **(See page 266.)**

Svtlana Sokolova/Shutterstock.com

PREMIÈRES IMPRESSIONS

À qui ou à quelles institutions faites-vous confiance? Discutez de cette question avec vos camarades de classe.

CHAPITRE 8

La confiance

Objectifs

- *Assess institutions' and peoples' trustworthiness*
- *Express future events*

Culture

- Confiance ou méfiance?
- Faire confiance aux gens
- Les notions de confiance

Grammaire

1 *The simple future*

2 *Negative expressions*

3 *Demonstrative pronouns;* ***lequel***

Un pas vers la lecture

Le contrat de mariage (extrait), Honoré de Balzac

Un pas vers l'écriture

Une scène d'émission de télé

You will also rewatch **SÉQUENCE 4: Une révélation** of the film *Encore.*

UN APERÇU SUR LE FILM

Des questions Avec un(e) partenaire, regardez la photo et répondez aux questions suivantes. Ensuite, combinez vos idées pour décrire la photo à la classe.

1. Qui sont les personnes? Quelle est leur relation?
2. Où se trouvent-elles? Pourquoi sont-elles là?

PARTIE 1 VOCABULAIRE 1

Réflexion **culturelle**

Confiance ou méfiance?

FABRICE COFFRINI/Getty Images

Chaque nation possède ses propres grandes institutions gouvernementales et il existe aussi des institutions internationales qui gouvernent sur le plan mondial comme, par exemple, le Fonds Monétaire International. Normalement les représentants de ces institutions sont puissants° et ils ont été choisis ou élus° en principe en fonction de la **confiance** qu'on leur accorde. Il y a aussi des gens en qui nous faisons naturellement confiance en raison de leur savoir, de leur sagesse, de leurs talents ou de leur **situation de supériorité.** On trouve cette pratique surtout dans des domaines sociaux comme la **loi,** la médecine, la **religion** ou la police dans beaucoup de sociétés. Quand nous choisissons un avocat, un docteur ou une **nounou,** nous le faisons parce que nous les croyons **être dignes de confiance.**

Dans certaines cultures, les **banques** sont aussi symboles de confiance. Nous leur confions° notre argent en leur demandant de le faire fructifier°. Pourtant, plusieurs banques européennes (italiennes et grecques surtout), connaissent encore de graves difficultés et l'avenir n'est pas certain face au Brexit et à d'autres problèmes posés à l'Union européenne. En France ou en Chine et ailleurs, les anciennes générations avaient tendance à ne pas placer leur argent à la banque mais le cachaient chez elles. C'est encore vrai pour certaines. La religion occupe une place de confiance très importante aussi à travers le monde. Par exemple, aux États-Unis, «*In God we trust*» est inscrit sur le dollar et on jure° sur la Bible. Au Canada, le préambule de la *Charte canadienne des droits et libertés* s'ouvre avec la phrase «Attendu que le Canada est fondé sur des principes qui reconnaissent la suprématie de Dieu et la primauté du droit».

Cependant, le monde change et les mentalités aussi. Les générations précédentes (avant les années 60) semblaient ne **remettre** guère de choses **en question,** contrairement aux générations suivantes. En fin de compte, est-ce une bonne chose que d'être critique ou de questionner? Ou sommes-nous devenus trop méfiants° vis-à-vis des **figures d'autorité** ou des **institutions de puissance**?

puissants *strong, powerful* **élus** *elected* **confions** *entrust* **fructifier** *yield profits* **jure** *swears* **méfiants** *wary, distrustful*

Vocabulaire du texte

une banque *bank*
la confiance *confidence, trust*
les figures *(f. pl.)* **d'autorité** *authority figures*
les institutions *(f. pl.)* **de puissance** *authority institutions*
la loi *law*
une nounou *nanny*
la religion *religion*
une situation de supériorité *position / situation of superiority*

être digne de confiance *to be trustworthy*
remettre en question *to call into question, to challenge*

Vocabulaire complémentaire

un(e) agent(e) de sécurité *security guard*
l'armée *(f.)* *the military*
un chef d'État *head of state*
un code d'honneur *code of honor*
un contrat *contract*
un(e) enseignant(e) *teacher, instructor*
un gouverneur *governor*
un homme / une femme politique *politician*
un maire *mayor*
la mairie *city hall*
un portique de sécurité *security scanner*
un religieux *clergyman, priest*
un sapeur-pompier / une femme sapeur-pompier *firefighter*
la sécurité nationale *national security*
un tribunal *court*
une violation de la sécurité *breach of security*
un vol *theft*
le vol d'identité *identity theft*

avoir confiance (dans / en) *to trust, to have faith / confidence (in)*
briser *to break, to shatter*
maintenir *to maintain, to keep*
profiter (de) *to take advantage (of)*
soupçonner *to suspect*
tricher *to cheat*
violer *to violate*
voler *to steal*

Note de vocabulaire

Add an **s** to both words to make these nouns plural: **les chefs d'États** and **les sapeurs-pompiers.**

Note de vocabulaire

You previously learned **avoir confiance en,** which you use with a person's name or a personal pronoun **(J'ai confiance en lui.).** Use **avoir confiance dans** with a thing or with the articles **le, la, les, l' (J'ai confiance dans l'université.). Faire confiance à** is a synonymous expression you learned which also means *to trust.* Use it with something or someone **(Je fais confiance à Guy.).**

Avez-vous compris? Répondez aux questions suivantes.

1. Quelles sont quelques grandes institutions choisies ou élues basées sur la confiance qu'on leur accorde?
2. À qui faisons-nous confiance? Pourquoi?
3. Est-ce que les banques sont toujours symboles de confiance aujourd'hui? Pourquoi et/ou pourquoi pas?
4. En quoi les gens d'aujourd'hui sont-ils différents des générations précédentes?

À votre avis À quelles institutions de puissance ou figures d'autorité les gens de votre culture font-ils tout de suite confiance? Et quelles institutions et/ou figures d'autorité remettent-ils en question?

Note de vocabulaire

Ne... ni... ni... means *neither . . . nor.* You will learn more about this in **Grammaire 2.**

A Codes d'honneur et de déontologie Déterminez à quelle institution de puissance ou à quelle figure d'autorité s'applique chaque code d'honneur ou de déontologie *(ethics).*

les avocats	les maires
l'armée	les nounous
les banques	les religieux
les gouverneurs	les sapeurs-pompiers
les hommes / femmes politiques	la sécurité nationale

1. Nous n'allons ni mentir ni voler, ni tricher ni tolérer parmi nous les gens qui le font.
2. Nous n'allons jamais trahir ni notre insigne *(badge)* ni la confiance du public. Nous allons toujours maintenir la loi et protéger notre pays et l'organisme que nous servons.
3. Je dois maintenir la confiance et préserver les secrets de mes clients.
4. Je promets de me comporter, en service et hors service, d'une manière qui crée toujours une bonne impression de moi, de ma caserne *(station)* et du service en général.
5. Nous n'allons jamais donner de conseils qui vont mener les clients ou le marché économique à l'instabilité financière ou à la faillite.
6. Nous jurons de toujours prendre des décisions pour le bien de notre communauté en assurant aux citoyens la sécurité, le bonheur et la prospérité.

B Quel degré de confiance avez-vous dans les autres?

Étape 1. Avez-vous confiance dans ces figures d'autorité ou institutions de puissance **toujours, parfois, rarement** ou **jamais**?

1. les agents de sécurité	4. les médecins / femmes médecins	7. les enseignants
2. les religieux	5. le tribunal	8. le chef d'État
3. la mairie	6. les hommes / femmes politiques	9. l'Église

Étape 2. Dites à un(e) partenaire dans quoi, de l'Étape 1, vous avez confiance ou non et pourquoi. Avez-vous des réponses différentes ou similaires?

Modèle: **Je fais toujours confiance aux agents de sécurité parce que je sais qu'ils sont là pour nous protéger mais je soupçonne parfois les hommes / femmes politiques parce qu'ils profitent souvent de leur situation de supériorité.**

C Les codes universitaires Avec un(e) partenaire, notez les règles (du code d'honneur) et les devoirs (du code de déontologie) que les étudiants et les professeurs doivent suivre ou respecter les uns envers les autres (et/ou l'université en général).

Mots utiles
exprès *on purpose* **consciemment** *knowingly* **sciemment** *intentionally*

Modèles: **Les étudiants ne doivent pas voler l'identité d'un(e) autre étudiant(e).**
Les profs doivent être honnêtes et dignes de confiance.
Les étudiants ne doivent pas casser exprès les fenêtres d'un bâtiment universitaire ou voler les affaires d'autres étudiants.

D **Dignes de confiance?** La plupart du temps, les gens nous semblent être dignes de confiance et nous ne les soupçonnons pas, mais de temps en temps certains profitent de la situation et n'obéissent pas à la loi ou brisent notre confiance.

Étape 1. Voici plusieurs inventions qui existent pour nous protéger. Avec votre partenaire, imaginez ce qui a pu conduire au besoin de ces inventions.

Modèle: une caméra nounou

É1: **Je peux imaginer un scénario où une nounou volait de l'argent à la famille ou essayait leurs vêtements pendant la journée.**

É2: **Moi, je peux imaginer un scénario où une nounou, au lieu de s'occuper de l'enfant, dormait, parlait au téléphone ou regardait la télé toute la journée.**

1. les portiques de sécurité à l'aéroport
2. le système de suivi du courrier *(mail)*
3. les caméras de sécurité / de surveillance
4. les contrats de mariage
5. les alarmes anti-intrusion
6. les conseils universitaires de discipline

Étape 2. Voici plusieurs exemples de violations de confiance. Toujours avec votre partenaire, discutez des précautions que vous pouvez prendre pour ne pas en devenir victimes.

Modèle: les transactions frauduleuses sur votre compte *(account)*

É1: **Pour ne pas être victime de transactions frauduleuses, il faut toujours payer en liquide au restaurant.**

É2: **Et aussi, il faut éviter de faire du shopping sur Internet.**

1. le vol de votre identité
2. le vol de votre ordinateur
3. l'utilisation frauduleuse de vos cartes de crédit
4. l'usurpation de vos mots de passe

E **Points de vue: Les médias, symboles de confiance?** Lisez ce petit texte, puis répondez aux questions avec un(e) partenaire.

Aujourd'hui, nous vivons dans une «société de l'information» où beaucoup de médias différents (presse, télé, Internet, radio, réseaux sociaux) nous bombardent continuellement d'informations, vraies ou fausses. Ces médias menacent la vie privée (surtout des célébrités) et manipulent souvent les informations. Nous répétons assez souvent aujourd'hui que certains médias sont devenus trop commerciaux (comme la télé) et que pour d'autres, il n'y a pas assez de contrôle (comme Internet). Cependant, la liberté d'information est un privilège que beaucoup de gouvernements dans le monde ne garantissent pas à leurs citoyens.

michaeljung/Shutterstock.com

1. Partagez-vous l'impression que certains médias, comme la télé, sont devenus trop commerciaux? Expliquez.
2. Est-ce qu'il faut contrôler certains médias, comme Internet, à votre avis? Pourquoi ou pourquoi pas? Quels sont les avantages et les inconvénients d'avoir un système de contrôle des médias?
3. De quelle(s) source(s) obtenez-vous principalement vos informations? Lui (Leur) faites-vous confiance? Pourquoi ou pourquoi pas?

Encore une mélodie

Review News/Shutterstock.com

Née en Belgique, l'auteure-compositrice-interprète Lara Fabian sait charmer toute la francophonie avec sa belle voix. Elle a vendu plus de 12 millions de disques et elle chante en plusieurs langues (français, anglais, italien, allemand, portugais, espagnol, russe, hébreu et turc). Sa chanson *La différence* parle de l'amour et de la confiance que les couples non conventionnels partagent. Cherchez une vidéo de la chanson sur Internet.

Le futur simple

DU FILM ENCORE

Encore un pas vers la grammaire

Look at these photos from the film *Encore* and their captions.

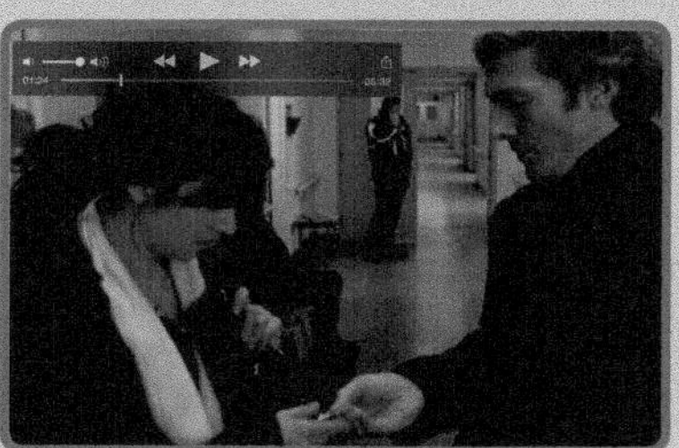

ANDRÉ Tenez. Ma carte. Venez. Je **vais** vous **expliquer.**

DOCTEUR Si son état évolue, on vous **appellera.** D'accord?

1. In which future form is **vais vous expliquer**—the **futur proche** or the **futur simple**?
2. In which future form is **appellera**—the **futur proche** or the **futur simple**?

MINDTAP Préparation

Go to **Préparation pour Grammaire 1** to review the formation of **futur simple** with regular verbs.

The **futur simple** is formed by adding the future endings (**-ai, -as, -a, -ons, -ez, -ont**) to the infinitive of regular **-er** and **-ir** verbs. For regular **-re** verbs, you drop the final **-e** from the infinitive before adding the future endings. The future stems are identical to the conditional verb stems. The **futur simple** is equivalent to *shall* or *will* in English.

Je **mangerai** un steak.	*I shall eat a steak.*
Laure **s'endormira** après une heure.	*Laure will fall asleep after an hour.*
Nos parents n'**apprendront** jamais l'anglais.	*Our parents will never learn English.*

As in the conditional, spelling-change **-er** verbs maintain the same changes in the **futur simple** that they do in the present tense.

acheter:	j'achète	j'ach**è**terai
appeler:	j'appelle	j'appe**ll**erai
employer:	j'emploie	j'emplo**i**erai
essayer:	j'essaie / j'essaye	j'essa**i**erai / j'essa**y**erai
jeter:	je jette	je je**tt**erai

Note that verbs with an **é** before the infinitive ending like **espérer, préférer, répéter,** and **suggérer** do not maintain spelling changes in the **futur simple.**

Nous **espérerons** pour le mieux. Bruno **préférera** savoir la vérité.

- The irregular future stem forms are identical to the irregular conditional stem forms. Add the **futur simple** endings to these stems.

infinitive	**stem**	**futur simple**	**infinitive**	**stem**	**futur simple**
aller	ir-	j'ir**ai**	pleuvoir	pleuvr-	il pleuvr**a**
avoir	aur-	j'aur**ai**	pouvoir	pourr-	je pourr**ai**
courir	courr-	je courr**ai**	recevoir	recevr-	je recevr**ai**
devoir	devr-	je devr**ai**	savoir	saur-	je saur**ai**
envoyer	enverr-	j'enverr**ai**	tenir	tiendr-	je tiendr**ai**
être	ser-	je ser**ai**	valoir	vaudr-	il vaudr**a**
faire	fer-	je fer**ai**	venir	viendr-	je viendr**ai**
falloir	faudr-	il faudr**a**	voir	verr-	je verr**ai**
mourir	mourr-	je mourr**ai**	vouloir	voudr-	je voudr**ai**

Note de grammaire

The future stem of **apercevoir** is like **recevoir.** The future stems of **devenir** and **revenir** are like **venir.** The future stems of **maintenir** and **retenir** are like **tenir.**

- The choice between the **futur proche** and the **futur simple** depends on how certain you are that an event will occur. If you think the event will definitely occur, use the **futur proche.** If there is less certainty about the event occurring, use the **futur simple.** Compare the following.

Je **vais avoir** confiance en toi.	*I am going to trust you (you're sure).*
J'**aurai** confiance en toi.	*I will / shall trust you (you think you will).*
Il **va vivre** à Paris cet été.	*He is going to live in Paris this summer (definitely).*
Il **vivra** à Paris un jour.	*He will live in Paris one day (maybe).*

- If a clause begins with **quand, dès que** *(as soon as),* **aussitôt que** *(as soon as),* **lorsque** *(when),* or **tant que** *(as long as),* and a future event is implied, the verb following them is in the future tense. In English, the verb following them is in the present tense. Note that the verb in the main clause is in the future tense or the imperative.

Quand tu **seras** calme, je te **raconterai** tout.	*When you are calm, I will tell you everything.*
Tant qu'elle **se mariera,** je **serai** content.	*As long as she marries, I will be happy.*
Aussitôt que tu **pourras, visite** le musée.	*As soon as you can, visit the museum.*

- To express events that might occur in the future, use **si…** *(if . . .)* with a verb in the present tense followed by a main clause with a verb in the **futur proche,** the **futur simple,** or the imperative.

Si tu **es** un homme honnête, tu **diras** la vérité.	*If you are an honest man, you will tell the truth.*
S'il y **a** un bon groupe de soutien, **dis**-le moi.	*If there is a good support group, let me know.*

PARTIE 1 GRAMMAIRE 1

Un pas vers la musique

Courtesy of Christine T. Jackowski

La chanteuse Marjo, née Marjolène Morin, a débuté comme choriste dans deux comédies musicales avant de lancer sa carrière rock en 1979. En 1990, elle a sorti l'album *Tant qu'il y aura des enfants,* qui a été un grand succès au Québec. C'est aussi le titre d'une chanson sur l'album. Cherchez les paroles sur Internet. Selon la chanson, qu'est-ce qui se passera dans l'avenir «tant qu'il y aura des enfants»?

A Sont-ils responsables? Quelques adolescents ont accepté d'être gardiens d'animaux. Faites attention aux verbes pour déterminer si les adolescents sont **certains** qu'ils vont faire chaque activité ou s'ils sont seulement **plus ou moins certains.**

	Plus ou moins certain	Certain
1. On ne **brisera** pas votre confiance pendant votre absence.	☐	☐
2. Je **vais obéir** aux règles de la maison.	☐	☐
3. Nous **respecterons** le contrat que vous nous avez donné.	☐	☐
4. Nous **allons suivre** vos conseils.	☐	☐
5. Nous **n'allons pas nous disputer.**	☐	☐
6. On **s'amusera** avec les chiens chaque jour.	☐	☐
7. Nous **sortirons** les chiens quatre fois par jour.	☐	☐
8. Je **ferai** la vaisselle après chaque repas.	☐	☐

B Notre classe Avec deux camarades de classe, dites si vous **allez faire** ou si vous **ferez** chaque activité. Utilisez le futur proche ou le futur simple.

Modèle: É1: **Je dirai «bonjour» à tous mes camarades de classe chaque jour.**
É2: **Moi, je vais leur dire «bonjour» chaque jour.**
É3: **Moi, je ne leur dirai pas «bonjour» chaque jour. Je suis souvent en retard.**

1. participer activement en classe cette semaine
2. faire attention à tout ce que le professeur et les camarades de classe disent
3. faire l'effort de toujours parler français en classe
4. s'endormir pendant les activités de groupe
5. profiter des activités sociales pour améliorer votre français (par exemple, le cercle français)

Conclusion Sur qui votre professeur(e) pourra-t-il/elle compter pour être un(e) étudiant(e) de français modèle? Justifiez votre réponse.

Note de vocabulaire

The verb **procrastiner** is more common in Quebec. In France, it is more common to say **remettre à plus tard.**

C Les excuses Faites-vous les tâches *(tasks)* que vous devez faire tout de suite ou remettez-vous ces tâches à plus tard en général? Avez-vous tendance à procrastiner?

Étape 1. Faites une liste de quatre à six tâches que vous n'avez pas envie de faire (par exemple, **faire la vaisselle, sortir la poubelle, répondre aux courriels,** etc.).

Étape 2. Dites à un(e) partenaire sous quelles conditions vous ferez ces tâches. Utilisez les expressions / conjonctions **aussitôt que, dès que, lorsque, quand** ou **tant que.**

Modèle: **Je ferai la vaisselle tant que ma sœur fera la cuisine. Dès que la poubelle aura une odeur insupportable, je la sortirai.**

Conclusion Qui a plus tendance à remettre ses tâches à plus tard? Votre partenaire ou vous? Justifiez votre réponse. Soyez prêt(e) à partager votre réponse avec la classe.

D Une campagne électorale

Étape 1. Lisez les prédictions de cet homme politique. Mettez le verbe approprié au futur simple.

Si vous m'élisez *(elect)*, je ne (1) ___________ (respecter / briser) jamais votre confiance. Je (2) ___________ (mettre / savoir) en place un plan afin de rendre tous les citoyens plus responsables. Sous ma direction politique, tous les citoyens (3) ___________ (obéir / violer) toujours au code de la route. Dès qu'un agent de police (4) ___________ (parler / voir) quelqu'un écrire un texto en conduisant, il lui (5) ___________ (donner / lire) une contravention *(traffic ticket)*. De plus, les adolescents (6) ___________ (se méfier / respecter) toujours les figures d'autorité. Et vous les étudiants, vous (7) ___________ (gagner / pouvoir) aussi profiter de ma direction. Aussitôt que je (8) ___________ (gagner / perdre) l'élection, je (9) ___________ (protéger / voler) vos droits. Nous (10) ___________ (habiter / quitter) tous dans une meilleure communauté si vous votez pour moi. Nous (11) ___________ (devenir / vouloir) moins méfiants. J(e) (12) ___________ (avoir / être) une personne digne de votre confiance. Je vous le jure.

Étape 2. Vous voulez être maire de votre ville et vous devez parler de vos promesses et de vos prédictions pour l'avenir *(the future)*. Écrivez un petit discours de 6 à 8 phrases avec les éléments suggérés.

si	tant que	faire
aussitôt que	aller	gagner
dès que	être	maintenir
lorsque	devoir	pouvoir

Note de vocabulaire

Note that **le futur** refers to the grammatical future only. If you are referring to future events that have not occurred, you must use **l'avenir** *(m.)*.

E Êtes-vous digne de confiance?

Terminez les phrases suivantes. Ensuite, interrogez un(e) partenaire afin de savoir comment il/elle a terminé ces phrases.

1. Si je trouve un nouvel iPad sur le campus…
2. Si le serveur oublie de me compter mon deuxième coca sur l'addition…
3. Si le caissier à la banque me donne trop d'argent…
4. Je ne laisserai pas de pourboire si…
5. Je ne suivrai pas une règle ou une loi si…
6. Je dirai un petit mensonge si…

Conclusion Qui est plus digne de confiance? Votre partenaire ou vous? Y a-t-il des situations dans lesquelles il est acceptable de ne pas être tout à fait honnête? Expliquez.

Journal de bord

Résumez en quelques phrases ce que vous avez appris dans la Partie 1 du Chapitre 8. Suggestions: Vous méfiez-vous de certaines institutions ou de certaines personnes? Vos camarades de classe sont-ils dignes de confiance? Pour votre classe, est-il acceptable de mentir parfois? Quel sera l'avenir de certaines institutions ou de certains services?

F L'avenir de nos services

Avec un(e) partenaire, discutez de l'avenir de trois des services suivants. Comment la technologie transformera ces services? Ces services seront-ils plus sécuritaires ou moins sécuritaires? Seront-ils plus efficaces ou moins efficaces?

la banque	le contrôle de sûreté *(airport security)*	les bibliothèques
la poste	les transports publics	le shopping sur Internet

Réflexion culturelle

Faire confiance aux gens

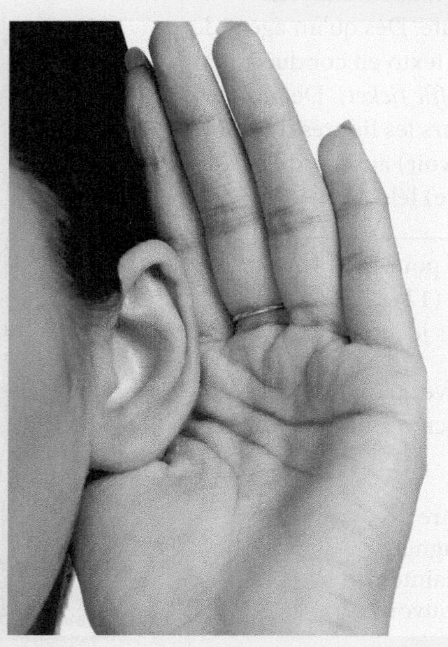
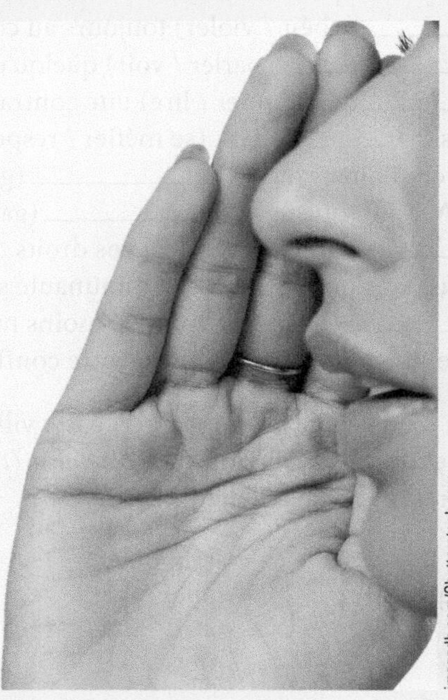

imagedb.com/Shutterstock.com

Que doivent faire les gens pour **obtenir** notre confiance? Comment décide-t-on d'accorder notre confiance à des gens comme par exemple à un(e) **gardien (gardienne) d'animaux** à qui on confie° son chien ou bien à un(e) baby-sitter à qui on laisse son enfant? Comment décide-t-on de faire confiance à une **femme de ménage** ou à un **homme à tout faire** qu'on invite à travailler chez nous?

Peu importe° la destination francophone, tout le monde est confronté à la question de confiance, laquelle **nécessite** l'honnêteté et des résultats satisfaisants. Au quotidien°, pour tout ce qui touche aux commodités—médecine, banque, commerce ou restauration parmi d'autres—nous dépendons des compétences des gens et des services qu'ils offrent; nous leur faisons confiance, d'où la phrase «faites-moi confiance», et nous nous attendons à recevoir le meilleur service possible. Ces personnes ont fait leurs preuves° et nous donnent satisfaction. Quant au **dépanneur,** il offre un «contrat de **garantie**» qui nous rassure. Mais comment trouver une personne digne de confiance immédiatement?

En couple, le régime matrimonial° représente le **respect** et la confiance accordés entre les **conjoints,** sous forme d'un contrat reconnu par la loi. Au Québec, en France, en Belgique ou en Suisse, il a pour but de recenser les biens° des deux côtés et de **protéger** les gens en cas de séparation. Par contre, au Sénégal, pays dans lequel la culture polygame existe, ce régime peut stipuler le nombre d'épouses auquel l'époux a droit.

confie *entrust* **Peu importe** *Whatever* **quotidien** *daily life* **ont fait leurs preuves** *have proven their worth*
régime matrimonial *matrimonial regime/system* **recenser les biens** *to list the assets*

Vocabulaire du texte

les conjoint(e)s *spouses*
un dépanneur *repairman*
une femme de ménage *cleaning lady, cleaner*
une garantie *guarantee, warranty*
un(e) gardien(ne) d'animaux *pet sitter*

un homme à tout faire *handyman*
le respect *respect*

nécessiter *to require, to call for*
obtenir *to obtain*
protéger *to protect*

Vocabulaire complémentaire

un(e) aide *caregiver*
un chauffeur *driver*
un entraîneur *trainer, coach*
une femme de chambre *cleaning lady, room attendant*
un(e) gardien(ne) à domicile *house sitter*
un(e) inconnu(e) *stranger, unfamiliar person*
un(e) mécanicien(ne) *mechanic*

la méfiance *distrust, suspicion*
un (petit) mensonge *(white) lie*
une promesse *promise*
une relation *relationship*
la trahison *betrayal*

entier / entière *complete, entire*
fiable *reliable, dependable*
(mal)honnête *(dis)honest*
mutuel(le) *mutual*

avoir du mal (à) *to have difficulty / trouble*
gagner *to earn, to win, to gain*
garantir *to guarantee*
mentir *to lie*
mériter *to deserve, to merit, to earn*
promettre *to promise*
renouer *to renew, to restore*
sauver *to save*
tenir *to keep, to hold*

Note de vocabulaire
In Quebec, a **dépanneur** is a convenience store. A repairman in Quebec is **un réparateur.**

Note de vocabulaire
You have learned that **tenir à** means *to care about.* **Tenir,** without the preposition, means *to keep* or *to hold:* **Je tiens toujours mes promesses.** *(I always keep my promises.)*

Note de vocabulaire
Use **femme de chambre** in the context of a hotel and **femme de ménage** outside the context of a hotel.

Avez-vous compris? Répondez aux questions suivantes.

1. Sur quoi est basée la confiance?
2. Quels sont des secteurs dans lesquels on fait confiance aux gens en général?
3. À quoi s'attend-on quand on fait confiance à quelqu'un?
4. Que recense le régime matrimonial au Québec, en France, en Belgique et en Suisse?

À votre avis Quelles caractéristiques sont nécessaires chez quelqu'un pour qu'il/elle soit digne de confiance?

A Sont-ils dignes de confiance?

Sont-ils dignes de confiance? Indiquez si ces personnes sont probablement dignes de confiance ou non.

1. un mécanicien qui garantit son travail
2. un entraîneur qui établit des rapports avec les parents de ses joueurs
3. un chauffeur de taxi qui ne demande pas l'adresse de votre destination
4. un dépanneur qui ne veut pas respecter la garantie de votre appareil
5. un gardien à domicile recommandé par une amie chez qui il a déjà travaillé
6. un inconnu qui vous promet un retour sur un investissement
7. une femme de ménage dont la maison est toujours propre
8. un homme à tout faire qui n'est pas propre et qui n'est pas bien habillé

Encore une mélodie

Stephane Cardinale - Corbis/Corbis Entertainment/Getty Images

L'auteur-compositeur-interprète québécois Robert Charlebois (1944–) est une icône de la chanson d'expression française dans toute la francophonie. Parfois surnommé *(nicknamed)* l'Elvis de la chanson québécoise, Charlebois a révolutionné la chanson francophone pendant les années 70 en mélangeant les mélodies rock avec des textes intelligents et parfois provocants en français. Avec plus de 30 albums et une panoplie *(wide array)* de prix et de distinctions tels que la Médaille de Vermeil de l'Académie française, il restera pour toujours l'un des plus grands artistes du monde francophone. Sa chanson *Le manque de confiance en soi* (de son album *Et voilà*) raconte la vie de quelqu'un qui manque de confiance en soi. Écoutez la chanson sur Internet.

B Robert et ses décisions d'embauche

Étape 1. Robert a besoin d'embaucher *(to hire)* plusieurs personnes pour l'hôtel et dans sa vie personnelle aussi. Indiquez les qualités qu'il recherche (chez ces individus) afin qu'ils gagnent sa confiance et obtiennent les emplois.

1. pour les nouvelles femmes de chambre
   - **a.** elles mentent souvent
   - **b.** il y a un respect mutuel
   - **c.** elles sont honnêtes et fiables
   - **d.** elles protègent la vie privée des clients
2. pour une aide pour sa mère
   - **a.** elle tient ses promesses
   - **b.** elle est malhonnête
   - **c.** elle dit de petits mensonges
   - **d.** elle suit le code de déontologie *(ethics)* de sa profession
3. pour une gardienne d'animaux
   - **a.** elle donne une impression de méfiance
   - **b.** elle sauve des animaux errants *(strays)*
   - **c.** elle dit des mensonges
   - **d.** elle a obtenu un certificat de technicienne vétérinaire

Étape 2. Montrez vos réponses de l'Étape 1 à un(e) partenaire. Concevez-vous la confiance de la même manière? Quels autres rapports nécessitent de la confiance, à votre avis?

C Êtes-vous fiable?

Étape 1. Préparez un questionnaire que vous pouvez poser à vos camarades de classe pour découvrir s'ils sont fiables. Inspirez-vous de la banque de mots et ajoutez d'autres mots de vocabulaire.

(ne pas) tenir une promesse	tricher (à qqch)
gagner la confiance (de qqn)	voler (qqch)
mériter le respect (de qqn)	profiter (de qqch / de qqn)
promettre (qqch / à qqn de faire qqch)	mentir (à qqn)
trahir (qqn / qqch)	dire des (petits) mensonges

Modèles: **As-tu jamais menti à un entraîneur ou à un professeur?**
As-tu jamais fait une promesse que tu n'as pas tenue?

Note de vocabulaire

Qqn is the abbreviation for **quelqu'un** *(someone)*. **Qqch** is short for **quelque chose** *(something)*.

Étape 2. Posez les questions de votre questionnaire à au moins trois camarades de classe différents. S'ils répondent «oui», posez-leur des questions supplémentaires pour avoir plus de détails. Notez leurs réponses et soyez prêt(e) à les présenter à la classe.

Modèle: É1: **Oui j'ai menti une fois à un entraîneur.**
É2: **Ah bon. Qu'est-ce que tu lui as dit?**
É1: **Je lui ai dit que j'étais malade. En réalité, il faisait trop chaud et je n'avais pas envie de jouer.**

D **Ça mérite la confiance?** Discutez des caractéristiques suivantes avec un(e) partenaire. Par exemple, si vous cherchiez un nouveau ou une nouvelle colocataire, voudriez-vous les trouver chez lui/elle? Pourquoi ou pourquoi pas?

1. il/elle est capable de trahison
2. il/elle a un ex-conjoint
3. il/elle vous fait entièrement confiance
4. il/elle brise facilement la confiance
5. il/elle protège toujours ses amis
6. il/elle a du mal à faire face aux événements dans les moments difficiles

E **Point de vue: Le contrat de mariage: Protection ou rupture de confiance?** Lisez ce petit texte, puis répondez aux questions avec un(e) partenaire.

maximus19/Shutterstock.com

Dans beaucoup de cultures, sans contrat de mariage, les conjoints devront partager leurs biens à 50/50 s'ils se séparent. Autrement dit, à partir du jour où un couple se dit «Je le veux°», tous les biens qui entrent dans leur patrimoine leur appartiennent à parts égales. Seuls les biens qu'ils reçoivent comme héritage ou que l'on leur donne restent des biens personnels. De plus, les fruits de ces biens tomberont également dans le domaine commun. Par exemple, si un conjoint a hérité d'un appartement de ses parents et s'il le loue pour gagner de l'argent, en cas de divorce, il devra la moitié des revenus à son ex. Donc, un contrat de mariage peut protéger les couples contre les imprévus° de la vie. Pourtant, certains couples disent: «Mais pourquoi parler de divorce avant même de se marier? On ne se marierait pas si on ne se faisait pas confiance l'un(e) à l'autre.» Pour ces couples, un contrat de mariage brise la confiance et peut même remettre en question l'amour dans un couple.

Je le veux *I do* **imprévus** *unknowns*

Source: https://www.marieclaire.fr/,pourquoi-faire-un-contrat-de-mariage,781963.asp

1. Selon le texte, qu'est-ce qui pourra arriver aux conjoints s'ils divorcent sans contrat de mariage?
2. À votre avis, pourquoi certains couples sont contre un contrat de mariage?
3. À votre avis, est-ce qu'un contrat de mariage peut briser la confiance dans un couple? Expliquez.
4. Pour vous personnellement, êtes-vous pour ou contre un contrat de mariage? Expliquez.

COIN CULTUREL

Tribeca Films/EVERETT COLLECTION, INC.

Dans *Les Émotifs anonymes,* la belle comédie romantique du réalisateur franco-belge Jean-Pierre Améris sortie en 2010, un homme et une femme partagent ensemble leur passion pour le chocolat. Ils tombent amoureux l'un de l'autre mais leur timidité et leur difficulté à faire confiance aux autres les empêchent de se l'avouer.

Les expressions négatives

DU FILM *ENCORE*

Encore un pas vers la grammaire

Look at these photos from the film *Encore* and their captions.

CLAIRE Me raccompagner? Je **ne** vais **nulle part** avec vous.

CLAIRE Vous êtes donc au courant. Rien **ne** me surprend **plus.**

1. What does **ne... nulle part** mean?
2. What does **ne... plus** mean?

MINDTAP Préparation

Go to **Préparation pour Grammaire 2** to review negation in different contexts.

- Two common ways of expressing negation are using **ne... pas** and **ne... jamais.**

Je **ne** parle **pas** le japonais.	*I don't speak Japanese.*
Je **ne** lui ai **jamais** fait confiance.	*I never trusted him.*

- Here are some other common negative expressions. Their placement is the same as the placement of **ne... pas** and **ne... jamais.**

ne... guère *hardly, scarcely*	**ne... pas encore** *not yet*
ne... pas du tout *not at all*	**ne... plus** *no more, not anymore*

Je **ne** voulais **pas du tout** le voir.	*I didn't want to see him at all.*
Ils **ne** s'amusent **guère** ensemble.	*They hardly have fun together.*
Il **ne** lui avait **pas encore** dit la vérité.	*He had not yet told her the truth.*
Ne leur parle **plus**!	*Don't speak to them anymore!*

- Here are additional negative expressions.

ne... aucun(e) *none, not any*	**ne... personne** *no one, not anyone*
ne... ni... ni *neither . . . nor*	**ne... que** *only*
ne... nulle part *nowhere, not anywhere*	**ne... rien** *nothing, not anything*

- Many of these expressions follow the same rules as **ne… pas** for placement.

Claire **ne** voit **personne** ce soir.	*Claire is not seeing anyone tonight.*
On **n'a rien** décidé.	*We have not decided anything.*
Je **ne** te le dirai **qu**'une fois.	*I will only tell you once.*
Ne va **nulle part** avec lui.	*Don't go anywhere with him.*

- **Aucun(e)** is an adjective and must agree with the noun it modifies.

Je **n'ai aucune** idée de pourquoi il pleure.	*I have no idea why he is crying.*
Thierry **ne** trouve **aucun** livre sur la confiance ici.	*Thierry can't find any book about trust here.*

- Three negative words are required to express *neither … nor:* **ne… ni… ni.** Place **ne** before the conjugated verb or auxiliary verb, and **ni** before the word(s) it modifies. Partitive and indefinite articles are omitted after **ni,** but the definite article and possessive adjectives are used.

Elle est seule. Elle **n'a ni** famille **ni** amis.	*She is alone. She has neither family nor friends.*
Ni l'avocat **ni** mon père **ne** me convaincra.	*Neither the lawyer nor my father will convince me.*

- **Ne… personne, ne… aucun(e),** and **ne… nulle part** surround the entire verb, not just the conjugated verb.

Pierre **n'a** écouté **personne.**	*Pierre didn't listen to anyone.*
Ils **n'avaient** reçu **aucune** réponse.	*They had not received any response.*
Laure **ne** veut aller **nulle part** avec lui.	*Laure does not want to go anywhere with him.*

- In the **passé composé, ne… que** surrounds the entire verb. When there are two verbs, **ne… que** goes around the conjugated verb.

Je **n'ai** pris **qu**'une pomme aujourd'hui.	*I only ate an apple today.*
Je **ne** fais **que** regarder.	*I am just looking.*

- **Rien** and **personne** can also be the subjects of a sentence.

Rien ne se passe ici aujourd'hui.	*Nothing is happening here today.*
Je voulais voir Ève mais **personne n'**était là.	*I wanted to see Eve but no one was there.*

- It is possible to use several negative elements in one sentence.

Il **n'y** a **plus rien** à dire.	*There is nothing more to say.*
Mon fils **ne** fait **plus jamais rien** avec moi.	*My son never does anything with me anymore.*

- **Non plus** means *neither* or *not either.*

—Je n'aime pas les gens malhonnêtes.	*—I don't like dishonest people.*
—Moi non plus.	*—Me neither.*

Encore une mélodie

L'une des plus belles chansons du Québec est *Ça fait du bien*, du duo Fiori-Séguin (Serge Fiori et Richard Séguin). La chanson parle d'un couple qui se fait confiance. Le refrain commence par *«Ça fait du bien de se voir // ensemble dans un lieu d'espoir // Je crois en toi tellement fort…»*. Cherchez la chanson sur Internet. La personne dans la chanson va croire *«en toi tellement fort»* si on fait quoi?

A Sont-ils/elles fiables?

Étape 1. Lisez ce que les personnes suivantes disent. À votre avis, est-ce que ces personnes sont fiables? Vous leur faites confiance? Engageriez-vous ces personnes?

1. dépanneur: Je **ne** suis **guère** en retard.
2. homme à tout faire: Je **n'**ai **ni** passé criminel *(criminel record)* **ni** contravention *(traffic ticket)*.
3. gardienne d'animaux: Je **n'**ai **aucune** expérience dans le soin aux animaux.
4. chauffeur de taxi: Je **ne** veux amener les clients **nulle part.**
5. entraîneur: P**ersonne n'**a **jamais** grossi avec mon programme.
6. femme de chambre: Je **ne** volerai **plus** mes clients.
7. mécanicien: Un client m'a consulté hier et je **n'**ai réparé **que** ce qui était nécessaire.
8. conseiller: Je **n'**avais **rien** à dire à mes clients hier.

Étape 2. Comparez vos réponses avec un(e) partenaire. Avez-vous jamais engagé des gens qui font les métiers de l'Étape 1? Avec votre partenaire, parlez d'une bonne ou d'une mauvaise expérience que vous avez eue avec l'une de ces personnes.

B Mensonges

Étape 1. Un homme est concurrent *(contestant)* au jeu télévisé **Le détecteur de mensonges**. Corrigez tous ses mensonges avec une expression de négation.

Modèle: —Un agent de police m'a donné trois contraventions hier.
—C'est un mensonge! L'agent de police **ne t'a donné aucune** contravention hier.

1. —En France, tout le monde m'a soupçonné d'être malhonnête.
   —Ce n'est pas vrai! ________________ t'a soupçonné d'être malhonnête.
2. —Quand je voyage à l'étranger, j'aime aller partout avec des inconnu(e)s.
   —C'est un mensonge! Tu ________________ avec des inconnu(e)s.
3. —Tous les quartiers de ma ville sont dangereux.
   —Tu exagères. ________________ quartier de ta ville n'est dangereux.
4. —Mon entraîneur sera furieux et grossier *(rude)* avec moi parce que je n'ai pas suivi ses conseils.
   —Ce n'est pas vrai. Ton entraîneur ________________ avec toi. Je n'ai pas suivi ses conseils ________________.
5. —Je demande encore à mes parents de payer mes dettes.
   —C'est un mensonge! Tu ________________ à tes parents de payer tes dettes.
6. —J'ai tout perdu au casino la semaine dernière.
   —Encore un mensonge! Tu ________________ au casino la semaine dernière. J'étais avec toi.

Étape 2. Créez trois phrases avec les expressions de négation. Deux de ces phrases sont vraies et une de ces phrases est un mensonge. Lisez vos phrases à deux camarades de classe. Ils/elles vont deviner quelle phrase est le mensonge. Qui est le/la meilleur(e) menteur/menteuse?

C **À propos de la confiance et de la sécurité** Posez les questions suivantes à un(e) partenaire. Utilisez des structures de cette leçon et élaborez vos réponses le plus possible.

Modèle: É1: **As-tu déjà été victime de vol?**
É2: **Non, je n'ai jamais été victime de vol. J'ai de la chance!**

1. As-tu déjà été victime de vol d'identité?
2. Est-ce que les garanties *prolongées (extended)* pour les ordinateurs valent toujours la peine?
3. Y a-t-il beaucoup de criminalité dans cette ville?
4. Est-ce qu'on devrait toujours avoir des scanneurs corporels à l'aéroport?
5. Connais-tu un chauffeur fiable?
6. Fais-tu confiance aux hommes ou aux femmes politiques?

D **Guide des meilleures adresses** Quand on a besoin d'un service et qu'on n'est pas certain de pouvoir faire confiance à l'entreprise ou à la personne qui le propose, on peut consulter des sites tels que *Angie's list* pour lire les évaluations des client(e)s. Écrivez une évaluation pour une entreprise ou pour une personne avec laquelle vous avez eu une mauvaise expérience. Décrivez votre expérience. Utilisez les structures de cette leçon.

Modèle: **Je n'aime pas du tout le salon Ciseaux sur le boulevard Laurier. Il n'y a que deux coiffeurs donc mes rendez-vous ne sont jamais à l'heure. La dernière fois que j'étais là-bas, personne ne s'est occupé de moi pendant vingt minutes. J'ai expliqué le type de coupe que je voulais au coiffeur mais il n'avait aucune idée de ce que je voulais. En plus, leurs services n'incluent ni le shampooing ni le brushing *(blowdrying)*.**

Suggestions

clinique	librairie	entraîneur
coiffeur / coiffeuse	mécanicien(ne)	restaurant

E **Le mauvais rendez-vous**

Étape 1. Une femme lit le profil suivant sur un site de rencontres sur Internet.

Je suis un homme divorcé qui est prêt à trouver de nouveau l'amour. Je suis très honnête. Je suis aussi très sensible et généreux. J'ai un chat et un chien que j'ai adoptés et je soutiens les organisations qui aident les sans-abri *(homeless)*. Tous mes amis disent que je suis grand et très beau. Je suis toujours digne de confiance. Vous verrez que je suis une personne fiable et que je pratique la galanterie dont les femmes ont envie. Je vous emmènerai dîner dans tous les restaurants élégants et je paierai tous nos repas. J'ai toutes les qualités que vous recherchez.

Étape 2. La femme sort avec l'homme et elle découvre que c'est un menteur et qu'il n'est pas du tout comme son profil. Elle raconte ce qu'elle a découvert à ses ami(e)s. Écrivez ce qu'elle leur dit en utilisant des expressions négatives.

Étape 3. Avec deux ou trois camarades de classe, créez un sketch dans lequel la femme parle de son mauvais rendez-vous avec l'homme.

Journal de bord

Résumez en quelques phrases ce que vous avez appris dans la Partie 2 du Chapitre 8. Suggestions: À qui vos camarades de classe font-ils confiance facilement? Décrivez une bonne ou une mauvaise expérience qu'un(e) camarade de classe a eue avec une personne ou avec une entreprise embauchée pour un service.

Les notions de confiance

LE SALON
DES PRODUITS
MADE IN
FRANCE

6 / 7 / 8
NOVEMBRE

PARIS - PORTE DE VERSAILLES

Source: http://www.sortiraparis.com/loisirs/salon/articles/56751-mif-expo-2015-le-salon-du-made-in-france

Confiance dans le «Made in France»

Face aux difficultés que rencontrent les entreprises françaises et au nombre de produits «Made in China», Arnaud Montebourg, alors ancien Ministre du Redressement Productif a choisi comme défi de produire et de consommer français. Depuis 2012, le Salon du «Made in France» (MIF) se tient à Paris en novembre avec plus de cinq cents exposants°.

Pour bénéficier du label MIF, la dernière transformation du produit doit être faite en France. Par exemple, l'origine du tissu d'une chemise n'a aucune importance tant qu'elle est assemblée en France. Parmi les objets MIF, on trouve les célèbres pulls marins° faits en Bretagne chez Armor-lux, des articles de table comme les nappes° Artiga du Pays Basque, mais aussi des chaussures, des costumes ou des sous-vêtements. De nombreux objets en bois allant des accessoires de cuisine aux jouets° sont aussi exposés. Depuis 2011, le label Origine France Garantie (OFG) a pour objectif «d'une part, de donner aux consommateurs une information claire sur l'origine d'un produit et, d'autre part, de permettre aux entreprises qui font cette démarche de certification, de valoriser leur production».[1] Pour avoir ce label, le produit doit être fabriqué en France avec au moins 50% des matières premières° provenant° de France.

Le but derrière ces initiatives est de redonner confiance aux entreprises françaises, de relancer° l'économie et encore plus la fabrication française, symbole de savoir-faire et de tradition. Ceci a déjà eu un effet positif sur la vente de ces produits puisque l'ensemble des consommateurs (74%), de France et d'ailleurs, a choisi de payer un peu plus pour des articles MIF ou OFG.[2] De plus, à peu près 90% des Français estiment qu'acheter un produit fabriqué en France «est une manière de soutenir les entreprises françaises [ou] de participer au maintien de l'emploi en France et permet la préservation des savoir-faire en France».[3] Alors, ces deux labels, MIF et OFG, ainsi que «Terre textile» ou «Entreprise du patrimoine vivant» et encore beaucoup d'autres, sont synonymes de confiance et de qualité.

exposants *exhibitors* **pull marins** *sailor sweaters* **nappes** *tablecloths* **jouets** *toys* **matières premières** *raw materials* **provenant** *coming, originating* **relancer** *to boost, to stimulate*

Adapted from: http://www.sortiraparis.com/loisirs/salon/articles/58751-mif-expo-2015-le-salon-du-made-in-france

Avez-vous compris?

1. Quelle a été l'idée d'Arnaud Montebourg et pourquoi?
2. Quelles sont les conditions pour avoir le label «Made in France»?
3. Quels sont des exemples de produits MIF ou fabriqués en France?
4. Que représentent les labels MIF ou OFG pour les clients?

[1] https://www.economie.gouv.fr/cedef/label-origine-france-garantie

[2] https://www.entreprises.gouv.fr/files/files/directions_services/politique-et-enjeux/guide-fabrique-en-france.pdf

[3] https://www.entreprises.gouv.fr/files/files/directions_services/politique-et-enjeux/guide-fabrique-en-france.pdf

Panchenko Vladimir/Shutterstock.com

Confiance dans les médias?

L'origine du terme *fake news* (en français, informations fallacieuses, infox ou fausses nouvelles) fait référence à un vrai genre de journalisme appelé la presse jaune (clin d'œil° à la couleur jaune du papier original) qui date du 19e siècle. Le but des journalistes (américains, français, canadiens, etc.) est de présenter des nouvelles de faible qualité°, souvent à partir de photos modifiées, de fausses entrevues et/ou de titres trompeurs. Leurs techniques visent à° exagérer la nouvelle jusqu'au point de l'axer° sur le sensationnalisme. Pourtant, aujourd'hui, le terme signifie aussi toute couverture médiatique négative de n'importe quel sujet ou bien «l'ère post-vérité», expression qui suggère les fausses histoires qui circulent principalement sur les réseaux sociaux.

Les *fake news* sont un sujet sérieux en France et dans beaucoup d'autres pays francophones aussi. Une des conséquences les plus marquantes est le taux° de confiance décroissant° des Français envers les médias. Il s'effondre° à 38% pour la télévision, tombe à 44% pour la presse écrite et baisse° à 50% pour la radio.[1] Comment expliquer ces chiffres? L'esprit critique est en augmentation, d'où la méfiance de beaucoup de Français vis-à-vis des présentations des informations médiatiques qui leur semblent être devenues trop «dramatisées» ou provenant des° points de vue «extrêmes».[2]

Depuis 2017, les Belges aussi doutent de la pratique de la surmédiatisation de certains sujets et du manque de couverture d'autres nouvelles importantes.[3] Et le continent africain connaît le même phénomène, puisque la confiance dans les médias africains, sub-sahariens et autres, a chuté à environ 40% en 2018.[4] Dans tous les cas, les chiffres indiquent que la plupart des gens dans ces pays ou régions francophones n'ont plus confiance dans leurs médias malgré° l'intérêt accru° pour les nouvelles, la prolifération des médias et l'accès croissant° aux informations.

clin d'oeil *wink, nod* **faible qualité** *low/poor quality* **visent à** *aim to* **axer** *to base, to center*
taux *rate, level* **décroissant** *decreasing* **s'effondre** *falls down, plummets* **baisse** *decreases, drops*
provenant des *coming/stemming from* **malgré** *despite* **accru** *growing* **croissant** *increasing*

Avez-vous compris?

1. Quelles sont les significations *(meanings)* du terme *fake news* aujourd'hui?
2. Pourquoi est-ce que les *fake news* sont un sujet sérieux en France et ailleurs dans le monde francophone?
3. Pourquoi les Français, en particulier, se méfient plus des médias aujourd'hui qu'autrefois?
4. Quelle est l'ironie que le texte présente à la fin?

Qu'en pensez-vous?

Le label «Made in France» est un symbole de confiance tandis que les *fake news* sont un symbole de méfiance. Et pour votre culture? Quels sont quelques symboles de confiance et/ou de méfiance? N'oubliez pas de défendre brièvement vos réponses!

[1] https://www.lexpress.fr/actualite/medias/la-confiance-dans-les-medias-au-plus-bas-depuis-32-ans_2058929.html

[2] https://www.lemonde.fr/economie/article/2019/01/24/la-confiance-dans-les-medias-est-au-plus-bas_5413777_3234.html

[3] http://www.institut-solidaris.be/index.php/confiance-media/

[4] https://www.agenceecofin.com/en-bref/0102-63687-en-2018-la-confiance-mondiale-dans-les-medias-a-legerement-remonte-a-l-exception-des-medias-sociaux-edelman

MINDTAP **Les notions de confiance**

Maya Vidon/Bloomberg/Getty Images

Would you like to learn more about **Armor-lux, le Made in France breton;** ***Les Guignols de l'info;*** or **Les Antilles: Détresse et crise de confiance**? Visit **Liaisons culturelles** and **Encore plus loin** in MindTap to explore these topics.

Panchenko Vladimir/Shutterstock.com

PARTIE 3 GRAMMAIRE 3

Les pronoms démonstratifs et le pronom *lequel*

DU FILM *ENCORE*

Encore un pas vers la grammaire

Look at these photos from the film *Encore* and their captions.

SIMONE Je l'ai vu! Je l'ai vu dans la rue!

CLAIRE Qui? [...]

SIMONE Lui! **Celui** qui me rendait visite!

Laquelle de ces femmes a la bague d'Alexis? Claire, Abia ou Simone?

1. In the left caption, what / who does **celui** refer to? What does **celui** mean?
2. In the right caption, what does **laquelle** mean?

MINDTAP **Préparation**

Go to **Préparation pour Grammaire 3** to review demonstrative pronouns.

Les pronoms démonstratifs

- The demonstrative pronouns **celui** *(m. sing.)*, **ceux** *(m. pl.)*, **celle** *(f. sing.)*, and **celles** *(f. pl.)* agree in number and gender with the nouns they replace. They are used to point something out or to indicate a preference.

  Les défis? **Ceux** d'Anne sont plus faciles.
  Challenges? Those of Anne's are easier.

  Les méthodes de régime? Je préfère **celle** d'Atkins.
  Dieting methods? I prefer (that of) Atkins.

- You may add **-ci** *(this one, these)* and **-là** *(that one, those)* to demonstrative pronouns to distinguish between someone / something that is closer (**celui-ci**) or farther (**celui-là**).

  J'ai besoin d'un livre sur la santé. Je prends **celui-ci** ou **celui-là**?
  I need a book on health. Should I take this one or that one?

- **Celui-là** and **celle-là** may have a pejorative meaning when referring to a person.

  Mme Saxton? Elle est incroyable, **celle-là**!
  Mrs. Saxton? She's unbelievable, that one!
  Il croit qu'il est un don de Dieu, **celui-là**!
  He believes he is a gift from God, that one!

- A form of **celui** may also be followed by a relative pronoun.

  De tous mes professeurs, je préfère **ceux qui** sont exigeants mais justes.
  Of all my professors, I prefer those who are challenging but fair.

  Tu parles des solutions? Malheureusement, **celle dont** j'ai besoin n'existe pas.
  You are talking about solutions? Unfortunately, the one that I need does not exist.

- **Ceci** *(this)* and **cela (ça)** *(that)* are demonstrative pronouns that do not refer to any noun in particular, but to a concept or idea. **Ceci** typically refers to something that is about to be said while **cela** typically refers to something that has already been said. **Ça** is typically used in informal speech while **cela** is more formal and literary.

  Il n'a pas dit **cela.** Il a dit **ceci:** Je t'aime. — *He didn't say that, he said this: I love you.*

  Il a vraiment dit **ça**? — *He really said that?*

Le pronom *lequel*

- The pronoun **lequel** means *which.* The different forms of **lequel** may be used as interrogative pronouns and must agree with the nouns they replace.

	Masculine	Feminine
Singular	lequel	laquelle
Plural	lesquels	lesquelles

  Lequel de ces hommes pourrait être l'agresseur? L'avocat, André ou quelqu'un d'autre?
  Which of these men could be the attacker? The lawyer, André or someone else?

  Lesquelles de ces voitures sont meilleures? Les voitures françaises ou les voitures japonaises?
  Which of these cars are better? The French cars or the Japanese cars?

- **Lequel** is a relative pronoun when it is used to represent the object of a preposition.

  J'ai un couteau **avec lequel** tu peux ouvrir la boîte.
  I have a knife with which you can open the box.

  C'est la raison **pour laquelle** je t'aime.
  This is why (the reason for which) I love you.

- The forms of **lequel** must contract with the prepositions **à** and **de.**

  à: auquel, à laquelle, auxquels, auxquelles — **de:** duquel, de laquelle, desquels, desquelles

  C'est le lac au bord **duquel** je me baigne. — *This is the shore of the lake in which I swim.*

- **Lequel** does not refer to people. Use **qui** with a preposition if the object of the preposition is a person.

  Peux-tu me dire **de qui** tu parles? — *Can you tell me whom you are talking about?*

COIN CULTUREL

Pascal Le Segretain/WireImage/Getty Images

À l'âge de 26 ans, le cinéaste québécois Xavier Dolan avait déjà réalisé cinq films. Dans son film *Mommy*, qui a gagné le Prix du jury au Festival de Cannes, une mère et son fils en difficulté doivent apprendre à se faire confiance. Cherchez la bande-annonce *(trailer)* du film sur Internet.

A Avez-vous confiance en ces produits?

Étape 1. Complétez chaque question et chaque réponse avec le pronom approprié.

1. —(Laquelle / Lesquelles) de ces bottes sont de meilleure qualité?
   —(Celle / Celles) du Canada.
2. —(Laquelle / Lesquelles) de ces voitures est plus solide?
   —(Celle / Celles) d'Allemagne?
3. —(Lesquels / Lesquelles) de ces ordinateurs dureront plus longtemps?
   —(Celui / Ceux) du Japon.
4. —(Laquelle / Lesquelles) de ces montres sont plus fiables?
   —(Celle / Celles) de Suisse.
5. —(Lequel / Lesquels) de ces vins est meilleur?
   —(Celui / Ceux) de France.

Étape 2. Êtes-vous d'accord avec chaque réponse de l'Étape 1? Si non, expliquez pourquoi.

Modèle: **Les bottes du Canada ne sont pas de meilleure qualité. À mon avis, celles de France sont mieux.**

B Les marques et la confiance

Quelles marques sont dignes de confiance? Discutez de cette question avec deux autres personnes.

Modèle: les pneus *(tires)*: **Je préfère ceux de chez *Canadian Tire*.**

1. les ordinateurs
2. le dentifrice *(toothpaste)*
3. les téléphones portables
4. les téléviseurs
5. le savon
6. les voitures

C Quiz culture

Étape 1. Complétez chaque question avec une forme du pronom **lequel.** Ensuite, répondez aux questions avec un(e) partenaire.

1. ____________ de ces chanteuses chante *Tant qu'il y aura des enfants*? Céline Dion ou Marjo?
2. ____________ de ces pays font partie de la Francophonie? Le Maroc et la Tunisie ou la Chine et la Russie?
3. ____________ de ces chanteurs est du Québec? Francis Cabrel ou Richard Séguin?
4. ____________ de ces étiquettes est plus appréciée? L'étiquette «Origine France Garantie» ou l'étiquette «Made in USA»?
5. ____________ de ces îles fait partie des Antilles? L'île d'Orléans ou la Martinique?

Étape 2. Écrivez quatre questions à propos de votre ville et posez-les à votre partenaire.

Modèle: **Laquelle de ces librairies a les meilleurs prix pour les livres? Barnes & Noble ou Half Price Books?**

D Un paranoïaque Kofi, l'oncle d'Abia manque de confiance en lui et a peur de tout. Complétez sa conversation avec Abia avec un des pronoms suivants.

à laquelle	ça	cela	celui-là
auquel	ceci	celui-ci	duquel

Kofi: Je ne vais pas souvent au parc parce que j'ai peur des chiens.

Abia: (1) ____________ as-tu peur? Tu as peur de (2) ____________ ou de (3) ____________?

Kofi: De tous. Peut-on partir maintenant?

Abia: D'accord. On peut aller au café pour prendre quelque chose à boire?

Kofi: (4) ____________ veux-tu aller? Mme Saxton a dit que le café du quartier n'était pas propre.

Abia: Ce n'est pas vrai. Elle n'a pas dit (5) ____________. Elle a dit (6) ____________: «Le Café Maxime n'a pas de thé biologique.» Préfères-tu aller dans une librairie? (7) ____________ préfères-tu aller?

E Quel film? Voici des objets importants utilisés dans des films célèbres. Complétez chaque description avec une préposition et un pronom du lexique. Ensuite, devinez dans quels films ces objets apparaissent *(appear)*. Lesquels de ces films ont des personnages qui sont dignes de confiance?

LEXIQUE

avec lesquels	avec lesquelles	dans laquelle	sur lequel
avec laquelle	dans lequel	dans lesquelles	sur lesquels

1. C'est la grande cape *(cloak)* ________ il est devenu invisible.
2. C'est la grotte ________ habitaient deux super-héros.
3. Ce sont les gants ________ il a étranglé ses victimes.
4. Ce sont les matelas *(mattresses)* ________ une princesse s'est endormie.

F Qui est-ce?

Étape 1. Lisez les phrases suivantes. À votre avis, de qui parle-t-on?

1. Ce sont ceux / celles qui exigent que les étudiants parlent français.
2. C'est celui que les enfants attendent avec impatience à Noël.
3. C'est celui / celle dont les enfants ont peur.
4. Ce sont ceux / celles dont les gens se méfient.
5. C'est celui / celle à qui tout le monde devrait faire confiance.

Étape 2. Avec un(e) partenaire, décrivez trois personnes ou trois groupes de personnes. Pour chaque personne ou groupe de personnes, écrivez trois indices. Utilisez des pronoms démonstratifs.

Modèle: **Je pense à ceux qui sont bleus et qui ont des queues *(tails)*. Ce sont ceux qui peuvent voler. Ce sont ceux qui font peur aux enfants dans *Le Magicien d'Oz*.**

Étape 3. Lisez vos indices à deux camarades de classe. Vos camarades de classe vont essayer de deviner qui vos indices décrivent.

[1] http://presence-info.ca/article/musique/mario-pelchat-chante-sa-foi-avec-audace

Encore une mélodie

THE CANADIAN PRESS IMAGES/Denis Beaumont

Avec plus de 20 albums et lauréat de plusieurs prix *Félix,* Mario Pelchat est un chanteur québécois qui est fier de son patrimoine religieux.[1] Il n'a pas peur d'afficher sa foi *(faith)*. La confiance et les croyances sont souvent des thèmes dans ses chansons telles que sa chanson *Croire.* Son album *Agnus Dei,* réalisé avec huit prêtres de la région de Québec, est un témoignage de sa foi. Cherchez les paroles de la chanson *Croire* de Mario Pelchat sur Internet. D'après la chanson, à quoi devrait-on croire?

Journal de bord

Résumez en quelques phrases ce que vous avez appris dans la Partie 3 du Chapitre 8. Suggestions: Qu'avez-vous appris à propos des lectures culturelles? Quelles marques sont dignes de confiance selon vos camarades de classe?

DEUXIÈME PROJECTION

ENCORE SÉQUENCE 4 : Une révélation

A Avant de visionner

Étape 1. Un film se compose normalement de différents types de plans. Un **plan** (*framing* ou *shot* en anglais) est la façon dont les acteurs et les objets sont encadrés *(framed)*. La taille et le placement des sujets dans un plan peuvent influencer l'interprétation d'un film. Voici les descriptions de quelques plans typiques au cinéma. Lisez-les bien.

Le plan d'ensemble: La caméra est assez loin des personnages afin de pouvoir montrer les personnages dans l'ensemble du décor. Ce plan signale souvent que le décor est aussi important que les personnages.

Le plan américain: Ce plan encadre les personnages à mi-cuisses *(thigh)*. C'est un plan très utilisé dans les scènes de conversation entre les personnages.

Le plan rapproché: Ce plan encadre les personnages à la taille, à la poitrine ou à l'épaule. On peut bien discerner les gestes et les émotions de l'acteur. Le spectateur se projette de plus en plus dans les sentiments du personnage.

Le gros plan: Le sujet remplit *(fills)* entièrement l'écran. On utilise ce plan pour mettre en avant les sentiments d'un personnage ou pour mettre l'accent sur un objet qui joue un rôle d'importance dans l'histoire, souvent symbolique.

Le très gros plan: C'est une variation du gros plan dans lequel on cadre un seul détail (les yeux, la bouche, le nez, etc.) pour attirer l'attention sur un objet très significatif pour l'intrigue. On observe souvent ce type de plan dans les films d'horreur.

Étape 2. Voici quelques arrêts sur image *(film stills)* des trois premières séquences du film *Encore*. Identifiez le type de plan utilisé pour chaque photo suivante.

1.

2.

3.

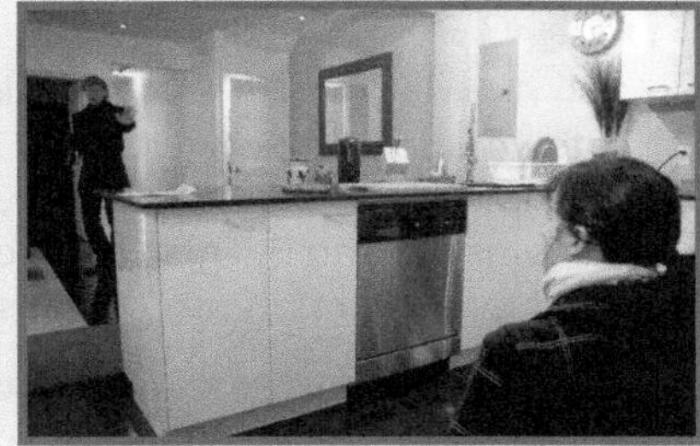

4.

B **Regardez la séquence** Regardez encore une fois la Séquence 4 du film *Encore*. Faites attention aux différents types de plans utilisés dans la séquence.

C **Les plans dans la Séquence 4** Discutez des questions suivantes avec un(e) partenaire.

1. Dans la scène à l'hôpital, Claire ne fait pas confiance à André. Plus tard dans son appartement, on a l'impression qu'elle commence à avoir plus confiance en lui. Quel(s) plan(s) est-ce que le réalisateur *(director)* utilise pour montrer cette transition dans ses émotions?
2. Dans cette séquence, le réalisateur focalise sur une théière *(tea pot)* par terre *(on the floor)* et une bouilloire *(tea kettle)* dans la cuisine de Claire avec de gros et de très gros plans. À votre avis, pourquoi se sert-il de gros plans pour montrer ces objets?
3. Dans cette séquence, le réalisateur se sert de gros plans pour focaliser sur deux autres objets. Quels sont ces deux objets? Pourquoi se sert-il de gros plans pour montrer ces objets?

Encore: La culture dans le film

Guillaume Dolmans: avocat, mannequin et acteur

Guillaume Dolmans incarne la polyvalence *(versitality)*. Avant de jouer le rôle d'Alexis Prévost et d'André Laurent dans *Liaisons* et *Encore,* il était d'abord avocat à Bruxelles. Avec ses premiers contrats de mannequin et puis des rôles dans des téléséries, il s'est tourné rapidement vers le monde artistique: «Le métier d'acteur m'a tout de suite plu. J'adore l'adrénaline de ce métier!»[1] L'acteur belge est probablement le plus connu pour son rôle dans la publicité *Heineken the date* et son rôle comme chauffeur-interviewer dans *Road to Roland-Garros.* Regardez cette publicité et cette émission avec Guillaume sur Internet.

[1] https://www.journaldesfemmes.fr/loisirs/auto/1021675-guillaume-dolmans-road-to-roland-garros/

SYNTHÈSE

OUI, JE PEUX!

Look at these "can-do statements" and rate yourself on how well you think you can perform these tasks in French. Then, with a partner, carry out the statements by doing Activities A and B. This will allow you to verify your abilities and to see how accurate your self-assessment was.

1. **"I can talk about someone I trust implicitly and explain why I trust this person by talking about some of the things that this person does and/or does not do."**

   I can perform this function

   ☐ with ease

   ☐ with some difficulty

   ☐ not at all

2. **"I can talk about two things I will do and two things that I will not do that will allow me to have a bright future."**

   I can perform this function

   ☐ with ease

   ☐ with some difficulty

   ☐ not at all

A J'ai confiance en lui/elle

Étape 1. Pensez à une personne en qui vous avez entièrement confiance. Pourquoi avez-vous confiance en cette personne? Dressez une liste des choses que cette personne fait et/ou que cette personne ne fait jamais qui la rendent digne de confiance.

Étape 2. Parlez de la personne que vous avez choisie avec votre partenaire. Expliquez pourquoi vous avez confiance en cette personne.

Étape 3. Avez-vous bien réussi cette activité ou avez-vous eu des difficultés avec cette tâche *(task)*? Si oui, quelles étaient vos difficultés?

Voilà comment Robert, le gérant de l'hôtel, répond: «La personne en qui j'ai entièrement confiance est ma mère. Mère célibataire, elle a tout fait pour me donner une bonne éducation et le meilleur avenir possible. C'est une femme d'une honnêteté sans reproche sur qui tout le monde peut compter. Je me souviens de mon enfance quand elle devait travailler tard chaque soir pour que nous puissions habiter dans un meilleur quartier. C'est une femme fiable et je n'ai jamais remis en question son amour pour moi. Je n'ai aucun doute qu'elle donnera sa vie pour me protéger.»

B Pour un bel avenir

Étape 1. Dressez une liste des choses qu'on devrait faire afin d'avoir un bel avenir. Ensuite, dressez une liste des choses qu'on ne devrait pas faire si on veut avoir un bel avenir.

Étape 2. Dites à un(e) partenaire deux choses que vous ferez et deux choses que vous ne ferez jamais afin d'avoir un bel avenir.

Étape 3. Avez-vous bien réussi cette activité ou avez-vous eu des difficultés avec cette tâche *(task)*? Si oui, quelles étaient vos difficultés?

Activité DU FILM

Quelques scènes du film *Encore*

Vous souvenez-vous de ces répliques du film *Encore*? Complétez chaque réplique avec le mot approprié et mettez chaque verbe au futur proche ou au futur simple selon le contexte. Ensuite, identifiez qui a dit chaque réplique.

1. Ne soyez pas triste, Claire. On ____________ (se revoir) un jour.
2. On ___ (voir). Il est question de beaucoup d'argent. La famille _______ (contester) votre réclamation.
3. Ne dis pas __ (ça / celle-ci). Tu es ma mère. Bien sûr que tu _____ (venir) habiter avec moi.
4. Ce n'est ____________ (personne / rien). Je voulais faire un accueil chaleureux à Simone.
5. Je l'ai vu! … Lui! ____________ (Celle / Celui) qui me rendait visite!
6. Il n'y a ____________ (personne / rien), Maman.
7. Me protéger? De quoi? De ____________ (lequel / qui)?
8. Vous êtes donc au courant. ____________ (Laquelle / Rien) ne me surprend ____________ (nulle part / plus).

Et vous? D'après vous, quels personnages sont dignes de confiance dans le film?

Un pas vers LA LECTURE

Le contrat de mariage (extrait)

de Honoré de Balzac

Library of Congress Prints and Photographs Division Washington,

À DÉCOUVRIR:
Honoré de Balzac

Nationalité: française
Naissance: le 20 mai 1799
Décès: le 18 août 1850
Professions: romancier, dramaturge, journaliste, critique littéraire
Domaines: les œuvres historico-politiques, philosophiques, réalistes et psychologiques

Avant de lire

Vous allez lire un extrait du roman de Honoré de Balzac *Le contrat de mariage* (1835) et discuter de vos réactions à ce texte. Vous allez aussi découvrir l'importance du mariage au XIXe siècle.

Prélude Dans ce roman, Balzac voulait montrer le rôle que joue l'argent dans la vie et la société. Lisez ce petit texte et puis répondez à la question.

Ennuyé par sa vie dans la grande société à Paris, le jeune comte *(count)* Paul de Manerville, retourne dans sa province natale avec l'idée de se marier. Il fait la connaissance de la ravissante Natalie Évangélista, la fille d'un riche banquier maintenant décédé. Il tombe amoureux d'elle et lui demande sa main en mariage. Toute ravie, la mère de Natalie commence à comploter *(to scheme, to plot)* avec sa fille contre Paul. Elle a dépensé l'héritage de sa fille et veut maintenant flouer *(to swindle)* Paul pour continuer à vivre une vie de luxe. Naïf et plein d'illusions, Paul ne soupçonne pas du tout sa future belle-mère et ne sait rien de la fortune décroissante *(decreasing)* de Natalie.

Au XIXe siècle, le mariage était un arrangement financier plutôt qu'un acte d'amour. La scène de l'extrait se déroule bien avant le mariage de Paul et Natalie et avant qu'ils signent leur contrat de mariage dans lequel figuraient les différentes choses acquises par chacun avant le mariage. Les deux notaires (qui ne sont pas d'accord) sont en train de négocier les détails pour protéger les deux parties en cas de nécessité.

- À votre avis, quelles étaient (probablement) les conditions typiques d'un contrat de mariage à l'époque de Balzac? Et aujourd'hui?

OUTILS DE LECTURE
Visualizing what you read
Every so often as you read, pause and close your eyes. Try to visualize what you are reading. Visualizing the action, settings, characters' behaviors and dialogues, as if you were watching a film or play in your mind, may help you better follow the text.

Un pas vers LA LECTURE

Le contrat de mariage

de Honoré de Balzac

Madame Évangélista invite Paul de Manerville à se rendre chez elle pour venir lui demander la main de sa fille, Natalie, en mariage. Pendant que le jeune couple s'entretient° avec Mme Évangélista sur leur vie future, Maître Solonet (notaire des Évangélista) et Maître Mathias (notaire de Paul de Manerville) négocient sur le type de contrat de mariage des futurs mariés.

(Solonet)—Mon cher maître, dit Solonet à Mathias, l'acte restera dans votre étude, je sais tout ce que je dois à mon ancien. Mathias salua gravement.

(Solonet)—Mais, reprit Solonet en dépliant° un projet d'acte inutile qu'il avait fait brouillonner° par un clerc, comme nous sommes la partie opprimée°, que nous sommes la fille, j'ai rédigé° le contrat pour vous en éviter la peine. Nous nous marions avec nos droits sous le régime de la communauté; donation générale de nos biens l'un à l'autre en cas de mort sans héritier, sinon donation d'un quart en usufruit° et d'un quart en nue propriété°; la somme mise dans la communauté sera du quart des apports respectifs; le survivant garde le mobilier° sans être tenu de faire inventaire. Tout est simple comme bonjour.

(Mathias)—Ta, ta, ta, ta, dit Mathias, je ne fais pas les affaires comme on chante une ariette°. Quels sont vos droits?

(Solonet)—Quels sont les vôtres? dit Solonet.

(Mathias)—Notre dot à nous, dit Mathias, est la terre de Lanstrac, du produit de vingt-trois mille livres de rentes° en sac, sans compter les redevances en nature°. Item, les fermes du Grassol et du Guadet, valant chacune trois mille six cents livres de rentes. Item, le clos° de Belle-Rose, rapportant année commune seize mille livres; total quarante-six mille deux cents francs de rente. Item, un hôtel patrimonial° à Bordeaux, imposé à neuf cents francs. Item, une belle maison entre cour et jardin, sise à° Paris, rue de la Pépinière, imposée à quinze cents francs. Ces propriétés, dont les titres sont chez moi, proviennent de la succession de nos père et mère, excepté la maison de Paris, laquelle est un de nos acquêts°. Nous avons également à compter le mobilier de nos deux maisons et celui du château de Lanstrac, estimés quatre cent cinquante mille francs. Voilà la table, la nappe et le premier service. Qu'apportez-vous pour le second service pour le dessert?

(Solonet)—Nos droits, dit Solonet.

(Mathias)—Spécifiez-les, mon cher maître, reprit Mathias. [...] Bref, montrez-nous un compte de tutelle°, et dites-nous ce que vous donne ou vous assure votre mère.

(Solonet)—Monsieur le comte de Manerville aime-t-il Mademoiselle Évangélista?

(Mathias)—Il en veut faire sa femme, si toutes les convenances se rencontrent, dit le vieux notaire. Je ne suis pas un enfant, il s'agit ici de nos affaires, et non de nos sentiments.

(Solonet)—L'affaire est manquée si vous n'avez pas les sentiments généreux. Voici pourquoi, reprit Solonet. Nous n'avons pas fait inventaire après la mort de notre mari, nous étions espagnole, créole, et nous ne connaissions pas les lois françaises. D'ailleurs, nous étions trop douloureusement affectées pour songer à de misérables formalités que remplissent les cœurs froids. [...]

(Mathias)—Ne me dites donc pas de niaiseries°. Il existe des moyens de contrôle. Quels droits de succession avez-vous payés au domaine? Le chiffre nous suffira pour établir les comptes. Allez donc droit au fait. Dites-nous franchement ce qu'il vous revenait et ce qui vous reste. Hé! Bien, si nous sommes trop amoureux, nous verrons.

(Mathias)—Si vous nous épousez pour de l'argent, allez vous promener. [...]

s'entretient *talks* **dépliant** *unfolding* **brouillonner** *(roughly) drafted* **opprimée** *oppressed* **ai rédigé** *wrote* **en usufruit** *in usufruct (the use of an asset by a person other than the person who owns the property)* **en nue propriété** *bare ownership* **le mobilier** *furniture* **une ariette** *melody* **livres de rentes** *pounds of revenue* **les redevances en nature** *royalties in kind* **le clos** *cultivated land, vineyard* **un hôtel patrimonial** *inherited residence* **sise à** *based in* **acquêts** *acquisitions* **un compte de tutelle** *guardianship account* **niaiseries** *nonsense*

Source: Honoré de Balzac, *Le contrat de mariage*, 1835

Après avoir lu

A Comparaisons interpersonnelles et interculturelles Répondez aux questions suivantes.

1. Voulez-vous vous marier pour l'amour ou pour l'argent (si vous avez envie de vous marier un jour)? Est-ce qu'il faut se marier pour l'amour ou pour l'argent aujourd'hui, à votre avis?
2. Si vous étiez en train de préparer un contrat de mariage, quels biens personnels voudriez-vous protéger de votre futur(e) époux (épouse) en cas de divorce, par exemple?
3. Le contrat de mariage est l'équivalent du contrat prénuptial. Quelles sont quelques raisons principales pour lesquelles un couple prépare un contrat de mariage dans votre culture?

B Compréhension et interprétation Répondez aux questions suivantes.

1. Est-ce que Maître Mathias, le notaire de Paul, accepte la proposition de contrat sous le régime de la communauté de Maître Solonet, le notaire de Natalie?
2. Comment Maître Solonet explique-t-il qu'il n'a pas d'inventaire du patrimoine?
3. Quelle est la réponse de Maître Mathias quand Maître Solonet lui demande si «Monsieur le comte de Manerville aime Mademoiselle Évangélista»?
4. À la fin, Maître Mathias dit: «Si vous nous épousez pour de l'argent, allez vous promener.» Qu'est-ce que cela implique par rapport à la dot de Natalie?

Un pas vers L'ÉCRITURE

Une scène d'émission de télé

Les émissions de télévision—surtout les feuilletons *(soap operas)* et celles de télé-réalité—tournent souvent autour du thème de la confiance. Tout comme nous avons vu dans la scène du *Contrat de mariage* de Balzac, les émissions de télévision montrent souvent aussi ce que les gens font pour briser ou trahir la confiance de quelqu'un et/ou pour regagner celle-ci une fois brisée ou trahie. Vous allez maintenant écrire une scène d'une émission de télévision dans laquelle la confiance est le thème principal.

Préparation avant d'écrire

Étape 1. Toutes les bonnes émissions de télévision semblent toujours présenter une situation dramatique *(dramatic moment)* captivante. Quelles sont quelques causes à l'origine des situations dramatiques des émissions de télévision? Faites-en une petite liste. (Deux idées vous sont déjà présentées.)

1. **un échange d'émotions vives**
2. **une complication importante**
3. ______________________________
4. ______________________________
5. ______________________________
6. ______________________________

Étape 2. Répondez aux questions suivantes.

1. Quel genre d'émission de télé voulez-vous écrire: un feuilleton, une émission de télé-réalité, autre chose?
2. Quelles sont vos idées pour les détails de la scène (le nombre de personnages, le lieu où l'action se déroule *[unfolds, takes place]*, l'heure de la journée ou de la soirée, etc.)?
3. Quel(s) ton(s) voulez-vous établir dans votre scène?
4. Voulez-vous incorporer une des situations dramatiques spécifiques de l'Étape 1 ou une autre? Comment voyez-vous le dénouement (ou la résolution) de cette situation dramatique? Qu'est-ce qui arrivera ensuite?

Écrire

Écrivez votre **scène d'émission de télé** d'entre 150 et 300 mots sur le thème de la confiance en consultant vos réponses aux questions de l'Étape 2 de l'activité Préparation avant d'écrire.

RÉSUMÉ DE VOCABULAIRE

PARTIE 1

Les noms

un(e) agent(e) de sécurité *security guard*
l'armée *(f.) the military*
une banque *bank*
un chef d'État *head of state*
un code d'honneur *code of honor*
la confiance *confidence, trust*
un contrat *contract*
un(e) enseignant(e) *teacher, instructor*
les figures *(f. pl.)* **d'autorité** *authority figures*
un gouverneur *governor*
un homme / une femme politique *politician*
les institutions *(f. pl.)* **de puissance** *authority institutions*
la loi *law*
un maire *mayor*
la mairie *city hall*
une nounou *nanny*
un portique de sécurité *security scanner*
un religieux *clergyman, priest*
la religion *religion*
un sapeur-pompier / une femme sapeur-pompier *firefighter*
la sécurité nationale *national security*
une situation de supériorité *position / situation of superiority*
un tribunal *court*
une violation de la sécurité *breach of security*
un vol *theft*
le vol d'identité *identity theft*

Les verbes

avoir confiance (dans / en) *to trust, to have faith / confidence (in)*
briser *to break, to shatter*
être digne de confiance *to be trustworthy*
maintenir *to maintain, to keep*
profiter (de) *to take advantage (of)*
remettre en question *to call into question, to challenge*
soupçonner *to suspect*
tricher *to cheat*
violer *to violate*
voler *to steal*

Divers

aussitôt que *as soon as*
dès que *as soon as*
lorsque *when*
tant que *as long as*

PARTIE 2

Les noms

un(e) aide *caregiver*
un chauffeur *driver*
les conjoint(e)s *spouses*
un dépanneur *repairman*
un entraîneur *trainer, coach*
une femme de chambre *cleaning lady, room attendant*
une femme de ménage *cleaning lady, cleaner*
une garantie *guarantee, warranty*
un(e) gardien(ne) d'animaux *pet sitter*
à domicile *house sitter*
un homme à tout faire *handyman*
un(e) inconnu(e) *stranger, unfamiliar person*
un(e) mécanicien(ne) *mechanic*
la méfiance *distrust, suspicion*
un (petit) mensonge *(white) lie*
une promesse *promise*
une relation *relationship*
le respect *respect*
la trahison *betrayal*

Les verbes

avoir du mal (à) *to have difficulty / trouble*
gagner *to earn, to win, to gain*
garantir *to guarantee*
mentir *to lie*
mériter *to deserve, to merit, to earn*
nécessiter *to require, to call for*
obtenir *to obtain, to get*
promettre *to promise*
protéger *to protect*
renouer *to renew, to restore*
sauver *to save*
s'en sortir *to cope, to get through*
tenir *to keep, to hold*

Les adjectifs

entier / entière *complete, entire*
fiable *reliable, dependable*
(mal)honnête *(dis)honest*
mutuel(le) *mutual*

Les expressions de négation

ne… aucun(e) *none, not any*
ne… guère *hardly, scarcely*
ne… ni… ni *neither . . . nor*
ne… nulle part *nowhere, not anywhere*
ne… pas du tout *not at all*
ne… pas encore *not yet*
ne… personne *no one, not anyone*
ne… plus *no more, not anymore*
ne… que *only*
ne… rien *nothing, not anything*

PARTIE 3

Les pronoms

celui *(m.) this one, that one*
ceux *(m. pl.) these (ones), those (ones)*
celle *(f.) this one, that one*
celles *(f. pl.) these (ones), those (ones)*
lequel *(m.) which*
lesquels *(m. pl.) which*
laquelle *(f.) which*
lesquelles *(f. pl.) which*

PREMIÈRES IMPRESSIONS

Par qui ou par quoi êtes-vous attiré(e)? Discutez de cette question avec vos camarades de classe.

CHAPITRE 9

Les **attraits**

Objectifs

- *Identify and analyze what attracts us*
- *Express hypothetical events in the past*

Culture

- Les grandes villes et leurs attractions
- La beauté dans le monde francophone
- Quelques attraits *(attractions)* du monde francophone

Grammaire

1 *Indefinite adjectives and pronouns*
2 *Prepositions with infinitives*
3 *The past conditional;* ***si*** *clauses*

Un pas vers la lecture

L'Avare (extrait de l'Acte I, Scène 2) de Molière

Un pas vers l'écriture

Une publicité de radio ou de télé

You will also watch **SÉQUENCE 5: L'explication** of the film *Encore*.

UN APERÇU SUR LE FILM

Que pensez-vous? Avec un(e) partenaire, regardez la photo et répondez aux questions suivantes.

1. Où se trouve Claire? Est-elle chez elle ou à l'hôtel?
2. Qu'est-ce qu'elle a dans la main? C'est un téléphone portable? C'est une tasse avec une boisson? C'est quelque chose d'autre?
3. Comment décririez-vous son expression? Est-elle contente? Triste? A-t-elle peur? Faim?

PARTIE 1 VOCABULAIRE 1

Réflexion culturelle

Les grandes villes et leurs attractions

Shchipkova Elena/Shutterstock.com

Pourquoi certaines villes francophones ont-elles la réputation d'être très **attirantes**? Est-ce pour leurs sites historiques importants, leur vie nocturne (c'est-à-dire les choses à faire le soir), leurs parcs et jolies promenades au bord de l'eau; ou peut-être leurs restaurants? Quels trésors cachent-elles ou bien montrent-elles? Paris, capitale **gastronomique,** offre le plus grand nombre de restaurants trois étoiles en France. Le Louvre, le plus grand musée au monde, illustre bien l'importance de la culture. Riche en **patrimoine historique,** Paris est une des villes les plus visitées du monde, avec 16,9 millions de touristes en 2018 (comparé à 21 millions à Londres et 9,7 millions à Rome la même année).[1]

Montréal, avec 11,1 millions de touristes en 2017[2], reflète le vieux et le moderne. Au cœur du **quartier** historique du Vieux-Montréal et du Vieux-Port se trouvent les fortifications de la vieille ville. Ce quartier très agréable, en constante évolution, attire aussi bien les Montréalais que les visiteurs. C'est aussi une métropole culturelle importante, **grâce aux** nombreux **spectacles** et expositions accueillis.

Genève, deuxième ville suisse la plus peuplée après Zurich, est située sur le lac Léman, qui sépare la Suisse de la France. Au milieu du lac se distingue son symbolique jet d'eau°, haut de 140 mètres. Dès le XVIe siècle, Genève a attiré de par sa position géographique ralliant° le nord et le sud de l'Europe, si bien que la ville est devenue rapidement un centre économique important.

Dakar, capitale du Sénégal, est un riche carrefour de civilisations. Les Peuls, Wolofs et Toucouleurs, dont la réputation est d'être **chaleureux** et accueillants, ont l'habitude de partager facilement leur culture et leur **cuisine de terroir** avec les visiteurs. Dakar offre de nombreux kilomètres de plages **ensoleillées** toute l'année qui en font une destination touristique attirante. Non loin de là se trouvent des **sites naturels** avec notamment des parcs et des **réserves naturelles,** et une **forêt tropicale.**

[1] https://www.cnn.com/travel/article/most-visited-cities-euromonitor-2018/index.html

[2] https://www.newswire.ca/news-releases/record-breaking-results-in-2017---tourism-spending-injects-4-billion-into-the-montreal-economy-in-2017-675967293.html

jet d'eau *fountain* **ralliant** *joining, uniting*

Vocabulaire du texte

une attraction *attraction*
la cuisine de terroir *local foods*
une forêt tropicale *tropical forest*
le patrimoine historique *historical heritage*
un quartier *neighborhood*
une réserve naturelle *nature preserve*
un site naturel *natural site*

un spectacle *show, performance*

attirant(e) *attractive*
chaleureux / chaleureuse *warm*
ensoleillé(e) *sunny*
gastronomique *gastronomic, gourmet*

grâce à *thanks to*

Vocabulaire complémentaire

un centre commercial *shopping center*
un chalet *cabin, cottage*
une chambre d'hôtes *bed and breakfast*
un gratte-ciel *skyscraper*
un hébergement *accommodation, lodging*
un stade *stadium*
un théâtre *theater*
une tour *tower*

un fleuve *river*
une fontaine *fountain*
une île *island*
un jardin (botanique) *(botanical) garden*
un marché en plein air *outdoor market*

un pont *bridge*
un vignoble *vineyard*
un zoo *zoo*

la gastronomie *gastronomy*
une particularité *defining feature*
une statue *statue*

être attiré(e) par *to be attracted to*
être de passage (en / au / à) *to be passing through*
faire une croisière *to take a cruise*
faire une excursion *to make a journey, to do an excursion*
faire une randonnée *to go hiking*

Note de vocabulaire
Chaleureux is only used to describe people. To say that a place is warm, use: **un endroit au climat ensoleillé.**

Avez-vous compris? Répondez aux questions suivantes.

1. Quelle est une particularité attirante de Paris?
2. Donnez une particularité du Vieux-Montréal.
3. Géographiquement et économiquement, comment Genève est-elle située?
4. Pourquoi Dakar est-elle une destination attirante?

À votre avis Quand vous choisissez une destination de voyage, quelles sont les choses qui vous attirent?

PARTIE 1 VOCABULAIRE 1

A Où va-t-on? Chaque année les touristes internationaux visitent le monde entier car ils sont attirés par des sites bien connus. Desquels avez-vous déjà entendu parler?

Étape 1. Où, dans le monde, devrait-on aller pour voir chaque genre d'attractions suivant?

1. une réserve naturelle
2. un quartier historique
3. un gratte-ciel magnifique
4. un zoo superbe
5. une statue célèbre
6. un vignoble renommé
7. un beau théâtre
8. un site naturel
9. un joli parc
10. un stade impressionnant
11. un jardin botanique
12. un hôtel splendide

Étape 2. Par petits groupes, discutez ensemble de vos réponses de l'Étape 1. Découvrez si quelqu'un a déjà visité certains de ces sites ou bien voudrait les visiter.

Note de vocabulaire

You already know that **tout le monde** means *everybody* or *everyone,* but **du monde** means *people.* It's a synonym of **des gens.**

B Qu'est-ce qu'on y fait? Les villes et la campagne attirent du monde pour diverses raisons, par exemple les traditions culturelles, les loisirs ou encore les activités sportives, artistiques ou spirituelles.

Étape 1. Indiquez ce qu'on fait typiquement dans chaque endroit suivant.

a. faire une croisière
b. faire une excursion
c. faire une randonnée
d. faire une visite (guidée)
e. faire une promenade
f. faire de la peinture
g. faire un vœu *(wish)*
h. faire du bateau
i. faire du shopping
j. aller à la pêche
k. prendre des photos
l. écrire des poèmes

1. sur ou près d'un lac
2. dans un musée
3. dans une boutique
4. dans ou devant un monument
5. dans une forêt tropicale
6. devant une fontaine
7. sur un fleuve
8. près d'un pont
9. au centre commercial
10. dans un château
11. au marché en plein air
12. sur une île

Étape 2. Comparez vos réponses avec celles d'un(e) partenaire. Pour tous les numéros qui ont la même réponse, demandez s'il / si elle a jamais fait ces activités et des détails.

Modèle: É1: **Est-ce que tu as jamais fait une croisière sur un fleuve?**
É2: **Oui, une fois avec ma famille nous avons fait une croisière sur le fleuve St-Laurent.**
É1: **Ah oui, comment c'était? Qu'est-ce que tu as vu? / Qu'est-ce que vous avez fait ensemble? / Est-ce que c'était intéressant?**

COIN CULTUREL

DEGAS Jean-Pierre / hemis.fr/Getty Images

Mayotte est située au nord-ouest de l'île de Madagascar, dans l'océan Indien. Cette île de l'archipel des îles Comores, est la région de la France d'outre-mer *(overseas)* avec la plus forte densité de population. Ses attractions principales sont les randonnées et la plongée, et les activités touristiques y sont bon marché en général.

C Les attractions dans le monde francophone Quelles attractions spécifiques (ex. **la Tour Eiffel**) ou générales (ex. **la gastronomie**) attirent du monde dans ces pays ou régions francophones?

1. la France
2. le Québec
3. la Suisse
4. le Maroc
5. le Sénégal
6. le Viêt-Nam
7. la Polynésie française
8. l'île de Madagascar
9. la Martinique

D Pour quel genre d'hébergement êtes-vous fait(e)s?

Étape 1. Posez les questions suivantes à un(e) partenaire. Notez ses réponses et aussi les vôtres afin de déterminer pour quel genre d'hébergement vous êtes fait(e)s.

1. Est-ce qu'un accueil chaleureux et personnel est important?
2. Est-ce que l'architecture et le décor du bâtiment sont importants?
3. Est-ce que tu veux que la chambre ait du charme?
4. Est-ce que tu voudrais voir un spectacle dans le même bâtiment?
5. Est-ce qu'avoir un restaurant gastronomique à proximité est important?
6. Combien veux-tu payer la nuit?
7. Quelles activités dans l'hébergement ou près de l'hébergement voudrais-tu faire?
8. Quelles autres caractéristiques de l'hébergement sont importantes pour toi quand tu voyages?

Étape 2. Lisez toutes les réponses de l'Étape 1. Pour quel genre d'hébergement votre partenaire et vous semblez-vous être fait(e)s? Pourquoi? Avez-vous des suggestions pour lui/elle?

☐ le canapé chez un(e) ami(e)	☐ un chalet
☐ une auberge de jeunesse	☐ un hôtel-casino
☐ un hôtel bon marché	☐ un hôtel de luxe
☐ une chambre d'hôtes	☐ d'autres types d'hébergement? ________

E À l'Office de tourisme

Étape 1. Il y a des activités qu'on peut faire quand on est de passage dans une région et d'autres pour lesquelles il vaut mieux passer plus de temps dans la région. Décidez à quelle catégorie ces activités correspondent selon vos goûts et préférences.

	être de passage	passer plus de temps
1. goûter la cuisine de terroir ou voir une exposition en ville	☐	☐
2. faire une randonnée ou du camping à la montagne	☐	☐
3. aller au théâtre ou voir un match au stade	☐	☐
4. faire une excursion dans un site naturel dans la région	☐	☐

Étape 2. Montrez vos réponses de l'Étape 1 à un(e) partenaire pour voir si vous avez les mêmes goûts et préférences. Puis, considérez la ville ou la région de votre université et répondez ensemble à ces questions.

1. Dans votre ville ou région, par quelles activités de l'Étape 1 les gens seraient-ils attirés?
2. Quelles particularités existent dans votre ville ou région?
3. Quels attractions locales ou patrimoines historiques sont populaires ou importants?
4. Où les touristes peuvent-ils loger *(lodge)*, manger, boire, s'amuser, se reposer, etc.?
5. Quels sont d'autres traditions, événements ou aspects culturels de votre ville ou région qui pourraient attirer du monde?

Encore une mélodie

Robert Wagenhoffer

La chanteuse montréalaise Martine St-Clair (1962–) est une incontournable de la chanson québécoise. Découverte en 1980 par Luc Plamondon pour jouer le rôle de Cristal dans la toute première version de l'opéra rock *Starmania,* elle connaîtra une longue carrière florissante au Québec et en France. Elle a vendu plus d'un million d'albums dans sa carrière. L'un de ses plus grands succès est la chanson *Ce soir l'amour est dans tes yeux* (écrite et composée par Claude-Michel Schönberg). La chanson exprime l'amour et l'attirance que partage un couple mais aussi la crainte *(fear)* que cette attirance ne durera pas pour toujours. Cherchez la chanson sur Internet.

PARTIE 1 GRAMMAIRE 1

Les adjectifs et les pronoms indéfinis

DU FILM *ENCORE*

Encore un pas vers la grammaire

Look at these photos from the film *Encore* and their captions.

ANDRÉ J'ai rejeté **toutes** leurs valeurs, le goût pour l'argent, pour la position sociale, tu vois?

ANDRÉ [...] tu m'as dit que tu connaissais Alexis. Or ça fait **plusieurs** années que mon cousin est mort.

CLAIRE Comme je disais, c'est une longue histoire. Demain, je te raconterai **tout,** ok?

1. Is **toutes** in the left caption an indefinite adjective or an indefinite pronoun? Is **tout** in the right caption an indefinite adjective or an indefinite pronoun? What do these words mean?
2. In the right caption, is **plusieurs** an indefinite adjective or an indefinite pronoun? What does this word mean?

MINDTAP Préparation

Go to **Préparation pour Grammaire 1** to review the indefinite adjectives: **certain(e)s, même(s), chaque, quelques, un(e) autre, d'autres, tout(e)(s).**

Indefinite adjectives allow you to refer to people, things, or qualities that are not specified, or to express sameness. Although indefinite adjectives must agree in gender and number with the nouns they modify, some have the same masculine and feminine forms.

Certaines femmes sont toujours attirantes.	*Certain women are always attractive.*
Voulez-vous la **même** tarte?	*Do you want the same tart?*
J'aimerais avoir le **même** gâteau.	*I would like to have the same cake.*

Some indefinite expressions may be used as adjectives or pronouns.

Les adjectifs indéfinis	Les pronoms indéfinis
autre(s) *other*	**d'autres** *(some) others*
d'autres *(some) others*	**l'autre / les autres** *the other(s)*
un(e) autre *another*	**un(e) autre** *another*
certain(e)(s) *certain*	**certain(e)(s) (de)** *certain*
le / la / les même(s) *the same*	**le / la / les même(s)** *the same*
plusieurs *several*	**plusieurs (de)** *several (of)*
tout(e) / tous / toutes (les) *every, all*	**tous / toutes** *all (of them)*
	tout *everything*

Les robes? **Les autres** *(pron.)* sont plus belles.	*The dresses? The others are more beautiful.*
Elle préfère les **autres** *(adj.)* robes.	*She prefers the others dresses.*
Les mannequins? **Toutes** *(pron.)* sont jolies.	*The models? All of them are pretty.*
Toutes *(adj.)* les femmes sont belles.	*All women are beautiful.*
Plusieurs de *(pron.)* ces cravates sont très élégantes.	*Several of these ties are very elegant.*
J'ai **plusieurs** *(adj.)* cravates qui sont très élégantes.	*I have several ties that are very elegant.*

- Some indefinites have different forms when used as adjectives and pronouns.

Adjectifs	**Pronoms**
chaque *(+ noun) each, every*	**chacun / chacune (de)** *each (one) (of)*
quelques *(+ noun) some*	**quelques-uns / quelques-unes (de)** *some, a few (of)*

Il connaît **chaque** femme dans la salle.	*He knows each woman in this room.*
Chacune de ces femmes est attirante.	*Each one of these women is attractive.*
Ces femmes? **Chacune** est intelligente.	*These women? Each one is intelligent.*
J'ai **quelques** chemisiers en soie.	*I have some silk blouses.*
Les chemisiers? **Quelques-uns** sont en coton.	*The blouses? A few of them are cotton.*
Quelques-unes de ces jupes sont très belles.	*A few of these skirts are very beautiful.*

- The indefinite adjective **tel (telle, tels, telles)** means *such / such a* and must agree in number and gender with the noun it modifies.

Comment pourriez-vous aimer une **telle** personne?	*How could you love such a person?*

- Other indefinite pronouns include the following. These pronouns are invariable.

la plupart (de) *most (of them)* **quelque chose** *something* **quelqu'un** *someone*

La plupart de mes amis ne fument pas.	*Most of my friends don't smoke.*

- The masculine form **tout** may be used as a pronoun to mean *all* or *everything.*

Tout va bien maintenant.	*Everything is fine now.*
Tout ça me fait peur.	*All this scares me.*
Qu'est-ce qui est bon sur le menu? J'aime **tout.**	*What's good on the menu? I like everything.*

- Use the pronoun **tous** to refer to a group that includes at least one male or masculine object. Use **toutes** to refer to a group that consists only of females or feminine objects.

Merci à tous!	*Thank you everyone (men only or men and women)!*
Toutes sont très attirantes!	*All of them (only women) are very attractive!*

Note de grammaire
Plusieurs is invariable as an adjective and as a pronoun.

Note de grammaire
Most of the time, **la plupart** signals a plural noun despite its singular article **la,** as in **la plupart (des étudiants) étudient à la bibliothèque.**

Encore une mélodie

La chanson des vieux amants (1967), huitième chanson sur l'album *Jacques Brel 67*, est un classique de l'auteur-compositeur-interprète belge Jacques Brel (1929–1978). La chanson parle d'un couple qui dure à travers le temps malgré les fautes de chacun. Dans un vers, il chante: «Et chaque meuble se souvient», mais de quoi les meubles se souviennent-ils? Trouvez les paroles sur Internet pour le découvrir.

A Les attractions

Étape 1. Des étudiants d'un programme d'immersion parlent des particularités d'une ville pendant une excursion. Complétez les phrases avec un adjectif ou un pronom indéfini.

1. On est impressionné par ______ les expositions.
   a. toute **b.** tous **c.** toutes
2. J'ai bien regardé ______ tableau au musée.
   a. chaque **b.** chacun **c.** chacune
3. On visitera ______ quartiers historiques.
   a. quelques **b.** quelques-uns **c.** quelques-unes
4. ______ des statues sont symboliques.
   a. Chaque **b.** La plupart **c.** Quelques
5. ______ de ces boutiques sont chics.
   a. Tous **b.** Quelques-unes **c.** Chaque
6. ______ des fontaines ici a une histoire.
   a. Chaque **b.** Chacun **c.** Chacune
7. ______ de ces vignobles sont excellents.
   a. Certains **b.** Certaines **c.** Quelques
8. C'est sympa d'être dans une ______ ville.
   a. plusieurs **b.** chacune **c.** telle

Étape 2. Est-ce que votre université est attirante? Choisissez l'adjectif ou le pronom indéfini approprié et complétez les phrases avec des informations à propos de votre université.

1. (Chaque / Chacune) salle de classe ______.
2. (Plusieurs / Quelques) de mes professeurs ______.
3. (Chaque / La plupart) des étudiants ______.
4. (Certaines / Quelques-unes) librairies sur le campus ______.
5. (Plusieurs / Tous) bâtiments sur le campus ______.
6. (D'autres / Tels) endroits intéressants sur le campus sont ______.

Conclusion Les étudiants seraient-ils attirés par votre université? Justifiez votre réponse.

B Une attraction dans une ville américaine

Un critique de voyages parle d'une attraction dans la ville de Columbus, Ohio. Complétez la description avec la forme appropriée des mots suivants.

l'autre	d'autres	chacun(e)	le / la / les même(s)	plusieurs

(1) ______ jour, j'ai visité les halles de *North Market* dans la ville de Columbus. C'est un marché intérieur avec beaucoup de petits commerçants et (2) ______ boutiques intéressantes. On peut trouver (3) ______ type de marché à Philadelphie et dans (4) ______ grandes villes.

chacun(e) chaque la plupart quelques-un(e)s tel(s) / telle(s) tous / tout(e)(s)

(5) ____________ petit commerçant a sa spécialité. (6) ____________ vendent une spécialité particulière, comme par exemple le fromager, le boucher et le boulanger. (7) ____________ vendent aussi des choses non-alimentaires, comme le fleuriste et le quincaillier *(hardware store owner)*. Peu importe ce qu'elles vendent, (8) ____________ les boutiques sont impressionnantes. Avez-vous un (9) ____________ marché dans votre ville?

Et vous? Décrivez une attraction de votre ville à un(e) partenaire.

C **Conversation sur les attractions** Demandez à deux camarades de classe s'ils / si elles feraient les activités suivantes. Inventez une question pour le numéro 6. Répondez aux questions de vos camarades de classe en utilisant un adjectif ou un pronom indéfini.

Modèle: É1: **Mangeriez-vous des hot-dogs à Central Park à New York?**
É2: **Je mangerais plusieurs hot-dogs à Central Park.**
É3: **Moi, je ne mangerais aucun hot-dog à Central Park. C'est risqué!**

1. manger des hot-dogs à Central Park à New York
2. regarder les tableaux d'art au musée du Louvre
3. visiter les châteaux de la Loire en France
4. visiter les sites naturels au Sénégal
5. aller à la plage sur la Côte d'Azur
6. ???

D **Le shopping et la gastronomie**

Étape 1. Quelle est votre opinion sur les choses suivantes? Utilisez des adjectifs et des pronoms indéfinis dans votre description. Inventez quelque chose pour le numéro 6.

Modèle: les articles maison et les vêtements de chez Target
La plupart de leurs articles ne coûtent pas cher mais on peut trouver également quelques articles de marque comme la collection de Joanna Gaines. En général, les vêtements sont bon marché mais certains sont démodés. Pourtant, tous leurs sous-vêtements et toutes leurs chaussettes sont pratiques et de bonne qualité.

1. les vêtements de chez *Urban Outfitters*
2. les produits de chez *Whole Foods*
3. les fournitures scolaires *(school supplies)* et les livres de la librairie de votre université
4. la cuisine à la résidence universitaire
5. la cuisine à *International House of Pancakes*
6. ???

Étape 2. Montrez vos réponses à un(e) partenaire. Êtes-vous d'accord avec les descriptions de votre partenaire?

E **Un compte-rendu pour une émission de voyages** Vous êtes journaliste pour une émission de voyages. Écrivez un compte-rendu *(review)* de six à huit phrases sur un endroit que vous avez visité. Quelles sont les attractions de cet endroit? Qu'est-ce qui est attirant à propos de cet endroit? Y a-t-il des choses à éviter dans cet endroit? Utilisez des adjectifs et des pronoms indéfinis dans votre compte-rendu. Soyez prêt(e) à partager votre compte-rendu avec la classe.

Journal de bord

Résumez en quelques mots ou phrases ce que vous avez appris dans la Partie 1 du Chapitre 9. Suggestions: Quels endroits sont les plus attirants pour vous et pour vos camarades de classe? Quelles attractions vos camarades de classe ont-ils visitées? Quelle est l'opinion de vos camarades de classe à propos des restaurants et des magasins de votre ville?

PARTIE 2 VOCABULAIRE 2

Réflexion **culturelle**

La beauté dans le monde francophone

DE AGOSTINI PICTURE LIBRARY/De Agostini/Getty Images

Quelques **peintures** du XIXe siècle, comme *Le déjeuner sur l'herbe* d'Édouard Manet, **illustrent** que les **critères** de la beauté féminine occidentale de l'époque étaient d'être **bien en chair,** c'est-à-dire bien manger, avec la peau pâle, synonyme de ne pas travailler à l'extérieur. Qu'en est-il de nos jours?

D'après la mode **actuelle,** les critères sont inversés: depuis la fin des années 70 et le début des années 80, la tendance, dans beaucoup de pays à travers le monde, est d'avoir une **silhouette mince** et **athlétique.** Manger de la cuisine diététique°, faire du sport et être **bronzé,** ceci pour rappeler les loisirs et le temps libre ainsi que la bonne santé, semblent former l'image de soi que tout le monde veut donner aux autres.

Récemment, les **normes** ont commencé à changer de nouveau° en Europe et en Amérique du Nord: **minceur** ne veut pas dire automatiquement **maigreur,** laquelle signifie souvent être en mauvaise santé ou peut-être même **anorexique.** De plus, il y a (un peu) plus de diversité parmi les silhouettes dans l'industrie de la mode aujourd'hui; par exemple, pour pouvoir participer aux défilés de mode°, les mannequins° doivent refléter un corps **sain** et donc peser° un minimum. Dans la publicité à la télé et sur Internet, il y a encore plus de diversité et les normes sont en train d'évoluer petit à petit.

Outre-mer°, les critères peuvent être différents. À titre d'exemple, en Polynésie française, avoir les cheveux longs, souvent qui dépassent les **épaules,** est signe de masculinité pour beaucoup d'hommes. Dans la pensée traditionnelle de plusieurs cultures polynésiennes, la tête et les cheveux **incarnent** *le mana*, c'est-à-dire une espèce de° puissance spirituelle et universelle, une énergie qui relie° les individus d'une même communauté, surtout à travers les générations familiales. La pression° d'avoir les cheveux longs ou courts ou d'être bien en chair ou d'avoir un corps **sculpté** varie d'une culture à une autre, mais le corps et les cheveux semblent être curieusement les bases de beaucoup de normes de beauté dans beaucoup de sociétés à travers le monde.

diététique *dietary, healthy* **de nouveau** *again* **défilés de mode** *fashion shows* **mannequins** *models* **peser** *to weigh*
Outre-mer *Overseas* **une espèce de** *a type of* **relie** *links, connects, binds* **pression** *pressure*

Vocabulaire du texte

les critères *(m.) criteria, standards*
les épaules *(f.) shoulders*
la maigreur *skinniness*
la minceur *slenderness, slimness*
les normes *(f.) norms, standards*
les peintures *(f.) paintings*
la silhouette *figure, outline, silhouette*

illustrer *to illustrate*
incarner *to embody, to personify*

actuel(le) *current, present*
anorexique *anorexic*
athlétique *athletic*
bien en chair *plump, stout, chubby*
bronzé(e) *(sun)tanned*
mince *thin, slim, slender*
sain(e) *healthy*
sculpté(e) *sculpted*

Vocabulaire complémentaire

les bras *(m.) arms*
les fesses *(f.) buttocks*
les jambes *(f.) legs*
les muscles *(m.) muscles*
le nez *nose*
l'obésité *(f.) obesity*
les pieds *(m.) feet*
la poitrine *chest, bust*
le ventre *stomach, belly*

diffuser *to broadcast, to circulate*
faire de la musculation *to lift weights*

faire un régime *to diet*
surveiller sa ligne *to watch one's weight*
tonifier *to tone*

en surpoids *overweight*
large *wide, broad*
maigre *skinny*
malsain(e) *unhealthy*
moyen(ne) *average*
plat(e) *flat*
pulpeux / pulpeuse *curvy*

Encore une mélodie

Courtesy of Wynne Wong

Éric Lapointe est un rockeur québécois de Montréal. Ses chansons font vibrer le Québec depuis son premier album *Obsession* en 1994. L'un de ses plus grands succès est la chanson *Mon ange*. Cette chanson parle de son attirance pour quelqu'un qui change sa vie. Cherchez et écoutez la chanson sur Internet.

Avez-vous compris? Répondez aux questions suivantes.

1. Que signifiaient «être bien en chair» et «avec la peau pâle» au XIXe siècle?
2. Quelle caractéristique indique qu'on est en mauvaise santé d'après la mode actuelle?
3. Qu'est-ce que la tête et les cheveux peuvent représenter dans la pensée traditionnelle de plusieurs cultures polynésiennes?
4. Sur quoi est-ce que beaucoup de sociétés à travers le monde semblent baser leurs critères de beauté?

À votre avis Est-ce que votre société ou culture donne trop d'importance aux critères de beauté? Pourquoi ou pourquoi pas?

A Les critères de beauté Choisissez les critères de beauté les plus diffusés par les médias. Puis, décidez s'ils s'appliquent aux hommes, aux femmes ou aux deux.

1. une silhouette mince
2. un grand nez
3. des muscles sculptés
4. des jambes bronzées
5. un ventre plat
6. des fesses athlétiques
7. de grands pieds
8. un corps bien en chair

Et vous? Quels critères mentionnés dans l'activité s'appliquent aux étudiants et étudiantes de votre université? Y a-t-il deux poids, deux mesures *(double standards)*?

B Ça vous attire ou ça vous refroidit?

Étape 1. L'attirance est une affaire personnelle. Ce qui attire certains risque d'en refroidir *(turn-off)* d'autres. À l'aide de cette échelle de Likert, indiquez comment vous trouvez ces caractéristiques.

peu attirant — attirant — très attirant — sans opinion

1. un corps bronzé
2. une silhouette pulpeuse
3. un corps athlétique
4. l'intelligence
5. la maigreur
6. une poitrine musclée
7. des épaules larges
8. la gentillesse et la compassion
9. la richesse
10. les bras tonifiés

Étape 2. Montrez vos réponses de l'Étape 1 à un(e) partenaire et répondez aux questions suivantes ensemble.

1. À partir des réponses de votre partenaire, quelle célébrité semble illustrer son type?
2. Êtes-vous d'accord avec la suggestion de votre partenaire pour vous? Pourquoi ou pourquoi pas?
3. Qui incarne la beauté pour vous? Pourquoi?

COIN CULTUREL

1884 - César - www.camilleclaudel.asso.fr/Wikimedia Commons

Une des relations les plus célèbres dans le monde artistique en France est celle de l'artiste Camille Claudel avec son professeur, le sculpteur Rodin. Tous les deux partageaient la même passion pour la sculpture et leur attirance l'un envers l'autre se remarque dans beaucoup d'œuvres des deux artistes.

C Sain et malsain Lisez ces scénarios et discutez avec un(e) partenaire des situations où les scénarios peuvent être considérés **sains** et/ou **malsains.**

Modèle: être mince

É1: **D'habitude, selon les normes de la société, être mince veut dire être sain. Le message est que les gens minces ont moins de problèmes de santé.**

É2: **Oui, mais si on est obsédé par la minceur, on risque de devenir maigre et anorexique. Ça, c'est malsain bien sûr.**

1. être en surpoids
2. faire de la musculation
3. l'obésité
4. la maigreur
5. avoir un poids moyen
6. faire un régime
7. être bronzé
8. surveiller sa ligne

D Une personne belle et saine selon la classe

Sondez *(Survey)* autant de camarades de classe que possible avec ces questions. Notez leurs réponses.

1. Quelles caractéristiques physiques associez-vous avec une personne belle et saine?
2. Par quels traits physiques (comme la couleur des yeux, la longueur des cheveux, la taille, etc.) est-ce que tu es attiré(e)?
3. Quels traits de caractère (la personnalité, le sens de l'humour, etc.) sont attirants pour toi?
4. Y a-t-il d'autres aspects d'une personne (les valeurs, les priorités, etc.) qui t'attirent?

E Points de vue: le jeu de l'attirance

Étape 1. Discutez avec un(e) partenaire des affirmations suivantes. Trouvez-vous qu'elles sont justes ou non?

1. L'attirance physique est seulement une question de dimensions inconscientes influencées par les phéromones, la psychologie et les souvenirs de l'enfance.
2. L'attirance physique entraîne certaines réactions physiologiques.
3. On est toujours attiré par le même type de personne.

Étape 2. Lisez ce petit texte, *Les secrets de l'attirance physique,* et comparez les informations données avec vos réponses de l'Étape 1. Aviez-vous raison?

Goodluz/Shutterstock.com

D'après Alain Héril, psychothérapeute et sexologue français, et d'autres experts du magazine *Marie-Claire,* l'attirance est un aspect de la vie humaine universelle assez compliqué.

Premièrement, il y a des dimensions conscientes et inconscientes qui expliquent pourquoi nous sommes attirés par certaines personnes et non par d'autres. Parmi les dimensions inconscientes, on mentionne le plus souvent le fait que nous sommes généralement attirés par les personnes qui nous rappellent d'autres personnes que nous avons connues et aimées pendant notre enfance, en particulier notre mère ou notre père. Pour les dimensions conscientes, ces raisons sont personnelles – souvent esthétiques – mais toujours façonnées par notre culture.

Deuxièmement, l'attirance entraîne effectivement des symptômes physiques et physiologiques. Selon de nombreuses études diverses dans le monde, on cite les réactions suivantes quand on ressent de l'attirance physique: la dilatation des pupilles, le regard dirigé vers l'autre, les changements de voix, la réduction de la distance et l'orientation du corps vers la personne.

Troisièmement, il est vrai et faux que nous sommes toujours attirés par le même type de personnes. Nous sommes attirés toujours par le même type d'émotion chez un individu, peu importe si le physique se ressemble ou pas. C'est une certaine personnalité, nature ou un certain caractère qui prime. Nous cherchons tous à nous sentir rassurés et nous sommes attirés par les gens qui nous rassurent émotionnellement.

Adapté des sources: «Questions à l'expert: Tout savoir sur l'attirance» par Alain Héril, accédé le 23 février 2014, www.dailymotion.com; «Séduction: les vrais faux de l'attirance physique» par Louise Rodriguez, accédé le 23 février 2014, www.marieclaire.fr; «Les signes de l'amour: découvrez si vous lui plaisez vraiment» par Claire Schneider, accédé le 23 février 2014, www.marieclaire.fr

Les prépositions suivies de l'infinitif

DU FILM *ENCORE*

Encore un pas vers la grammaire

Look at these photos from the film *Encore* and their captions.

ANDRÉ Alors, finalement, j'**ai décidé de** m'installer à Montréal et de vivre ici au Canada.

CLAIRE Et comment en **es-tu arrivé à** choisir le métier de détective privé?

ANDRÉ [...] si le type qui te suivait l'autre jour revient, euh... je préfère être ici. Mais je **promets de** rester dans la salle de séjour...

1. Which preposition is required after the verbs **décider** and **promettre** before an infinitive?
2. Which preposition is required after the verb **arriver** before an infinitive?

MINDTAP Préparation

Go to **Préparation pour Grammaire 2** to review infinitive verbs followed by and not followed by prepositions.

Note de grammaire

See **Préparation pour Grammaire 2** for a list of verbs that do not require any preposition before verbs in the infinitive.

- When there is more than one verb in the same clause, only one verb is conjugated and the others are in the infinitive form. Some verbs require a preposition, **de** or **à,** before verbs in the infinitive form. Other verbs do not require any preposition before verbs in the infinitive.

Certaines personnes **ont besoin de** mieux **s'habiller.**	*Certain people need to dress better.*
Je **commence à comprendre** mes défauts.	*I'm beginning to understand my faults.*
Nous **voulons être** plus attirants.	*We want to be more attractive.*

- The following verbs require the preposition **à** before an infinitive.

aider à *to help to*	**enseigner à** *to teach to*
s'amuser à *to pass time by*	**s'habituer à** *to get used to*
apprendre à *to learn to, to teach to*	**hésiter à** *to hesitate to*
arriver à *to manage to*	**s'intéresser à** *to be interested in*
s'attendre à *to expect to*	**inviter à** *to invite to*
commencer à *to begin to*	**se mettre à** *to begin to*
continuer à *to continue to*	**réussir à** *to succeed in*
encourager à *to encourage to*	**tenir à** *to insist on*

Il **tenait à parler** avec la belle actrice.	*He insisted on speaking with the beautiful actress.*
Je **m'intéresse à apprendre à jouer** du piano.	*I'm interested in learning how to play piano.*
Ma mère m'**avait encouragé à être** honnête.	*My mother had encouraged me to be honest.*
Je vais vous **aider à vous habiller** mieux.	*I am going to help you dress better.*

- The following verbs require the preposition **de** before an infinitive.

accepter de *to accept to*	**oublier de** *to forget to*
arrêter de *to stop*	**parler de** *to talk about*
choisir de *to choose to*	**permettre de** *to permit to*
conseiller de *to advise to*	**promettre de** *to promise to*
décider de *to decide to*	**refuser de** *to refuse to*
dire de *to tell to*	**regretter de** *to regret to*
empêcher de *to prevent from*	**rêver de** *to dream about*
essayer de *to try to*	**risquer de** *to risk*
finir de *to finish*	**se souvenir de** *to remember to*
s'occuper de *to take care of*	**venir de** *to have just*

On **refuse d'arrêter** de bavarder.	*We refuse to stop gossiping.*
Je **m'occuperai d'arroser** les plantes.	*I'll take care of watering the plants.*
Il m'**a conseillé de consulter** un avocat.	*He advised me to consult a lawyer.*
Elle nous **avait empêchés de** vous **voir.**	*She had prevented us from seeing you.*

- Adjectives that follow the verb **être** usually require **de** before an infinitive.

Je serais ravi **de** te revoir.	*I would be delighted to see you again.*
Nous sommes désolés **d'**apprendre la nouvelle.	*We are sorry to learn of the news.*

- With the impersonal expression **il est** + *adjective*, use **de** before the infinitive.

Il est merveilleux **de** pouvoir sortir ce soir.	*It's wonderful to be able to go out tonight.*

- Some verbs require **à** before a person and **de** before an infinitive.

conseiller à quelqu'un de	**permettre à quelqu'un de**
demander à quelqu'un de	**promettre à quelqu'un de**
dire à quelqu'un de	**reprocher à quelqu'un de**
écrire à quelqu'un de	**suggérer à quelqu'un de**

Je **conseille à** chaque personne qui veut être attirante **de** bien s'habiller.

Elle **a promis à** sa mère **de** lui rendre visite plus souvent.

- To negate an infinitive verb, put **ne pas** directly before the infinitive.

On **a décidé de ne pas aller** au musée.	*We decided not to go to the museum.*
Je **m'habitue à ne pas** les **écouter.**	*I'm getting used to not listening to them.*

Encore une mélodie

L'auteur-compositeur-chanteur belge Stromae est connu pour ses chansons hip hop. Dans sa chanson *Te quiero* (Je t'aime) de l'album *Racine carrée,* un homme parle de son attirance et de son amour pour quelqu'un. Cherchez la chanson sur Internet. Selon la chanson, l'homme aimera son amoureuse «jusqu'à la ______________».

A Le désir d'être attirant

Étape 1. Des amis parlent de leur désir d'être attirant. Faites attention à la présence des prépositions **à** ou **de** ou à l'absence de préposition pour déterminer quel verbe est le verbe approprié afin de compléter chaque phrase.

	a.	b.
1. … **d'**avoir un corps sculpté.	**a.** Je rêve	**b.** Je veux
2. … **d'**être anorexique.	**a.** Paul commence	**b.** Paul risque
3. … **à** faire de la musculation chaque jour.	**a.** Nous pouvons	**b.** Nous nous mettons
4. … ne pas devenir anorexique.	**a.** Je préfère	**b.** Je tiens
5. … **à** surveiller sa ligne.	**a.** Nicole apprend	**b.** Nicole essaie
6. … **d'**être bien en chair.	**a.** Elles choisissent	**b.** Elles désirent
7. … être maigres.	**a.** Ils ne veulent pas	**b.** Ils refusent
8. … **à** faire un régime?	**a.** Tu décides	**b.** Tu réussis

Étape 2. Et vous? Complétez chaque phrase avec vos propres idées.

1. Je rêve d(e) ______________________________.
2. J'apprends à ______________________________.

B Être bien dans sa peau

On dit que les gens les plus attirants sont ceux / celles qui sont en bonne santé et qui sont bien dans leur peau. Décrivez ce que les gens dans votre entourage et vous faites afin d'être attirants. Faites des phrases avec les éléments suivants et n'oubliez pas d'ajouter des prépositions si nécessaire.

apprendre	avoir une bonne estime de soi
arrêter	faire de l'exercice
commencer	faire de la musculation
décider	faire un régime
désirer	faire du yoga
essayer	fumer
s'intéresser	lire pour le plaisir
promettre	manger du fast-food
refuser	passer plus de temps avec sa famille et ses amis
réussir	prendre le temps de bien manger
tenir	sourire *(smile)* en public
vouloir	voyager
???	???

Modèles: Vous: **Je veux me coucher plus tôt chaque soir.**
Votre / Vos colocataire(s): **Mon colocataire Jean a arrêté de manger du chocolat.**

1. Vous
2. Votre / Vos colocataire(s)
3. Votre meilleur(e) ami(e)
4. Un(e) ami(e) et vous
5. Un membre de votre famille
6. Un professeur
7. Un(e) camarade de classe
8. Les étudiant(e)s de votre université

C Un entretien

Étape 1. Posez les questions suivantes à un(e) partenaire et notez ses réponses.

1. Qu'est-ce que tu avais hâte de faire quand tu étais enfant?
2. Qu'est-ce que tu rêvais de faire en tant qu'adulte?
3. Qu'est-ce que tu continues à faire afin de t'occuper de ta santé?
4. Qu'est-ce que tu essaies de faire afin d'avoir une bonne apparence physique?
5. Qu'est-ce que tu hésites à faire pour être plus attirant(e)?
6. Qu'est-ce que tu as promis de faire à quelqu'un récemment?
7. Qu'est-ce que tu vas commencer à faire bientôt?
8. Qu'est-ce que tu conseilles aux adolescent(e)s de faire afin d'être attirant(e)s?

Étape 2. Faites un résumé des réponses de votre partenaire à la classe.

D L'envie d'être attirant(e)

Étape 1. Une femme et un homme consultent une psychologue parce qu'ils ne se trouvent pas attirants, ce qui les rend malheureux. Complétez chaque phrase avec la préposition **à** ou **de.** S'il ne faut pas de préposition, mettez un **X.**

ANNE: J'hésite (1) _____ sortir parce que je ne me trouve pas attirante. Je m'habitue (2) _____ rester chez moi tout le week-end en mangeant du chocolat sans cesse devant la télé. Personne ne m'invite (3) _____ faire quoi que ce soit. Quand j'étais à l'école primaire, les autres élèves se mettaient toujours (4) _____ se moquer de moi parce que je n'avais pas de vêtements de marque et n'étais pas populaire. Je sais que je manque d'estime de soi et je risque (5) _____ tomber dans la dépression. Mon passé et le manque de confiance m'empêchent (6) _____ être heureuse et (7) _____ avoir des ami(e)s. J'ai 19 ans et je suis solitaire et malheureuse. Je veux (8) _____ avoir des ami(e)s et je souhaite (9) _____ être heureuse.

DANIEL: Je commence (10) _____ croire que je suis l'homme le plus malheureux au monde. Je suis timide donc j'ai peur (11) _____ parler avec les gens que je ne connais pas bien. Je sais que les gens ne me trouvent pas attirant et qu'ils désirent (12) _____ se moquer de moi. Donc, je choisis (13) _____ les ignorer avant qu'ils puissent rire de moi. Je refuse (14) _____ leur permettre (15) _____ parler de moi derrière mon dos. Je mange beaucoup chez McDo et je n'arrive pas (16) _____ avoir un corps sculpté. Mes amis m'encouragent (17) _____ boire plus de bière et (18) _____ manger de la glace pour gérer ma dépression. Je rêve (19) _____ être attirant et (20) _____ être bien dans ma peau (*to feel good about myself*).

Étape 2. Si vous étiez psychologue, que diriez-vous à ces personnes malheureuses? Avec un(e) partenaire, choisissez une personne, soit Anne soit Daniel, et décidez de ce que vous lui diriez. Essayez d'utiliser les verbes de cette leçon.

COIN CULTUREL

Courtesy of Wynne Wong

Passionnés par les produits du terroir du Québec, les chefs Jean-Luc Boulay et Arnaud Marchand ont décidé d'en promouvoir la richesse en s'associant pour ouvrir Chez Boulay-bistro boréal. Leur cuisine permet aux clients de découvrir, au rythme des saisons, des ingrédients régionaux tels que le wapiti, les fleurs de sureaux *(elderberry flowers)* et le thé du Labrador. En 2017, les deux chefs ont également collaboré pour publier leur livre de recettes *Le garde-manger boréal.* Allez sur le site officiel de Chez Boulay pour découvrir la cuisine nordique du Québec.

Journal de bord

Résumez en quelques phrases ce que vous avez appris dans la Partie 2 du Chapitre 9. Suggestions: Quels sont les critères de beauté les plus importants pour vous et pour votre classe? Que font vos camarades de classe afin d'être attirants et en bonne santé?

Quelques attraits du monde francophone

La Corse, l'île de Beauté

La plupart des gens connaissent la Corse pour son «petit fils» renommé, Napoléon Bonaparte, ancien général des armées françaises (1792–1804) et Empereur des Français (1804–1814). Après avoir été conquise militairement par le Royaume de France, la Corse est devenue officiellement française en 1768, un an avant la naissance de Bonaparte. Quatrième île située en mer Méditerranée de par sa superficie, elle garde cependant un statut unique en tant que collectivité territoriale de Corse. Ce statut attribue la citoyenneté française aux habitants, mais la Corse profite néanmoins° d'une certaine autonomie ou liberté d'exercer sur son territoire sa propre administration (limitée).

La Corse, appelée aussi «l'île de Beauté» ou «la montagne dans la mer», se situe à 12 km au nord de la Sardaigne (une île italienne), à 83 km à l'ouest de la Toscane (une région italienne) et à 171 km au sud-est de Menton (une ville française des Alpes-Maritimes à la frontière franco-italienne). Alors, située à 164 km de la France et seulement à 83 km de l'Italie, la Corse est plus près des côtes italiennes que des côtes françaises. Du fait de sa situation géographique, elle a connu de nombreuses affiliations au cours des siècles (romaines, italiennes, françaises). L'agriculture reste le secteur de production le plus important en Corse. Île très montagneuse, l'environnement y est paradisiaque pour deux races autochtones° de moutons° et de chèvres°, élevées isolées des autres races. La brebis° corse et la chèvre corse séduisent beaucoup de gourmets avec leurs produits laitiers au goût unique et apprécié.

Le tourisme représente aussi une des activités économiques très importantes. Cette île fait partie des destinations préférées de nombreux touristes européens puisqu'elle offre des paysages uniques, des villages remplis d'histoire, des plages de rêve, une nature protégée et une culture locale très riche.

néanmoins *nevertheless* **autochtones** *native* **moutons** *sheep* **chèvres** *goats* **brebis** *ewe*

Avez-vous compris?

1. Pourquoi est-ce que la plupart des gens ont entendu parler de la Corse, selon le texte?
2. Quelle est la relation entre la Corse et la France métropolitaine?
3. Pourquoi est-ce que beaucoup de gourmets sont séduits par la Corse?
4. Qu'est-ce que le tourisme représente pour la Corse et qu'est-ce que l'île offre aux touristes?

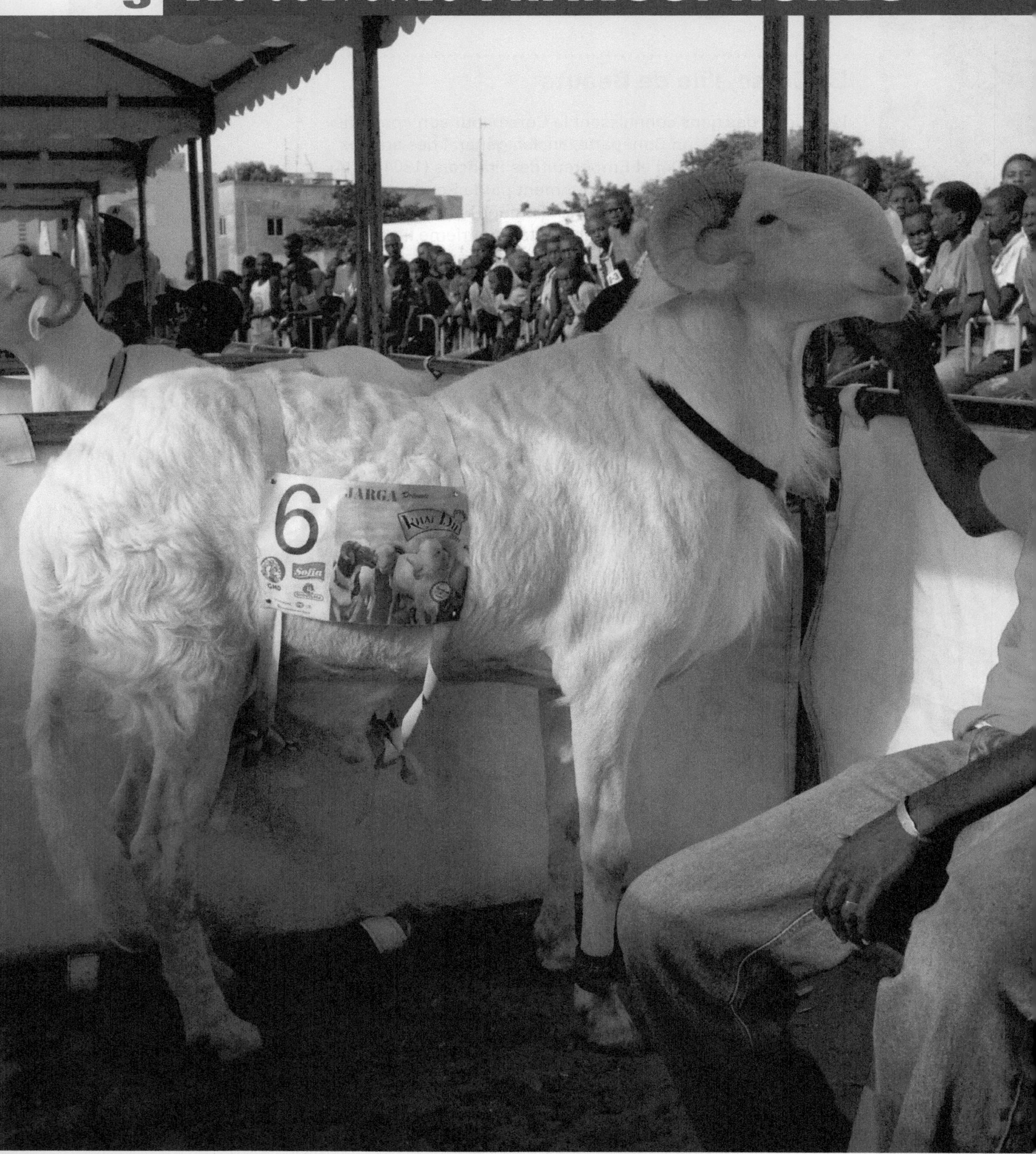
6
JARGA
Sofia

Aliou Mbaye/MaxPPP/Dakar Senegal/Newscom

Sénégal: le mouton le plus attirant!

Depuis 2009, l'émission sénégalaise *Khar bii* (qui signifie «mouton» en wolof) attire une large audience. Et pour cause, car il s'agit de l'élection du mouton le plus attirant du pays pour la célèbre fête de la Tabaski, une des deux fêtes musulmanes célébrées au Sénégal et qui a lieu début novembre.

Les téléspectateurs, très intéressés par l'émission, peuvent suivre en direct pendant un mois l'animateur accompagné de quatre membres du jury en train de parcourir la nation afin de dénicher° les meilleurs moutons candidats de chaque région. Tout comme dans le *Westminster Dog Show,* les moutons doivent subir° plusieurs épreuves et sont examinés sous toutes les coutures°: taille, poids, couleurs, aspect des cornes et façon de se déplacer. Le ladoum, une race sénégalaise de moutons très attrayants, généralement bicolores, est particulièrement recherché pour la série télévisée, et seuls les béliers° sont autorisés à concourir°. Les moutons ayant participé à l'émission rapportent une grosse somme d'argent lors de leur vente.

Pour les éleveurs°, cet animal sacré est considéré comme l'animal domestique préféré du pays. Il illustre le maintien des traditions, et malgré le développement de l'urbanisme, il est assez fréquent de voir des moutons brouter° en pleine ville, dans un parc ou à un carrefour.

dénicher *to unearth* **subir** *to undergo* **coutures** *angles* **béliers** *rams* **concourir** *to compete* **éleveurs** *breeders* **brouter** *grazing*

Avez-vous compris?

1. De quoi est-il question dans l'émission «Khar bii»?
2. Quel est le rôle du jury?
3. Quels sont les critères de sélection?
4. Comment est perçu le mouton au Sénégal?

Qu'en pensez-vous?

Pour vous, quels sont les critères qui vous attirent quand vous choisissez une destination de vacances ou un animal domestique? S'agit-il de destinations ou de races *(breeds)* populaires? La langue et la culture sont-elles importantes pour les destinations? Et pour les animaux domestiques, est-ce que vous considérez la taille et les couleurs?

MINDTAP **Quelques attraits du monde francophone**

Courtesy of Wynne Wong

Would you like to learn more about **Ajaccio, une destination aux multiples facettes; Aminata Sow Fall, l'attraction de l'écriture;** or **L'Hôtel de Glace, un lieu saisissant?** Visit **Liaisons culturelles** and **Encore plus loin** in MindTap to explore these topics.

Le conditionnel passé et les phrases avec *si*

DU FILM *ENCORE*

Encore un pas vers la grammaire

Look at these photos from the film *Encore* and their captions.

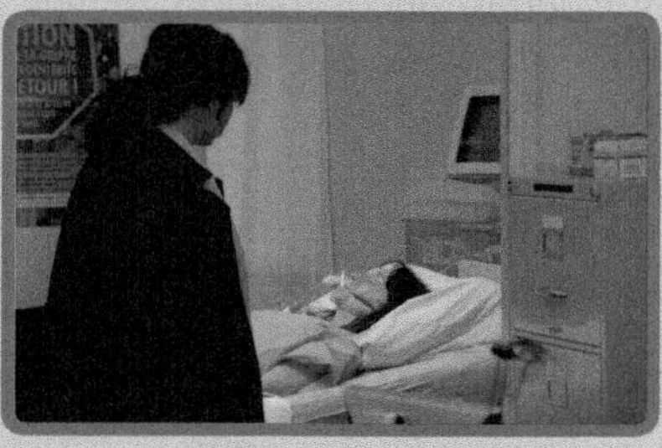

Claire **aurait su** ce qui est arrivé à sa mère si elle n'était pas allée travailler.

André explique qu'il **aurait protégé** Claire s'il n'avait pas été occupé.

1. What does the verb **aurait** mean? Is **aurait** in the **imparfait,** the **conditionnel,** or the **futur simple**?
2. What do the verbs **aurait su** and **aurait protégé** mean?

MINDTAP Préparation

There is no **Préparation** for **Grammaire 3.**

Le conditionnel passé

The past conditional expresses events that *would have happened* in the past as opposed to something that actually occurred.

J'**aurais** mieux **dormi** sans la chaleur. — *I would have slept better without the heat.*

Elle ne **serait** pas **sortie** pendant la tempête. — *She would not have gone out during the storm.*

Marla et Ève ne voulaient pas voir le film parce qu'elles **se seraient endormies.**
Marla and Eve didn't want to see the film because they would have fallen asleep.

The past conditional is composed of a conditional form of either **avoir** or **être** and the past participle of a main verb.

	apprendre	**rester**	**s'endormir**
je/j'	**aurais** appris	**serais** resté(e)	me **serais** endormi(e)
tu	**aurais** appris	**serais** resté(e)	te **serais** endormi(e)
il/elle	**aurait** appris	**serait** resté(e)	se **serait** endormi(e)
nous	**aurions** appris	**serions** resté(e)s	nous **serions** endormi(e)s
vous	**auriez** appris	**seriez** resté(e)(s)	vous **seriez** endormi(e)(s)
ils/elles	**auraient** appris	**seraient** resté(e)s	se **seraient** endormi(e)s

- Verbs in the past conditional follow the same rules of agreement and the same patterns for the placement of negation, adverbs, and pronouns as they do for other compound tenses.

Tu aurais **bien** chanté la chanson.	*You would have sung the song well.*
P**ersonne ne** l'aurait trouvé attirant.	*No one would have found him attractive.*
Elle **ne** se serait **pas** amusée à la soirée.	*She would not have had fun at the party.*
Je ne **lui** aurais jamais donné un deuxième regard.	*I would not have given her a second look.*

- The past conditional may be used to express regret or reproach. Use **pouvoir** + *infinitive* to express *could have;* use **devoir** + *infinitive* to express *should have;* and use **aimer** or **vouloir** + *infinitive* to express *would have liked to.*

J'**aurais** bien **aimé** te **revoir.**	*I would have liked to see you again.*
Il est déjà parti. Tu **aurais pu arriver** plus tôt.	*He's already left. You could have arrived earlier.*
Ils **auraient dû s'habiller** plus élégamment.	*They should have dressed more elegantly.*
On **aurait voulu passer** la journée avec vous.	*We would have liked to spend the day with you.*

- The past conditional often appears in sentences in which the clause that begins with **si** is in the **plus-que-parfait.**

Si nous **avions su** que tu serais à la soirée, nous **serions arrivés** plus tôt.
If we had known that you would be at the party, we would have arrived earlier.

S'il n'**avait** pas **plu** hier, vous **auriez fait** un pique-nique au jardin du Luxembourg.
If it had not rained yesterday, you would have had a picnic at the Luxembourg garden.

Résumé des phrases avec *si*

- Here is a summary of sentences that contain **si** clauses.

***Si* clause**	**Main clause**
présent	futur proche / futur simple / présent / impératif
imparfait	conditionnel
plus-que-parfait	conditionnel passé

Si je **peux** aller à Paris, je **visiterai** toutes les attractions de la ville.
If I can go to Paris, I will visit all the attractions of the city.

Si je **pouvais** aller à Paris, je **visiterais** toutes les attractions de la ville.
If I were able to go to Paris, I would visit all the attractions of the city.

Si j'**avais pu** aller à Paris, j'**aurais visité** toutes les attractions de la ville.
If I had been able to go to Paris, I would have visited all the attractions of the city.

Encore une mélodie

THE CANADIAN PRESS IMAGES/Mario Beauregard

Interprétée par Claude Dubois dans l'opéra rock *Starmania,* de Luc Plamondon et Michel Berger, la chanson *Le blues du businessman* exprime les regrets d'un homme d'affaires. Cherchez la chanson sur Internet. Selon la chanson, pourquoi l'homme «[aurait] voulu être un artiste»?

A Réflexions au passé

Étape 1. Un groupe d'étudiants parlent des événements qui auraient pu se passer. Choisissez le sujet approprié pour chaque phrase.

1. … se seraient mises à étudier l'anglais plus jeunes.
   a. Tristan **b.** Tristan et Michel **c.** Julie et Marie
2. … serait rentrée en France plus tôt.
   a. Tristan **b.** Julie **c.** Julie et Tristan
3. … aurais voulu rester au Maroc plus longtemps.
   a. Tu **b.** Marc **c.** Nous
4. … aurions pu voyager plus en Asie.
   a. J(e) **b.** Ils **c.** Nous
5. … se serait beaucoup amusé au Sénégal.
   a. Tu **b.** Roger **c.** Clara
6. … auriez dû passer plus de temps en Suisse.
   a. Ils **b.** Nous **c.** Vous

Étape 2. Complétez les phrases suivantes et discutez de vos réponses avec un(e) partenaire.

1. L'année dernière, j'aurais voulu… **2.** Hier, j'aurais dû… **3.** Ce matin, j'aurais pu…

B Le rendez-vous

Étape 1. L'oncle d'Abia, Xavier, parle avec son amie Julie à propos de son dernier rendez-vous avec une femme. Complétez leur conversation avec le verbe approprié au conditionnel passé.

Xavier: Si j'avais su qu'elle cherchait un homme raffiné, je (1) ____________ (se raser / s'endormir) et j(e) (2) ____________ (mettre / se mettre) une cravate. De plus, si elle m'avait dit qu'elle appréciait la gastronomie, nous (3) ____________ (aller / partir) dans un restaurant trois étoiles.

Julie: Je suis désolée Xavier, mais tu (4) ____________ (ne pas dire / ne pas pouvoir) connaître ses goûts à l'avance. Elle (5) ____________ (devoir / venir) te dire le genre d'homme qu'elle voulait.

Xavier: Et toi, Julie? Comment était ton rendez-vous avec Yannick?

Julie: Bof. Je ne pense pas qu'il soit attiré par moi non plus. Si j'avais découvert à l'avance qu'il aimait le look tendance, je (6) ____________ (ne pas sortir / ne pas porter) un short avec des baskets. Je (7) ____________ (acheter / s'habiller) avec plus de soin.

Xavier: Eh bien. Nous (8) ____________ (avoir / vouloir) une meilleure soirée si nous étions sortis ensemble hier.

Et vous? Décrivez une rencontre récente que vous avez faite qui vous a donné des regrets. Qu'auriez-vous fait ou dit différemment?

C **Les gens célèbres** Qu'est-ce qui aurait changé dans leur vie si les personnes suivantes avaient fait les choses différemment? Partagez vos idées avec un(e) camarade de classe et soyez prêt(e) à les présenter à la classe.

Modèle: le prince William
Si le prince William n'avait pas fait ses études à Cambridge, il n'aurait pas fait la connaissance de Kate Middleton et ils ne se seraient pas mariés.

1. Roméo et Juliette	**3.** Claire Gagner	**5.** ???
2. Abraham Lincoln	**4.** Céline Dion	**6.** ???

D **Une mauvaise impression**

Étape 1. Pensez à une personne (ou un groupe de personnes) qui vous a fait une mauvaise impression. Expliquez pourquoi cette personne (ou ce groupe) vous a donné une impression négative. Qu'est-ce qu'il/elle a dit? Qu'est-ce qu'il/elle a fait?

Étape 2. Décrivez la personne (ou le groupe de personnes) à un(e) partenaire. Votre partenaire va vous dire ce qu'il/elle aurait fait ou dit à la place de cette personne (ou de ce groupe) afin d'être plus attirant(e).

Modèle: **Je n'aurais pas commencé à manger avant que tu sois arrivé au restaurant.**

E **Avec du recul...** Avez-vous entendu l'expression «Avec du recul *(With hindsight)*, tout devient plus clair»? Par groupes de trois, discutez de ce que vous auriez ou n'auriez pas fait en utilisant les verbes suivants.

Modèle: É1: **J'aurais mangé un repas équilibré hier si j'avais eu plus de temps.**
É2: **Je n'aurais pas dû manger une pizza entière. J'ai été malade.**
É3: **J'aurais pu boire de l'eau au lieu de prendre de la bière avec mon repas.**

1. manger / boire	**3.** sortir	**5.** visiter
2. dire	**4.** aller	**6.** acheter

F **Quelques spéculations** Complétez les phrases suivantes **au présent, au futur, à l'imparfait, au plus-que-parfait, au conditionnel présent** ou au **conditionnel passé** selon le début de la phrase. Ensuite, partagez vos phrases avec un(e) partenaire et faites un résumé des réponses de votre partenaire à la classe.

1. Si les Français ne s'étaient pas installés en Indochine, le Viêt-Nam...
2. Je visiterais le Viêt-Nam si...
3. J'irai au Sénégal si...
4. Si je gagne assez d'argent...
5. Je n'aurais pas étudié le français si...
6. Si j'avais le choix, je...

G **Quand vous étiez enfant** Répondez à la question et partagez votre réponse avec un(e) partenaire.

Quand vous étiez enfant, si vous aviez pu, quelle personne célèbre (vivante ou morte, réelle ou fictive) auriez-vous aimé rencontrer et pourquoi?

Journal de bord

Résumez en quelques phrases ce que vous avez appris dans la Partie 3 du Chapitre 9. Suggestions: Qu'avez-vous appris à propos des lectures culturelles? Quels regrets vos camarades de classe ont-ils? Quelles sont quelques-unes de leurs spéculations à propos de leur vie?

PREMIÈRE PROJECTION

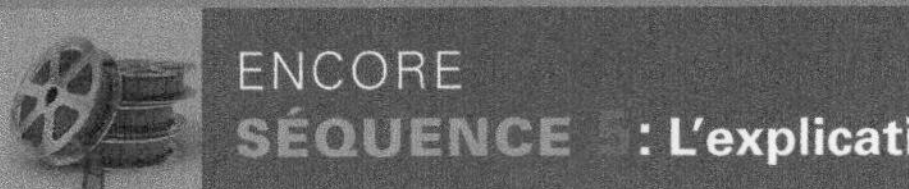

Vocabulaire du film

un coffre-fort *safe deposit box*
les couvertures *(f.) blankets*
un divan *couch*
l'infidélité conjugale *(f.) marital infidelity*
une maîtresse *mistress*
un oreiller *pillow*
un revolver *fire arm, gun*
le type *guy, bloke*
une urgence *emergency*
un voyant *fortune teller, psychic*

bouger *to move, to fidget*
faire comme si *to pretend*
ne pas s'en faire *to not worry*
surveiller *to watch, to keep a close eye on*
tirer sur *to shoot at, to open fire on*
À genoux! *On your knees!*
Fais comme chez toi. *Make yourself at home.*
mettre à la porte *to kick out*
quoi que ce soit *anything, whatever may be*

A Avant de visionner Voici des répliques de la Séquence 5 du film *Encore*. Complétez-les avec des mots du lexique. Ensuite, devinez qui a dit chaque réplique — Claire ou André? Vous allez vérifier vos réponses plus tard.

LEXIQUE

couvertures	infidélité conjugale	a mis à la porte	t'en fasses
Fais comme	maîtresse	oreiller	voyant

1. ____________: Et puis, il y a dix ans, j'ai eu une grosse dispute avec mon père. Il m'____________.
2. ____________: Une cliente soupçonnait son mari d'____________. Mon ami Martin suivait le mari et il a pris des photos de lui et de sa ____________.
3. ____________: Alors, t'es ____________ aussi?
4. ____________: Honnêtement, après tout ce qui est arrivé aujourd'hui, je dormirais mieux si quelqu'un était ici avec moi. Je vais aller te chercher un ____________ et des ____________.
5. ____________: Bon. La salle de bains est là. Tu connais déjà la cuisine. ____________ chez toi.
6. ____________: [...] je veux pas que tu ____________ pour quoi que ce soit.

B **Regardez la séquence** Regardez la Séquence 5. Utilisez le contexte pour vous aider à comprendre le plus possible.

C **Compréhension**

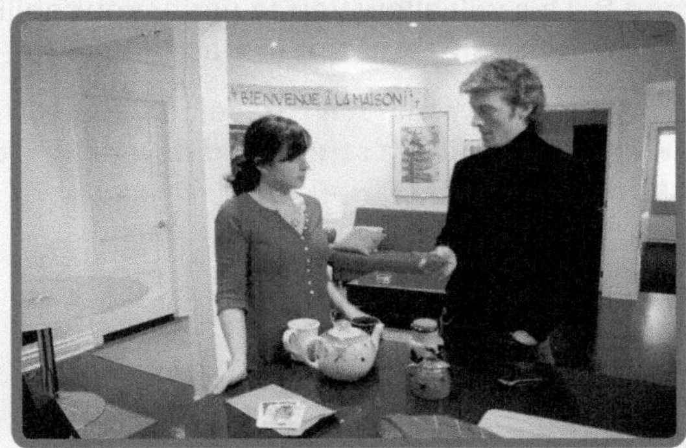

Étape 1. André explique à Claire comment Alexis Prévost fait partie de sa famille. Complétez la réplique avec **(a) cousins, (b) frère, (c) frères jumeaux** ou **(d) père.**

ANDRÉ Mais toi, tu ne m'as toujours pas expliqué comment tu avais une photo de mon cousin Alexis.

CLAIRE Ton cousin?

ANDRÉ Ouais. Alors, mon père et Alexis Prévost étaient (1) ________. Mon grand-père était le (2) ________ d'Henri, qui était le (3) ________ d'Alexis, et mon grand-père et Henri étaient (4) ________.

Étape 2. Répondez aux questions avec un(e) partenaire.

1. André explique son passé à Claire. Pourquoi a-t-il quitté sa famille en France?
2. Pourquoi André ressemble-t-il à Alexis Prévost?
3. Est-ce que Claire explique comment elle connaissait Alexis Prévost à André?
4. Avant de partir à son travail, Claire retourne dans sa chambre pour prendre un objet qu'elle avait laissé. Quel est cet objet et pourquoi est-il si important pour Claire?
5. Pourquoi André accompagne-t-il Claire à son travail à l'hôtel?
6. À la fin de la séquence, qui attrape l'agresseur de Claire et de Simone?

D **L'attraction au cinéma** Répondez aux questions avec un(e) partenaire.

1. Au cinéma, quels indices un réalisateur utilise-t-il pour montrer que deux personnes dans un film commencent à être attirées l'une par l'autre *(each other)*?
2. Trouvez-vous le personnage de Claire attirant? Pourquoi ou pourquoi pas?
3. Et André? Est-ce que vous le trouvez attirant? Pourquoi ou pourquoi pas?
4. À votre avis, dans la Séquence 5, est-ce que Claire et André commencent à développer des sentiments l'un pour l'autre? Justifiez votre réponse.

SYNTHÈSE

OUI, JE PEUX!

Look at these "can-do statements" and rate yourself on how well you think you can perform these tasks in French. Then, with a partner, carry out the statements by doing Activities A and B. This will allow you to verify your abilities and to see how accurate your self-assessment was.

1. **"I can talk about where I would have traveled to if I had had the opportunity when I was in high school and describe three activities that I would have done on this trip."**

   I can perform this function

   ☐ with ease

   ☐ with some difficulty

   ☐ not at all

2. **"I can talk about an organization, a group, or a neighborhood that I am drawn to and explain why I find this place or group attractive by describing it and/or the people that make it attractive."**

   I can perform this function

   ☐ with ease

   ☐ with some difficulty

   ☐ not at all

A J'aurais aimé faire…

Étape 1. Quand vous étiez au lycée, si vous aviez eu l'occasion de voyager quelque part, où seriez-vous allé(e)? Quelles activités auriez-vous faites? Quelles expériences auriez-vous aimées avoir?

Étape 2. Dites à votre partenaire où vous seriez-allé(e) quand vous étiez au lycée si vous aviez eu l'occasion de voyager et quelles activités vous auriez faites.

Étape 3. Avez-vous bien réussi cette activité ou avez-vous eu des difficultés avec cette tâche *(task)*? Si oui, quelles étaient vos difficultés?

B Pourquoi cela m'attire

Étape 1. Quelle organisation, quel groupe ou quel quartier vous attire? Dressez une liste des raisons pour lesquelles vous trouvez cette organisation, ce groupe ou ce quartier attirant(e). Par exemple, comment sont la plupart des gens ou tous les gens? Est-ce que quelques-uns d'entre eux sont particulièrement impressionnants? Quelles activités font-ils? Comment sont les maisons dans le quartier?

Étape 2. Décrivez votre organisation, groupe ou quartier à un(e) partenaire. Expliquez pourquoi vous trouvez cette organisation, ce groupe ou ce quartier attirant(e).

Étape 3. Avez-vous bien réussi cette activité ou avez-vous eu des difficultés avec cette tâche *(task)*? Si oui, quelles étaient vos difficultés?

Activité DU FILM

À la place des personnages du film

Étape 1. Qu'auriez-vous fait si vous aviez été les personnages du film *Encore*? Complétez les phrases.

1. Si j'avais été Simone…
2. Si j'avais été Abia…
3. Si j'avais été Claire…
4. Si j'avais été André…

Étape 2. Supposons qu'André est attiré par Claire. Qu'aurait-il dû faire ou dire afin de dévoiler ses sentiments pour Claire? Discutez de cette question avec un(e) partenaire.

Étape 3. Par groupes de trois et en utilisant vos idées de l'Étape 2, recréez les scènes de la Séquence 5 entre André et Claire. Jouez votre sketch devant la classe.

L'Avare

extrait de l'Acte I, Scène 2)

de Molière

Photo de François Raison
Compagnie Le Grenier de Babouchka
Mise en scène Jean-Philippe Daguerre

Georgios Kollidas/Shutterstock.com

À DÉCOUVRIR: Jean-Baptiste Poquelin

Nom de théâtre et plume: Molière
Nationalité: française
Naissance et mort: le 15 janvier 1622 (à Paris) et le 17 février 1673 (à Paris)
Professions: comédien *(actor)*, dramaturge, poète
Réputation: le plus joué et le plus lu des dramaturges de comédies de la littérature française en France et partout dans le monde (souvent en traduction)

Avant de lire

Vous allez découvrir l'importance de Molière dans la littérature française. Puis, vous allez lire un extrait de la pièce de théâtre *L'Avare* et discuter de vos réactions à cette lecture.

Prélude Molière s'est consacré au théâtre à l'âge de 21 ans, et en 1661 a attiré l'attention du roi Louis XIV. Il est devenu «chef de la troupe de Monsieur» sous la protection du roi lui-même. À travers plus d'une douzaine de comédies célébrées, Molière a perfectionné plusieurs formes: le comique de mots (jeux de mots), le comique de gestes (grimaces, coups de bâton), le comique de situations (contradiction qui provoque le rire), le comique de mœurs (satire sociale) et le comique de caractères (ridicule d'un type humain). Presque toute la comédie française écrite après Molière lui est redevable *(indebted)* de son génie. On désigne souvent sa place emblématique dans la langue française en faisant référence à «la langue de Molière» tout comme les Anglais ont tendance à faire avec «la langue de Shakespeare».

Dans *L'Avare (The Miser)*, Harpagon, un père veuf et riche, obsédé par l'argent, veut marier ses enfants à des personnes riches. Pourtant, son fils Cléante et sa fille Élise sont attirés par des personnes sans fortune. Cléante est amoureux d'une jeune femme, Mariane, attiré par sa gentillesse. Élise est amoureuse de Valère, valet rusé *(clever)* au service d'Harpagon, attirée par son intelligence pratique. Malgré tout l'humour, *L'Avare* est une comédie assez sombre dans laquelle Molière montre que l'argent peut nuire *(damage)* aux relations familiales.

- Aimez-vous lire ou voir des comédies? Qui est votre auteur ou réalisateur comique préféré? Aimez-vous les comédies avec un message important? Pourquoi ou pourquoi pas?

OUTILS DE LECTURE

Paying attention to punctuation

It is especially important when reading plays to pay close attention to the punctuation. Look carefully for dramatic pauses (often represented by semi-colons or ellipses) as well as exclamations and questions. Commas can help you group phrases together. Noting the punctuation will ease your understanding of the text and help you "hear" its rhythm and tone.

Un pas vers LA LECTURE

L'Avare

(extrait de l'Acte I, Scène 2)

de Molière

L'action se passe à Paris chez Harpagon. Cléante parle avec sa sœur Élise en confidence. Il lui explique qu'il est amoureux d'une jeune femme pauvre appelée Mariane qui vit avec sa mère pour s'occuper d'elle. Cléante chante les louanges (praises) *de Mariane mais se plaint de l'avarice de leur père, Harpagon. Cléante rêve de se révolter contre lui et de s'enfuir* (run away) *avec Mariane. Élise annonce à son frère qu'elle aussi est amoureuse.*

CLÉANTE.—Je suis bien aise° de vous[1] trouver seule, ma sœur; et je brûlais de vous parler, pour m'ouvrir à vous d'un secret.

ÉLISE.—Me voilà prête à vous ouïr°, mon frère. Qu'avez-vous à me dire?

CLÉANTE.—Bien des choses, ma sœur, enveloppées dans un mot. J'aime.

ÉLISE.—Vous aimez?

CLÉANTE.—Oui, j'aime. Mais avant que d'aller plus loin, je sais que je dépens d'un père, et que le nom de fils me soumet à ses volontés°; que nous ne devons point engager notre foi°, sans le consentement de ceux dont nous tenons le jour°; que le Ciel les a faits les maîtres de nos vœux, [...] ils sont en état de se tromper bien moins que nous, et de voir beaucoup mieux en ce qui nous est propre°; qu'il en faut plutôt croire les lumières de leur prudence, que l'aveuglement° de notre passion ; et que l'emportement° de la jeunesse nous entraine° le plus souvent dans des précipices fâcheux°. Je vous dis tout cela, ma sœur, afin que vous ne vous donniez pas la peine de me le dire: car enfin, mon amour ne veut rien écouter, [...]

ÉLISE.—Finissons auparavant° votre affaire, et me dites qui est celle que vous aimez.

CLÉANTE.—Une jeune personne qui loge depuis peu en ces quartiers, et qui semble être faite pour donner de l'amour à tous ceux qui la voient. La nature, ma sœur, n'a rien formé de plus aimable; et je me sentis transporté, dès le moment que je la vis°. Elle se nomme Mariane, et vit sous la conduite d'une bonne femme de mère°, qui est presque toujours malade, et pour qui cette aimable fille a des sentiments d'amitié qui ne sont pas imaginables. Elle la sert, la plaint°, et la console avec une tendresse qui vous toucherait l'âme. Elle se prend d'un air le plus charmant du monde aux choses qu'elle fait, et l'on voit briller mille grâces en toutes ses actions; une douceur pleine d'attraits, une bonté toute engageante, une honnêteté adorable, une... Ah! ma sœur, je voudrais que vous l'eussiez vue°.

[1] Even though Cléante and Élise are brother and sister, they use **vous** with each other in the play, which would have been appropriate during Molière's time in the upper social classes.

ÉLISE.—J'en vois beaucoup, mon frère, dans les choses que vous me dites; et pour comprendre ce qu'elle est, il me suffit que vous l'aimez.

CLÉANTE.—J'ai découvert sous main, qu'elles ne sont pas fort accommodées°, [...] Figurez-vous, ma sœur, quelle joie ce peut être, que de relever° la fortune d'une personne que l'on aime; que de donner adroitement quelques petits secours° aux modestes nécessités d'une vertueuse famille; et concevez quel déplaisir ce m'est, de voir que par l'avarice d'un père, je sois dans l'impuissance de goûter cette joie, et de faire éclater° à cette belle aucun témoignage° de mon amour.

ÉLISE.—Oui, je conçois assez, mon frère, quel doit être votre chagrin.

CLÉANTE.—Ah! ma sœur, il est plus grand qu'on ne peut croire. Car enfin, peut-on rien voir de plus cruel, que cette rigoureuse épargne° qu'on exerce sur nous? [...] il faut que maintenant je m'engage° de tous côtés; si je suis réduit avec vous à chercher tous les jours le secours des marchands, pour avoir moyen de porter des habits raisonnables? [...] Je fais chercher partout pour ce dessein°, de l'argent à emprunter; et si vos affaires, ma sœur, sont semblables aux miennes, et qu'il faille que notre père° s'oppose à nos désirs, nous le quitterons là tous deux, et nous affranchirons° de cette tyrannie où nous tient depuis si longtemps son avarice insupportable.

aise *pleased* **ouïr** *hear* **volontés** *wishes* **foi** *faith, belief, confidence* **sans le… le jour** *sans le consentement de nos parents* **en ce qui… propre** *ce qui nous convient* **aveuglement** *blindness* **emportement** *impulse* **entraine** *brings* **précipices fâcheux** *upsetting abyss* **auparavant** *formerly, before* **vis** *saw* **une bonne… mère** *une mère âgée* **plaint** *feels sorry for* **eussiez vue** *were seeing* **elles… accommodées** *elles ont peu d'argent* **relever** *raise, lift* **secours** *assistance* **éclater** *to give* **témoignage** *gesture* **épargne** *saving* **je m'engage** *je m'endette* **dessein** *plan* **il faille que notre père** *it must be that our father* **nous affranchirons** *free ourselves*

Source: Molière, *L'Avare*, 1668

Après avoir lu

A Comparaisons interpersonnelles et interculturelles Répondez aux questions suivantes.

1. Décrivez l'argent de poche *(pocket money, allowance)* que vos parents vous donnaient quand vous étiez plus jeune ou qu'ils vous donnent encore aujourd'hui.
2. Êtes-vous plus comme Cléante ou plus comme Harpagon? C'est-à-dire, aimez-vous dépenser votre argent pour des choses que vous désirez ou pour aider les personnes que vous aimez, ou préférez-vous économiser *(save)* votre argent? Donnez un exemple pour illustrer votre réponse.
3. Selon les pratiques de votre culture ou dans votre famille, en général, quelle est la responsabilité financière des parents vis-à-vis de leurs enfants? Jusqu'à quel âge? Les parents, que devraient-ils financer pour leurs enfants et qu'est-ce que les enfants devraient financer eux-mêmes?

B Compréhension et interprétation Répondez aux questions suivantes.

1. Vers le début de l'extrait, Cléante explique qu'il dépend de quelqu'un. De qui dépend-il et qu'est-ce que cette dépendance implique?
2. Pourquoi Cléante est-il attiré par Mariane? Que veut-il faire pour elle?
3. Pourquoi est-ce que Cléante et peut-être Élise aussi ont des dettes?

Un pas vers L'ÉCRITURE

Une publicité de radio ou de télé

Quel que soit le genre de publicité, il y a souvent des aspects théâtraux (comme dans *L'Avare* de Molière) tels que **la comédie, le décor, les personnages, les thèmes, le dialogue, les costumes, les gestes, le ton de voix, les effets sonores, la musique, le rapport avec le public** et ainsi de suite. L'objectif est souvent le même pour le théâtre et pour la publicité: attirer les téléspectateurs ou les auditeurs. Cependant, la publicité désire aussi inciter son public à acheter le produit. À vous maintenant de créer une publicité théâtrale!

Préparation avant d'écrire

Étape 1. Tous les produits ont besoin d'une bonne publicité mémorable de radio, d'Internet ou de télévision pour que le public les découvre et/ou pour encourager les ventes, n'est-ce pas? Quel genre de produit voudriez-vous vendre dans votre publicité?

☐ un produit alimentaire ou une boisson

☐ un produit académique ou sportif

☐ un produit technologique

☐ un médicament ou un autre produit médical

☐ un restaurant ou une chaîne de restauration rapide

☐ un magasin ou un supermarché

☐ autre ________________________

Étape 2. Répondez aux questions suivantes.

1. Quel est votre produit spécifique et quelle est la meilleure plateforme pour faire sa publicité?
2. Quels sont les points forts de ce produit qui attireraient des acheteurs? Quelle est la meilleure façon de présenter ces points forts? Quels aspects théâtraux marcheraient bien (par exemple, la comédie, le décor, les personnages, les thèmes, le dialogue, les costumes, les gestes, le ton de voix, les effets sonores, la musique, le rapport avec le public, etc.)?
3. Quels sont les personnages de votre publicité: une célébrité porte-parole *(endorser)*, un personnage fictif, des gens ordinaires? Voulez-vous aussi un narrateur ou une narratrice?
4. Quels thèmes ou quelles situations inciteraient des téléspectateurs, des internautes *(internet users)* ou des auditeurs à acheter votre produit? Peut-être une scène d'amour, une scène sportive ou une scène domestique?

Écrire

Écrivez votre **publicité de radio, d'Internet ou de télé** d'entre 150 et 300 mots en consultant vos réponses aux questions de l'Étape 2 de l'activité **Préparation avant d'écrire.**

Écrivez un monologue et/ou un dialogue (à voix multiples) pour votre publicité. N'oubliez pas de décrire aussi les détails sur la scène, le décor, les personnages, l'interprétation *(acting)* des acteurs, les effets sonores ou la musique et d'autres détails importants.

RÉSUMÉ DE VOCABULAIRE

PARTIE 1

Les noms

une attraction *attraction*
un centre commercial *shopping center*
un chalet *cabin, cottage*
une chambre d'hôtes *bed and breakfast*
la cuisine de terroir *local foods*
un fleuve *river*
une fontaine *fountain*
une forêt tropicale *tropical forest*
la gastronomie *gastronomy*
un gratte-ciel *skyscraper*
un hébergement *accommodation, lodging*
une île *island*
un jardin (botanique) *(botanical) garden*
un marché en plein air *outdoor market*
une particularité *defining feature*
le patrimoine historique *historical heritage*
un pont *bridge*
un quartier *neighborhood*
une réserve naturelle *natural preserve*
un site naturel *natural site*
un spectacle *show, performance*
un stade *stadium*
une statue *statue*
un théâtre *theater*
une tour *tower*
un vignoble *vineyard*
un zoo *zoo*

Les verbes

être attiré(e) par *to be attracted to*
être de passage (en / au / à) *to be passing through*
faire une croisière *to take a cruise*
faire une excursion *to make a journey, to do an excursion*
faire une randonnée *to go hiking*

Les adjectifs

attirant(e) *attractive*
chaleureux / chaleureuse *warm*
ensoleillé(e) *sunny*
gastronomique *gastronomic, gourmet*

Les expressions

grâce à *thanks to*

Les adjectifs / Les pronoms indéfinis

l'autre / les autres *the other(s)*
un(e) autre / d'autres *another / (some) other(s)*
certain(e)s (de) *certain (of)*
chacun / chacune (de) *each (one) (of)*
chaque *(+ noun) each, every*
le / la / les même(s) *the same*
la plupart (de) *most (of them)*
plusieurs (de) *several (of)*
quelque chose *something*
quelques *(+ noun) some*
quelques-uns / quelques-unes (de) *some, a few (of)*
quelqu'un *someone*
tel / telle / tels / telles *such, such a*
tout / tous / toute / toutes *all (of them), everyone*
tout le monde *everyone*

PARTIE 2

Les noms

les bras *(m.) arms*
les critères *(m.) criteria, standards*
les fesses *(f.) buttocks*
les jambes *(f.) legs*
la maigreur *skinniness*
la minceur *slenderness, slimness*
les muscles *(m.) muscles*
le nez *nose*
les normes *(f.) norms, standards*
l'obésité *(f.) obesity*
les peintures *(f.) paintings*
les pieds *(m.) feet*
la poitrine *chest, bust*
la silhouette *figure, outline, silhouette*
le ventre *stomach, belly*

Les verbes

diffuser *to broadcast, to circulate*
faire de la musculation *to lift weights*
faire un régime *to diet*
illustrer *to illustrate*
incarner *to embody, to personify*
surveiller sa ligne *to watch one's weight*
tonifier *to tone*

Les adjectifs

actuel(le) *current, present*
anorexique *anorexic*
athlétique *athletic*
bien en chair *plump, stout, chubby*
bronzé(e) *(sun)tanned*
en surpoids *overweight*
large *wide, broad*
maigre *skinny*
malsain(e) *unhealthy*
mince *thin, slim, slender*
moyen(ne) *average*
plat(e) *flat*
pulpeux / pulpeuse *curvy*
sain(e) *healthy*
sculpté(e) *sculpted*

Vocabulaire du film
(See page 338.)

PREMIÈRES IMPRESSIONS

Qu'est-ce qui vous vient à l'esprit quand vous pensez au mot «bonheur»? Discutez de cette question avec vos camarades de classe.

CHAPITRE 10

Le bonheur

Objectifs
- *Defining happiness*
- *Express hypothetical events in the future and tell what you have others do*

Grammaire
1 *The future perfect*
2 *The present participle and past infinitives*
3 ***Faire causatif***

Culture
- Qu'est-ce que le bonheur?
- Francophones: fiers et heureux de l'être!
- Le bonheur dans le monde francophone

Un pas vers la lecture
Le Cancre (poem), Jacques Prévert

Un pas vers l'écriture
Un poème moderne

You will also rewatch SÉQUENCE **5: L'explication** of the film *Encore.*

UN APERÇU SUR LE FILM

Dans le bon ordre Avec un(e) partenaire, mettez les phrases suivantes dans le bon ordre (1–7) pour créer un paragraphe qui résume ce qui se passe dans la photo à gauche.

_____ a. À la fin de la scène, André reste chez Claire.
_____ b. Après avoir rendu visite à sa mère à l'hôpital, Claire retourne chez elle avec André.
_____ c. Ils se parlent également et André raconte à Claire «l'histoire de sa vie».
_____ d. C'est pour ça que les deux hommes se ressemblent.
_____ e. Ils prennent du thé.
_____ f. C'est une bonne idée, puisque *(since)* quelqu'un a attaqué la maman de Claire dans l'appartement.
_____ g. Pendant la conversation, Claire apprend qu'André est un cousin d'Alexis Prévost.

PARTIE 1 VOCABULAIRE 1

Réflexion culturelle

Qu'est-ce que le bonheur?

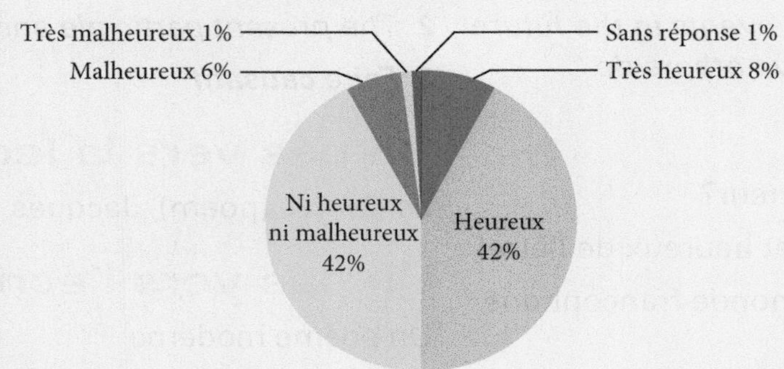

«L'enfer, c'est les autres°», a écrit Jean-Paul Sartre dans sa pièce de théâtre, *Huis clos* (1944). Il parlait du jugement constant des autres sur quelqu'un, ce qui finit par le torturer et le rendre malheureux. Inversement, pour les chercheurs du *World Happiness Report,* «les autres» a un sens positif, c'est-à-dire une «communauté». Publié tous les ans depuis 2012 par l'Organisation des Nations Unies (ONU), ce rapport classifie les 156 pays les plus heureux au monde. En 2019, plusieurs pays nordiques occupent les quatre premières places (la Finlande, le Danemark, la Norvège et l'Islande respectivement). En comparaison, le Canada est à la 9ème, les États-Unis à la 19ème, la France à la 24ème et Haïti est à la 147ème place.[1]

Ce classement est basé sur trois critères d'études sur le **bonheur** dans le monde: les relations entre le gouvernement et le bonheur, la puissance du comportement pro-social et les changements liés aux technologies de l'information.[2] D'après les résultats, le bonheur reste assez stable mais certaines tendances sociales (par exemple, la montée° de la présence et de l'utilisation des médias numériques°) risquent de nuire° au bonheur dans quelques pays, surtout aux États-Unis.[3] Certaines personnes, même si elles sont confrontées à quelques problèmes, **relativisent** pensant qu'il y a toujours plus malheureux que soi. Pourtant, toujours selon le rapport, depuis 2010 et **malgré** l'amélioration de l'économie américaine, les Américains sont moins heureux aujourd'hui qu'à la fin des années 1990.

Situation similaire chez les Français. D'après un sondage réalisé par BVA et le réseau international Win en 2017, le baromètre du bonheur montre que 50% des Français se disent heureux.[4] Les **jeunes** (18–24 ans) sont les plus heureux et ils sont plus **optimistes** que les **seniors,** qui sont parmi les plus pessimistes.[5] Comment expliquer cela? Les plus jeunes voient la vie devant eux pour **faire des projets** et ont tendance à avoir plus confiance en l'avenir.

L'enfer, c'est les autres *Hell, is other people* **montée** *rise* **numériques** *digital* **nuire** *to harm* **avertit** *cautions, warns*

[1] Additional Francophone countries and their rankings mentioned in this report are: Switzerland (6th); Luxembourg (14th); Belgium (18th), and several African countries include Algeria, Morocco, **Côte d'Ivoire,** Congo, Senegal, Burkina Faso, Tunisia, and Togo (88th–139th).

[2] Prosocial behavior refers to voluntarily helping people or society as a whole (ex. sharing, donating, co-operating, volunteering).

[3] https://worldhappiness.report/ed/2019/the-sad-state-of-happiness-in-the-united-states-and-the-role-of-digital-media/

[4] https://www.lepoint.fr/societe/les-francais-enfin-un-peu-heureux-01-02-2018-2191305_23.php

[5] https://www.lepoint.fr/societe/les-francais-enfin-un-peu-heureux-01-02-2018-2191305_23.php

Vocabulaire du texte

le bonheur *happiness*
les jeunes *(m.)* *youth*
les seniors *(m.)* *seniors*

faire des projets *to make plans*
relativiser *to put things into perspective*

malgré (que) *in spite of, despite*
optimiste *optimistic*

Vocabulaire complémentaire

les actes *(m.)* **de charité** *charitable acts*
les animaux *(m.)* **domestiques** *pets*
la lecture *reading*
les sorties *(f.)* *outings, going out*

s'épanouir *to flourish, to come into one's own*
pleurer *to cry*
rendre *to make, to render*
rire *to laugh*

un accomplissement *accomplishment*
un compliment *compliment*
le désespoir *despair*
l'état *(m.)* **d'esprit** *state of mind*
un truc *thing, stuff*

aider autrui *to help others*
décompresser *to chill (out), to relax*

chanceux / chanceuse *lucky, fortunate*
facile à vivre *easy-going*
perfectionniste *perfectionist*
pessimiste *pessimistic*

être bien dans sa peau *to feel good about oneself*

Note de vocabulaire

You know that **faire** also means *to make*. In **Grammaire 3** you will learn how to use **faire** with infinitives. Use **rendre** to mean *to make* with adjectives. **Ça me rend heureux/heureuse.** *(That makes me happy.)*

Note de vocabulaire

Malgré is typically followed by a noun or pronoun. When used to link together two parts of a sentence, it takes **que** and the subjunctive. **Malgré le fait que les gens puissent être méchants, Guy reste toujours heureux.** *(Despite the fact that people can be mean, Guy always remains happy.)*

Avez-vous compris? Répondez aux questions suivantes.

1. Quelle étude l'Organisation des Nations Unies fait-elle chaque année?
2. Où se trouvent la France et le Canada vis-à-vis du bonheur? Et les États-Unis?
3. Quelles conclusions les chercheurs ont-ils faites sur le bonheur dans leur rapport de 2019?
4. En France, quels gens sont les plus heureux? Pourquoi?

À votre avis L'article explique que les jeunes sont plus heureux et optimistes que les seniors en France. Est-ce que c'est la même chose dans votre culture, à votre avis? Si oui, pourquoi les jeunes sont-ils plus heureux et optimistes? Si non, pourquoi sont-ils plus malheureux et pessimistes que les seniors?

A Les ingrédients nécessaires Décidez, selon les messages ou publicités populaires dans votre culture, si ces choses et ces aspects de la vie sont nécessaires ou non pour être heureux.

1. l'argent
2. les compliments
3. la jeunesse
4. l'intelligence
5. l'amour
6. faire des projets avec des amis
7. un état d'esprit optimiste
8. être bien dans sa peau
9. les actes de charité
10. les animaux domestiques

Et vous? Qu'est-ce qui **n'**apparaît **pas** dans cette liste que vous croyez nécessaire pour être heureux Et comment est-ce qu'étudier le français vous rend heureux?

B Qu'est-ce que ça vous apporte?

Étape 1. Décidez si chaque action ou chose suivante vous apporte **du bonheur, du désespoir** ou autre chose.

1. les sorties entre amis
2. les catastrophes
3. aider autrui
4. les accomplissements
5. le chômage
6. la musique
7. rire ou sourire
8. la capacité de relativiser

Étape 2. Montrez vos réponses à un(e) partenaire. Voyez-vous la vie similairement? Ensuite, à tour de rôle, posez les questions suivantes et répondez-y.

1. Qu'est-ce qui te rend malheureux / malheureuse? Que fais-tu pour te consoler?
2. Faut-il être chanceux pour trouver le bonheur, à ton avis? Pourquoi ou pourquoi pas?
3. As-tu l'impression de t'épanouir dans tes études quand tu travailles bien? Donne un exemple.
4. Est-ce que tu as jamais pleuré parce que tu étais particulièrement heureux / heureuse? Si oui, donne des détails.
5. Est-ce que tu es d'accord avec l'idée suivante: «Plus on est heureux, plus on vit longtemps et plus on est productif dans tous les sens du terme»? Donne des exemples qui soutiennent et/ou remettent en question cette notion.

Conclusion À partir des réponses données par votre partenaire, est-il/elle idéaliste, réaliste, sarcastique, sentimental(e), pessimiste, autre chose? Expliquez.

Piotr Marcinski/Shutterstock.com

C Un proverbe franco-américain Dans les cultures française et américaine, nous entendons souvent dire que **«l'argent ne fait pas le bonheur»** *(money can't buy happiness)*. Par petits groupes, discutez de ce proverbe. Dressez des arguments pour et contre cette notion. Par exemple, dans quelles situations l'argent contribue-t-il au bonheur? Dans quelles circonstances n'y contribue-t-il pas? À la fin de votre discussion, revoyez vos idées et essayez d'en tirer une conclusion définitive.

D **Sondage: Comment trouver le bonheur dans la vie?**

Étape 1. Quelles sont les clés du bonheur? Vous allez découvrir les idées de vos camarades de classe à ce sujet. Tout d'abord, formulez trois à cinq idées sur «comment trouver le bonheur dans la vie» avec les mots de vocabulaire ou d'autres mots que vous voulez.

Modèle: **Ne parle pas négativement des autres et fais-leur des compliments tous les jours.**

Prends du temps pour toi et dors au moins huit heures par jour.

Étape 2. Maintenant, demandez leurs idées à autant de camarades de classe que possible. Notez ces idées. Ensuite, formez des petits groupes et échangez les idées que vous avez entendues et notées. Ensemble, choisissez les cinq meilleures idées.

E **Points de vue: La quête du bonheur: comment vivre heureux?** Lisez ce petit texte, puis répondez aux questions suivantes.

Elena Elisseeva/Shutterstock.com

miya227/Shutterstock.com

La quête du bonheur est à l'origine de presque tous nos comportements. En effet, le bonheur n'est pas seulement la conséquence d'une vie prospère, longue et épanouie°, il en est bien souvent la cause directe. Être heureux influence positivement tous les domaines de notre vie: santé, relations sociales, vie amoureuse, réussite professionnelle, etc.

Pourtant, il semble que la culture joue un rôle prépondérant. Beaucoup d'Américains, par exemple, associent bonheur avec gaieté, énergie et dynamisme; ils valorisent les émotions fortes et grisantes°. Les Indiens ou les Chinois, en revanche, voient en général le bonheur comme un état de paix et d'harmonie intérieure; ils privilégient des émotions moins intenses et plus sereines.

La notion de bien-être subjectif est exportable dans toutes les cultures même si l'intensité des expériences émotionnelles nécessaires au bonheur diffère par le monde. Et, dès la petite enfance, chacun d'entre nous apprendrait selon son modèle culturel quelles émotions rechercher pour être heureux.

épanouie *blooming* **grisantes** *intoxicating, exhilarating*

Source: *La quête du bonheur: comment vivre heureux?*, Jordi Quoidbach, écrit le 2 juillet 2011, www.futura-sciences.com, accédé le 21 septembre 2015.

1. Selon le texte, qu'est-ce que le bonheur influence de façon positive?
2. Avec quoi les Américains associent-ils le bonheur? Et les Indiens et les Chinois?
3. D'après le texte, quand et comment apprend-on quelles émotions associer avec le bonheur?
4. Et vous, valorisez-vous les émotions «fortes et grisantes» ou «moins intenses et plus sereines»? Comment voyez-vous le bonheur?
5. Quels modèles culturels particuliers qui permettent d'apprendre les émotions à rechercher pour être heureux existent dans votre culture?

COIN CULTUREL

Pascal Le Segretain/Getty Images Entertainment/Getty Images

Avec plus de 3.700 épisodes déjà tournés et diffusés en France, le feuilleton français *Plus belle la vie* (2004–) est devenu un véritable phénomène culturel! Durant seulement 23 minutes, chaque épisode est diffusé du lundi soir au vendredi soir. Mettant en scène, chaque jour, la vie quotidienne des habitants d'un quartier fictif de Marseille, la série suit la vie personnelle de ces personnages (leurs joies et désespoirs) ainsi que des intrigues policières dans lesquelles certains habitants du quartier ou leurs proches se trouvent impliqués. Un feuilleton à ne pas rater!

Le futur antérieur

DU FILM *ENCORE*

Encore un pas vers la grammaire

Look at these photos from the film *Encore* and their captions.

À six heures du soir, Claire **se sera** déjà **mise** à travailler à l'hôtel.

L'agresseur tombera à genoux aussitôt qu'André l'**aura attrapé.**

1. In the left caption, **se sera mise** is in the **futur antérieur** form. What tense / form is the auxiliary verb **sera** in? What does this caption mean?
2. Which verb follows the conjunction **aussitôt que**? Which action happened first, **tombera** or **aura attrapé**?

MindTap **Préparation**

There is no **Préparation** for **Grammaire 1.**

- The **futur antérieur** (future perfect) expresses something that *will have happened* before another action or event in the future. Compare the **futur simple** and the **futur antérieur.**

  Je **passerai** six semaines à Québec avant de commencer mes études en littérature québécoise.

  I will spend six weeks in Quebec before beginning my studies in Québécois literature.

  J'**aurai passé** six semaines à Québec avant de commencer mes études en littérature québécoise.

  I will have spent six weeks in Quebec before beginning my studies in Québécois literature.

- The **futur antérieur** is composed of a future form of either **avoir** or **être** and the past participle of a main verb. Verbs in the **futur antérieur** follow the same rules of agreement and the same patterns for the placement of negation, adverbs, and pronouns as they do for other compound tenses.

	manger	**partir**	**se coucher**
je/j'	**aurai** mangé	**serai** parti(e)	me **serai** couché(e)
tu	**auras** mangé	**seras** parti(e)	te **seras** couché(e)
il/elle/on	**aura** mangé	**sera** parti(e)	se **sera** couché(e)
nous	**aurons** mangé	**serons** parti(e)s	nous **serons** couché(e)s
vous	**aurez** mangé	**serez** parti(e)(s)	vous **serez** couché(e)(s)
ils/elles	**auront** mangé	**seront** parti(e)s	se **seront** couché(e)s

Nous **aurons mangé** toute la pizza dans moins d'une heure.
We will have eaten the whole pizza in less than one hour.

Elles ne **seront** pas encore **parties** avant ton arrivée.
They will not have left (yet) before your arrival.

Julie ne **se sera** pas encore **couchée** avant que tu arrives.
Julie will not have gone to bed (yet) before you arrived.

Mes enfants **se seront détendus** et **se seront endormis** avant votre départ.
My children will have relaxed and will have fallen asleep before your departure.

- When expressing two events that occur in the future, the event that occurs first is in the **futur antérieur.** The event that occurs second is in the **futur simple.**

(first event) *(second event)*

Quand ton cours **sera terminé,** je t'**emmènerai** au restaurant pour fêter ton anniversaire.
When your class is over, I will take you to the restaurant to celebrate your birthday.

(second event) *(first event)*

Je **voyagerai** en Europe lorsque j'**aurai trouvé** un bon emploi.
I'll travel to Europe when I have found a good job.

- A future tense follows the conjunctions **quand** *(when)*, **lorsque** *(when)*, **aussitôt que** *(as soon as)*, **dès que** *(as soon as)*, and **tant que** *(as long as)* when expressing a future action or state. If the future event following the conjunction occurs before another event in the future, use the **futur antérieur.** The main verb is in the future or the imperative. With the conjunctions **après que** *(after)* and **une fois que** *(once)*, the **futur antérieur** is almost always used.

On ira au cinéma ensemble **quand** tu **seras arrivé.**
We'll go to the cinema together when you've arrived.

Aussitôt qu'elle **aura vu** son fils, elle sera contente.
As soon as she's seen her son, she'll be happy.

Téléphone-moi **après que** tu **seras rentré** chez toi.
Call me after you've returned home.

On jouera au tennis ensemble **une fois que** tu **auras acheté** une raquette.
We'll play tennis together once you've bought a racket.

- Note the subtle difference in meaning when the **futur simple** follows one of the above conjunctions and when the **futur antérieur** follows a conjunction.

Quand les invitées **arriveront,** nous **mangerons.**	*When the guests arrive, we'll eat.*
Quand les invitées **seront arrivées,** nous **mangerons.**	*When the guests have arrived, we'll eat.*

A Avant l'arrivée du professeur en cours de français

Étape 1. Qu'auront fait les étudiant(e)s avant l'arrivée de leur professeur? Complétez chaque phrase avec le sujet approprié.

1. ______ aurons lu la leçon.	**a.** Tu	**b.** On	**c.** Nous
2. ______ aura acheté le livre pour le cours.	**a.** Je/J'	**b.** On	**c.** Plusieurs
3. ______ serez arrivés 20 minutes à l'avance.	**a.** Vous	**b.** Tu	**c.** Quelques-uns
4. ______ aurai étudié pour le quiz.	**a.** Quelqu'un	**b.** Je/J'	**c.** On
5. ______ te seras mis(e) à lire la leçon.	**a.** Je/J'	**b.** On	**c.** Tu
6. ______ des étudiantes seront allées aux toilettes.	**a.** Nous	**b.** On	**c.** Quelques-unes

Étape 2. Discutez de ces événements avec un(e) partenaire. Sont-ils probables ou pas?

1. Dans cinq semaines, **nous aurons terminé** ce cours de français.
2. Dans une heure, **nous serons parti(e)s** de cette salle de classe.
3. À quatre heures de l'après-midi, **je serai rentré(e)** chez moi.
4. À dix heures ce soir, **j'aurais fini** tous mes devoirs.
5. À six heures ce soir, **mon/ma professeur(e) aura dîné.**
6. À neuf heures ce soir, **mon/ma professeur(e) se sera déjà couché(e).**

B Quelques prédictions

Qu'est-ce que les personnes suivantes auront fait dans l'avenir? Faites vos prédictions en utilisant le futur antérieur et une expression de temps.

Modèle: Dans un jour, mon professeur **aura reçu un beau compliment.**

décompresser en vacances	réaliser un accomplissement
s'épanouir dans une nouvelle carrière	recevoir un beau compliment
éviter une catastrophe	rire comme des enfants
faire beaucoup d'actes de charité	sourire à un étranger / une étrangère
pleurer de bonheur	adopter un animal domestique

1. ______, mon/ma professeur(e) ______.
2. ______, quelqu'un de ma famille ______.
3. ______, les étudiant(e)s de ma classe ______.
4. ______, mes ami(e)s ______.
5. ______, nous ______.
6. ______, je/j' ______.

C Vos activités

Demandez à un(e) partenaire ce qu'il/elle aura fait dans les laps de temps *(time lapse)* indiqués. Ensuite, faites un résumé de ses réponses.

Modèle: É1: **Qu'est-ce que tu auras fait dans un an?**
É2: **J'aurai acheté une nouvelle voiture dans un an.**

1. un an
2. deux heures
3. trois mois
4. trois semaines
5. trente minutes
6. cinq ans

D Trouver un emploi quand on est en couple

Étape 1. Complétez le dialogue en mettant les verbes au futur simple ou au futur antérieur.

Paul: Oui, l'université m'a proposé le poste mais Valérie ne sait pas encore si elle (1) ____________ (obtenir) le poste à l'Université de Concordia. Je (2) ____________ (prendre) ma décision après qu'elle (3) ____________ (avoir) des nouvelles de Concordia.

Annick: Mon amie est dans la même situation. Une fois qu'elle (4) ____________ (terminer) son doctorat, elle (5) ____________ (pouvoir) commencer son poste à McGill. Mais son mari a besoin d'un emploi aussi. Elle (6) ____________ (accepter) le poste une fois que son mari (7) ____________ (trouver) du boulot *(work)* dans la même ville, et dès qu'ils (8) ____________ (être) rassurés que leurs enfants (9) ____________ (avoir) accès à de bonnes écoles.

Paul: Tout (10) ____________ (s'arranger). Veux-tu prendre un verre avec Valérie et moi ce soir?

Annick: Oui, avec plaisir. Je (11) ____________ (pouvoir) vous rejoindre aussitôt que je (12) ____________ (aller) chez le coiffeur. Vers 18h?

Paul: Nous (13) ____________ (partir) quand tu (14) ____________ (arriver). Une autre fois peut-être.

Étape 2. Complétez les phrases en utilisant le futur simple ou le futur antérieur. Ensuite, comparez vos idées avec deux camarades de classe.

1. Lorsque j'aurai terminé mes études…
2. Aussitôt que j'aurai remboursé toutes mes dettes…
3. Après que j'aurai trouvé le travail de mes rêves…
4. Je serai bien dans ma peau quand…
5. Je trouverai le bonheur dès que…
6. Je m'épanouirai une fois que…

Étape 3. Écrivez un petit paragraphe dans lequel vous comparez les idées de vos camarades de classe à propos du bonheur et de l'épanouissement (les numéros 5 et 6).

E Les étapes de la vie et les accomplissements

Avec deux camarades de classe, discutez de ce que ces gens auront accompli à ces étapes de leur vie. Utilisez le futur antérieur.

1. des enfants, à 6 ans
2. un adolescent, à 16 ans
3. une femme, à 25 ans
4. un homme, à 30 ans
5. des adultes, à 45 ans
6. des seniors, à 85 ans

Et vous? Qu'est-ce qu'étudier le français aura fait pour vous (ou vous aura apporté) avant la fin de votre vie? C'est-à-dire, comment étudier le français aura enrichi votre vie?

Encore une mélodie

bo-Yp/Agence Quebec Presse/Newscom

La chanson *Que du bonheur*, interprétée par Luce Dufault, est une éloge *(praise)* au bonheur: «Pour toi pour moi // Je veux du bonheur // Je veux le boire peu m'importe les heures.» Le mot «que» dans le titre peut être une abréviation de l'expression «ne…que» et vouloir dire *nothing but* ou *simply*, ou il peut être employé comme une interjection pour vouloir dire *Oh!* Cherchez la chanson sur Internet. Trouvez tous les exemples de bonheur mentionnés dans la chanson.

Journal de bord

Résumez en quelques mots ou phrases ce que vous avez appris dans la Partie 1 du Chapitre 10. Suggestions: Qu'est-ce qui est nécessaire pour être heureux pour vos camarades de classe? L'argent est-il nécessaire au bonheur? Qu'est-ce que vos camarades de classe auront déjà accompli quand ils obtiendront leur diplôme?

Réflexion **culturelle**

Francophones: fiers et heureux de l'être!

Notre cœur bat en français, aujourd'hui et à jamais!
1755
PEUPLE
FIERTÉ
SPFF
du 21 au 24 mars
Brunswick

Source: http://chau.teleinterrives.com/nouvelle-Regional_Fiers_detre_francophones_-11400

Lorsqu'interrogés° sur ce que cela signifie d'être francophone, de nombreux **apprenants** de français langue seconde expliquent, en général, qu'ils sont heureux et fiers de **faire partie de** cette grande famille de gens qui partagent la langue française et les cultures francophones. Ce thème a d'ailleurs été repris par *Destination francophonie,* sur la chaîne francophone TV5, une émission sur Internet disponible sur leur site Web officiel dans laquelle des collégiens et lycéens témoignent avec **passion** et enthousiasme de leur attrait pour le français, que ce soit leur **langue maternelle** ou non.

En Amérique du Nord, les jeunes francophones scolarisés et les apprenants de français langue seconde ont aussi la chance de vivre pleinement° en langue française pendant la Semaine provinciale de la fierté française (au Canada) et la Semaine du français (organisée par l'*American Association of Teachers of French* aux États-Unis). De nombreuses activités sont organisées aussi bien au sein des° écoles que dans la communauté locale dans le but de **fêter** et de faire rayonner° cette culture francophone et la langue française. Il y a aussi ces célébrités francophones «Francos et fiers de l'être», comme le chanteur louisianais Zachary Richard, qui ont décidé de faire rayonner leur langue et leur culture au sein de leur vie.[1] Quand on est entouré de milliers d'anglophones, pouvoir parler et chanter en français deviennent des gestes qui permettent à l'âme de s'épanouir!

À cette langue **commune** qu'est le français se rapportent° les valeurs francophones diverses, bien **propres** à chaque pays. En effet, celles-ci sont riches en histoire et en culture individuelles et partagées. C'est ce qui constitue la richesse de la francophonie: sa diversité mais aussi également sa communauté°; comme l'exprime un ancien slogan de la Semaine provinciale de la fierté française, «un cœur qui bat en français, aujourd'hui et à jamais» (SPFF, 2016). **Communiquer** et se respecter entre cultures sont deux forces de la francophonie qui sont en mesure d'°aboutir° au bonheur des nations!

interrogés *questioned* **pleinement** *fully* **au sein des** *within* **rayonner** *to shine* **se rapporter** *are related to* **communauté** *commonality* **sont en mesure d'** *stand to, are in position to* **aboutir** *to result in*

[1] https://itineraire.ca/article/411/en-francais-svp-

Vocabulaire du texte

un(e) apprenant(e) *learner*
une langue maternelle *native language*
la passion *passion, love*

communiquer *to communicate*

faire partie de *to be (a) part / member of*
fêter *to celebrate*

commun(e) *common*
propre *own*

Vocabulaire complémentaire

l'apprentissage *(m.) learning*
l'autosatisfaction *(f.) self-satisfaction*
le divertissement *entertainment, amusement*
un espoir *hope*
l'esprit *(m.)* **(humain)** *(human) spirit*
une langue officielle *official language*
un passe-temps *pastime, hobby*
le travail *work*

accomplir *to accomplish*
apprécier *to like, to enjoy, to appreciate*
dégoûter *to disgust*
démoraliser *to dishearten*

divertir *to entertain*
faire du bénévolat *to volunteer*
(se) faire plaisir (à) *to please, to make happy*
gâcher *to ruin*
menacer *to threaten*
persévérer *to persevere*
réconforter *to encourage, to comfort*

être comblé(e) de [joie, bonheur] *to be filled with [joy, happiness]*
tomber dans le désespoir *to fall into despair*

Avez-vous compris? Répondez aux questions suivantes.

1. Que veut dire «être francophone» pour beaucoup d'étudiants de français?
2. Que se passe-t-il dans l'émission «Destination francophonie»?
3. Quel genre d'activités sont organisées pendant la Semaine de la fierté française et la Semaine du français? Pourquoi organise-t-on ces activités?
4. Pourquoi les valeurs francophones sont-elles cruciales?

À votre avis Et pour vous, que représentent la langue française et les cultures francophones? Quelles activités culturelles aimez-vous ou aimeriez-vous organiser pour faire rayonner le français et les cultures francophones?

Encore une mélodie

THE CANADIAN PRESS IMAGES/Denis Beaumont

Daniel Lavoie est un auteur-compositeur-interprète du Manitoba, une province canadienne caractérisée par ses belles et grandes plaines *(prairies)*. Le français est une langue officielle du Manitoba mais au cours de son histoire, les Franco-Manitobains ont dû faire face à de nombreux défis afin de défendre cette langue. *Jours de plaine*, une chanson emblématique de Daniel Lavoie, fait référence à la lutte des francophones hors Québec pour préserver la langue française. Cherchez la chanson sur Internet. Comment est-ce que Daniel Lavoie décrit la langue française au Manitoba?

COIN CULTUREL

Chef montréalais renommé, Martin Picard comprend très bien que le bonheur se trouve dans l'assiette! Connu comme le «wild chef», dans son restaurant *Au pied de cochon* (classé parmi les 50 meilleurs restaurants au monde selon *Diner's Club*), il rend hommage à la cuisine québécoise rustique avec des plats savoureux et pleins d'imagination comme la poutine au foie gras, le canard en conserve ou le parfait de foie gras au sirop d'érable. Allez *Au pied de cochon* à Montréal et goûtez au bonheur!

A **Source de bonheur?** Décidez si les choses suivantes sont des sources de bonheur pour vous personnellement ou pour quelqu'un que vous connaissez (dans ce cas, identifiez cette personne).

1. parler sa langue maternelle
2. démoraliser les gens
3. le travail
4. fêter son anniversaire
5. réconforter un collègue
6. dégoûter ses amis
7. le statut du français comme langue officielle
8. communiquer avec un(e) apprenant(e) de votre langue
9. faire partie d'un club sportif ou d'une équipe sportive
10. réussir à accomplir une tâche *(task)* difficile en français

Et vous? Pour tous les numéros auxquels vous avez répondu affirmativement pour vous, dites ce qui risquerait de menacer ou de gâcher cette source de bonheur?

B **Manières d'accéder au bonheur** Tout le monde définit le bonheur différemment. On y accède et on le ressent de manières différentes aussi. Les psychologues ont identifié les quatre manières suivantes comme étant les plus communes chez les êtres humains.

Étape 1. Décidez à quelle(s) manière(s) d'accéder au bonheur ces activités correspondent.

a. en recevant quelque chose
b. en offrant quelque chose à quelqu'un
c. en pratiquant l'autosatisfaction (se satisfaire de ce qu'on fait)
d. en appréciant les choses de la vie les plus simples

1. _____ s'épanouir dans l'apprentissage
2. _____ se faire plaisir avec un bon livre
3. _____ apprécier le soleil et le beau temps
4. _____ s'impliquer dans un passe-temps
5. _____ faire du bénévolat
6. _____ divertir ses amis avec des sorties
7. _____ persévérer comme apprenant(e) dans un cours difficile
8. _____ communiquer avec un(e) ami(e) qui partage sa passion avec vous
9. _____ répondre aux espoirs de ses parents
10. _____ aller à un divertissement organisé par l'université

Note de vocabulaire

The **en** before a verb ending in **-ant** is the equivalent of the *-ing* form in English: **en recevant** means *(by) receiving.*

Étape 2. En petits groupes, échangez vos réponses de l'Étape 1. Avez-vous classifié les activités de façon similaire? Ensuite, toujours en groupes, posez-vous les questions suivantes et répondez-y ensemble.

1. Quand êtes-vous le plus comblé(e)s de joie ou de bonheur dans la vie?
2. Aimez-vous faire plaisir à vos amis? Si oui, que faites-vous pour eux? Si non, pourquoi pas?
3. Qu'est-ce qui pourrait vous faire tomber dans le désespoir?
4. Êtes-vous plus heureux / heureuse(s) lorsque vous êtes seul(e)s ou avec d'autres personnes? Expliquez.
5. Trouvez-vous que l'esprit humain et la compassion sont absents dans le monde d'aujourd'hui ou sont-ils toujours des sources d'inspiration et de bonheur pour les gens? Expliquez.
6. À votre avis, quelles sont les sources de bonheur les plus répandues aujourd'hui?

C **Pourquoi être bilingue?** Savez-vous qu'apprenant le français, vous êtes bilingues ou en train de devenir bilingues? Lisez la liste des avantages d'être bilingues et répondez aux questions avec un(e) partenaire.

WorldStock/Shutterstock.com

- Une personne bilingue a une plus grande capacité de s'adapter aux changements.
- Une personne bilingue a une meilleure capacité de raisonnement.
- Être bilingue peut ralentir *(slow down)* les maladies neurodégénératives comme la maladie d'Alzheimer.
- Une personne bilingue a tendance à avoir un esprit plus ouvert.
- Une personne bilingue est plus ouverte aux nouvelles cultures.
- Une personne bilingue a plus d'empathie envers les autres.
- Une personne bilingue est un(e) meilleur(e) citoyen(ne) du monde *(global citizen)*

1. Est-ce que vous étiez déjà au courant de *(aware of)* certains de ces avantages du bilinguisme? Si oui, lesquels?
2. D'après vous, quel avantage du bilinguisme est le plus important? Expliquez.
3. Parlez-vous d'autres langues? Si oui, lesquelles? Quelles autres langues aimeriez-vous apprendre un jour?
4. À votre avis, quels sont d'autres avantages du bilinguisme qui ne sont pas sur la liste?

D **Citations sur l'apprentissage des langues** Lisez les citations suivantes et répondez aux questions avec un(e) partenaire.

> Avoir une autre langue, c'est posséder une autre âme.
> — Charlemagne

> Apprendre une autre langue est un peu comme devenir quelqu'un d'autre.
> — Haruki Murakami

> Grâce aux langues, on est chez soi n'importe où.
> — Edmund de Waal

> Les limites de ma langue sont les limites de mon univers.
> — Ludwig Wittgenstein

1. Êtes-vous d'accord avec ces quatre citations? Expliquez.
2. Laquelle de ces citations aimez-vous la plus? Pourquoi?
3. Pourquoi avez-vous choisi d'étudier le français?
4. À votre avis, qu'est-ce que parler français ou parler d'autres langues ajoutera à votre vie?
5. A votre avis, est-ce que l'apprentissage des langues est important pour être des citoyen(ne)s du monde (*global citizens*) ?
6. Avec votre partenaire, créez une nouvelle citation à propos de l'apprentissage des langues.

PARTIE **2** GRAMMAIRE 2

Le participe présent et l'infinitif passé

DU FILM *ENCORE*

Encore un pas vers la grammaire

Look at these photos from the film *Encore* and their captions.

Claire et André se parlent **en buvant** du thé.

Avant de quitter son appartement, Claire cherche la bague d'Alexis. **Après avoir trouvé** la bague, elle sort.

1. In the left caption, what is the infinitive of the verb **buvant**? What does **en buvant** mean?
2. In the right caption, what do **avant de quitter** and **après avoir trouvé** mean?

MINDTAP **Préparation**

There is no **Préparation** for **Grammaire 2.**

Le participe présent

- The **participe présent** *(present participle)* is formed by dropping the **-ons** ending from the **nous** form of verbs in the present tense and adding **-ant.** The **participe présent** can be used as a noun, an adjective, or a verb.

  cour~~ons~~ → cour**ant** mange~~ons~~ →mange**ant** choisiss~~ons~~ → choisiss**ant**

- The verbs **avoir, être,** and **savoir** have irregular present participle forms.

  avoir → **ayant** être → **étant** savoir → **sachant**

  Ayant vingt dollars en poche, Arthur a décidé de déjeuner au restaurant.
  Having twenty dollars in his pocket, Arthur decided to have lunch at the restaurant.

- When used as an adjective, the **participe présent** must agree in gender and number with the noun it modifies.

Il n'y a pas d'eau **courante** dans le chalet.	*There is no running water in the chalet.*
Ces livres sont **stimulants.**	*These books are stimulating.*

- When the **participe présent** is used as a noun, the noun often refers to people who engage in a type of activity.

  apprendre *(to learn)* / **un(e) apprenant(e)** *(a learner)*
  gagner *(to win)* / **un(e) gagnant(e)** *(a winner)*

- When used as a verb, the **participe présent** often expresses the equivalent of English verbs ending in *-ing*. The **participe présent** may be used alone, but it is often preceded by the preposition **en,** meaning *while* or *by.* There is no agreement when the **participe présent** is a verb.

Je fais mes devoirs **en écoutant** de la musique.	*I do my homework while listening to music.*
Il a appris l'anglais **en lisant** un livre.	*He learned English by reading a book.*

- ***En*** + **participe présent** also expresses something that happens as soon as something else occurs.

Je vais te téléphoner **en quittant** la maison.	*I am going to call you upon leaving my house.*

- When prepositions other than **en** are used with verbs, the verb is always in the infinitive.

Tu dois faire la vaisselle **avant de partir.**	*You must do the dishes before leaving.*
Il a acheté la voiture **sans réfléchir.**	*He bought the car without thinking.*
Elle quitte son emploi **pour être** plus heureuse.	*She is leaving her job in order to be happier.*

L'infinitif passé

- **L'infinitif passé** is formed with the infinitive **avoir** or **être** and the past participle of a main verb. When the infinitive is **être**, the past participle must agree in gender and number with the subject. **L'infinitif passé** is often used after the preposition **après.**

  Après avoir pris son café, Laura s'est mise à se préparer pour la journée.
  After having her coffee, Laura began to prepare for her day.

  Après s'être réveillés, les garçons sont allés dans la cuisine pour leur petit déjeuner.
  After waking up, the boys went to the kitchen for breakfast.

- Object pronouns are placed before **avoir** or **être** with the past infinitive.

Après **lui avoir parlé,** Marc s'est couché.	*After speaking to him/her, Marc went to bed.*

Encore une mélodie

Reg Innell/Toronto Star/Getty Images

Née à Montréal, la chanteuse Marie-Élaine Thibert (1982–) sait captiver son public avec sa voix particulière et puissante depuis sa première prestation à la toute première édition québécoise de *Star académie* en 2003. Plus de huit albums plus tard et lauréate de plusieurs prix Félix et Juno, Marie-Élaine continue à se distinguer comme l'une des meilleures interprètes de la chanson québécoise et française de notre époque. L'un de ses plus grands succès est son interprétation de la chanson *Le ciel est à moi* (écrite par Stéphane Venne). Cette chanson décrit les émotions de quelqu'un qui, en quittant ce monde, trouve le bonheur. Cherchez la chanson sur Internet.

Note de grammaire

To emphasize that two actions are occurring at the same time or to oppose two actions, use **tout + en + participe présent.** Note that **tout** does not change form: **Alex conduit tout en écrivant des textos.** *(Alex drives while texting.)*

Encore une mélodie

Serge BENHAMOU/Gamma-Rapho/Getty Images

Sortie en 1985, *La langue de chez nous,* de l'auteur-compositeur-interprète français Yves Duteil, est un hommage à la langue française, à la francophonie et à Félix Leclerc, le père de la chanson québécoise. Cherchez la chanson sur Internet. Quelles métaphores utilise Duteil pour parler de la langue française?

A Pour l'amour du français et de la culture francophone

Étape 1. Un groupe de francophiles se réunit pour partager leur passion pour la langue française. Complétez chaque phrase avec **Avant, Après, Pour** ou **En.**

1. ________ **être** membre du cercle français, Lise doit essayer de parler français tout le temps.
2. ________ **avoir été** démoralisé par sa note en espagnol, Vincent a décidé d'étudier le français.
3. ________ **faisant** du bénévolat pour Médecins Sans Frontières au Sénégal, Lucie pourra à la fois aider les autres et améliorer son français.
4. ________ **avoir visité** tous les pays francophones, Sarah sera comblée de bonheur.
5. ________ **persévérant** dans ses cours de français, Marc pourra un jour travailler en France et s'épanouir.
6. ________ **de découvrir** sa passion pour la langue française, Alex se spécialisait en maths.
7. ________ **faisant** l'effort de parler français au Canada, Laura fera plaisir aux Québécois.
8. ________ **de maîtriser** sa langue maternelle, la petite Anna s'était déjà mise à étudier le français.

Étape 2. Et vous? Complétez les phrases suivantes avec des informations personnelles.

1. Avant d'étudier le français,…
2. En faisant mes devoirs de français,…
3. Après avoir terminé tous mes cours en français,…
4. En faisant l'effort de parler français tout le temps en classe,…
5. Pour être francophile,…

Et vous? Êtes-vous heureux / heureuse d'être étudiant(e) en français?

B Connaissez-vous votre professeur?

Complétez les phrases suivantes à propos de votre professeur(e).

Modèle: Mon professeur part à l'université après **avoir regardé les actualités françaises.**

SUGGESTIONS

(aider) les étudiants	(faire) des fautes
(avoir) une nouvelle voiture	(prendre) un verre de vin
(boire) du café	(réfléchir) en anglais
(chanter) des chansons françaises	(regarder) les actualités françaises
(écouter) de la musique francophone	(se mettre) à préparer ses leçons
(être) bien dans sa peau	(vivre) dans un pays francophone

1. Mon/Ma professeur(e) part pour l'université **après…**
2. Mon/Ma professeur(e) finira son travail **avant de/d'…**
3. Mon/Ma professeur(e) peut parler français **sans…**
4. Mon/Ma professeur(e) aime décompresser **en…**
5. Mon/Ma professeur(e) se couche **après…**
6. Mon/Ma professeur(e) sera comblé(e) de joie **en…**
7. Mon/Ma professeur(e) trouvera le bonheur **après…**

C Avez-vous la capacité d'être multitâche?

Étape 1. Demandez à deux camarades de classe s'ils / si elles peuvent faire les activités suivantes en faisant leurs devoirs.

Modèle: **Est-ce que vous pouvez faire vos devoirs en écoutant de la musique?**

1. écouter de la musique
2. dîner
3. faire du yoga ou de l'exercice
4. jouer aux jeux vidéo
5. parler au téléphone
6. conduire votre voiture
7. ???
8. ???

Étape 2. Toujours en groupes, décrivez à vos deux camarades de classe d'autres activités que vous pouvez faire en même temps.

Modèle: **Je peux mâcher *(chew)* du chewing-gum en marchant.**

Étape 3. Décidez qui, dans votre groupe, est le/la plus talentueux / talentueuse. Justifiez votre réponse. Soyez prêt(e) à partager votre réponse avec la classe.

D Avant et après

Étape 1. Demandez à un(e) partenaire ce qu'il/elle aimerait faire avant les événements suivants.

Modèle: **Qu'est-ce que tu aimerais faire avant de terminer ce cours de français?**

1. terminer ce cours de français
2. se marier
3. obtenir ton diplôme universitaire
4. prendre ta retraite
5. ???

Étape 2. Maintenant, interrogez votre partenaire à propos de sa vie après avoir réalisé les événements suivants.

Modèle: **Qu'est-ce que tu feras après avoir terminé tes cours universitaires?**

1. terminer tes cours universitaires
2. réussir ta carrière
3. avoir des enfants
4. réaliser tes rêves
5. ???

Étape 3. Faites un résumé des réponses de votre partenaire. Ensuite, comparez la vie de votre partenaire avec votre propre vie. Serez-vous tout(e) / tous/toutes les deux comblé(e)s de bonheur dans l'avenir?

Encore une mélodie

Radio-Classique Archives - Gregory Charles

La musique nous fait danser et nous rend heureux! À l'Académie Gregory, le chanteur-musicien québécois Gregory Charles partage sa passion pour la musique avec ses cours virtuels. Vous pouvez devenir pianiste ou guitariste en suivant ses leçons 10 minutes par jour. À la fin de la session, vous pouvez monter sur scène et jouer avec Gregory en concert. Cherchez le site officiel de l'Académie Gregory pour apprendre le langage de la musique!

Journal de bord

Résumez en quelques phrases ce que vous avez appris dans la Partie 2 du Chapitre 10. Suggestions: Qu'avez-vous appris au sujet de vos camarades de classe à propos de leur conception du bonheur? Sont-ils/elles heureux / heureuses d'étudier la langue française et les cultures francophones? Quelles activités intéressantes peuvent-ils faire en même temps?

Le bonheur dans le monde francophone

Thamyris Salgueiro/Shutterstock.com

Le Bonheur d'être francophone au Manitoba

La plupart des francophones canadiens se trouvent au Québec, bien sûr, mais il y a une autre province canadienne où les gens sont aussi fiers d'être francophones. C'est le Manitoba, dont la capitale est Winnipeg, situé au centre du Canada, dans la région des plaines et des prairies, bordé par le Saskatchewan (à l'ouest), l'Ontario (à l'est) et les états américains du Minnesota et du Dakota du Nord (au sud). En 2016, le Manitoba comptait 46.060 personnes (à peu près 3% de la population) qui parlaient français comme langue maternelle.[1]

Les beaux paysages pittoresques de cette région s'animent sous la plume de la grande auteure franco-manitobaine Gabrielle Roy (1909–1983). Originaire de Saint-Boniface, un quartier francophone de Winnipeg, la romancière décrit dans ses récits semi-autobiographiques, *Rue Deschambault* (1955) et *La route d'Altamonte* (1966), son enfance et la réalité d'être canadienne française née hors du Québec. Ces livres, devenus des classiques de la littérature canadienne, évoquent beaucoup de beaux souvenirs d'enfance (fictifs ou inventés?) et des expressions franco-canadiennes de l'époque qui font parfois rire et sourire. L'une des attractions touristiques populaires à Saint-Boniface aujourd'hui est la maison d'enfance de Gabrielle Roy au 375, rue Deschambault!

Tout comme les Québécois, les Franco-Manitobains connaissent aussi «la joie de vivre». Pour aider à vivre leur bonheur d'être francophone et leur héritage franco-canadien, le Festival du Voyageur est le plus grand festival d'hiver de l'Ouest canadien.[2] Avec la réputation d'être «le plus gros party de cuisine au monde», cette célébration unique de dix jours en février fête la joie de vivre légendaire des voyageurs originaux à travers «la bonne bouffe» et la musique traditionnelles, ainsi qu'à travers des activités en plein air typiques pour la saison.[3] En parlant de la musique du Manitoba, n'oublions pas le célèbre chanteur franco-manitobain, Daniel Lavoie (1949–). En plus d'être connu pour son rôle de Frollo dans le drame musical *Notre-Dame de Paris* (de Luc Plamondon et Richard Cocciante), Lavoie est aussi un grand défenseur de la langue française au Manitoba. Dans sa chanson emblématique, *Jours de plaine* (1990), Lavoie exprime les défis d'être francophone quand la langue anglaise est omniprésente mais en même temps, il chante avec fierté le bonheur que ressentent beaucoup de Franco-Manitobains de parler la langue française. Il chante: «J'ai des racines en France, aussi fortes que la mer // Une langue qui danse, une langue belle et fière…».

[1] https://rvf.ca/fr/communautes/manitoba

[2] **Les voyageurs,** in this context, refers to the French-Canadian fur traders of **Nouvelle-France** who traded with the First Nations of Ojibwas and the Assiniboines; many of whom eventually settled in the area.

[3] http://joiedevivremanitoba.com/fr/joie-de-vivre/festivals-events-1/festival-du-voyageur

Avez-vous compris?

1. Où se trouve la province du Manitoba et quel est le nom de sa ville capitale?
2. Qui est Gabrielle Roy et pourquoi est-elle importante pour les Canadiens?
3. Qu'est-ce que le Festival du Voyageur?
4. De quoi est-ce que le chanteur manitobain Daniel Lavoie est-il le défenseur et comment le montre-t-il dans sa musique?

Ronald Summers/Shutterstock.com

Au pays du bonheur: la Suisse!

Selon le *World Happiness Report,* publié chaque année par l'Organisation des Nations Unies, la Suisse figure toujours parmi les dix pays les plus heureux au monde. Selon les critères d'évaluation, les chercheurs de l'ONU prennent toujours en compte le bien-être des personnes (logement, éducation et richesse, entre autres). Et même si tout le monde est d'accord que «l'argent ne fait pas le bonheur», ce rapport définit en partie le bonheur comme l'accès à une meilleure qualité de vie et notamment à des prestations° supérieures dans plusieurs domaines, ce qui est exactement le cas en Suisse.

Tout d'abord, la Suisse croit en sa jeunesse. À titre d'exemple, en 2016, elle a investi 17,5% de son budget pour le secteur public dans l'éducation.[1] En comparaison, le gouvernement américain n'a investi que 6,3% de son *discretionary spending* dans l'éducation en 2015.[2] Un autre atout de la Suisse est que la couverture santé y est ouverte à tous, d'où une espérance de vie plus élevée à 81,84 ans, ce qui situe la Suisse à la 17ème place en 2019.[3] Pour mieux comprendre, l'espérance de vie en France est de 81,92 ans (14ème place); au Canada, elle est de 82,11 ans (11ème place); et aux États-Unis, elle est de 79,83 ans (53ème place).[3]

En général, les Suisses sont heureux et fiers de leur pays dans lequel on trouve facilement des activités amusantes pour tous les âges et tous les goûts. Les montagnes permettent de pratiquer de nombreux sports de plein air en toutes saisons. D'ailleurs, l'appréciation pour l'activité physique est apprise à un jeune âge en Suisse, et elle a l'habitude de continuer à l'âge adulte.[4] Et après l'effort, le réconfort et la convivialité°, autour d'une bonne raclette ou d'une fondue partagée entre amis ou en famille, deux plats préparés souvent à partir de produits locaux. Ces traditions culinaires reflètent bien la valeur culturelle de la communauté que la plupart des Suisses respectent beaucoup (9,8/10 pour le sentiment de camaraderie et la confiance aux autres).[5] Malgré leur réputation d'avoir parfois peur des étrangers, on avance l'hypothèse que cette notion de camaraderie ou de communauté aide à les rendre plus heureux en tant que gens et plus prêts à s'amuser ensemble, ce qui est aussi le cas pour les autres sociétés des pays en tête de la liste du *World Happiness Report.*

prestations *benefits* **convivialité** *friendliness, togetherness*

[1] https://www.bfs.admin.ch/bfs/fr/home/statistiques/education-science/indicateurs-formation/systeme-formation-suisse/degre-formation/tous-degres/depenses-publiques-education.html

[2] https://www.nationalpriorities.org/budget-basics/federal-budget-101/spending/

[3] http://www.geoba.se/population.php?pc=world&type=015&page=1

[4] https://brightthemag.com/why-switzerland-is-the-happiest-country-in-the-world-f642c752811d

[5] https://www.expatica.com/ch/about/basics/what-makes-the-swiss-the-happiest-people-in-the-world-848637/

Avez-vous compris?

1. Sur quoi est basé le classement des pays les plus heureux?
2. Comment l'argent contribue-t-il à une meilleure qualité de vie?
3. Quelles sont les activités à faire en Suisse?
4. Quelles sont les spécialités locales à partager entre amis?

Qu'en pensez-vous?

Pour vous, quels sont les «petits» bonheurs ou les moments de bonheur qui vous font plaisir? Comment et avec qui les partagez-vous? Y a-t-il des choses que vous faites quand vous êtes triste pour vous sentir de nouveau heureux / heureuse?

MINDTAP **Le bonheur dans le monde francophone**

Phovoir/Shutterstock.com

Would you like to learn more about **La Nation des Métis du Manitoba; La raclette, du bonheur dans votre assiette!;** or **Maryse Condé, bonheur d'écriture**? Visit **Liaisons culturelles** and **Encore plus loin** in MindTap to explore these topics.

Faire causatif

DU FILM *ENCORE*

Encore un pas vers la grammaire

Look at these photos from the film *Encore* and their captions.

Claire **fait bouillir** de l'eau pour préparer du thé.

Claire **fait regarder** les photos **à** André.

1. In the left caption, **fait bouillir** is in the **faire causatif** construction. What does **Claire fait bouillir de l'eau** mean?
2. In the right caption, who is looking at the photos? Claire or André?

MINDTAP Préparation

There is no **Préparation** for **Grammaire 3.**

- The verb **faire** means *to do* or *to make*. The verb **faire** may also be used as a helping verb with another verb in the infinitive to express *to have something done*. This construction is called **faire causatif.** Note that the verb in the infinitive can also be the verb **faire.**

Laura **fait faire** une robe pour sa mère.	*Laura is having a dress made for her mother.*
Je **me fais laver** les cheveux ce matin.	*I'm having my hair washed this morning.*
Nous **avons fait nettoyer** les fenêtres hier.	*We had the windows cleaned yesterday.*

- Note the following constructions when one is performing the action oneself rather than having the action done. Compare these sentences with the preceding examples.

Laura **fait** une robe pour sa mère.	*Laura is making a dress for her mother.*
Je **me lave** les cheveux ce matin.	*I am washing my hair this morning.*
Nous **avons nettoyé** les fenêtres hier.	*We cleaned the windows yesterday.*
Les étudiants **réfléchiront** au livre.	*The students will think about the book.*

- The **faire causatif** construction also expresses the idea of causing something to happen.

Cette réunion nous **fait perdre** notre temps.	*This meeting is making us waste our time.*
La nouvelle m'a **fait pleurer.**	*The news made me cry.*
Le livre **fera réfléchir** les étudiants.	*The book will make the students think.*

When one has an action done for oneself, **se faire** + *infinitive* is used. Compare the construction when the action is reflexive or done for someone else.

Denis **se fait préparer** un sandwich.	*Denis is having a sandwich prepared for him.*
Karine **se fera tricoter** un chandail.	*Karine will have a sweater knitted for her.*
Denis **se prépare** un sandwich.	*Denis is preparing a sandwich for himself.*
Karine **tricotera** un chandail pour sa fille.	*Karine will knit a sweater for her daughter.*

The following are some common expressions in the **faire causatif** construction. Note they do not always translate literally as *to do* or *to make.*

faire bouillir *to boil*	**faire savoir** *to inform*
faire cuire *to cook*	**faire sortir** *to show someone out*
faire entrer *to show someone in*	**faire tomber** *to drop*
faire fondre *to melt*	**faire venir** *to summon*
faire remarquer *to point out*	**faire voir** *to show, to reveal*

The **faire causatif** may be used to express *to make someone do something* and may have one or two objects. When there is only one object, the object is a direct object. When there are two objects, the person or people being made to do the action is the indirect object and is preceded by the preposition **à**, and the inanimate object is the direct object.

Mustapha **fait chanter** les enfants.	*Mustapha makes the children sing.*
Mustapha **fait chanter une chanson aux** enfants.	*Mustapha makes the children sing a song.*
Luc **fait étudier** son fils.	*Luc makes his son study.*
Luc **fait étudier** le poème **à** son fils.	*Luc makes his song study the poem.*
Marie **a fait faire** des sushis **à** Pierre.	*Marie made Pierre make sushi.*
Denis **fera laver** la voiture **à** Marc.	*Denis will make Marc wash the car.*

The verb **rendre,** not the **faire causatif** construction, is used with adjectives.

Le soleil me **rend heureux.**	*The sun makes me happy.*
Cette nouvelle les **a rendus très tristes.**	*This news made them very sad.*

Note de grammaire

Note there is no agreement with the past participle with the **faire causatif** construction because the real object is the infinitive phrase: **Robert a fait préparer la tarte pour la fête. / Robert l'a fait préparer.**

Note de grammaire

Note that object pronouns are placed before the verb **faire: Mylène fait lire le journal à Guillaume. / Mylène le lui fait lire. Guy n'a pas fait faire les devoirs à ses enfants. / Guy ne les leur a pas fait faire.**

Encore une mélodie

Tony Barson Archive/ WireImage/Getty Images

L'auteur-compositeur-interprète québécoise Cœur de Pirate (de son vrai nom, Béatrice Martin) a écrit une chanson sur le bonheur intitulée *Ouvre du bonheur*. Cherchez la chanson sur Internet. Pourquoi la chanteuse est-elle heureuse et que veut-elle «faire circuler»?

A Qui fait quoi pour qui?

Étape 1. Voici des activités de Nadia (la sœur d'Abia) et de son mari François. Décidez qui fait chaque activité.

1. **Nadia fait acheter du café à François.**
   Qui achète le café? **a.** Nadia **b.** François **c.** Quelqu'un d'autre
2. **François fait préparer une mousse au chocolat pour Nadia.**
   Qui prépare la mousse au chocolat? **a.** François **b.** Nadia **c.** Quelqu'un d'autre
3. **François achètera un petit Tiki en jade pour Nadia.**
   Qui achètera le Tiki? **a.** François **b.** Nadia **c.** Quelqu'un d'autre
4. **Nadia a fait lire un roman de Maryse Condé à François.**
   Qui a lu le roman? **a.** Nadia **b.** François **c.** Quelqu'un d'autre
5. **François s'achète un Tiki en nacre à Tahiti.**
   Qui achète le Tiki? **a.** François **b.** Nadia **c.** Quelqu'un d'autre
6. **Nadia fait travailler François dans la cuisine.**
   Qui travaille dans la cuisine? **a.** Nadia **b.** François **c.** Quelqu'un d'autre

Étape 2. Qu'est-ce que vos professeurs vous font faire? Complétez les phrases.

Modèle: Mon professeur de **maths** me fait acheter **une calculatrice**.

1. Mon/Ma professeur(e) de/d' ____________ me fait acheter ____________.
2. Mon/Ma professeur(e) de/d' ____________ me fait travailler ____________.
3. Mon/Ma professeur(e) de/d' ____________ me fait lire ____________.
4. Mon/Ma professeur(e) de/d' ____________ me fait regarder ____________.

B Une fête

Étape 1. Robert, le superviseur de l'hôtel Delta, décrit ce qui s'est passé hier soir pendant une fête à l'hôtel. Complétez les phrases avec le **faire** causatif et le passé composé.

Modèle: Les serveurs **ont fait bouillir de l'eau pour le thé et le café.**

1. Les serveurs / faire entrer...
2. Le grand chef / faire cuire...
3. Les sous-chefs / faire fondre...
4. Je/J' / faire savoir aux client(e)s que...
5. Un serveur / faire tomber...
6. À la fin de la soirée, je/j' / faire sortir...

Étape 2. Et vous? Discutez des questions suivantes avec un(e) partenaire.

À une fête...

1. qu'est-ce qui te fait t'endormir?
2. qu'est-ce qui te fait rire?
3. qu'est-ce qui te fait perdre patience?
4. qu'est-ce qui te rend mal à l'aise?
5. qu'est-ce qui te rend triste?
6. qu'est-ce qui te rend heureux / heureuse?

C Vous aimez donner des ordres?

Étape 1. Si vous aviez la possibilité de faire faire vos tâches ménagères à quelqu'un d'autre, qui ferait quoi pour vous? Complétez les phrases suivantes avec le **faire** causatif.

1. Je ferais faire la vaisselle à...
2. Je ferais passer l'aspirateur à....
3. Je ferais faire la poussière à...
4. Je ferais nettoyer la salle de bains à...

Étape 2. Nommez trois autres activités que vous aimeriez que quelqu'un d'autre fasse. Ensuite, comparez vos idées avec un(e) partenaire. Décidez qui aime le plus donner des ordres *(bossy)*.

Modèle: **Je ferais préparer un repas raffiné à mon petit ami. Je ferais faire mon lit à mon colocataire. Je ferais couper les oignons à mon frère.**

D Qui le fait?

Qui fait ces activités normalement? Vous ou quelqu'un d'autre? Comparez vos réponses avec celles de deux camarades de classe. Ensuite, décidez qui, dans votre groupe, est le/la plus autonome.

Modèle: É1: **Je fais laver ma voiture à mon frère.**
É2: **Moi, je fais laver la voiture chez Quick Wash.**
É3: **Je lave ma voiture moi-même.**

1. laver la voiture
2. couper les cheveux
3. faire le ménage
4. préparer le dîner
5. faire les devoirs
6. faire les courses

E Le bonheur

Étape 1. Qu'est-ce que vous vous feriez faire afin d'être plus heureux / heureuse?

Modèle: **Je me ferais faire une manucure à mon spa préféré.**

acheter ???	faire une robe / un costume
aider autrui	faire une manucure / un massage
construire une maison de rêve	laver ma voiture
écrire un poème	préparer ???
faire un bon dessert français	raser
faire la lessive	???

Étape 2. Pensez à deux ou trois personnes que vous connaissez qui méritent le bonheur. Avec un(e) partenaire, discutez de ce que vous ferez ou ferez faire pour ces personnes afin de les rendre heureuses.

Encore une mélodie

Jean Claude Pierdet/INA/Getty Images

Quand la chanteuse Renée Claude (1939–) s'est trouvée atteinte de la maladie d'Alzheimer, ses amies ont refusé de la laisser tomber dans le désespoir. 11 des plus belles voix du Québec se sont réunies afin d'enregistrer *(to record)* la chanson *Tu trouveras la paix*, l'un des plus grands succès de Renée Claude, pour lui donner une dose d'amour. Dans le vidéoclip de cette chanson touchante, on peut entendre les belles voix de Céline Dion, Diane Dufresne, Ginette Reno, Louise Forestier, Isabelle Boulay, Luce Dufault, Laurence Jalbert, Ariane Moffatt, Marie-Denise Pelletier, Catherine Major et Marie-Élaine Thibert. Cet enregistrement est un témoignage d'amour et un geste profondément humain pour réconforter une amie. Vous pouvez écouter et acheter cette chanson sur iTunes afin d'aider la recherche sur la maladie d'Alzheimer. Selon la chanson, où trouvera-t-on la paix?

Journal de bord

Résumez en quelques phrases ce que vous avez appris dans la Partie 3 du Chapitre 10. Suggestions: Qu'avez-vous appris à propos des lectures culturelles? Qu'est-ce que vos camarades de classe font faire aux autres? Qu'aimeraient-ils se faire faire? Qu'est-ce qu'ils feront afin de rendre les gens dans leur vie heureux?

DEUXIÈME PROJECTION

ENCORE
SÉQUENCE 5 : L'explication

A Avant de visionner

Étape 1. Dans un film, on voit ce qui se passe à travers les yeux des personnages. Typiquement, le point de vue qui est privilégié est celui du personnage principal. Pourtant, de temps en temps, le réalisateur choisit de faire voir des événements aux spectateurs du point de vue de personnages autres que le personnage principal, comme par exemple des personnages secondaires ou des figurants *(extras)*.

Voici quelques raisons pour lesquelles un metteur en scène veut qu'on voie ce qui se passe à travers les yeux d'autres personnages. Lisez-les attentivement.

a. afin de nous donner une perspective différente des événements
b. afin de dévoiler les sentiments et les pensées des autres personnages
c. afin de cacher quelque chose au personnage principal
d. afin de montrer au spectateur ce que le personnage principal ne devrait pas encore savoir
e. afin de créer du suspense ou de la tension

Étape 2. Dans le film *Encore,* on voit la plupart des événements du point de vue de Claire parce que c'est son personnage qui domine dans la majorité des scènes. Pourtant, dans la Séquence 5, il y a quelques passages dans lesquels Claire n'apparaît pas. Avec un(e) partenaire, faites une liste des passages dans lesquels le personnage de Claire ne domine pas et où on voit les événements du point de vue d'un autre personnage. Pour chaque passage que vous avez identifié, répondez aux questions suivantes. Vous allez vérifier vos réponses plus tard.

1. Décrivez la scène. Du point de vue de quel personnage est-elle filmée?
2. Qu'est-ce que ce personnage voit, comprend ou pense?
3. Pourquoi le réalisateur a-t-il choisi de présenter le point de vue de ce personnage? Utilisez les raisons **a, b, c, d** ou **e** de l'Étape 1.

B ▶ Regardez la séquence Regardez encore une fois la Séquence 5 du film *Encore*. Faites attention aux moments où on a un point de vue de quelqu'un d'autre que Claire. Vérifiez vos réponses à l'Étape 2 de l'Activité A.

C Les points de vue des personnages

Étape 1. Voici d'autres moments dans le film où Claire n'est pas présente. Pour chaque photo, expliquez ce qui se passe dans la scène. Ensuite, expliquez pourquoi le réalisateur a choisi de présenter ces événements du point de vue de ces deux personnages dans ces moments du film.

1. **M. SIMARD** Louis? C'est Jean... Écoute, on a un problème... Il s'agit d'Alexis et de sa mère, Madeleine...

2. **SIMONE** Je l'ai vu! Je l'ai vu dans la rue!

Étape 2. Discutez des questions suivantes avec un(e) partenaire.

1. À votre avis, pourquoi le point de vue de Claire domine-t-il dans le film *Encore*?
2. Identifiez un film dans lequel on n'a qu'un seul point de vue. Quel est l'effet de cette technique?
3. Identifiez un film dans lequel on voit les événements de plusieurs points de vue. Quel est l'effet de cette technique?

D Changez de point de vue

Choisissez une scène du film *Encore* dans laquelle on voit l'histoire du point de vue de Claire. Refaites cette scène de façon à présenter l'histoire du point de vue d'un autre personnage, comme André, Abia, Simone, Robert (le superviseur), le médecin ou quelqu'un d'autre. En quoi le film serait-il différent si on voyait cette scène du point de vue du personnage que vous avez choisi?

Encore: La culture dans le film

L'actrice Mylène Savoie

Originaire d'Acadie, l'actrice et danseuse canadienne Mylène Savoie, qui interprète le rôle de Claire Gagner, est connue pour ses rôles dans les films *Down to the Dirt* (2008), *The High Cost of Living* (2010) et *Blood Bath* (2012). Après avoir terminé le tournage du film *Encore,* Mylène s'est lancée dans la production de son premier court-métrage, *Exode* (2011), dans lequel elle joue le rôle principal. Ce film a été sélectionné au grand festival de court-métrage, le *CFC Worldwide Short Film Festival,* dans la catégorie Personnage féminin fort. *Tar and Tea* (2014), le film qu'elle a écrit et mis en scène, a fait d'elle une jeune réalisatrice émergente.

SYNTHÈSE

OUI, JE PEUX!

Look at these "can-do statements" and rate yourself on how well you think you can perform these tasks in French. Then, with a partner, carry out the statements by doing Activities A and B. This will allow you to verify your abilities and to see how accurate your self-assessment was.

1. **"I can speculate about three things that I will have done before I retire that will make me happy."**

   I can perform this function

   ☐ with ease

   ☐ with some difficulty

   ☐ not at all

2. **"I can say three things that I will have done for me after having become rich one day that will make me happy."**

   I can perform this function

   ☐ with ease

   ☐ with some difficulty

   ☐ not at all

A Avant et après votre retraite

Étape 1. Dressez une liste des choses que vous pensez que vous aurez faites avant votre retraite et qui vous rendraient heureux / heureuse.

Étape 2. Dites à un(e) partenaire ce que vous aurez fait avant votre retraite et ce que vous aimeriez vous faire faire afin de rendre votre vie plus heureuse. Écoutez les idées de votre partenaire et décidez qui aura une vie plus heureuse quand vous aurez pris votre retraite.

Étape 3. Avez-vous bien réussi cette activité ou avez-vous eu des difficultés avec cette tâche *(task)*? Si oui, quelles étaient vos difficultés?

Ⓑ Voyager afin de trouver le bonheur

Étape 1. Pensez à trois choses que vous vous ferez faire après être devenu(e) riche qui vous renderont heureux / heureuse.

Étape 2. Parlez des choses que vous allez vous faire faire qui vous rendront heureux / heureuse avec un(e) partenaire.

Étape 3. Avez-vous bien réussi cette activité ou avez-vous eu des difficultés avec cette tâche *(task)*? Si oui, quelles étaient vos difficultés?

Activité DU FILM

1. Après / quitter l'hôpital…

2. Claire et André / se parler en…

3. Avant / partir avec André pour travailler, Claire…

4. André / faire mettre à genoux…

Quelques scènes du film

Étape 1. Décrivez ce qui se passe dans chaque photo en utilisant les éléments donnés.

Étape 2. Recréez et jouez l'une de ces scènes avec un petit groupe de camarades.

Un pas vers LA LECTURE

Le Cancre

de Jacques Prévert

Andre SAS/Gamma-Rapho/Getty Images

À DÉCOUVRIR: Jacques Prévert

Nationalité: française
Naissance: le 4 février 1900
Décès: le 11 avril 1977
Professions: poète, scénariste (il écrivait des dialogues de films)
Mouvements: le surréalisme, le réalisme poétique

Avant de lire

Vous allez lire le poème *Le Cancre* de Jacques Prévert et discuter de vos réactions à ce poème en découvrant une nouvelle conception du bonheur.

Prélude Né à Neuilly-sur-Seine, une commune en région Île-de-France à côté de Paris, Jacques Prévert est l'un des plus grands poètes français du XXe siècle. Un grand admirateur de la tradition de la poésie orale, Prévert l'a adaptée aux goûts et aux sons culturels du XXe siècle. Il a aidé à changer le style et la forme de la poésie française moderne surtout en insistant sur la beauté trouvée dans les aspects quotidiens de la langue française et sur le plaisir de parler français. Dans ses textes, il traitait souvent des stéréotypes du langage comme les expressions stéréotypées, les citations célèbres et les proverbes. Il jouait avec ces mots et ces phrases ainsi qu'avec leurs sons et leurs rythmes, ce qui montre son attachement à la langue française.

On trouve le poème *Le Cancre (The Dunce)* dans son recueil *(collection)* de poèmes *Paroles* (1946). Dans ce poème, Prévert montre ce qu'il pense de l'école, qu'il dénonce comme étant une institution rigide et fermée. C'est à travers le personnage d'un enfant que l'auteur s'exprime. Dans le poème, il s'agit d'un élève qui n'aime pas l'école et qui est rejeté par son professeur à cause de son manque d'intérêt pour l'école. Comme le suggère le poète, le désintérêt pour l'école qu'éprouve cet enfant ne signifie pas que l'élève est sot *(stupid),* malgré les pensées du professeur. Pour l'enfant, l'école ne représente pas le bonheur.

1. ________ un vers	**a.** *meter*
2. ________ un mètre	**b.** *line (of verse)*
3. ________ une rime	**c.** *stanza / verse*
4. ________ une strophe	**d.** *rhyme*
5. ________ la ponctuation	**e.** *punctuation*

OUTILS DE LECTURE

Reading out loud

When reading poetry, it is especially helpful to read it out loud. Reading out loud lets you hear the sound of the words, especially any rhymes, and the rhythm of the poem. Generally speaking, you engage more deeply with a text and understand it better when more senses are involved.

Un pas vers **LA LECTURE**

Le Cancre

de Jacques Prévert

Il dit non avec la tête
Mais il dit oui avec le cœur
Il dit oui à ce qu'il aime
Il dit non au professeur
Il est debout°
On le questionne
Et tous les problèmes sont posés
Soudain le fou rire° le prend
Et il efface° tout
Les chiffres et les mots
Les dates et les noms
Les phrases et les pièges°
Et malgré les menaces du maître
Sous les huées° des enfants prodiges°
Avec les craies de toutes les couleurs
Sur le tableau noir du Malheur
Il dessine le visage du bonheur.

debout *standing up* **le fou rire** *giggles* **efface** *erases* **pièges** *traps* **huées** *boos* **enfants prodiges** *prodigies*

Après avoir lu

A Comparaisons interpersonnelles et interculturelles Répondez aux questions suivantes.

1. Parlez un peu de vous en tant qu'élève d'école primaire *(elementary school student).* (Quel genre d'élève étiez-vous? Quel[s] genre[s] de rapport[s] aviez-vous avec vos instituteurs/institutrices?)
2. À qui vous identifiez-vous dans le poème: «le cancre», le maître ou les enfants prodiges? Expliquez un peu.
3. Avez-vous le cœur d'un(e) rebelle au fond de *(deep down within)* vous? (Si oui, contre quoi ou qui vous rebellez-vous souvent? Que faites-vous typiquement? Si non, pourquoi préférez-vous suivre les règles ou respecter les autorités au lieu de vous révolter contre les règles ou contre les autorités, à votre avis?)
4. Dans la scène que le poème présente, l'élève se met debout *(stands up)* pour répondre au maître. Est-ce que cette pratique traditionnelle existe (ou existait) aussi dans votre culture? Comment les élèves montrent-ils du respect envers les enseignant(e)s dans votre culture?
5. Si aujourd'hui un(e) élève ou un(e) étudiant(e) faisait comme «le cancre», comment réagirait le maître ou le professeur à votre avis? Comment les autres élèves ou les autres étudiants de la classe réagiraient-ils? Que feraient-ils?

B Compréhension et interprétation

Étape 1. Répondez aux questions suivantes.

1. Étudiez les aspects techniques du poème en répondant aux questions suivantes:
   - Combien y a-t-il de vers et de strophes?
   - Que remarquez-vous au niveau de la ponctuation?
   - Quels vers riment?
   - Qui sont les personnages dans le poème?
2. Quelles métaphores pouvez-vous identifier dans le poème?
3. Quels mots dans le poème associez-vous au thème du bonheur et lesquels associez-vous au thème du malheur?
4. Pourquoi le fou rire prend le jeune élève, à votre avis? Et d'après vous, quels genres de «menaces» est-ce que le maître ferait?

Étape 2. Récrivez le poème sous la forme d'une bande dessinée avec des mots et des images. Imaginez et préparez un dialogue avec des bulles *(speech bubbles)* entre le cancre, le professeur et les autres élèves. Ajoutez des légendes *(captions)* qui expliquent ce qui se passe dans chaque case *(box, cell)* et incorporez des effets sonores lorsque ceux-ci sont appropriés.

Voici quelques exemples d'onomatopées souvent utilisées dans la bande dessinée française qui seront peut-être utiles:

(acclamations) HOURRA!	(colère) ARGN!
(applaudissements) CLAP-CLAP!, KLAP-KLAP!	(cri) WHOUAAH!, HIPHIPHOURRAH!
(appel) PSSSSST-KSSSS!, OHÉ!, OOOHÉÉE!	(explosion) BAOUM-BOOM!
(choc) BING!, CRAC!, CRAAAC!	(pleurs) HIIIII-HIIIII!, SNIF-SNIF!
(claquement) CLAK!, SPLATCH!	(rire) HI-HI-HI!, WHA HA! HA!
(cloche) DING-DONG!, DONG-DONG!	(téléphone) DRIIIING!, DRIIIIN!

Un pas vers L'ÉCRITURE

Un poème moderne

Vous allez écrire un petit poème moderne. Autrefois, les poètes devaient respecter les règles de la poésie classique (nombre de syllabes, longueurs des vers, rimes particulières, etc.) pour être acceptés et publiés. Dans la deuxième moitié du XIXe siècle, certains poètes français ont commencé à rejeter ces règles et le XXe siècle a vu naître de plus en plus de formes poétiques radicales qui ne respectaient pas du tout ces règles. Dans votre poème moderne, vous pouvez vous inspirer du style et de la forme du poème *Le Cancre* de Jacques Prévert mais vous êtes aussi libre de suivre votre propre cœur poétique! Réfléchissez au thème «le bonheur» ou au thème «le malheur» et écrivez votre propre petit poème moderne à partir de votre interprétation personnelle du thème choisi. Décidez en premier si vous voulez suivre ou si vous voulez vous rebeller contre les règles de la poésie classique que vous connaissez déjà!

Préparation avant d'écrire

Le sujet de votre petit poème moderne est soit «le bonheur» soit «le malheur». Réfléchissez à votre sujet choisi en répondant aux questions suivantes. N'oubliez pas de prendre des notes.

1. Quelle est la source du bonheur ou du malheur que vous voulez traiter comme sujet principal dans votre petit poème?
2. Quels sont quelques mots, pour chaque catégorie suivante, que vous associez à votre sujet?
   - les noms *(nouns):*
   - les adjectifs:
   - les verbes:
   - les adverbes:
3. Quelles sont quelques expressions ou phrases spécifiques que vous associez à votre sujet?
4. Quel genre de rythme, ton ou impression désirez-vous?
   - Quelle ponctuation serait utile?
   - Voulez-vous que certains mots riment?
   - Combien de mots par vers (la longueur en général) avez-vous envie d'utiliser?
   - Voulez-vous que chaque vers répète le même rythme (ou un rythme constant général) ou désirez-vous que les vers alternent le rythme?
5. Quelle(s) image(s) ou quel(s) message(s) voulez-vous exprimer dans votre poème? (Autrement dit, que voulez-vous que le lecteur/la lectrice comprenne à la fin?)

Écrire

Écrivez votre **poème moderne** d'au moins 8 vers en consultant vos réponses aux questions de l'activité **Préparation avant d'écrire**.

- N'oubliez pas que votre sujet principal est votre propre interprétation subjective du thème «le bonheur» ou du thème «le malheur».

RÉSUMÉ DE VOCABULAIRE

PARTIE 1

Les noms

un accomplissement *accomplishment*
les actes *(m.)* **de charité** *charitable acts*
les animaux *(m.)* **domestiques** *pets*
le bonheur *happiness*
un compliment *compliment*
le désespoir *despair*
l'état *(m.)* **d'esprit** *state of mind*
les jeunes *(m.)* *youth*
la lecture *reading*
les seniors *(m.)* *seniors*
les sorties *(f.)* *outings, going out*
un truc *thing, stuff*

Les verbes

aider autrui *to help others*
décompresser *to chill (out), to relax*
s'épanouir *to flourish, to come into one's own*
faire des projets *to make plans*
pleurer *to cry*
relativiser *to put things into perspective*
rendre *to make, to render*
rire *to laugh*

Les adjectifs

chanceux / chanceuse *lucky, fortunate*
facile à vivre *easy-going*
optimiste *optimistic*
perfectionniste *perfectionist*
pessimiste *pessimistic*

Les expressions

être bien dans sa peau *to feel good about oneself*
malgré (que) *in spite of, despite*

PARTIE 2

Les noms

un(e) apprenant(e) *learner*
l'apprentissage *(m.)* *learning*
l'autosatisfaction *(f.)* *self-satisfaction*
le divertissement *entertainment, amusement*
un espoir *hope*
l'esprit *(m.)* **(humain)** *(human) spirit*
une langue maternelle *native language*
une langue officielle *official language*
un passe-temps *pastime, hobby*
la passion *passion, love*
le travail *work*

Les verbes

accomplir *to accomplish*
apprécier *to like, to enjoy, to appreciate*
communiquer *to communicate*
dégoûter *to disgust*
démoraliser *to dishearten*
divertir *to entertain*
faire du bénévolat *to volunteer*
faire partie de *to be (a) part / member of*
(se) faire plaisir (à) *to please, to make happy*
fêter *to celebrate*
gâcher *to ruin*
menacer *to threaten*
persévérer *to persevere*
réconforter *to encourage, to comfort*

Les adjectifs

commun(e) *common*
propre *own*

Les expressions

être comblé(e) de [joie, bonheur] *to be filled with [joy, happiness]*
tomber dans le désespoir *to fall into dispair*

ENCORE
SÉQUENCE 6 : Un nouveau chapitre

Vocabulaire du film

un casier judiciaire *criminal record*
un esprit ouvert *open mind*
les méandres *(m. pl.) twists and turns*

avouer *to admit*
croire au destin *to believe in destiny*
empêcher *to prevent*

engager *to hire*
mettre en fuite *to put to flight / to flee*
tuer *to kill*

en chair et en os *in flesh and blood*
zélé(e) *zealous*

A **Avant de visionner** Voici quelques moments importants de la Séquence 6 du film *Encore.* Avec un(e) partenaire, décrivez ce qui se passe selon vous, dans chaque photo. Vous allez vérifier vos réponses plus tard.

1.

2.
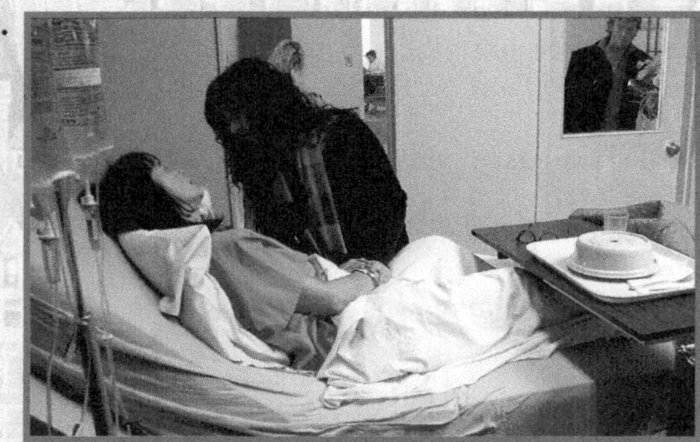

3.

4.

5.

6.

B **Regardez la séquence** Regardez la Séquence 6. Utilisez le contexte pour vous aider à comprendre le plus possible.

C **Compréhension** Répondez aux questions avec un(e) partenaire.

1. Quelle est la relation entre Jean Simard et Claire?
2. Quelle est la relation entre Jean Simard et André Laurent?
3. Pourquoi Jean Simard a-t-il engagé Philipe Armand pour faire peur à Claire?
4. À l'hôpital, Simone dit à Claire: «[...] il est en chair et en os». Simone parle d'Alexis Prévost ou d'André Laurent?
5. À l'hôpital, qu'est-ce que la femme médecin donne à Claire?
6. Qui a engagé André Laurent pour protéger Claire?

D Le destin de Claire

Étape 1. Voici le message d'Alexis Prévost pour Claire à la fin du film. Complétez son message avec un mot du lexique.

LEXIQUE			
cousin	fortune familiale	ira	venu
empêcher	honnête	pardonner	votre

Ma chère Claire,

Comme vous le savez déjà, ma famille voulait vous (1) ___________ de réclamer la (2) ___________. C'est pour cette raison que j'ai engagé André, le fils de mon (3) ___________, pour intervenir. Je suis désolé de ne pas être (4) ___________ moi-même, mais c'est mieux comme ça. André est une bonne personne, un homme (5) ___________. J'espère que vous trouverez une place dans (6) ___________ cœur pour lui et que vous pourrez me (7) ___________ tout ce qui est arrivé dernièrement. Je pense que tout (8) ___________ bien maintenant.

Étape 2. À votre avis, qu'est-ce qui va se passer dans l'avenir de Claire? Quelle sera sa relation avec André et avec les autres personnages du film? Que fera-t-elle avec la fortune familiale dont elle a hérité? Avec un(e) partenaire, écrivez un paragraphe de 6 à 10 phrases à propos de l'avenir de Claire Gagner.

APPENDICE A

I. L'alphabet phonétique

Voyelles

[a] **ma**d**a**me	[i] qu**i**	[œ] s**œu**r
[e] th**é**	[o] **eau**	[u] **vou**s
[ɛ] **ê**tre	[ɔ] p**o**rte	[y] s**u**r
[ə] qu**e**	[ø] p**eu**	

Semi-voyelles

[j] b**i**en	[ɥ] p**u**is	[w] **ou**i

Voyelles nasales

[ɑ̃] qu**an**d	[ɛ̃] v**in**	[ɔ̃] n**on**

Consonnes

[b] **b**leu	[l] **l**ire	[s] **s**ur
[d] **d**ormir	[m] **m**arron	[ʃ] **ch**at
[f] **f**aire	[n] **n**ouveau	[t] **t**ris**t**e
[g] **g**ris	[ọ] ensei**gn**er	[v] **v**ers
[ě] **j**aune	[p] **p**arler	[z] ro**s**e
[k] **qu**and	[ʀ] **r**ester	

II. Les verbes réguliers

A. Conjugaison régulière

	INDICATIF			
INFINITIF	**PRÉSENT**	**PASSÉ COMPOSÉ**	**IMPARFAIT**	**PLUS-QUE-PARFAIT**
Verbes en ***-er***	je parl**e**	j'**ai** parlé	je parl**ais**	j'**avais** parlé
parler	tu parl**es**	tu **as** parlé	tu parl**ais**	tu **avais** parlé
	il/elle/on parl**e**	il **a** parlé	il parl**ait**	il **avait** parlé
	nous parl**ons**	nous **avons** parlé	nous parl**ions**	nous **avions** parlé
	vous parl**ez**	vous **avez** parlé	vous parl**iez**	vous **aviez** parlé
	ils/elles parl**ent**	ils **ont** parlé	ils parl**aient**	ils **avaient** parlé
Verbes en ***-ir***	je fin**is**	j'**ai** fini	je finiss**ais**	j'**avais** fini
finir	tu fin**is**	tu **as** fini	tu finiss**ais**	tu **avais** fini
	il/elle/on fin**it**	il **a** fini	il finiss**ait**	il **avait** fini
	nous fin**issons**	nous **avons** fini	nous finiss**ions**	nous **avions** fini
	vous fin**issez**	vous **avez** fini	vous finiss**iez**	vous **aviez** fini
	ils/elles fin**issent**	ils **ont** fini	ils finiss**aient**	ils **avaient** fini
Verbes en ***-re***	je répond**s**	j'**ai** répond**u**	je répond**ais**	j'**avais** répond**u**
répondre	tu répond**s**	tu **as** répond**u**	tu répond**ais**	tu **avais** répond**u**
	il/elle/on répond	il **a** répond**u**	il répond**ait**	il **avait** répond**u**
	nous répond**ons**	nous **avons** répond**u**	nous répond**ions**	nous **avions** répond**u**
	vous répond**ez**	vous **avez** répond**u**	vous répond**iez**	vous **aviez** répond**u**
	ils/elles répond**ent**	ils **ont** répond**u**	ils répond**aient**	ils **avaient** répond**u**
Verbes	je me lave	je me **suis** lavé**(e)**	je me lavais	je m'**étais** lavé**(e)**
pronominaux	tu te laves	tu t'**es** lavé**(e)**	tu te lavais	tu t'**étais** lavé**(e)**
se laver	il/on se lave	il s'**est** lavé	il se lavait	il s'**était** lavé
	elle se lave	elle s'**est** lavé**e**	elle se lavait	elle s'**était** lavé**e**
	nous nous lavons	nous nous **sommes** lavé**(e)s**	nous nous lavions	nous nous **étions** lavé**(e)s**
	vous vous lavez	vous vous **êtes** lavé**(e)(s)**	vous vous laviez	vous vous **étiez** lavé**(e)(s)**
	ils se lavent	ils se **sont** lavé**s**	ils se lavaient	ils s'**étaient** lavé**s**
	elles se lavent	elles se **sont** lavé**es**	elles se lavaient	elles s'**étaient** lavé**es**

	LE SUBJONCTIF DES VERBES RÉGULIERS			
	REGARDER	**VENDRE**	**CHOISIR**	**CONNAÎTRE**
	(ils) **regard~~ent~~**	(ils) **vend~~ent~~**	(ils) **choisiss~~ent~~**	(ils) **connaiss~~ent~~**
... que je	regarde	vende	choisisse	connaisse
... que tu	regard**es**	vend**es**	choisiss**es**	connaiss**es**
... qu'il/elle/on	regard**e**	vend**e**	choisiss**e**	connaiss**e**
... que nous	regard**ions**	vend**ions**	choisiss**ions**	connaiss**ions**
... que vous	regard**iez**	vend**iez**	choisiss**iez**	connaiss**iez**
... qu'ils/elles	regard**ent**	vend**ent**	choisiss**ent**	connaiss**ent**

B. Verbes à modification orthographique

INFINITIF	INDICATIF PRÉSENT	PASSÉ COMPOSÉ	IMPARFAIT	PLUS-QUE-PARFAIT
acheter	j'ach**è**te tu ach**è**tes il/elle/on ach**è**te nous achetons vous achetez ils/elles ach**è**tent	j'ai acheté	j'achetais	j'avais acheté
préférer	je préf**è**re tu préf**è**res il/elle/on préf**è**re nous préf**é**rons vous préf**é**rez ils/elles préf**è**rent	j'ai préféré	je préférais	j'avais préféré
payer	je pa**i**e tu pa**i**es il/elle/on pa**i**e nous pa**y**ons vous pa**y**ez ils/elles pa**i**ent	j'ai pa**y**é	je pa**y**ais	j'avais pa**y**é
appeler	j'appe**ll**e tu appe**ll**es il/elle/on appe**ll**e nous appe**l**ons vous appe**l**ez ils/elles appe**ll**ent	j'ai appe**l**é	j'appe**l**ais	j'avais appe**l**é

INFINITIF		INDICATIF PRÉSENT	PASSÉ COMPOSÉ	IMPARFAIT	PLUS-QUE-PARFAIT
amener	j'	**amène**	ai amené	amenais	avais amené
	tu	**amènes**	as amené	amenais	avais amené
	il/elle/on	**amène**	a amené	amenait	avait amené
	nous	amenons	avons amené	amenions	avions amené
	vous	amenez	avez amené	ameniez	aviez amené
	ils/elles	**amènent**	ont amené	amenaient	avaient amené
		CONDITIONNEL PRÉSENT	**PASSÉ**	**FUTUR SIMPLE**	**IMPÉRATIF**
	j'	**amèn**erais	aurais amené	**amèn**erai	
	tu	**amèn**erais	aurais amené	**amèn**eras	**amène**!
	il/elle/on	**amèn**erait	aurait amené	**amèn**era	
	nous	**amèn**erions	aurions amené	**amèn**erons	amenons!
	vous	**amèn**eriez	auriez amené	**amèn**erez	amenez!
	ils/elles	**amèn**eraient	auraient amené	**amèn**eront	
		SUBJONCTIF	**PARTICIPE PRÉSENT**	**PARTICIPE PASSÉ**	
	que j'	**amène**	amenant	amené	
	que tu	**amènes**			
	qu'il/elle/on	**amène**			
	que nous	amenions			
	que vous	ameniez			
	qu'ils/elles	**amènent**			

INFINITIF		INDICATIF PRÉSENT	PASSÉ COMPOSÉ	IMPARFAIT	PLUS-QUE-PARFAIT
célébrer	je	**célèbre**	ai célébré	célébrais	avais célébré
	tu	**célèbres**	as célébré	célébrais	avais célébré
	il/elle/on	**célèbre**	a célébré	célébrait	avait célébré
	nous	célébrons	avons célébré	célébrions	avions célébré
	vous	célébrez	avez célébré	célébriez	aviez célébré
	ils/elles	**célèbr**ent	ont célébré	célébraient	avaient célébré

	CONDITIONNEL PRÉSENT	PASSÉ	FUTUR SIMPLE	IMPÉRATIF
je	célébrerais	aurais célébré	célébrerai	
tu	célébrerais	aurais célébré	célébreras	**célèbr**e!
il/elle/on	célébrerait	aurait célébré	célébrera	
nous	célébrerions	aurions célébré	célébrerons	célébrons!
vous	célébreriez	auriez célébré	célébrerez	célébrez!
ils/elles	célébreraient	auraient célébré	célébreront	

	SUBJONCTIF	PARTICIPE PRÉSENT	PARTICIPE PASSÉ
que je	**célèbre**	célébrant	célébré
que tu	**célèbres**		
qu'il/elle/on	**célèbre**		
que nous	célébrions		
que vous	célébriez		
qu'ils/elles	**célèbr**ent		

INFINITIF		INDICATIF PRÉSENT	PASSÉ COMPOSÉ	IMPARFAIT	PLUS-QUE-PARFAIT
espérer	j'	**espère**	ai espéré	espérais	avais espéré
	tu	**espères**	as espéré	espérais	avais espéré
	il/elle/on	**espère**	a espéré	espérait	avait espéré
	nous	espérons	avons espéré	espérions	avions espéré
	vous	espérez	avez espéré	espériez	aviez espéré
	ils/elles	**espèr**ent	ont espéré	espéraient	avaient espéré

	CONDITIONNEL PRÉSENT	PASSÉ	FUTUR SIMPLE	IMPÉRATIF
j'	espérerais	aurais espéré	espérerai	
tu	espérerais	aurais espéré	espéreras	**espèr**e!
il/elle/on	espérerait	aurait espéré	espérera	
nous	espérerions	aurions espéré	espérerons	espérons!
vous	espéreriez	auriez espéré	espérerez	espérez!
ils/elles	espéreraient	auraient espéré	espéreront	

	SUBJONCTIF	PARTICIPE PRÉSENT	PARTICIPE PASSÉ
que j'	**espère**	espérant	espéré
que tu	**espères**		
qu'il/elle/on	**espère**		
que nous	espérions		
que vous	espériez		
qu'ils/elles	**espèr**ent		

INFINITIF		INDICATIF PRÉSENT	PASSÉ COMPOSÉ	IMPARFAIT	PLUS-QUE-PARFAIT
répéter	je	**répèt**e	ai répété	répétais	avais répété
	tu	**répèt**es	as répété	répétais	avais répété
	il/elle/on	**répèt**e	a répété	répétait	avait répété
	nous	répétons	avons répété	répétions	avions répété
	vous	répétez	avez répété	répétiez	aviez répété
	ils/elles	**répèt**ent	ont répété	répétaient	avaient répété
		CONDITIONNEL PRÉSENT	**PASSÉ**	**FUTUR SIMPLE**	**IMPÉRATIF**
	je	répéterais	aurais répété	répéterai	
	tu	répéterais	aurais répété	répéteras	**répèt**e!
	il/elle/on	répéterait	aurait répété	répétera	
	nous	répéterions	aurions répété	répéterons	répétons!
	vous	répéteriez	auriez répété	répéterez	répétez!
	ils/elles	répéteraient	auraient répété	répéteront	
		SUBJONCTIF	**PARTICIPE PRÉSENT**	**PARTICIPE PASSÉ**	
	que je	**répèt**e	répétant	répété	
	que tu	**répèt**es			
	qu'il/elle/on	**répèt**e			
	que nous	répétions			
	que vous	répétiez			
	qu'ils/elles	**répèt**ent			

INFINITIF		INDICATIF PRÉSENT	PASSÉ COMPOSÉ	IMPARFAIT	PLUS-QUE-PARFAIT
ennuyer	j'	**ennui**e	ai ennuyé	ennuyais	avais ennuyé
	tu	**ennui**es	as ennuyé	ennuyais	avais ennuyé
	il/elle/on	**ennui**e	a ennuyé	ennuyait	avait ennuyé
	nous	ennuyons	avons ennuyé	ennuyions	avions ennuyé
	vous	ennuyez	avez ennuyé	ennuyiez	aviez ennuyé
	ils/elles	**ennui**ent	ont ennuyé	ennuyaient	avaient ennuyé
		CONDITIONNEL PRÉSENT	**PASSÉ**	**FUTUR SIMPLE**	**IMPÉRATIF**
	j'	**ennui**erais	aurais ennuyé	**ennui**erai	
	tu	**ennui**erais	aurais ennuyé	**ennui**eras	**ennui**e!
	il/elle/on	**ennui**erait	aurait ennuyé	**ennui**era	
	nous	**ennui**erions	aurions ennuyé	**ennui**erons	ennuyons!
	vous	**ennui**eriez	auriez ennuyé	**ennui**erez	ennuyez!
	ils/elles	**ennui**eraient	auraient ennuyé	**ennui**eront	
		SUBJONCTIF	**PARTICIPE PRÉSENT**	**PARTICIPE PASSÉ**	
	que j'	**ennui**e	ennuyant	ennuyé	
	que tu	**ennui**es			
	qu'il/elle/on	**ennui**e			
	que nous	ennuyions			
	que vous	ennuyiez			
	qu'ils/elles	**ennui**ent			

INFINITIF		INDICATIF PRÉSENT	PASSÉ COMPOSÉ	IMPARFAIT	PLUS-QUE-PARFAIT
essayer	j'	**essaie, essaye**	ai essayé	essayais	avais essayé
	tu	**essaies, essayes**	as essayé	essayais	avais essayé
	il/elle/on	**essaie, essaye**	a essayé	essayait	avait essayé
	nous	essayons	avons essayé	essayions	avions essayé
	vous	essayez	avez essayé	essayiez	aviez essayé
	ils/elles	**essaient, essayent**	ont essayé	essayaient	avaient essayé
		CONDITIONNEL **PRÉSENT**	**PASSÉ**	**FUTUR SIMPLE**	**IMPÉRATIF**
	j'	**essaierais, essayerais**	aurais essayé	**essaierai, essayerai**	
	tu	**essaierais, essayerais**	aurais essayé	**essaieras, essayeras**	**essaie, essaye!**
	il/elle/on	**essaierait, essayerait**	aurait essayé	**essaiera, essayera**	
	nous	**essaierions, essayerions**	aurions essayé	**essaierons, essayerons**	essayons!
	vous	**essaieriez, essayeriez**	auriez essayé	**essaierez, essayerez**	essayez!
	ils/elles	**essaieraient, essayeraient**	auraient essayé	**essaieront, essayeront**	
		SUBJONCTIF	**PARTICIPE PRÉSENT**	**PARTICIPE PASSÉ**	
	que j'	**essaie, essaye**	essayant	essayé	
	que tu	**essaies, essayes**			
	qu'il/elle/on	**essaie, essaye**			
	que nous	essayions			
	que vous	essayiez			
	qu'ils/elles	**essaient, essayent**			

INFINITIF		INDICATIF PRÉSENT	PASSÉ COMPOSÉ	IMPARFAIT	PLUS-QUE-PARFAIT
envoyer	j'	**envoi**e	ai envoyé	envoyais	avais envoyé
	tu	**envoi**es	as envoyé	envoyais	avais envoyé
	il/elle/on	**envoi**e	a envoyé	envoyait	avait envoyé
	nous	envoyons	avons envoyé	envoyions	avions envoyé
	vous	envoyez	avez envoyé	envoyiez	aviez envoyé
	ils/elles	**envoi**ent	ont envoyé	envoyaient	avaient envoyé
		CONDITIONNEL **PRÉSENT**	**PASSÉ**	**FUTUR SIMPLE**	**IMPÉRATIF**
	j'	**enverrais**	aurais envoyé	**enverrai**	
	tu	**enverrais**	aurais envoyé	**enverras**	**envoi**e!
	il/elle/on	**enverrait**	aurait envoyé	**enverra**	
	nous	**enverrions**	aurions envoyé	**enverrons**	envoyons!
	vous	**enverriez**	auriez envoyé	**enverrez**	envoyez!
	ils/elles	**enverraient**	auraient envoyé	**enverront**	
		SUBJONCTIF	**PARTICIPE PRÉSENT**	**PARTICIPE PASSÉ**	
	que j'	**envoi**e	envoyant	envoyé	
	que tu	**envoi**es			
	qu'il/elle/on	**envoi**e			
	que nous	envoyions			
	que vous	envoyiez			
	qu'ils/elles	**envoi**ent			

INFINITIF		PRÉSENT (INDICATIF)	PASSÉ COMPOSÉ (INDICATIF)	IMPARFAIT (INDICATIF)	PLUS-QUE-PARFAIT (INDICATIF)
jeter	je	**jett**e	ai jeté	jetais	avais jeté
	tu	**jett**es	as jeté	jetais	avais jeté
	il/elle/on	**jett**e	a jeté	jetait	avait jeté
	nous	jetons	avons jeté	jetions	avions jeté
	vous	jetez	avez jeté	jetiez	aviez jeté
	ils/elles	**jett**ent	ont jeté	jetaient	avaient jeté
		PRÉSENT (CONDITIONNEL)	**PASSÉ (CONDITIONNEL)**	**FUTUR SIMPLE**	**IMPÉRATIF**
	je	**jett**erais	aurais jeté	**jett**erai	
	tu	**jett**erais	aurais jeté	**jett**eras	**jett**e!
	il/elle/on	**jett**erait	aurait jeté	**jett**era	
	nous	**jett**erions	aurions jeté	**jett**erons	jetons!
	vous	**jett**eriez	auriez jeté	**jett**erez	jetez!
	ils/elles	**jett**eraient	auraient jeté	**jett**eront	
		SUBJONCTIF	**PARTICIPE PRÉSENT**	**PARTICIPE PASSÉ**	
	que je	**jett**e	jetant	jeté	
	que tu	**jett**es			
	qu'il/elle/on	**jett**e			
	que nous	jetions			
	que vous	jetiez			
	qu'ils/elles	**jett**ent			

INFINITIF		PRÉSENT (INDICATIF)	PASSÉ COMPOSÉ (INDICATIF)	IMPARFAIT (INDICATIF)	PLUS-QUE-PARFAIT (INDICATIF)
se promener	je	me **promène**	me **suis** promené(e)	me promenais	**m'étais** promené**(e)**
	tu	te **promèn**es	**t'es** promené(e)	te promenais	**t'étais** promené**(e)**
	il/elle/on	se **promène**	**s'est** promené(e)	se promenait	**s'était** promené**(e)**
	nous	nous promenons	nous **sommes** promené(e)s	nous promenions	nous **étions** promené**(e)s**
	vous	vous promenez	vous **êtes** promené(e)(s)	vous promeniez	vous **étiez** promené**(e)(s)**
	ils/elles	se **promèn**ent	se **sont** promené(e)s	se promenaient	**s'étaient** promené**(e)s**
		PRÉSENT (CONDITIONNEL)	**PASSÉ (CONDITIONNEL)**	**FUTUR SIMPLE**	**IMPÉRATIF**
	je	me **promèn**erais	me **serais** promené**(e)**	me **promèn**erai	
	tu	te **promèn**erais	te **serais** promené**(e)**	te **promèn**eras	**promèn**e-toi!
	il/elle/on	se **promèn**erait	se **serait** promené**(e)**	se **promèn**era	
	nous	nous **promèn**erions	nous **serions** promené**(e)s**	nous **promèn**erons	promenons-nous!
	vous	vous **promèn**eriez	vous **seriez** promené**(e)(s)**	vous **promèn**erez	promenez-vous!
	ils/elles	se **promèn**eraient	se **seraient** promené**(e)s**	se **promèn**eront	
		SUBJONCTIF	**PARTICIPE PRÉSENT**	**PARTICIPE PASSÉ**	
	que je	me **promène**	promenant	promené	
	que tu	te **promèn**es			
	qu'il/elle/on	se **promène**			
	que nous	nous promenions			
	que vous	vous promeniez			
	qu'ils/elles	se **promèn**ent			

INFINITIF		INDICATIF PRÉSENT	PASSÉ COMPOSÉ	IMPARFAIT	PLUS-QUE-PARFAIT
se rappeler	je	me **rappelle**	me **suis** rappelé**(e)**	me rappelais	m'**étais** rappelé**(e)**
	tu	te **rappelles**	t'**es** rappelé**(e)**	te rappelais	t'**étais** rappelé**(e)**
	il/elle/on	se **rappelle**	s'**est** rappelé**(e)**	se rappelait	s'**était** rappelé**(e)**
	nous	nous rappelons	nous **sommes** rappelé**(e)s**	nous rappelions	nous **étions** rappelé**(e)s**
	vous	vous rappelez	vous **êtes** rappelé**(e)(s)**	vous rappeliez	vous **étiez** rappelé**(e)(s)**
	ils/elles	se **rappellent**	se **sont** rappelé**(e)s**	se rappelaient	s'**étaient** rappelé**(e)s**

	CONDITIONNEL PRÉSENT	CONDITIONNEL PASSÉ	FUTUR SIMPLE	IMPÉRATIF
je	me **rappellerais**	me **serais** rappelé**(e)**	me **rappellerai**	
tu	te **rappellerais**	te **serais** rappelé**(e)**	te **rappelleras**	**rappelle**-toi!
il/elle/on	se **rappellerait**	se **serait** rappelé**(e)**	se **rappellera**	
nous	nous **rappellerions**	nous **serions** rappelé**(e)s**	nous **rappellerons**	rappelons-nous!
vous	vous **rappelleriez**	vous **seriez** rappelé**(e)(s)**	vous **rappellerez**	rappelez-vous!
ils/elles	se **rappelleraient**	se **seraient** rappelé**(e)s**	se **rappelleront**	

	SUBJONCTIF	PARTICIPE PRÉSENT	PARTICIPE PASSÉ
que je	me **rappelle**	rappelant	rappelé
que tu	te **rappelles**		
qu'il/elle/on	se **rappelle**		
que nous	nous rappelions		
que vous	vous rappeliez		
qu'ils/elles	se **rappellent**		

INFINITIF		INDICATIF PRÉSENT	PASSÉ COMPOSÉ	IMPARFAIT	PLUS-QUE-PARFAIT
se lever	je	me **lève**	me **suis** levé**(e)**	me levais	m'**étais** levé**(e)**
	tu	te **lèves**	t'**es** levé**(e)**	te levais	t'**étais** levé**(e)**
	il/elle/on	se **lève**	s'**est** levé**(e)**	se levait	s'**était** levé**(e)**
	nous	nous levons	nous **sommes** levé**(e)s**	nous levions	nous **étions** levé**(e)s**
	vous	vous levez	vous **êtes** levé**(e)(s)**	vous leviez	vous **étiez** levé**(e)(s)**
	ils/elles	se **lèvent**	se **sont** levé**(e)s**	se levaient	s'**étaient** levé**(e)s**

	CONDITIONNEL PRÉSENT	CONDITIONNEL PASSÉ	FUTUR SIMPLE	IMPÉRATIF
je	me **lèverais**	me **serais** levé**(e)**	me **lèverai**	
tu	te **lèverais**	te **serais** levé**(e)**	te **lèveras**	**lève**-toi!
il/elle/on	se **lèverait**	se **serait** levé**(e)**	se **lèvera**	
nous	nous **lèverions**	nous **serions** levé**(e)s**	nous **lèverons**	levons-nous!
vous	vous **lèveriez**	vous **seriez** levé**(e)(s)**	vous **lèverez**	levez-vous!
ils/elles	se **lèveraient**	se **seraient** levé**(e)s**	se **lèveront**	

	SUBJONCTIF	PARTICIPE PRÉSENT	PARTICIPE PASSÉ
que je	me **lève**	levant	levé
que tu	te **lèves**		
qu'il/elle/on	se **lève**		
que nous	nous levions		
que vous	vous leviez		
qu'ils/elles	se **lèvent**		

III. Les verbes auxiliaires

INFINITIF	INDICATIF — PRÉSENT	PASSÉ COMPOSÉ	IMPARFAIT	PLUS-QUE-PARFAIT
être	je suis tu es il/elle/on est nous sommes vous êtes ils/elles sont	j'ai été	j'étais	j'avais été
avoir	j'ai tu as il/elle/on a nous avons vous avez ils/elles ont	j'ai eu	j'avais	j'avais eu

IV. Les verbes irréguliers

INFINITIF	INDICATIF — PRÉSENT		PASSÉ COMPOSÉ	IMPARFAIT	PLUS-QUE-PARFAIT
aller	je vais tu vas il/elle/on va	nous allons vous allez ils/elles vont	je suis allé(e)	j'allais	j'étais allé(e)
s'asseoir	je m'assieds tu t'assieds il/elle/on s'assied	nous nous asseyons vous vous asseyez ils/elles s'asseyent	je me suis assis(e)	je m'asseyais	je m'étais assis(e)
boire	je bois tu bois il/elle/on boit	nous buvons vous buvez ils/elles boivent	j'ai bu	je buvais	j'avais bu
conduire	je conduis tu conduis il/elle/on conduit	nous conduisons vous conduisez ils/elles conduisent	j'ai conduit	je conduisais	j'avais conduit
connaître	je connais tu connais ill/elle/on connaît	nous connaissons vous connaissez ils/elles connaissent	j'ai connu	je connaissais	j'avais connu
courir	je cours tu cours il/elle/on court	nous courons vous courez ils/elles courent	j'ai couru	je courais	j'avais couru
croire	je crois tu crois il/elle/on croit	nous croyons vous croyez ils/elles croient	j'ai cru	je croyais	j'avais cru
devoir	je dois tu dois il/elle/on doit	nous devons vous devez ils/elles doivent	j'ai dû	je devais	j'avais dû
dire	je dis tu dis il/elle/on dit	nous disons vous dites ils/elles disent	j'ai dit	je disais	j'avais dit
écrire	j'écris tu écris il/elle/on écrit	nous écrivons vous écrivez ils/elles écrivent	j'ai écrit	j'écrivais	j'avais écrit

INFINITIF	INDICATIF PRÉSENT		PASSÉ COMPOSÉ	IMPARFAIT	PLUS-QUE-PARFAIT
envoyer	j'envoie tu envoies il/elle/on envoie	nous envoyons vous envoyez ils/elles envoient	j'ai envoyé	j'envoyais	j'avais envoyé
faire	je fais tu fais il/elle/on fait	nous faisons vous faites ils/elles font	j'ai fait	je faisais	j'avais fait
falloir	il faut		il a fallu	il fallait	il avait fallu
lire	je lis tu lis il/elle/on lit	nous lisons vous lisez ils/elles lisent	j'ai lu	je lisais	j'avais lu
mettre	je mets tu mets il/elle/on met	nous mettons vous mettez ils/elles mettent	j'ai mis	je mettais	j'avais mis
ouvrir	j'ouvre tu ouvres il/elle/on ouvre	nous ouvrons vous ouvrez ils/elles ouvrent	j'ai ouvert	j'ouvrais	j'avais ouvert
partir	je pars tu pars il/elle/on part	nous partons vous partez ils/elles partent	je suis parti(e)	je partais	j'étais parti(e)
pleuvoir	il pleut		il a plu	il pleuvait	il avait plu
pouvoir	je peux tu peux il/elle/on peut	nous pouvons vous pouvez ils/elles peuvent	j'ai pu	je pouvais	j'avais pu
prendre	je prends tu prends il/elle/on prend	nous prenons vous prenez ils/elles prennent	j'ai pris	je prenais	j'avais pris
recevoir	je reçois tu reçois il/elle/on reçoit	nous recevons vous recevez ils/elles reçoivent	j'ai reçu	je recevais	j'avais reçu
savoir	je sais tu sais il/elle/on sait	nous savons vous savez ils/elles savent	j'ai su	je savais	j'avais su
suivre	je suis tu suis il/elle/on suit	nous suivons vous suivez ils/elles suivent	j'ai suivi	je suivais	j'avais suivi
venir	je viens tu viens il/elle/on vient	nous venons vous venez ils/elles viennent	je suis venu(e)	je venais	j'étais venu(e)
vivre	je vis tu vis il/elle/on vit	nous vivons vous vivez ils/elles vivent	j'ai vécu	je vivais	j'avais vécu
voir	je vois tu vois il/elle/on voit	nous voyons vous voyez ils/elles voient	j'ai vu	je voyais	j'avais vu
vouloir	je veux tu veux il/elle/on veut	nous voulons vous voulez ils/elles veulent	j'ai voulu	je voulais	j'avais voulu

INFINITIF		PRÉSENT	PASSÉ COMPOSÉ	IMPARFAIT	PLUS-QUE-PARFAIT
		INDICATIF			
sortir	je	**sors**	**suis** sorti(e)	sortais	**étais** sorti(e)
	tu	**sors**	**es** sorti(e)	sortais	**étais** sorti(e)
	il/elle/on	**sort**	**est** sorti(e)	sortait	**était** sorti(e)
	nous	sort**ons**	**sommes** sorti(e)s	sortions	**étions** sorti(e)s
	vous	sort**ez**	**êtes** sorti(e)(s)	sortiez	**étiez** sorti(e)(s)
	ils/elles	sort**ent**	**sont** sorti(e)s	sortaient	**étaient** sorti(e)s
		CONDITIONNEL PRÉSENT	PASSÉ	FUTUR SIMPLE	IMPÉRATIF
	je	sortirais	**serais** sorti(e)	sortirai	
	tu	sortirais	**serais** sorti(e)	sortiras	**sors**!
	il/elle/on	sortirait	**serait** sorti(e)	sortira	
	nous	sortirions	**serions** sorti(e)s	sortirons	sort**ons**!
	vous	sortiriez	**seriez** sorti(e)(s)	sortirez	sort**ez**!
	ils/elles	sortiraient	**seraient** sorti(e)s	sortiront	
		SUBJONCTIF	PARTICIPE PRÉSENT	PARTICIPE PASSÉ	
	que je	sorte	sortant	sorti	
	que tu	sortes			
	qu'il/elle/on	sorte			
	que nous	sort**ions**			
	que vous	sort**iez**			
	qu'ils/elles	sort**ent**			

INFINITIF		PRÉSENT	PASSÉ COMPOSÉ	IMPARFAIT	PLUS-QUE-PARFAIT
		INDICATIF			
sentir	je	**sens**	ai senti	sentais	avais senti
	tu	**sens**	as senti	sentais	avais senti
	il/elle/on	**sent**	a senti	sentait	avait senti
	nous	sent**ons**	avons senti	sent**ions**	avions senti
	vous	sent**ez**	avez senti	sent**iez**	aviez senti
	ils/elles	sent**ent**	ont senti	sent**aient**	avaient senti
		CONDITIONNEL PRÉSENT	PASSÉ	FUTUR SIMPLE	IMPÉRATIF
	je	sentirais	aurais senti	sentirai	
	tu	sentirais	aurais senti	sentiras	**sens**!
	il/elle/on	sentirait	aurait senti	sentira	
	nous	sentirions	aurions senti	sentirons	sent**ons**!
	vous	sentiriez	auriez senti	sentirez	sent**ez**!
	ils/elles	sentiraient	auraient senti	sentiront	
		SUBJONCTIF	PARTICIPE PRÉSENT	PARTICIPE PASSÉ	
	que je	sente	sentant	senti	
	que tu	sentes			
	qu'il/elle/on	sente			
	que nous	sent**ions**			
	que vous	sent**iez**			
	qu'ils/elles	sent**ent**			

INFINITIF		INDICATIF PRÉSENT	PASSÉ COMPOSÉ	IMPARFAIT	PLUS-QUE-PARFAIT
vendre	je	vends	ai vendu	vendais	avais vendu
	tu	vends	as vendu	vendais	avais vendu
	il/elle/on	vend	a vendu	vendait	avait vendu
	nous	vendons	avons vendu	vendions	avions vendu
	vous	vendez	avez vendu	vendiez	aviez vendu
	ils/elles	vendent	ont vendu	vendaient	avaient vendu
		CONDITIONNEL PRÉSENT	**PASSÉ**	**FUTUR SIMPLE**	**IMPÉRATIF**
	je	vendrais	aurais vendu	vendrai	
	tu	vendrais	aurais vendu	vendras	vends!
	il/elle/on	vendrait	aurait vendu	vendra	
	nous	vendrions	aurions vendu	vendrons	vendons!
	vous	vendriez	auriez vendu	vendrez	vendez!
	ils/elles	vendraient	auraient vendu	vendront	
		SUBJONCTIF	**PARTICIPE PRÉSENT**	**PARTICIPE PASSÉ**	
	que je	vende	vendant	vendu	
	que tu	vendes			
	qu'il/elle/on	vende			
	que nous	vendions			
	que vous	vendiez			
	qu'ils/elles	vendent			

INFINITIF		INDICATIF PRÉSENT	PASSÉ COMPOSÉ	IMPARFAIT	PLUS-QUE-PARFAIT
mourir	je	**meurs**	**suis mort(e)**	mour**ais**	**étais mort(e)**
	tu	**meurs**	**es mort(e)**	mour**ais**	**étais mort(e)**
	il/elle/on	**meurt**	**est mort(e)**	mour**ait**	**était mort(e)**
	nous	mour**ons**	**sommes mort(e)s**	mour**ions**	**étions mort(e)s**
	vous	mour**ez**	**êtes mort(e)(s)**	mour**iez**	**étiez mort(e)(s)**
	ils/elles	**meurent**	**sont mort(e)s**	mour**aient**	**étaient mort(e)s**
		CONDITIONNEL PRÉSENT	**PASSÉ**	**FUTUR SIMPLE**	**IMPÉRATIF**
	je	mour**rais**	**serais mort(e)**	mour**rai**	
	tu	mour**rais**	**serais mort(e)**	mour**ras**	**meurs!**
	il/elle/on	mour**rait**	**serait mort(e)**	mour**ra**	
	nous	mour**rions**	**serions mort(e)s**	mour**rons**	mour**ons!**
	vous	mour**riez**	**seriez mort(e)(s)**	mour**rez**	mour**ez!**
	ils/elles	mour**raient**	**seraient mort(e)s**	mour**ront**	
		SUBJONCTIF	**PARTICIPE PRÉSENT**	**PARTICIPE PASSÉ**	
	que je	**meure**	mourant	mort	
	que tu	**meures**			
	qu'il/elle/on	**meure**			
	que nous	mour**ions**			
	que vous	mour**iez**			
	qu'ils/elles	**meurent**			

INFINITIF		PRÉSENT (INDICATIF)	PASSÉ COMPOSÉ (INDICATIF)	IMPARFAIT (INDICATIF)	PLUS-QUE-PARFAIT (INDICATIF)
obtenir	j'	**obtiens**	ai obten**u**	obten**ais**	avais obten**u**
	tu	**obtiens**	as obten**u**	obten**ais**	avais obten**u**
	il/elle/on	**obtient**	a obten**u**	obten**ait**	avait obten**u**
	nous	obten**ons**	avons obten**u**	obten**ions**	avions obten**u**
	vous	obten**ez**	avez obten**u**	obten**iez**	aviez obten**u**
	ils/elles	**obtiennent**	ont obten**u**	obten**aient**	avaient obten**u**
		CONDITIONNEL PRÉSENT	**CONDITIONNEL PASSÉ**	**FUTUR SIMPLE**	**IMPÉRATIF**
	j'	**obtiendrais**	aurais obten**u**	**obtiendrai**	
	tu	**obtiendrais**	aurais obten**u**	**obtiendras**	**obtiens**!
	il/elle/on	**obtiendrait**	aurait obten**u**	**obtiendra**	
	nous	**obtiendrions**	aurions obten**u**	**obtiendrons**	obten**ons**!
	vous	**obtiendriez**	auriez obten**u**	**obtiendrez**	obten**ez**!
	ils/elles	**obtiendraient**	auraient obten**u**	**obtiendront**	
		SUBJONCTIF	**PARTICIPE PRÉSENT**	**PARTICIPE PASSÉ**	
	que j'	**obtienne**	obtenant	obtenu	
	que tu	**obtiennes**			
	qu'il/elle/on	**obtienne**			
	que nous	obten**ions**			
	que vous	obten**iez**			
	qu'ils/elles	**obtiennent**			

INFINITIF		PRÉSENT (INDICATIF)	PASSÉ COMPOSÉ (INDICATIF)	IMPARFAIT (INDICATIF)	PLUS-QUE-PARFAIT (INDICATIF)
devenir	je	**deviens**	**suis** deven**u(e)**	deven**ais**	**étais** deven**u(e)**
	tu	**deviens**	**es** deven**u(e)**	deven**ais**	**étais** deven**u(e)**
	il/elle/on	**devient**	**est** deven**u(e)**	deven**ait**	**était** deven**u(e)**
	nous	deven**ons**	**sommes** deven**u(e)s**	deven**ions**	**étions** deven**u(e)s**
	vous	deven**ez**	**êtes** deven**u(e)(s)**	deven**iez**	**étiez** deven**u(e)(s)**
	ils/elles	**deviennent**	**sont** deven**u(e)s**	deven**aient**	**étaient** deven**u(e)s**
		CONDITIONNEL PRÉSENT	**CONDITIONNEL PASSÉ**	**FUTUR SIMPLE**	**IMPÉRATIF**
	je	**deviendrais**	**serais** deven**u(e)**	**deviendrai**	
	tu	**deviendrais**	**serais** deven**u(e)**	**deviendras**	**deviens**!
	il/elle/on	**deviendrait**	**serait** deven**u(e)**	**deviendra**	
	nous	**deviendrions**	**serions** deven**u(e)s**	**deviendrons**	deven**ons**!
	vous	**deviendriez**	**seriez** deven**u(e)(s)**	**deviendrez**	deven**ez**!
	ils/elles	**deviendraient**	**seraient** deven**u(e)s**	**deviendront**	
		SUBJONCTIF	**PARTICIPE PRÉSENT**	**PARTICIPE PASSÉ**	
	que je	**devienne**	devenant	devenu	
	que tu	**deviennes**			
	qu'il/elle/on	**devienne**			
	que nous	deven**ions**			
	que vous	deven**iez**			
	qu'ils/elles	**deviennent**			

LE SUBJONCTIF DES VERBES IRRÉGULIERS				
	AVOIR	**ÊTRE**	**ALLER**	**FAIRE**
... que je/j'	**aie**	**sois**	**aille**	**fasse**
... que tu	**aies**	**sois**	**ailles**	**fasses**
... qu'il/elle/on	**ait**	**soit**	**aille**	**fasse**
... que nous	**ayons**	**soyons**	**allions**	**fassions**
... que vous	**ayez**	**soyez**	**alliez**	**fassiez**
... qu'ils/elles	**aient**	**soient**	**aillent**	**fassent**
	POUVOIR	**SAVOIR**	**VOULOIR**	
... que je	**puisse**	**sache**	**veuille**	
... que tu	**puisses**	**saches**	**veuilles**	
... qu'il/elle/on	**puisse**	**sache**	**veuille**	
... que nous	**puissions**	**sachions**	**voulions**	
... que vous	**puissiez**	**sachiez**	**vouliez**	
... qu'ils/elles	**puissent**	**sachent**	**veuillent**	

VOCABULAIRE français-anglais

The French-English Vocabulary contains all the words and expressions included in the **Vocabulaire** sections at the end of each chapter. Entries are followed by the chapter number (**P** for **Chapitre préliminaire** and the number of the chapter for Chapters 1–10).

Expressions are listed under their key word(s). In subentries, the symbol — indicates the repetition of the key word.

Regular adjectives are given in the masculine form, with the feminine ending in parentheses. For irregular adjectives, the irregular ending of the feminine or the whole word is given. Irregular forms of the plural are also indicated. The gender of each noun is indicated after the noun. If the noun has both a masculine and a feminine form, both are listed. If the noun has an irregular form for the plural, this is also indicated in parentheses after the word.

The following abbreviations are used:

m.	masculine	*inv.*	invariable
f.	feminine	*n.*	noun
sing.	singular	*v.*	verb
pl.	plural	*adj.*	adjective
m. pl.	masculine plural	*adv.*	adverb
f. pl.	feminine plural		

A

à (au, à la, aux, à l') *at, in* 2; **— pied** *on foot* 2; **— vélo** *by bicycle* 2
absence *(f.) absence* 7; **— de domicile** *homelessness* 7
acceptation *(f.) acceptance* 7
accessoire *(m.) accessory* 6
accomplir *to accomplish* 10
accomplissement *(m.) accomplishment* 10
accorder: — de l'importance (à) *to value* 2
accueil *(m.) welcome* 3
acheter *to buy* P
acte *(m.) act* 10; **—s de charité** *charitable acts* 10
actuel(le) *current, present* 9
adapter *to adapt* 7; **s'—** *to adapt (to get used to)* 7
adopter *to adopt* 1
adoptif / adoptive *adopted* 3
affection *(f.) affection* 5
affronter *to confront* 7
afin *in order* 7
agacement *(m.) annoyance, irritation* 5
agent(e) *agent* 6; **— de police** *police officer* 6; **— de sécurité** *security guard* 8
agir: s'— de *to be about* 1
agresser *to assault, to attack* 5
aide *(m., f.) caregiver* 8
aider *to help* 10; **— autrui** *to help others* 10
aigle *(m.) eagle* 1
ail *(m.) garlic* 4
ailleurs *elsewhere* 5
aimer *to like* 7; **— mieux** *to like better* 7
aîné(e) *(m., f.) elder, eldest child* 3
ainsi que *as well as* 3
aller *to go* 1; **— à la pêche** *to go fishing* 5; **— au spa** *to go to the spa* 5; **s'en —** *to go away* 1
allocation *(f.) benefit* 2; **— chômage** *unemployment benefit* 2; **— familiale** *family allowance* 2
âme *(f.) spirit, soul* 5; **— sœur** *kindred spirit* 5
amener *to bring* P
ami(e) *friend* 5; **— d'enfance** *childhood friend* 5; **— intime** *close friend* 5
amitié *(f.) friendship* 2; **avoir de l'— pour quelqu'un** *to be friends with* 5
amuser: s'— *to have fun* 1
ananas *(m.) pineapple* 4
ancien / ancienne *former; ancient* 3
animal *(m.) (pl.* **animaux***) animal* 10; **animaux domestiques** *pets* 10
année *(f.) year* 5
anorexique *anorexic* 9
anxiété *(f.) anxiety, anxiousness* 7
apparence *(f.) appearance* P
appartenir (à) *to belong to* 4
appeler: s'— *to be named* 1
apprécier *to like, to enjoy, to appreciate* 2
apprenant(e) *learner* 10
apprendre *to learn* P
apprentissage *(m.) learning*
approprié(e) *appropriate* P
après *after* 1; **d'— moi** *according to me* 1
architecture *(f.) architecture* 4
argent *(m.) money; silver* 2
armée *(f.) the military* 8
arrêt cardiaque *(m.) heart attack* 7
arrière-grands-parents *(m. pl.) great grandparents* 3
assez *rather, quite, enough* 5
assister *to attend* 5; **— à un match de football / tennis** *to attend a football / tennis match* 5
associer *to associate* 2; **s'— (à)** *to partner with, to be associated with* 4
assurer *to assure* 7
athlétique *athletic* 9
attacher *to attach* 2; **— de l'importance à** *to attach importance to* 2
attendre *to wait (for)* 1; **en attendant que** *waiting for* 7; **s'— à** *to expect* 1
attention *(f.) attention* 1; **faire —** *to pay attention* 1
attirant(e) *attractive* 9
attiré(e) (par) *attracted (to)* 9
attirer *to attract* 6
attraction *(f.) attraction* 9
aucun(e) *none, not any* 8
audacieux / audacieuse *daring* 3
augmenter *to increase* 3
auparavant *before, formerly* 7
aussi *as* 6; **— bien** *as well* 6; **— mal** *as badly, as poorly* 6; **— ... que** *as . . . as* 6
aussitôt que *as soon as* 8
autant *as much / as many* 6; **— de/d' +** *noun* **+ que** *as much / as many . . . as* 6; **—... que** *as much . . . as* 6
autosatisfaction *(f.) self-satisfaction* 10
autre *other* 9
autrefois *in the past, long ago* 5
avance: à l'— *in advance* 7
avant *before* 7
avion *(m.) plane* 2
avis *(m.) opinion* 1; **à mon —** *in my opinion* 1
avocat(e) *lawyer* 6
avoir *to have* P; **— l'air** *to seem* P; **— ... ans** *to be . . . years old* P; **— besoin de** *to need* P; **— de la chance** *to be lucky* P; **— chaud** *to be hot* P; **— confiance (en)** *to trust, to have confidence (in)* 2; **— envie de** *to feel like* P; **— faim** *to be hungry* P; **— froid** *to be cold* P; **— l'habitude (de)** *to have the*

habit of 2; **— hâte de** *to look forward to* P; **— honte de** *to be ashamed of* P; **— l'impression (que)** *to have the impression (that)* P; **— lieu** *to take place* P; **— l'occasion de** *to have the opportunity to* P; **— peur (de)** *to be afraid (of)* P; **— raison (de)** *to be right (to)* P; **— soif** *to be thirsty* P; **— sommeil** *to be sleepy* P; **— tendance à** *to have the tendency to* P; **— tort (de)** *to be wrong (to)* P

B

bague *(f.) ring* 1
baisser *to decrease, to lower* 3
bambou *(m.) bamboo* 2
bandana *(m.) bandana* 6
banque *(f.) bank* 8
barbe *(f.) beard* 6; **— de trois jours** *stubble* 6
basilic *(m.) basil* 4
baskets *(f. pl.) sneakers* 4
bavard(e) *chatty* P
bavarder *to chat* 5
beau-fils *(m.) son-in-law; stepson* 3
beau-frère *(m.) brother-in-law* 3
beau-père *(m.) father-in-law; stepfather* 3
beauté *(f.) beauty* 6
belle-fille *(f.) daughter-in-law; stepdaughter* 3
belle-mère *(f.) mother-in-law; stepmother* 3
belle-sœur *(f.) sister-in-law* 3
bénévolat *(m.) volunteer work* 10; **faire du —** *to volunteer* 10
bénévole *(m., f.) volunteer* 5
benjamin(e) *youngest child* 3
bien que *although, even though* 7
bien *well* P; **— habillé(e)** *well dressed* P; **— sûr** *of course, naturally* P; **— sûr que non** *of course not, certainly not* P; **—-être** *(m.) well-being* 2; **—s** *(m. pl.) goods; possessions* 2
bientôt *soon* 5
bijoux *(m. pl.) jewelry* 1
bizarre *bizarre* 7
blanc / blanche *white* 1
blason *(m.) coat of arms* 1
blesser *to hurt* 5
bleu(e) *blue* 1; **— d'azur** *sky-blue* 1
bleuets *(m. pl.) blueberries* 4
blouson *(m.) jacket* 6
bon chic bon genre (BCBG) *preppy* 4
bonheur *(m.) happiness* 2
bottines *(f. pl.) ankle boots* 4
bouc *(m.) goatee* 6
boucle d'oreille *(f.) earring* 6
bouger *to move* 9
bras *(m.) arm* 9
briser *to break, to shatter* 8
bronzé(e) *(sun)tanned* 9
bus *(m.) bus* 2

C

cadet / cadette *younger, youngest child* 3
cadre *(m., f.) executive* 6
calmer *to calm* 5; **se —** *to calm down* 5
camarade de classe *(m., f.) classmate* 5
camaraderie *(f.) friendship, camaraderie* 5
campagne *(f.) campaign* 1; **— publicitaire** *advertising campaign* 1
canicule *(f.) heat wave* 7
capitale *(f.) capital* P
capuche *(f.) hood* 6
caractère *(m.) character, nature* 3
cas *(m.) case* 1; **en tout —** *in any case* 7
case *(f.) hut*
casquette *(f.) ballcap* 6
catastrophe *(f.) catastrophe* 7
cauchemar *(m.) nightmare* 1
ce dont *what* 6
ce que *what* 6
ce qui *what* 6
célibataire *(adj.) single* P; *(n., m. & f.) single person* 3
celle *(f.) this one, that one* 8
celles *(f. pl.) these (ones), those (ones)* 8
cellulite *(f.) cellulite*
celui *(m.) this one, that one* 8
centre *(m.) center* 9; **— commercial** *shopping center* 9
cependant *however* 2
cerisier *(m.) cherry tree* 4
certain(e) *certain* 7
ceux *(m. pl.) these (ones), those (ones)* 8
chacun(e) *each (one)* 9
chagrin *(m.) grief* 5
chair *(f.) flesh* 9; **bien en —** *plump, stout, chubby* 9
chalet *(m.) cabin, cottage* 9
chaleureux / chaleureuse *warm* 3
chambre *(f.) bedroom* 9; **— d'hôtes** *bed and breakfast* 9
champagne *(m.) champagne* 1
chanceux / chanceuse *lucky, fortunate* 10
chapeau *(m.) hat* 6
chaque *(+ noun) each, every* 5
charmant(e) *charming* P
chauffeur *(m.) driver* 8
chaussettes *(f. pl.) socks* 4; **— longues** *tube socks* 4
chaussures *(f. pl.) shoes* 4; **— à talons hauts** *high heels* 4; **— de ville** *dress shoes* 4
chef *(m.) chief* 8; **— d'État** *head of state* 8
chemise *(f.) shirt* 6; **— à manches longues / courtes** *long / short sleeved shirt* 6; **— fantaisie** *casual shirt* 6
chêne *(m.) oak tree* 4
cher / chère *dear; expensive* 3; *dear* 5
chérir *to cherish* 5
chez *home, house, at the (place of), to the (place of)* 2
chignon *chignon, bun or French knot* 4
choc *(m.) shock* 5; **subir un —** *to suffer a shock* 5
choix *(m.) choice* 4; **faire un —** *to make a choice* 4
chômage *(m.) unemployment* 7
chose *(f.) thing* 5
circonstance *(f.) circumstance, occasion* 6
clair(e) *clear* 7
clandestin(e) *(adj.) in secret* 1
classe *(f.) class* 2; **— sociale** *social class* 2
code *(m.) code* 6; **— d'honneur** *code of honor* 8; **— vestimentaire** *dress code* 6
cœur *(m.) heart* 4; **au — de** *at the heart of* 4
coffre-fort *(m.) safe deposit box* 9
coiffeur / coiffeuse *hairdresser* 6
coiffure *(f.) hairstyle* P
colère *(f.) anger* 5
collègue (de travail) *(m., f.) (work) colleague* 5
collier *(m.) necklace* 6
combien (de) *how much, how many* P; **— de temps** *how long* P
comblé(e) (de) *filled (with)* 10
commander *to order* 5
comment *how* 2
commun(e) *common* 10
communauté *(f.) community* 7
communiquer *to communicate* 10
compétition *(f.) competition* 2
compléter *to complete* P
complicité *(f.) bond* 5
compliment *(m.) compliment* 10
comportement *(m.) behavior* 3
comprendre *to understand* P
compter *to count* 6; **— sur** *to rely on* 5
condition *(f.) condition* 7; **à — que** *on the condition that* 7
conduire *to drive* 1
confiance *(f.) trust, confidence* 8; **avoir — (dans / en)** *to trust, to have faith / confidence (in)* 8; **être digne de —** *to be trustworthy* 8
confidence *(f.) secret, confidence* 5
confier: se — à *to confide in* 5
conflit *(m.) conflict* 7
confort *(m.) comfort* 2

confortable *comfortable* 6
conjoint(e) *spouse* 8
connaissances *(f. pl.) acquaintances* 2
conseil *(m.) advice* 5
conseiller *to advise* 7
conseiller / conseillère *counselor* 7
conséquent: par — *consequently, as a result* 1
conservateur / conservatrice *conservative* 6
considérer (que) *to consider (that)* 4
consoler *to console* 5
construire *to construct* 1
content(e) *happy* 7
contraire: au — *on the contrary* 1
contrat *(m.) contract* 8
copain / copine *friend, pal, buddy* 5
coq *(m.) rooster* 1
corps *(m.) body* 1
costume-cravate *(m.) suit & tie* 6
coton *(m.) cotton* 2
couleur *(f.) color* 1
coup de fil *(m.) (phone) call* 5
coupe *(f.) haircut* 4; **— à la garçonne** *pixie cut* 4; **— en brosse** *crew cut* 4; **— mulet** *mullet* 4
courant: être au — (de) *to be informed, to be aware* 7
courbé(e) *curved, bent* 3
court(e) *short* 3
couteau *(m.) knife* 1
coutume *(f.) custom* 2
couture *(f.)*: **haute —** *high fashion* 6
couverture *(f.) blanket* 9; **— santé** *health coverage* 2
couvrir *to cover* 1
crâne *(m.)*: **— rasé** *shaved head* 4
crête *(f.)*: **— iroquoise** *mohawk* 4
critères *(m. pl.) criteria, standards* 9
croire *to believe* 1
croisière *(f.) cruise* 9; **faire une —** *to take a cruise* 9
cuir *(m.) leather* 2
cuisine *(f.) foods, cuisine* 9; **— de terroir** *local foods* 9
cuisses de grenouille *(f. pl.) frog legs* 1
curieux / curieuse *nosy* P

D

dans *in, inside* 2
de (du, de la, des, de l') *of, from* P
débardeur *(m.) tank top* 4
débrouiller: se — *to get by, to manage* 1
décision *(f.) decision* 4; **prendre une —** *to make a decision* 4
décompresser *to chill (out), to relax* 10
décontracté(e) *relaxed, casual* 4
découvrir *to discover* 1
défavoriser *to discriminate against, to treat unfairly* 7
défense *(f.) defense* 2
défi *(m.) challenge* 7
défier *to challenge, to defy* 7
dégoûter *to disgust* 10
dehors *outside* 5
déjà *already* 5
déloyal(e) *disloyal* 5
demander *to ask* 1; **se —** *to wonder* 1
demi-frère *(m.) halfbrother; stepbrother* 3
demi-sœur *(f.) halfsister; stepsister* 3
démodé(e) *out-of-style* 4
démoraliser *to dishearten* 10
dépanneur *(m.) repairman* 8
dépêcher: se — (de) *to hurry (up)* 1
dépendre: ça dépend *it depends* P
dépenser *to spend* 6
déplaire (à) *to displease* 1
dépression *(f.) depression* 7
depuis *for; since* P
déranger *to bother, to disturb* 5
dernier / dernière *last; preceding* 3
dès que *as soon as* 8
désastre *(m.) disaster, tragedy* 7
désespoir *(m.) despair* 10; **tomber dans le —** *to fall into dispair* 10
déshabiller: se — *to get undressed* 1
désirer *to desire* 7
détective privé *(m.) private detective* 7
détruire *to destroy* 1
dette *(f.) debt* 7
dévoiler *to reveal* P
dialecte *(m.) dialect* 4
difficulté *(f.) difficulty* 7
diffuser *to broadcast, to circulate* 9
digne *worthy* 3; **— de confiance** *trustworthy* 3
discret / discrète *discreet* P
disparaître *to disappear* 3
disponible *available* 5
disputer: se — (avec) *to fight, to argue (with)* 1
distinguer: se — *to stand out* 4
divan *(m.) couch* 9
divertir *to entertain* 10
divertissement *(m.) entertainment, amusement* 10
dommage *too bad* 7
donner *to give* P; **— une bonne / mauvaise image de soi** *to give a good / bad impression of oneself* P
dont *that, (of) which, (of) whom* 6
doute *(m.) doubt* P; **sans —** *most likely, doubtless, probably* P
douter *to doubt* 7
douteux / douteuse *doubtful* 7
doux / douce *sweet, soft* 3
drapeau *(m.) flag* 1
droit *(m.) (legal) right* 2
droit(e) *straight* 3
durabilité *(f.) sustainability* 2

E

écœurer *to disgust, to gross out*
écologie *(f.) ecology, environmentalism* 2
éducation *(f.) upbringing, manners* 3
efficace *effective* 7
également *equally* 3
égalité *(f.) equality* 2
Église *(f.) (the) Church* 2
emblème *(m.) emblem* 1
en *to, in, by (with means of transportation), in, of (with materials)* 2
encre *(f.) ink* 1
endroit *(m.) place* P
énerver: s'— *to get worked up, to get irritated (about)* 1
enfin *finally* 5
ennuyer *to bore; to annoy, to bother* P; **s'—** *to get bored* 1
ennuyeux / ennuyeuse *boring* P
enquête *(f.) investigation, inquiry* 1
enrichir *to enrich* 7; **s'—** *to enrich oneself* 7
enseignant(e) *teacher, instructor* 8
enseigner *to teach* P
ensemble *together* 5
ensoleillé(e) *sunny* 9
entendre *to hear* 1; **s'— (bien / mal) avec** *to (not) get along with* 1
entier / entière *complete, entire* 8
entraîner *to bring about, to lead to* 7
entraîneur *(m.) trainer, coach* 8
entre *between* 2
envoyer *to send* P
épanouir: s'— *to flourish, to come into one's own* 10
épargner *to save (money)* 7
époque *(f.) age, era* 1; **à cette —-là** *at that time, in those days* 5
époux / épouse *spouse* 3
épreuve *(f.) difficulty, hardship* 5
érable *(m.) maple tree* 4
espérer *to hope* P
espoir *(m.) hope* 10
esprit *(m.) spirit* 10; **— humain** *human spirit* 10
essayer *to try* P
essentiel(le) *essential* 7
estime *(f.) esteem* 7; **— de soi** *self-esteem* 7
et *and* 5
état *(m.) state, condition* 7; **État** *(the) State* 2; **— critique** *critical condition* 7; **— d'esprit** *state of mind* 10

VOCABULAIRE français-anglais

étonnant(e) *surprising* 7
étonné(e) *surprised* 7
être *to be* P; **— à** *to belong to* 4; **— à l'heure** *to be on time* P; **— d'origine (+ nationalité)** *to be of (nationality) origin* P; **— en retard** *to be late* P; **— de retour** *to be back* P; **— en train de** + infinitive *to be in the process of (doing something)* P
étroit(e) *narrow* 3
études *(f. pl.) studies* P
évident(e) *obvious, evident* 2
éviter (de + *infinitive***)** *to avoid (doing something)* P
évoluer *to evolve* 3
excursion *(f.) journey, excursion* 9; **faire une —** *to make a journey, to do an excursion* 9
exiger *to demand* 7

F

fâché(e) *angry* 7
fâcher: se — *to get angry* 1
facile *easy* 10; **— à vivre** *easy-going* 10
faim *(f.) hunger* 7
faire *to do; to make* P; **— attention (à)** *to pay attention to* 4; **— du bien** *to do good* 5; **— bonne / mauvaise impression** *to make a good / bad impression* P; **— du camping** *to go camping* 5; **— du canoë** *to go canoeing* 4; **— du cerf-volant** *to go kite-flying* 4; **— comme chez soi** *to make oneself at home* 9; **— comme si** *to pretend* 9; **— des compromis** *to compromise* 5; **— confiance à** *to trust* 5; **— des confidences à** *to tell secrets to* 5; **— du sport** *to play sports* 5; **— la connaissance de** *to meet* P; **— un effort** *to make an effort* 6; **— face à** *to cope with, to face up to* 7; **— la fête** *to party* 5; **— de la gym** *to work out* 5; **— mal aux yeux** *to hurt the eyes* 6; **— négligé(e)** *to appear sloppy* 6; **— partie de** *to be (a) part / member of* 10; **— une promenade** *to take a walk* 5; **— semblant (de)** *to fake* 5; **— du shopping** *to go shopping* 5; **— sa toilette** *to groom oneself* 6; **— du vélo** *to go bike riding* 5; **— un voyage** *to travel* 5; **— du yoga** *to do yoga* 5; **ne pas s'en —** *to not worry* 9; **se — confiance** *to trust one another* 5; **(se) — plaisir (à)** *to please, to make happy* 10; **se — une première impression** *to have a first impression;* **se — remarquer** *to get noticed* 6
falloir *to be necessary* P; **il faut** (+ *infinitive*) *it's necessary (to do something)* P
famille *(f.) family* 3; **— élargie** *extended family* 3; **— homoparentale** *family with same-sex parents* 3; **— monoparentale** *single parent family* 3; **— nombreuse** *large family* 3; **— nucléaire** *nuclear family* 3; **— recomposée** *blended family* 3
faux / fausse *false* 3
favori / favorite *favorite* 3
femme *(f.) woman; wife* P; **— de chambre** *cleaning lady, room attendant* 8; **— au foyer** *housewife* P; **— de ménage** *cleaning lady, cleaner* 8; **— militaire** *female in the military / military officer* 6; **— plombier** *female plumber* 6; **— politique** *female politician* 8
fesses *(f. pl.) buttocks* 9
fêter *to celebrate* 10
fiable *reliable, dependable* 3
fier / fière *proud* 7
fierté *(f.) pride* 1
figure *(f.) figure* 8; **—s d'autorité** *authority figures* 8
fille *(f.) daughter* 3; **— unique** *only daughter* 3
fils *(m.) son* 3; **— unique** *only son* 3
fin(e) *thin* 3
fleuve *(m.) river* 9
flexible *flexible, adaptable* 3
fois *(f.) time* P; **une —** *once* 5
fondamental(e) *fundamental* 2
fontaine *(f.) fountain* 9
forêt *(f.) forest* 9; **— tropicale** *tropical forest* 9
forme *(f.) shape* 5; **être en pleine —** *to be in good shape* 5
fossettes *(f. pl.) dimples* 3
fou / folle *crazy* 3
foulard *(m.) scarf* 6
fourrure *(f.) fur* 2
fracture *(f.) divide* 7; **— sociale** *social divide* 7
frais / fraîche *fresh* 3
franc / franche *frank, open, direct* 3
frites *(f. pl.) fries* 1
front *(m.) forehead* 3
fusil *(m.) gun* 5

G

gâcher *to ruin* 10
gagner *to earn; to win; to gain* 8
gants *(m. pl.) gloves* 1
garantie *(f.) guarantee, warranty* 8
garantir *to guarantee* 8
garde du corps *(m.) body guard* 7
garder *to keep* 5
gardien(ne) *sitter* 8; **— d'animaux** *pet sitter* 8; **— à domicile** *house sitter* 8
gastronomie *(f.) gastronomy* 9
gastronomique *gastronomic, gourmet* 9
gâteau *(m.) cake* 1
gaz *(m.) gas* 5; **— incapacitant** *(m.) pepper spray, mace* 5
gendre *(m.) son-in-law* 3
génétique *(f.) genetics* 3
genou *(m.) (pl.* **genoux***) knee* 9; **À —x!** *On your knees!* 9
gens *(m. pl.) people* 2
gentil(le) *kind, nice* P
gérer *to manage* 7
geste *(m.) gesture* 3
gilet *(m.) cardigan sweater* 6
gouverneur *(m.) governor* 8
grâce à *thanks to* 3
graffiti *(m. pl.) graffiti* 1
grand(e) *great; tall* 3
gratte-ciel *(m.) skyscraper* 9
grenouille *(f.) frog* 1; **cuisses** *(f. pl.)* **de —** *frog legs* 1
gris(e) *gray* 1
gros / grosse *big; fat* 3
groupe *(m.) group* 7; **— de soutien** *support group* 7
guère *hardly, scarcely* 8
guerre *(f.) war* 7

H

habillé(e) *dressed* P; *dressy* 4; **bien —** *well dressed* P; **mal —** *badly dressed* P
habiller: s'— *to get dressed* 1
habits *(m. pl.) clothes* 6
habitude *(f.) habit* 5; **d'—** *usually* 5
habituellement *usually* 5
habituer: s'— à *to get used to* 1
harcèlement *(m.)*: **— scolaire** *bullying (in school context)* 7; **— sexuel** *sexual harassment* 7
harissa *(f.) North African hot chili paste or sauce* 4
harmoniser: s'— *to match, to go together* 6
hasard *(m.) chance* 1; **par —** *by chance, by accident* 1
haut(e) *high* 3
hébergement *(m.) accommodation, lodging* 9
henné *(m.) henna* 1
héritage *(m.) inheritance* 3
hériter (de) *to inherit* 3
heure *(f.) hour* P; *time* 2; **à quelle —** *when, at what time* 2; **à quelques —s de** *a few hours from* P; **à tout à l'—** *see you later* 1
heureusement *fortunately, luckily, happily* 5
homme *(m.) man* 3; **— au foyer** *househusband* 3; **— politique** *politician* 8; **— à tout faire** *handyman* 8
honnête *honest* 8

VOCABULAIRE français-anglais

I

ici *here* 5
identité *(f.) identity* 2; **usurpation** *(f.)* **d'—** *identity theft*
île *(f.) island* P
illustrer *to illustrate* 9
image *(f.) image; impression* P; **donner une bonne / mauvaise — de soi** *to give a good / bad impression of oneself* P
immédiatement *immediately* 5
impoli(e) *impolite* P
impossible *impossible* 7
inattendu(e) *unexpected* 7
incarner *to embody, to personify* 9
inconnu(e) *stranger, unfamiliar person* 8
incroyable *incredible* 7
indiscret / indiscrète *indiscreet* P
indispensable *essential* 7
individu *(m.) individual* 2
inestimable *priceless* 5
infidélité *(f.) infidelity* 9; **— conjugale** *marital infidelity* 9
informaticien(ne) *computer specialist* 6
injuste *unfair* 7
inondation *(f.) flooding, flood* 7
inquiéter: s'— *to worry* 1
inscrire: s'— dans un club *to join a club* 5
insincérité *(f.) insincerity, fakeness* 5
inspecteur / inspectrice *detective* 6
institution *(f.) institution* 8; **—s de puissance** *authority institutions* 8
intellectualisme *(m.) intellectualism* 2
intelligent(e) *intelligent* P
interdit(e) *prohibited* 5
intéressant(e) *interesting* P
intéresser: s'— (à) *to be interested (in)* 1
intérêt *(m.) interest* 5; **— commun** *common interest* 5
intimidation *(f.) intimidation, bullying* 7
inutile *not useful, useless* 7
inviter (pour / à) *to invite, to pay (for / to)* 5

J

jalousie *(f.) jealousy* 5
jambe *(f.) leg* 9
jardin *(m.) garden, yard* 9; **— botanique** *botanical garden* 9
jaune *yellow* 1
jean slim *(m.) skinny jeans* 4
jeunes *(m. pl.) youth* 10
jogging *(m.) sweatpants* 6
joie *(f.) joy* 5
jouer *to play* 5; **— de l'accordéon** *to play the accordion* 4; **— à des jeux vidéo** *to play video games* 5; **— du tambour** *to play the drum* 4; **— du violoncelle** *to play the cello* 4
jour *(m.) day* 5; **un —** *one day* 5; **tous les —s** *everyday* 5
juger *to judge* 6
jumeau / jumelle *twin* 3
jungle *(f.) jungle* 4
jupe *(f.) skirt* 6; **mini-—** *(mini) skirt* 6
jurer *to swear* 3
jusqu'à *until* 7
juste *fair* 7

L

là *there* 5
là-bas *over there* 5
laine *(f.) wool* 2
laisser *to let; to leave* 5; **— tomber** *to drop* 5
langage courant *everyday language* 4
langue *(f.) language* 10; **— maternelle** *native language* 10; **— officielle** *official language* 10
laquelle *(f.) which* 8
large *wide, large, broad* 3
lavande *(f.) lavender* 4
laver *to wash* 1; **se —** *to wash oneself* 1
lecture *(f.) reading* 10
lequel *(m.) which* 8
lesquelles *(f. pl.) which* 8
lesquels *(m. pl.) which* 8
lèvres *(f. pl.) lips* 3
liberté *(f.) freedom* 2
lien *(m.) link, tie* 3; **— de parenté** *family tie* 3
lier: — par les liens du sang / du mariage *to be related by blood / by marriage* 3
lion *(m.) lion* 1
liquide *(m.)*: **en —** *in cash* 7
livre *(m.) book* 7; **— d'auto-assistance** *self-help book* 7
loi *(f.) law* 3
loisir *(m.) leisure activity* 2
logement *dwelling/housing* P
long / longue *long* 3
lorsque *when* 8
loyal(e) *loyal* 5
loyauté *(f.) loyalty* 1
lunettes *(f. pl.) eyeglasses* 6

M

mâchoire *(f.) jaw*
Maghreb *(m.) North African countries* P
maigre *skinny* 9
maigreur *(f.) skinniness* 9
maintenant *now* 5
maintenir *to maintain, to keep* 8
maire *(m.) mayor* 8
mairie *(f.) city hall* 8
maîtresse *(f.) mistress* 9
mal *(m.) trouble, difficulty* 8; **avoir du — (à)** *to have difficulty / trouble* 8
maladie *(f.) illness* 7
malgré *in spite of, despite* 10
malheureusement *unfortunately, unluckily, sadly* 5
malhonnête *dishonest* 8
mallette *(f.) briefcase* 6
malsain(e) *unhealthy* 9
manière *(f.) manner* P; **les bonnes —s** *good manners* P
manque *(m.) lack* 6
manquer: — à *to miss* 4; **— de** *to lack, to not have enough* 4
manteau *(m.) overcoat* 6
maquiller: se — *to put make up on* 1
marché *(m.) market* 9; **— en plein air** *outdoor market* 9
marié(e) *married* P
marquer *to mark, to show* 4
marqueur *(m.) marker, indicator* 4
marron *(inv.) brown* 1
matin *(m.) morning* 5; **un —** *one morning* 5
mécanicien(ne) *mechanic* 8
méchant(e) *mean* P
méfiance *(f.) distrust, suspicion* 8
méfiant(e) *suspicious* 2
méfier: se — (de) *to be wary (of), suspicious (of)* 1
meilleur(e) *best* 6; **le/la/les —(s)** *the best* 6
même *even* 1; *same* 2; *very* 3
menacé(e) *threatened* 3
menacer *to threaten* 10
mensonge *(m.) lie* 8; **petit —** *white lie* 8
mentalité *(f.) mindset, outlook* 7
mentir *to lie* 8
mériter *to deserve, to merit, to earn* 8
merveilleux / merveilleuse *wonderful* 7
métro *(m.) subway* 2
mettre *to put* 1; **— à la porte** *to kick out* 9; **se — à** *to begin to* 1
mieux *better* 2; **le —** *the best* 6; **— se connaître** *to get to know each other better* 2
militaire *(m.) person in the military / military officer* 6; **femme** *(f.)* **—** *female in the military / military officer* 6
mince *thin, slim, slender* 9
minceur *(f.) slenderness, slimness* 9
minutieux / minutieuse *meticulous* 3
mixité *(f.) diversity* 7; **— sociale** *social diversity* 7
moi *me* 1; **— aussi** *me too* 1; **— non plus** *me neither* 1; **pas —** *not me* 1; **pour —** *in my opinion* 1

VOCABULAIRE français-anglais

moins *less* 6; **— bien** *worse* 6; **— de/d'** + *noun* + **que** *less . . . than* 6; **— mal** *better* 6; **— ... que** *less . . . than* 6; **à — que** *unless* 7; **le/la/les — ... de** *the least . . . in* 6; **le — bien** *the least well, the worst* 6; **le — de** + noun *the least . . .* 6; **le — mal** *the least badly* 6
mois *(m.) month* 5
monde *(m.) world* 1; **le — entier** *the entire world* 1
mondialisation *(f.) globalization* 7; **— culturelle** *cultural globalization* 7
monoménage *(m.) single person household* 3
montre *(f.) watch* 6
moquer: se — de *to make fun of* 1
mort *(f.) death* 1
mosquée *(f.) mosque* P
motif *(m.) motif, pattern* 1
moustache *(f.) moustache* 6
moyen(ne) *medium, average* 3
moyens *(m. pl.) means* 7; **de modestes —** *of modest means* 7
muscles *(m. pl.) muscles* 9
musculation *(f.) weightlifting* 9; **faire de la —** *to lift weights* 9
mutuel(le) *mutual* 8

N

naissance *(f.) birth* 1; **— des cheveux** *hairline*
nationalité *(f.) nationality* P
nécessiter *to require, to call for* 8
négligé(e) *sloppy* 4
nez *(m.) nose* 9
ni *neither, nor* 8
niveau *(m.) level*
noir(e) *black* 1
noix de coco *(f.) coconut* 4
normal(e) *normal* 7
normes *(f. pl.) norms, standards* 9
nounou *(f.) nanny* 8
nulle part *nowhere* 5

O

obésité *(f.) obesity* 9
objet *(m.) object* 1; **— décoratif** *decorative object* 1; **— de famille** *family heirloom* 3
obtenir *to obtain, to get* 8
occuper *to occupy, to take up* 1; **s'— (de)** *to take care (of), to deal (with)* 1
œuf *(m.) egg* 1
offrir *to offer* 1
ombre *(f.) shadow* 1
opposer: s'— (à) *to be opposed to* 4
optimiste *optimistic* 10
or *(adj., inv.) gold (color)* 1; *(n., m.) gold* 2
oreiller *(m.) pillow* 9
organisation *(f.) organization* 5
origine *(f.) origin* P
osé(e) *daring, risqué* 6
où *where* P; *when* 6; **d'—** *from where* P
ouragan *(m.) hurricane* 7
ouvert(e) *open* P
ouvrir *to open* 1

P

pain *(m.) bread* 1
paix *(f.) peace* 7
palais *(m.) palace* P
panda *(m.) panda* 1
pantalon *(m.) pants* 4; **— de ville** *khakis* 4; **— de yoga** *yoga pants* 4
papier *(m.) paper* 2
par *by* 2
parfois *sometimes* 5
parler populaire *(m.) everyday language*
part: d'une — / d'autre — *on one hand / on the other hand* 3
partage *(m.) sharing* 2
partager *to share* 2; **— l'avis de quelqu'un sur quelque chose** *to share someone's opinion on something* 3
partenaire *(m., f.) domestic partner* 3
participer (à) *to participate (in)* 4
particularité *(f.) defining feature* 9
partie *(f.) part* 10; **faire — de** *to be (a) part / member of* 10
partout *everywhere* 5
pas *not* 8; **— du tout** *not at all* 8; **— encore** *not yet* 8
passage: être de — (en / au / à) *to be passing through* 9
passer *to pass (by)* 1; **— un bon moment** *to have a good time* 5; **se —** *to happen* 1
passe-temps *(m.) pastime, hobby* 10
passion *(f.) passion, love* 10
pâtes *(f. pl.) pasta* 1
patrimoine *(m.) heritage* 9; **— historique** *historical heritage* 9
pauvre *unfortunate; poor* 3
pauvreté *(f.) poverty* 7
payer *to pay* P
pays *(m.) country* P
peau *(f.) skin* 1; **être bien dans sa —** *to feel good about oneself* 10
peinture *(f.) paint* 1; *painting* 9 **— à la bombe** *spray-paint* 1
pensée *(f.) thought* 1
penser *to think* 1
percevoir *to perceive* 4
perfectionniste *perfectionist* 10
persévérer *to persevere* 10
personnalité *(f.) personality* 3
personne *no one, not anyone* 8
personnel(le) *personal* P
persuadé(e) (que) *persuaded (that)* P
pessimiste *pessimistic* 10
peur *(f.) fear* 7; **avoir —** *to be afraid* 7; **de — que** *for fear that*
peut-être *maybe, perhaps, possibly* 5
physique *(m.) build, body type* 6
pied *(m.) foot* 9
piment rouge *(m.) chili pepper* 4
pin *(m.) pine tree* 4
pire *worse* 6; **le/la/les —(s)** *the worst* 6
pizza *(f.) pizza* 5
plaire (à) *to please* 1
plaisir *(m.) pleasure* 2
plastique *(m.) plastic* 2
plat(e) *flat* 9
platine *(m.) platinum* 2
pleurer *to cry* 10
plombier *(m.) plumber* 6; **femme** *(f.)* **—** *female plumber* 6
plupart: la — (de) *most (of)* 9
plus *more* P; **— de/d'** + noun + **que** *more . . . than* 6; **— mal** *worse* 6; **— ... que** *more . . . than* 6; **le — de** + noun *the most . . .* 6; **le/la/les — ... de** *the most . . . in* 6; **le — mal** *the worst* 6; **le/la/les — mauvais(e)(s)** *the worst* 6
plusieurs *several* 9
poids *(m.) weight* 6
poisson *(m.) fish* 1
poitrine *(f.) chest, bust* 9
poli(e) *polite* P
polo *(m.) polo shirt* 6
pomme de terre *(f.) potato* 1
pommettes *(f. pl.) cheekbones* 3
pommier *(m.) apple tree* 4
pont *(m.) bridge* 9
porte *(f.) door* 9; **mettre à la —** *to kick out* 9
porter: — un jugement *to judge* 5
possible *possible* 7
poulet *(m.) chicken* 1
pouls *(m.) pulse* 5
pour *for, in order to* 1; *so* 7
pourquoi *why* 1
pourtant *however* 1
pourvu *provided* 7
pouvoir *can, be able* 7; **il se peut que** *it's possible that* 7
pratique *(f.) practice*
préférer *to prefer* P

prendre *to take, to have* P; **— un café / un verre** *to have coffee / a drink* 5
préoccupation *(f.) concern, worry* 7
presque *almost* 5
prêt-à-porter *(m.) ready-to-wear fashion* 6
primordial(e) *essential* 2
principe *(m.) principle* 2; **le — de «voir grand»** *principle of "think / see big"*
privé(e) *private* P
probable *likely* 7; **peu —** *unlikely* 7
probablement *probably, in all likelihood* 5
problème *(m.) problem* 7; **poser des —s** *to cause / lead to problems* 7; **— financier** *financial problem* 7; **— relationnel** *relationship problem* 7
prochain(e) *next; following* 3
proche *(m., f.) close friend* 2; **être —** *(adj.)* **de quelqu'un** *to be close to someone* 2; **les plus —s** *(m. pl.) closest friends* 2
produire *to produce* 1
profession *(f.) profession* P
profiter (de) *to take advantage (of)* 8
profond(e) *deep, profound* 5
projet *(m.) project, plan* 10; **faire des —s** *to make plans* 10
promesse *(f.) promise* 8
promettre *to promise* 8
proposer *to propose* 7
propre *clean* 6; *own* 10
protéger *to protect* 7
psychologue *(m., f.) psychologist* 6
pudeur *(f.) modesty* 2
pudique *modest; reserved* 2
pull *(m.) sweater* 6; **— à col roulé** *turtleneck sweater* 6; **—-over** *pullover sweater* 6
pulpeux / pulpeuse *curvy* 9

Q

qu'est-ce que *what (object of verb)* 2; **— c'est?** *what is it?* 2; **— c'est qu'un/ une…?** *what is a . . . ?* 2
qu'est-ce qui *what (subject of verb)* 2
quand *when* P
quant à *concerning* 2
quartier *(m.) neighborhood* P
que *that* 1; *what* 2; *which* 6; *only* 8
quel(le)(s) *what, which* 2
quelqu'un *someone* P
quelque chose *something* 5; **avoir — en commun** *to have something in common* 5
quelque part *somewhere, someplace* 5
quelquefois *sometimes, occasionally* 5
quelques *(+ noun) some* 9
quelques-un(e)s *some, a few (of)* 9
queue de cheval *(f.) ponytail* 4
qui *who (subject of verb)* 2; *that, which* 6; **— est-ce que** *who (object of verb)* 2
quitter *to leave* 1; **se —** *to break up* 1
quoi *what (object of preposition)* 2; **— que ce soit** *anything, whatever may be* 9
quoique *although, even though* 7

R

raccompagner *to walk / drive back* 7
raisonnable *reasonable, intelligent* 3
randonnée *(f.) hike* 9; **faire une —** *to go hiking* 9
rapidement *quickly* 5
rappeler *to call back; to remind* 1; **se —** *to remember* 1
rarement *rarely* 5
rattraper *to catch up, to make up* 3; **— le temps perdu** *to make up for lost time* 3
ravi(e) *delighted* 1
réagir *to react* 5
récemment *recently* 5
réclamation *(f.) claim* 1
recommander *to recommend* 7
réconforter *to encourage, to comfort* 10
reconnu(e) *recognized* 1
regarder *to look; to watch* P; **— les gens droit dans les yeux** *to look people straight in the eyes* P
régime *(m.) diet* 9; **faire un —** *to diet* 9
région *(f.) region* P
régionalisme *(m.) regionalism* 4
réglé(e) *taken care of* 1
régler *to settle* 1
regretter *to regret* 7
relation *(f.) relationship* 5, 8
relativiser *to put things into perspective* 10
religieux *(m.) clergyman, priest* 8
religion *(f.) religion* 8
remarié(e) *remarried* 3
rembourser *to pay back* 7
remède *(m.) remedy* 7
remettre: — en question *to call into question, to challenge* 8; **se — (de)** *to collect oneself, to regain one's composure* 5
rencontre *(f.) meeting; encounter* P
rencontrer *to meet* P
rendre *to make, to render* 10; **se — compte (que / de)** *to realize* 1
renouer *to renew, to restore* 8
répandu(e) *widespread* 3
répéter *to repeat* P
reposer: se — *to rest* 1
représenter *to represent* 1
reprocher *to reproach* 3
réseaux sociaux *(m. pl.) social networks* 4
réserve *(f.) preserve* 9; **— naturelle** *natural preserve* 9
respect *(m.) respect* 8
respectueux / respectueuse *respectful* P
ressembler (à) *to look like, resemble* 1
ressentir *to feel* 5
résulter (de) *to result (from)*
retraite *(f.) retirement* 7
retrouver: se — *to meet (up) again* 1
réussite *(f.) success* 2
revanche: en — *on the other hand* 3
révéler *to reveal* 4
revolver *(m.) fire arm, gun* 9
rien *nothing, not anything* 8
ringard(e) *nerdy* 4
rire *to laugh* 10
risqué(e) *risky, dangerous* 2
riz *(m.) rice* 1
robe *(f.) dress* 4; **— de soirée** *party dress, cocktail dress* 4
rose *pink* 1
rosier *(m.) rose bush* 4
rouge *red* 1
roux / rousse *red-headed, ginger* 3
royauté *(f.) royalty* 1

S

sac à main *(m.) handbag* 6
sacré(e) *sacred* 3
sain(e) *healthy* 9
salaire *(m.) salary* 2
sale *dirty* 6
sans *without* 5; **— doute** *most likely* 5
santé *(f.) health* 7
sapeur-pompier *(m.) firefighter* 8; **femme** *(f.)* **—** *female firefighter* 8
sapin *(m.) fir tree* 4
sauver *to save* 3
savane *(f.) savannah* 4
savoir *to know* 7
sculpté(e) *sculpted* 9
sec / sèche *dry* 3
sécheresse *(f.) drought* 7
secrétaire *(m., f.) secretary* 6
sécurité *(f.) security* 2; **— nationale** *national security* 8; **portique** *(m.)* **de —** *security scanner* 8; **violation** *(f.)* **de la —** *breach of security* 8
selon *according* 1; **— moi** *according to me* 1
sembler *to seem* P
seniors *(m. pl.) (the) elderly, seniors* 7

VOCABULAIRE français-anglais

sens *(m.) sense* 2; **— de l'esthétique** *appreciation for aesthetics* 2; **dans / en un —** *in a sense* 5
sensible *sensitive* 2
sensualité *(f.) sensuality* 2
sentir *to smell* 1; **se —** *to feel* 1
serrer: — la main *to shake hands* P
serveur / serveuse *waiter / waitress* 6
servir *to serve* 1; **se — (de)** *to use* 1
seul(e) *only; alone* 3; **tout(e) —** *all alone* 5
si *so* 5
silhouette *(f.) figure, outline, silhouette* 9
site *(m.) site* 9; **— naturel** *natural site* 9
situation *(f.) situation* P; **— familiale** *marital status* P
smoking *(m.) tuxedo* 6
sociable *social* P
société *(f.) society* 2
soie *(f.) silk* 2
soigné(e) *well-groomed, clean-cut, polished* 6
soigner *to take care of, to trouble over* 6
soin *(m.) care* 3; **prendre — de** *to take care of* 3
solitude *(f.) loneliness* 7
solution *(f.) solution* 7
sorties *(f. pl.) outings, going out* 10
sortir: s'en — *to cope, to get through* 8
sosie *(m.) double, look alike* 7
souci *(m.) worry* 5
soudain *suddenly* 5
soudainement *suddenly* 5
souffrir *to suffer* 1
souhaiter *to wish* 7
soupçonner *to suspect* 8
souple *flexible*
sourcils *(m. pl.) eyebrows* 3
sourire *(m.) smile* P
soutenir *to support* 1
souvenir *(m.) memory* 5
souvenir: se — (de) *to remember* 1
souvent *often* 5
spécialiser: se — (en) *to specialize / major (in)* 1
spectacle *(m.) show, performance* 9
stade *(m.) stadium* 9
statue *(f.) statue* 9
statut *(m.) status* 6; **— social** *social status* 6
stress *(m.) stress* 7
stupide *stupid* 7
suffire *to be enough* 3; **ça suffit** *that's enough* 3
suggérer *to suggest* 7
suivre *to follow* 5; **— un cours** *to take a class* 5
sujet *(m.) subject, topic* 2; **les —s sensibles** *hot-button issues* 2
superficiel(le) *superficial* 5
supériorité *(f.) superiority* 8; **situation** *(f.)* **de —** *position / situation of superiority* 8
sûr(e) *sure* 7
surmonter *to overcome* 7
surpeuplement *(m.) overcrowding* 7
surpoids: en — *overweight* 9
surprenant(e) *surprising* 7
surprendre *to surprise* 7
surpris(e) *surprised* 7
surtout *especially, particularly* 5
surveiller *to watch, to keep a close eye on* 9; **— sa ligne** *to watch one's weight* 9
sweat *(m.) sweatshirt* 6
symbole *(m.) symbol* 1

T

tag *(m.) tagging*
taille *(f.) size; height* 3
tailleur *(m.) woman's suit* 6
tandis que *while* 3
tant mieux *so much the better* 1
tant pis *that's too bad* 1
tant que *as long as* 8
tard *late* 5; **plus —** *later* 5
tarte aux pommes *(f.) apple pie* 1
tatouage *(m.) tattoo* 1
taxi *(m.) taxi* 2
tel / telle *such, such a* 9
tenir *to keep; to hold (onto)* 1; **— à** *to care about* 4
tenue *(f.) outfit*; **— de travail** *work outfit*
territoire *(m.) territory* 4
têtu(e) *stubborn, pig-headed* 3
théâtre *(m.) theater* 9
thérapeute *(m./f.) therapist* 7
thérapie *(f.) therapy* 7
timide *shy* P
tirer (sur) *to shoot at, to open fire on* 9
tomber *to fall* 10; **— dans le désespoir** *to fall into dispair* 10
tongs *(f. pl.) flip-flops* 4
tonifier *to tone* 9
tornade *(f.) tornado* 7
tôt *early* 5
toucher *to touch, to affect, to reach* 7
toujours *always* 5; **pour —** *forever* 5
tour *(f.) tower* 9
tous *everyone* 9
tout(e) *every; all* 5; **— à coup** *all of a sudden* 5; **— le temps** *all the time* 5; **— le monde** *everyone* 9
tradition *(f.) tradition* 2
traditionnel(le) *traditional* P
traduire *to translate* 1
trahir *to betray, to let down* 5
trahison *(f.) betrayal* 8
train *(m.) train* 2
trait *(m.) trait, feature* 3; **— de visage** *facial feature* 3
transmettre *to transmit* 4
transmis(e) *transmitted* 4
travail *(m.) work* 10
tremblement de terre *(m.) earthquake* 7
tresse *(f.) braid* 4
tribunal *(m.) court* 8
tricher *to cheat* 8
triste *sad* 7
tristesse *(f.) sadness* 5
tromper *to deceive* 1; **se —** *to be mistaken* 1
trompeur / trompeuse *deceptive, misleading* 6
trop *too* P
trouver *to find* 1; **se —** *to be located* 1
truc *(m.) thing, stuff* 10
tunique *(f.) tunic* 6
tutoyer: se — *to use* **tu** *with someone* P
type *(m.) guy, bloke* 9

U

uniforme *(m.) uniform* 6
union *(f.) union* 3; **— libre** *living together without being married, common law marriage* 3
urgence *(f.) emergency* 9
usurper *to usurp, to steal*
utile *useful* 7

V

vague *(f.) wave* 7; **— de froid** *cold wave* 7
valeur *(f.) value* 2
valorisation *(f.) valuing; increased status* 4
valoriser *to add value to, to enhance* 2
vandalisme *(m.) vandalism* 1
vendeur / vendeuse *salesperson* 6
venir *to come* P
ventre *(m.) stomach, belly* 9
verre *(m.) glass* 2
vert(e) *green* 1
veste *(f.) sport coat* 6
vêtements *(m. pl.) clothing* 4; **— de marque** *designer clothes* 6
veuf / veuve *widower / widow* 3
vignoble *(m.) vineyard* 9
ville *(f.) city* P
vin *(m.) wine* 1
violer *to violate* 8
violet / violette *purple* 1
visage *(m.) face* 5

VOCABULAIRE français-anglais

vis-à-vis de *in relation to*
voile *(m.) veil* 6
voiture *(f.) car* 2
vol *(m.) theft* 8; **— d'identité** *identity theft* 8
volcan *(m.) volcano* 4
voler *to steal* 8
vouloir *to want* 7
vouvoyer: se — *to use* **vous** *with someone* P
voyant(e) *fortune teller, psychic* 9
vrai(e) *true* 7
vraiment *really* 5

Y

y *there, it* 2
yeux *(m. pl.) eyes* 5

Z

zoo *(m.) zoo* 9

INDEX

INDEX

INDEX